4e ÉDITION

Famille et société

4e ÉDITION

Famille et société

MARIE-THÉRÈSE LACOURSE

CHENELIÈRE
ÉDUCATION

Famille et société
4e édition

Marie-Thérèse Lacourse

© 2010 Chenelière Éducation inc.
© 2005, 1999, 1994 Les Éditions de la Chenelière inc.

Conception éditoriale : Luc Tousignant
Édition : Valérie Cottier
Coordination : Étienne Côté
Révision linguistique : Catherine Saguès
Correction d'épreuves : Maryse Quesnel
Conception graphique et infographie : Interscript
Conception de la couverture : Micheline Roy
Impression : Imprimeries Transcontinental

Tableau de la couverture :
La maison du kangourou
Œuvre de **Marie-Ève Cournoyer**

La peintre Marie-Ève Cournoyer aime se dépasser et obtenir des résultats inattendus en utilisant une variété de médiums. Sur le ton léger de la simplicité et de la fantaisie, son pinceau plein de couleurs fait naître des créatures aussi surprenantes les unes que les autres. En plus de compléter un baccalauréat en arts visuels en 2004, elle a participé à plusieurs évènements au Québec ainsi qu'à Toronto et elle a mérité de nombreux prix. On retrouve aujourd'hui ses œuvres dans plusieurs galeries à travers le Canada. Ses tableaux sont disponibles à la galerie La Corniche à Chicoutimi.

Dans cet ouvrage, le masculin est utilisé comme représentant des deux sexes, sans discrimination à l'égard des hommes et des femmes, et dans le seul but d'alléger le texte.

**Catalogage avant publication
de Bibliothèque et Archives nationales du Québec
et Bibliothèque et Archives Canada**

Lacourse, Marie-Thérèse

   Famille et société
   4e éd.

   Comprend des réf. bibliogr. et un index.
   Pour les étudiants de niveau collégial.

   ISBN 978-2-7650-2536-8

   1. Famille – Aspect sociologique.   2. Famille – Québec
(Province).   3. Famille – Histoire.   4. Parents et enfants.   I. Titre.

HQ737.L145 2009   306.85   C2009-942443-6

CHENELIÈRE
ÉDUCATION

7001, boul. Saint-Laurent
Montréal (Québec) Canada H2S 3E3
Téléphone : 514 273-1066
Télécopieur : 450 461-3834 / 1 888 460-3834
info@cheneliere.ca

ISBN 978-2-7650-2536-8

Dépôt légal : 1er trimestre 2010
Bibliothèque et Archives nationales du Québec
Bibliothèque et Archives Canada

Imprimé au Canada

2   3   4   5   6   ITG   15   14   13   12   11

Nous reconnaissons l'aide financière du gouvernement du Canada par l'entremise du Programme d'aide au développement de l'industrie de l'édition (PADIÉ) pour nos activités d'édition.

Gouvernement du Québec – Programme de crédit d'impôt pour l'édition de livres – Gestion SODEC.

Membre du CERC

Membre de
l'Association nationale
des éditeurs de livres

CERC
Canadian Educational
Resources Council

ASSOCIATION
NATIONALE
DES ÉDITEURS
DE LIVRES

*À André, Estelle, Xavier, Clémence et Alexie,
avec qui je vis passionnément ma famille
quotidienne. Ce livre est beaucoup le leur.*

Table des matières _____

Chapitre 3 Les familles postmodernes : des familles « individus »

Chapitre 4 Le cycle familial : unions, familles et ruptures

Chapitre 5   Les rôles familiaux

Chapitre 6 **Les problématiques familiales**

Avant-propos

Famille et société est un ouvrage destiné aux étudiants du cours «Sociologie de la famille», offert dans les programmes de techniques de la santé (soins infirmiers), de techniques humaines (techniques d'éducation en services de garde) et de sciences humaines. Ce cours contribue à développer les compétences visées dans leurs programmes de formation. *Famille et société* a été conçu de manière à ce qu'il puisse servir d'outil d'apprentissage privilégié dans un contexte d'acquisition de compétences. L'ouvrage intègre des éléments de compétence liés aux dimensions socioculturelles de la personne et de la famille, aux problématiques familiales, à la diversité québécoise et à l'approche interculturelle dans le contexte de travail des futurs professionnels.

En plus de chercher à atteindre les objectifs et les standards définis dans la description officielle du cours, *Famille et société* veut amener l'étudiant à réfléchir et à discuter de la famille d'un point de vue sociologique. Pour ce faire, l'étudiant devra différencier la perspective sociologique des autres points de vue sur la famille. Il lui faudra classer les différents types familiaux selon les critères appropriés, ce qui lui permettra ensuite de présenter les grandes transformations familiales au Québec et en Occident, ainsi que leur contexte social de changement. Enfin, il sera en mesure de mieux connaître les problématiques familiales contemporaines et leurs effets sur les individus.

Famille et société cherche à concilier les objectifs propres à chaque programme d'études, tout en tenant compte des intérêts diversifiés des étudiants. L'ouvrage est conçu pour être directement utilisé par l'enseignant et servir de support didactique. De multiples données complémentaires sont présentées sous forme d'encadrés, de tableaux et de figures, et plusieurs liens vers des ressources disponibles dans Internet ont été ajoutés ou mis à jour, permettant à l'étudiant de jeter un regard particulier ou d'en apprendre davantage sur une notion expliquée dans le texte. Des exercices invitent également l'étudiant à mettre en pratique ses compétences sociologiques nouvellement acquises et des questions, à la fin de chaque chapitre, permettent une révision du sujet abordé.

L'ouvrage est composé de huit chapitres. Les trois premiers portent sur la sociologie et la famille: l'approche sociologique, les fondements de la famille et les modèles familiaux traditionnel, moderne et postmoderne. Dans ces chapitres, qui privilégient les perspectives macrosociologique et diachronique, on s'intéresse à la famille en tant qu'institution qui s'insère dans un contexte social donné. Les chapitres 4 à 7 font place aux approches microsociologique et synchronique, traitant des relations entre les membres de la famille. Il y est principalement question des types de familles selon la composition parentale, de la socialisation à l'intérieur et à l'extérieur de la famille, des rôles familiaux et de la santé, des problèmes familiaux contemporains, comme ceux de la violence familiale, du travail domestique, de la conciliation travail-famille, du désir d'enfant et de la démographie. Une place est réservée aux familles immigrantes et aux familles autochtones. Le dernier chapitre pose un regard sur plusieurs contextes sociaux qui ont des implications tant pour les membres des familles que pour les intervenants exerçant dans les domaines de l'éducation et des soins de santé. Ainsi, la politique familiale québécoise, le droit familial et ses principales conséquences pour normaliser la vie familiale et sociale y sont examinés. Finalement, la dernière section de ce chapitre poursuit la réflexion sur l'avenir de la famille au XXIe siècle au Québec et en Occident.

Ces chapitres peuvent être étudiés selon leur ordre de présentation ou en suivant une trame différente, car chacun d'eux aborde une thématique précise.

Remerciements

Rédiger une quatrième édition en l'enrichissant de nombreuses mises à jour a été un projet chargé, où doute et enthousiasme se sont côtoyés. C'est pourquoi je tiens à remercier tout particulièrement Valérie Cottier, éditrice chez Chenelière Éducation, pour le suivi attentif dans la révision et la préparation de cette quatrième édition de *Famille et société*. Elle a su être patiente et compréhensive quant aux délais imposés bien involontairement en cours de projet. Étienne Côté, chargé de projet, a montré une rigueur exemplaire qui a contribué à la qualité du document. Merci également à toutes les personnes de l'équipe de Chenelière Éducation qui ont participé au travail d'édition : Catherine Saguès, qui a veillé à la révision linguistique, Marie-Noëlle Morier d'Interscript, qui a veillé à la conception graphique et à la mise en page de *Famille et société*, et Maryse Quesnel, correctrice d'épreuve, pour son excellent travail.

J'aimerais souligner enfin la contribution de Roch Hurtubise, professeur au Département de travail social de l'Université de Sherbrooke, consultant à la première édition, et de Jean-Didier Dufour, professeur de sociologie au cégep François-Xavier-Garneau, collaborateur pour la première édition. Finalement, écrire un tel ouvrage est un processus qui s'inspire aussi de nombreuses discussions informelles. Je remercie donc tous ceux et celles avec qui j'ai pu échanger au fil des ans : mes collègues du département des Sciences sociales du cégep François-Xavier-Garneau et, surtout, André Dontigny, dont le support et l'implication n'ont pas failli tout au long du processus de révision. Ce volume n'aurait pu voir le jour sans deux événements majeurs. La participation avec une équipe de Garneau International à une recherche sur la famille de l'an 2000, pour le Musée de la civilisation de Québec. Cette recherche, réalisée pour l'exposition *Familles* présentée au Musée en 1989, a suscité le projet de rédaction d'un ouvrage sur les familles et la société. Mais surtout, les discussions et les échanges avec les étudiants du cours « Sociologie de la famille » ont alimenté les thèmes abordés dans le volume. Ce livre leur appartient, en quelque sorte.

Marie-Thérèse Lacourse

CHAPITRE

1

Les fondements de la famille

OBJECTIFS D'APPRENTISSAGE

- Définir la perspective sociologique
- Connaître les points de vue théoriques en sociologie de la famille
- Reconnaître les caractéristiques sociologiques des familles
- Définir l'institution familiale, son caractère universel et variable
- Connaître les types familiaux contemporains
- Connaître les structures familiales dans le monde
- Prendre une distance critique avec le mythe évolutionniste des familles

L'intérêt pour la famille

« Ils vécurent heureux et eurent beaucoup d'enfants ! » Phrase magique des contes pour enfants, porte grande ouverte au pays des rêves amoureux... Naître dans une famille. Être d'une famille. Aujourd'hui comme hier, la famille demeure pour la majorité d'entre nous le premier groupe dans lequel nous avons vécu et dans lequel nos enfants vivront également. Ce qui fait de la famille une des réalités sociales parmi les plus quotidiennes et les plus intimes, celle que nous pensons le mieux connaître. Pourtant, si la recherche d'une vie familiale idéale ne s'est jamais démentie, le mouvement de transformation des structures familiales que vit le Québec depuis plus de 40 ans inquiète fortement. Quel sera l'avenir de la famille d'ici le milieu du XIXᵉ siècle ? Comment de nouvelles formes familiales influenceront-elles la vie collective du Québec ? Ces questions se font de plus en plus pressantes, partout en Occident.

Depuis la Seconde Guerre mondiale, chaque génération de jeunes couples a imprimé des bouleversements en profondeur au cadre de vie familial et aux valeurs qui le sous-tendent. Cette action des acteurs familiaux s'est déroulée de pair avec les changements qui ont influencé la société dans son ensemble. Les relations sont réciproques et dynamiques entre les familles et la société. Tantôt les familles subissent les pressions du système social, tantôt elles orientent, par les actions et les motivations familiales, les changements de valeurs dans les législations, par exemple. Ainsi en est-il du mariage entre conjoints de même sexe ou de la reconnaissance des unions libres.

Quelles voies emprunteront les familles au cours de ce nouveau millénaire ? En 2006, une étude prospective a vu le jour grâce à une équipe de chercheurs engagés dans des études sur la famille, et ce, sous la direction du Conseil de la famille et de l'enfance (CFE) et du Conseil de développement et de la recherche sur la famille du Québec (CDRFQ). L'horizon 2020 a été retenu. En 2020, les enfants nés avec le siècle auront 20 ans, un âge où des choix déterminants pour leur avenir se poseront. Ils auront fréquenté des milieux de garde et auront été élevés dans une société davantage multiethnique. Ces enfants vivront au sein de familles aux contours diversifiés et auront

Regard 1.1

Les aspirations des jeunes

Des données québécoises confirment que, lorsque les jeunes pensent à demain, c'est à deux qu'ils se voient, dans le rôle de parents, même si d'autres modes de vie font concurrence à la vie familiale. L'importance de la famille « demeure un aspect de vie privilégié par les jeunes d'aujourd'hui » (Dumont, 2008, p. 1). Selon le chercheur Jacques Roy de l'Observatoire Jeunes et Société, « la famille apparaît comme une "île", un refuge » (Grégoire, 2008, p. 22) pour les nouvelles générations et elles lui attribuent des qualités de solidarité et de sécurité, de bonheur et d'équilibre. « Dans un monde en perpétuel changement, la famille peut représenter le seul lien de permanence dans la vie des jeunes » (*ibid.*). Celle-ci, constatent les observateurs, devient un moyen d'accomplissement individuel et non plus une fin en soi. Toujours selon Jacques Roy, qui a dirigé une vaste enquête auprès des cégépiens, les jeunes semblent enclins à vouloir fonder une famille : cette aspiration figure en tête de liste, avant le succès professionnel ou la réussite financière. Par ailleurs, filles et garçons sont plus lucides qu'avant. « La relation affective avec l'enfant est encore très fortement valorisée chez les jeunes femmes. Mais devenir parent est parfois perçu comme une tâche très exigeante et très complexe » (Charbonneau, 2003, p. 220).

grandi dans un environnement technologique qui aura redéfini les relations sociales « en réduisant ou éliminant les contraintes d'espace et de déplacement » (Pronovost, *et al.*, 2008, p. 12).

La perspective sociologique de la famille

Suffit-il de vivre dans une famille pour être capable de la décrire scientifiquement ? Le fait de vivre dans une famille nous en donne une connaissance spontanée. C'est un atout essentiel pour son étude, mais c'est aussi une barrière, une façade masquant les mécanismes sociaux et culturels qui régissent l'existence et le fonctionnement des familles dans les sociétés humaines. Voilà le défi de l'étude sociologique de la famille. Le regard sociologique nous permet de passer de « l'idée de notre famille » au « concept de famille ». Sur le plan de l'analyse scientifique, le regard sociologique nous sert à transposer l'expérience individuelle que nous avons tous de la famille, en utilisant les méthodes de recherche et les théories d'explication propres à la sociologie ou à d'autres sciences sociales. La recherche en sociologie de la famille fournit des données pour apprécier, tant qualitativement que quantitativement, les dimensions de la vie familiale, afin de mieux la comprendre et d'émettre des hypothèses explicatives ou prédictives sur son fonctionnement. Dans ce dessein, la sociologie de la famille utilise la même démarche que l'on rencontre dans tous les domaines d'études scientifiques et qui est caractérisée par l'observation rigoureuse et objective, l'analyse et la généralisation (*voir l'encadré 1.1*).

Encadré 1.1 ● La démarche scientifique et la démarche de la sociologie

Démarche scientifique
- Utiliser des données globales, qualitatives et quantitatives ;
- Comprendre et expliquer ;
- Observer rigoureusement (méthodes) et objectivement, analyser et généraliser.

Démarche de la sociologie
- Effectuer le passage entre le fait de vivre en famille et le concept de famille ;
- Trouver des régularités ;
- Montrer que le social fait partie de nous : voir derrière la façade ;
- Révéler le général dans le particulier.

La famille est fondamentalement un fait de société, comme nous l'étudierons dans ce premier chapitre. Dans une perspective sociologique, nous sommes de ce fait conduits à chercher et à mettre en lumière les **régularités** des phénomènes familiaux. Qu'est-ce qui est commun à plusieurs familles ? à des sous-groupes familiaux ? Qu'est-ce qui se répète ? Qu'est-ce qui est différent ? En effet, la perspective sociologique se présente comme un point de vue, alimenté par des recherches scientifiques, qui indique que le social fait partie de nous. Ce point de vue nous permet de voir derrière la façade et révèle le général dans le particulier : « [L'approche

Régularité
Caractère d'un phénomène qui se produit en conformité à des règles données.

sociologique] dévoile notre modèle de société et définit le cadre général dans lequel les choix individuels de la femme et de l'homme sont effectués » (Denis, *et al.*, 2007, p. 25). Le sociologue cherche à montrer comment les déterminismes sociaux sont à l'œuvre. La société et les faits sociaux sont contraignants et influencent les actions des individus. Il s'agit d'une démarche explicative. À celle-ci s'ajoute une démarche compréhensive. Quel sens donnent les acteurs familiaux à ces contraintes sociales ? Quelle en est la logique dans leur esprit pour qu'ils s'engagent à reproduire les mêmes faits sociaux, par exemple la vie familiale ? Le sociologue s'efforce de combiner les démarches explicative et compréhensive.

? Quelle est l'utilité de la perspective sociologique ?

À quoi sert la sociologie de la famille lorsque l'on travaille directement auprès d'individus à qui l'on offre des services ? D'abord, la sociologie permet de comprendre les enjeux collectifs qui orientent les destins individuels (Mills, 1967). Un professionnel de la santé ou de l'éducation acquiert, par l'intermédiaire de la sociologie, des compétences lui servant à reconnaître les relations sociales en cours et à intervenir efficacement. Comment ? En comprenant le contexte familial et social particulier à une situation, en discernant en amont les facteurs sociaux des facteurs individuels et en analysant les motivations des personnes. Ces compétences deviendront indispensables dans des équipes de travail multidisciplinaires encourageant le bien-être de chacun dans sa communauté.

L'individu est membre d'un groupe familial, auquel il est redevable de son projet de vie. La famille, dans son acception la plus large, est le déterminant le plus puissant de la santé. Le professionnel ne peut interagir auprès d'un enfant, d'un adolescent ou d'une personne âgée sans prendre en compte le réseau familial et social. Le réseau familial est à la fois source de soutien, d'entraide et de milieu de vie, mais il peut aussi être un obstacle à la santé et à l'intégrité de la personne lorsqu'il devient un problème pour l'individu ou qu'il empêche de résoudre un problème de santé.

Le professionnel doit asseoir son intervention sur une connaissance objective des données sociales. La perspective sociologique permet d'élaborer une vision universelle de la société dans laquelle s'inscrivent les biographies individuelles. Ainsi, sauriez-vous dire quelles normes sociales et quels modèles de conduite façonnent aujourd'hui les relations entre les jeunes et les adultes ? entre les jeunes eux-mêmes ? entre les parents et leurs enfants ?

Les trois points de vue théoriques

Un premier point de vue théorique définit la famille comme étant une institution sociale qui agit en coopération avec les autres institutions au sein de la société. Cette approche signifie qu'il existe un modèle culturel général de la famille qui s'impose aux membres d'une société. Par le processus de socialisation, l'institution se reproduit auprès des jeunes générations. Des sociologues, comme le Français Émile Durkheim et l'Américain Talcott Parsons, ont imposé le déterminisme social, qui considère les conduites humaines comme des faits sociaux objectifs pour lesquels on peut dégager des causes. L'idée du déterminisme social a longtemps imprégné la recherche en sociologie de la famille.

Le deuxième point de vue aborde plutôt la famille comme étant un lieu où se manifestent les oppositions, les conflits et les inégalités qui préexistent dans la société. La sociologie radicale affirme que la société change, se transforme et prend forme sous la poussée des conflits entre les groupes sociaux. On parle alors de rapports sociaux. Les rapports sociaux expriment les liens entre les individus, caractérisés par le contexte général de la société (contextes social, politique et économique, idéologies dominantes) et non pas uniquement par l'identité personnelle des individus. Dans les limites de la sociologie radicale, les théories féministes ont examiné les relations entre les hommes et les femmes au sein de la famille (relations affectives et sexuelles, travail domestique, éducation des enfants, violence conjugale) comme étant la conséquence des rapports inégaux inscrits dans les structures politiques, idéologiques et économiques. Aujourd'hui, de nouvelles inégalités fondées sur les modes de vie, les ressources économiques, l'origine ethnique, les tranches d'âge ou l'orientation sexuelle s'ajoutent aux inégalités classiques de classes sociales et de sexe.

Un troisième point de vue met à contribution les acteurs sociaux. Les individus agissent les uns avec les autres selon des conventions, à partir des positions sociales qu'ils occupent, des rôles et des fonctions, des statuts sociaux, et ils donnent un sens à leurs actions. En sociologie de la famille, on s'intéressera aux trajectoires familiales, aux cycles de vie, aux réseaux familiaux et aux motivations sociales à l'œuvre dans les choix (démographiques, formations et ruptures conjugales) des familles et de leurs membres. On s'attardera à l'apprentissage des rôles liés au sexe et des rôles familiaux, au sens qu'accordent les membres des familles aux transformations qu'ils vivent et qu'ils construisent au cours de leur vie quotidienne. Les hommes et les femmes, les jeunes et les vieux, participent en tant qu'acteurs sociaux à construire la société, qui les influence à son tour.

Ces trois points de vue mettent en lumière des aspects différents mais convergents de la vie en société (*voir l'encadré 1.2*).

Encadré 1.2 ● Les trois points de vue théoriques sur la famille

La famille est une institution sociale.	• Elle agit en coopération avec les autres institutions sociales pour assurer le fonctionnement de la société.
	• Le modèle général de la famille impose des fonctions, des rôles, des valeurs et des façons de se conduire.
	• L'institution familiale est reproduite d'une génération à l'autre par le processus de socialisation.
La famille exprime les inégalités et les conflits.	• La famille reflète les conflits et les inégalités qui existent dans la société.
	• Les rapports sociaux de sexe dans la famille sont la conséquence des rapports inégaux dans les structures sociales, comme la violence familiale.
	• Les nouvelles inégalités sociales sont basées sur les modes de vie, les tranches d'âges, l'origine ethnique et l'orientation sexuelle.
Les acteurs familiaux sont des sujets et vivent des interactions sociales.	• Les individus sont des sujets qui donnent un sens à leurs actions.
	• Des motivations sociales orientent les choix des familles : ruptures conjugales, trajectoires familiales, fécondité.

1.2 Recherchée : une définition de la famille

La nature d'une définition

Qu'appelle-t-on au juste « la famille » ? Il faudrait une définition qui permette de dire que ce groupe de gens forme une famille, alors que cet autre groupe n'en est pas une. Une définition qui soit à la fois suffisamment large pour inclure toutes les familles et assez exclusive pour différencier les familles des autres groupes sociaux.

Nous sommes nés et nous vivons dans une famille d'orientation : c'est notre famille d'origine. La majorité des individus aspire à former une famille de procréation : c'est le groupe composé des enfants et du conjoint. Distincts en ce qui a trait aux concepts, ces deux types de famille se superposent dans la réalité : la famille de procréation que je fonderai un jour deviendra la famille d'orientation de mes enfants. Ces deux familles correspondent à des phases distinctes dans la vie d'une personne et se rapportent à des réalités familiales diversifiées : famille nucléaire, famille élargie, famille homoparentale, famille monoparentale, famille recomposée, famille consensuelle ou famille réseau.

La famille n'est pas une réalité univoque, elle est une construction sociale qui varie dans le temps et dans l'espace. L'idée que nous nous faisons de la famille dépend de notre culture, du modèle collectif proposé par la société dans son ensemble ainsi que des valeurs sociales de notre groupe d'appartenance en matière de religion, d'origine ethnique, de classe sociale, etc. Enfin, les définitions choisies varient selon leur contexte d'utilisation : définition à caractère religieux, anthropologique, humaniste, démographique, statistique, juridique ou sociologique.

Les caractéristiques sociologiques des familles

Nous proposerons cinq caractéristiques de la famille qui contribuent certes à la définir, mais surtout à différencier le groupe familial des autres groupes sociaux, quelles que soient la société de référence et l'époque historique en cause. Ces traits peuvent prendre des couleurs et des formes variées, mais ils représentent les composantes à l'origine du groupe familial.

Exercice 1.1

Votre définition de la famille

1. D'abord individuellement, écrivez la définition que vous donnez au mot « famille ». Il s'agit simplement de coucher sur papier ce qui vous vient spontanément en tête à l'égard de la famille.

2. Ensuite, en groupe de quatre élèves environ, présentez vos définitions de la famille, puis mettez-vous d'accord sur une définition ou réécrivez-en une qui plaît à tout le groupe.

3. Faites une synthèse des définitions proposées par les groupes :
   - Quels sont les éléments communs à ces définitions ?
   - Peut-on définir la famille par la notion d'amour ?
   - Précise-t-on quels membres composent une famille ?
   - Toutes les structures familiales sont-elles incluses dans ces définitions ?
   - Parle-t-on de la famille idéale ou de familles réelles ?

Élément de réflexion

Chacun a sa propre perception de la famille. Nous observons cependant une certaine homogénéité des idées sur la famille, malgré la diversité des formulations. C'est que notre expérience « privée » de la famille s'enracine dans un contexte social et culturel lié à notre époque historique et partagé par la majorité de la population ou, du moins, par les membres de notre groupe culturel.

Des enfants et des adultes

Un couple sans enfant est-il une famille ? Le couple est une famille potentielle, mais il n'est pas en lui-même la famille. La présence d'enfants crée des rapports de dépendance sur les plans social, économique et affectif avec la génération adulte. Le groupe familial se fonde avec la venue des enfants. C'est le désir de parentalité du couple, le désir de se prolonger, la nécessité de «donner naissance», qui institue la famille. Pour le sociologue, famille et couple sont deux entités sociales interreliées, mais différentes, qui se modifient avec la venue et le départ des enfants.

Des liens reconnus socialement

Comment s'établissent les liens familiaux ? S'agit-il de un, de deux ou de plusieurs adultes responsables, de sexe différent ou de même sexe, vivant avec un ou plusieurs enfants ? Ces adultes sont-ils forcément le père et la mère biologiques, mariés religieusement ou vivant en union de fait ? À quelles conditions les liens entre les membres de la famille sont-ils reconnus et légaux ? Quelles formes revêtent les

---

Savoir plus 1.1

Un thème polysémique, plusieurs définitions

S'entendre sur une définition de la famille, est-ce encore possible ? Le débat au Canada précédant le vote sur le mariage civil entre conjoints de même sexe, en juillet 2005, rend bien compte de la charge culturelle, religieuse et émotive toujours associée à la famille. Voici quelques exemples de définitions de la famille.

Selon des auteurs américains, la famille est «un groupe d'individus liés par un attachement émotif profond et par un sentiment d'appartenance au groupe, et qui s'identifient comme étant "membres de la famille"». Cette définition inclut les différentes configurations de familles présentes dans la société d'aujourd'hui (Duhamel, 1995, p. 26).

En Afrique de l'Ouest, «les morts, les vivants, ceux qui vont naître dans la tribu font tous partie de la famille». Les démographes distinguent la famille biologique (le lieu de la reproduction) des unités domestiques établies selon de multiples arrangements résidentiels communs entre membres d'une même famille, de la parenté ou de la lignée familiale (Ezembe, 2000).

Au sens statistique, la famille ne comprend que les personnes qui vivent sous le même toit (corésidence) et qui sont liées par des liens filiaux ou conjugaux, reconnus par la loi :

- un couple marié et les enfants du couple ou de l'un ou l'autre des conjoints ;
- un couple en union libre et les enfants du couple ou de l'un ou l'autre des partenaires ;
- un parent seul, sans égard à son statut matrimonial, habitant avec au moins un enfant dans ce logement ;
- les «enfants» dans une famille de recensement comprennent les petits-enfants vivant dans le ménage d'au moins un de leurs grands-parents, en l'absence des parents.

La famille de recensement ainsi définie par Statistique Canada au recensement de 2006 se conforme à la norme édictée par les Nations Unies (1998) portant sur la famille nucléaire. Pour la première fois en 2006, Statistique Canada distingue la famille de recensement comptant un couple avec ou sans enfant (Statistique Canada, 2006).

liens d'alliance, de consanguinité, d'adoption, affectifs…? Les relations sont-elles hiérarchiques ou égalitaires entre conjoints, entre parents et enfants, entre sœurs et frères, oncles et tantes, beaux-parents, etc.? Autant de possibilités, autant de structures familiales, souvent un modèle familial valorisé.

Chaque société accepte certains liens et en rejette d'autres. Dans chaque définition donnée de la famille, on trouve une reconnaissance sociale des formes de liens acceptables et prescrits entre les membres d'une famille.

Une unité de vie dans un espace convivial

La famille est associée au maintien des activités de la vie quotidienne: dormir, manger, aimer. C'est ce que Colette Carisse, sociologue ayant longtemps enseigné à l'Université de Montréal, appelait la «fonction maternelle» assumée par la famille (Carisse, 1988). Par cette fonction, la famille se constitue en une unité de consommation, doublée quelquefois d'une unité de production. Considérer la famille comme une unité signifie également qu'elle vit dans un espace **convivial** et délimité, l'espace domestique, où se tissent des liens intenses entre les membres qui la composent et où se fait l'apprentissage de la vie en société, surtout au cours de la petite enfance, qui exige de la part des adultes des soins et une présence plus assidus auprès des enfants.

Convivial
Qui favorise les échanges réciproques entre les personnes dans un climat affectif.

Une certaine durée

Dans les sociétés humaines, la relation parents-enfant, qu'il s'agisse du parent social ou du parent biologique, est particulière parce qu'elle présente une certaine permanence. Ces liens sont-ils pour autant indissolubles? Difficile de soutenir une telle affirmation. Cependant, la durée de ces liens au fil du temps est essentielle à l'existence de la famille pour que se tisse l'espace communicationnel et fonctionnel dont la famille est la titulaire. La durée devient donc un trait caractéristique du groupe familial. On peut toujours revenir à sa famille sans avoir à justifier ses rapports avec elle. Elle est là. C'est un fait. Les grands événements de la vie, comme le mariage, la naissance ou la mort, demeurent généralement vécus et partagés par les membres de la famille.

Une nécessaire socialisation

Vivre en famille, c'est avant tout partager des valeurs et des modèles de conduite qui ont été transmis des parents aux enfants, et voir le monde d'une façon commune aux membres de la famille. Cet héritage ne vise pas seulement notre famille en particulier ; il est un maillon de l'héritage social et culturel plus global des générations âgées aux générations plus jeunes. Dans le contexte familial, sa transmission est indispensable pour assurer la reproduction des sociétés humaines et pour permettre « au petit d'homme » de vivre en société. La famille constitue ainsi le lieu privilégié de l'apprentissage de la vie en société : la **socialisation.** Être socialisé, c'est avoir appris l'essentiel des codes culturels nécessaires pour bien vivre et s'adapter dans une société, pour se développer et s'épanouir et, enfin, pour devenir un acteur social intégré dans son milieu de vie et dans la société en général. Colette Carisse soutenait que la famille constitue la base des solidarités sociales et le ferment du désir de vivre en société (Carisse, 1988). Le tableau 1.1 présente les principales caractéristiques sociologiques de la famille.

Socialisation
Processus par lequel une personne apprend et intériorise les éléments de sa culture.

Tableau 1.1 • Les caractéristiques sociologiques de la famille

Caractéristique	Notion en cause
Des adultes et des enfants	Des rapports de dépendance entre deux générations
Des liens reconnus socialement	Une acceptation culturelle ou légale des liens familiaux
Une unité de vie	La nécessité d'assurer la vie quotidienne dans l'espace domestique
Une certaine permanence	Une durée des relations familiales
Une socialisation obligatoire	La transmission de l'héritage culturel entre les générations et l'apprentissage de la vie en société

La famille comme institution sociale

Quelle est l'origine de la famille ? Quels en sont les fondements ? Sous des formes variées, elle est présente dans toutes les sociétés connues et elle est sans aucun doute la plus vieille institution des groupes humains. Cela dit, il convient d'abord de distinguer la part du biologique (de l'hérédité) et du social (de la culture) dans l'existence de la famille. Car enfin, pourquoi la famille ? Nous sommes spontanément portés à recourir au **déterminisme biologique** pour justifier la présence de la famille dans toutes les sociétés humaines : instinct sexuel, instinct de reproduction et instinct de sécurité sont tour à tour invoqués. Le social est alors subordonné au biologique.

Déterminisme biologique
Notion qui suggère que certains événements sociaux présentent des fondements biologiques.

Claude Lévi-Strauss, un anthropologue français connu pour ses recherches sur les structures de la parenté, s'est interrogé sur l'idée d'une famille ancrée à des bases biologiques. Il affirme que la seule nécessité biologique entraînant des rapports de longue durée entre deux individus est la maternité, c'est-à-dire le couple mère-enfant. Le petit de la femme, en l'absence de substitut, dépend de sa mère pour se nourrir. La mère, une fois déclenchée la production hormonale de la prolactine au cours de la grossesse et de l'accouchement, a la possibilité physiologique d'allaiter son petit et d'assurer ainsi sa survie alimentaire. Pourtant, cette relation biologique de fécondation et d'engendrement n'est nullement nécessaire à la création d'un lien de parenté et d'affection entre le père, la mère et l'enfant (Lévi-Strauss, 1977), non plus que la relation d'engendrement ne détermine à elle seule la relation affective, que nous appelons l'amour maternel, entre la mère et son petit. Ce n'est pas dans toutes les sociétés que la mère biologique allaite ou élève ses propres enfants.

Et qu'en est-il des relations entre un homme et une femme ?

En ce qui a trait à toutes les autres relations entre l'homme et la femme, entre le père et l'enfant et entre les enfants de mêmes parents, il paraît difficile de retracer les causes biologiques, inscrites dans notre bagage génétique, qui expliqueraient le désir de fonder une famille. L'anthropologue américaine Hélène Fisher (2008) avance la thèse que les femmes de la préhistoire ont dû s'attacher à un homme pour garantir leur protection et celle de leur petit, d'où l'issue du couple monogame. Cependant, si la reproduction de l'espèce humaine est tributaire des instincts sexuels et de survie, la complexité et la diversité des formes d'organisations familiales nous apprennent que les hommes et les femmes sont capables de multiples adaptations qui répondent tout autant à des contraintes sociales ou environnementales qu'à des nécessités biologiques. La durée de vie de l'espèce humaine et son évolution ne se sont pas accomplies de manière linéaire, mais découlent de l'imbrication de nombreux événements dans l'espace et dans le temps.

L'anthropologie structurale voit dans la prestation de services mutuels entre les conjoints l'élément commun aux diverses formes que revêtent le mariage et la famille dans les sociétés humaines. L'anthropologue Françoise Héritier estime que ces services, répartis entre les sexes selon un ordre arbitraire variant d'une société à l'autre, rendent les individus interdépendants et poussent donc les hommes et les femmes à des associations durables, « des sortes de contrats d'entretien, c'est-à-dire au mariage » (Héritier, 1975, p. 159). Selon Héritier, ces contrats d'entretien entre conjoints auraient pu être passés entre gens de même famille, mais l'humanité aurait alors été peuplée de groupes repliés sur eux-mêmes, hostiles et prêts à user de la force pour se procurer des partenaires s'ils venaient à en manquer. Nulle forme stable de société n'aurait pu alors être viable sur ces bases, d'où l'obligation que les groupes humains se sont donnée de choisir un conjoint dans un autre groupe familial que le leur (*voir l'encadré 1.3*).

On peut résumer ainsi le modèle biologique de base : un homme (un mâle), une femme (une femelle) et des enfants (des petits). La famille apparaît au moment où chaque société définit et nomme les liens entre l'homme, la femme et l'enfant, ce qui crée un ensemble complexe et plus ou moins rigide de relations, de sentiments et d'obligations. C'est donc l'exigence sociale de l'association, et non une exigence naturelle, qui l'emporte dans la constitution de la famille. Chaque société humaine reconnaît la famille selon des structures particulières qu'elle autorise. La plupart du temps, les sociétés distinguent l'union légale de l'union illégitime, et les relations sexuelles permises de celles qui sont interdites.

Encadré 1.3 ● Les fondements de la famille

Nécessité biologique	• couple mère-enfant ;
	• allaitement pour la survie du petit ;
	• production d'hormones au cours de la grossesse et de l'accouchement.
Nécessité sociale	• échange de services entre les conjoints ;
	• services répartis entre les sexes ;
	• contrats d'entretien mutuel entre les conjoints, entre les parents et les enfants ;
	• exigence sociale de l'association.
Groupes familiaux	• relèvent des sociétés ;
	• ensemble complexe et plus ou moins rigide de relations, de sentiments et d'obligations ;
	• chaque société définit et nomme les liens entre l'homme, la femme et l'enfant, entre les adultes et les enfants.

L'institution familiale

Peter Berger, un sociologue américain, souligne que les institutions fournissent des règles de conduite qui façonnent les comportements et nous contraignent à suivre les sentiers tracés par la société. Ce sont les normes de conduite imposées à tous les membres d'une société (Berger, 1973).

L'institution familiale représente l'ensemble des normes culturelles, construites, partagées et transmises, qui établissent le modèle des relations entre les membres du groupe familial (Hagedorn, 1980). Ces normes s'appliquent aux cinq comportements familiaux suivants :

• la formation de la famille ;
• le choix de la résidence ;
• l'échange des biens et des services entre les conjoints ;
• la régulation des rapports sexuels ;
• le soin et la socialisation des enfants.

? Toute la vie familiale est-elle déterminée par une institution ?

Si nous pensons au mariage, de la façon dont nous le vivons au Québec et en Occident, il nous vient immédiatement à l'esprit des valeurs comme la tendresse, l'amour, la fidélité, l'exclusivité sexuelle, la passion amoureuse et le coup de foudre, qui marquent l'union intime et particulière d'un homme et d'une femme. Au Canada, le mariage repose sur la fidélité attendue des deux partenaires. D'ailleurs, non seulement le mariage, mais aussi la constitution même du couple est tributaire de cette union qui exclut les autres au profit de la liaison des deux membres du couple. Ne vous est-il jamais arrivé d'aimer deux personnes à la fois ?

Imaginons un peu la situation suivante : une fille est courtisée par deux garçons qui aimeraient bien sortir avec elle. Elle reconnaît à chacun des qualités et, somme toute, les trouve agréables et gentils. Ils font chacun figure d'amoureux attentionné. Comment doit-elle réagir ? Peut-elle sortir en même temps avec chacun d'eux, prétendant être amoureuse de chacun et les tenant dans l'ignorance de l'autre partenaire ? ou vivre un polyamour[1] ? Les deux garçons accepteront-ils cette situation ? Comment sera-t-elle perçue par ses amies et son entourage ? Quelle conduite lui conseillera-t-on d'adopter ? Il y a fort à parier qu'elle choisira le garçon avec qui elle formera un couple, autant à partir de ses propres valeurs que sur les conseils de son entourage. Elle se dira peut-être qu'elle ne les aime pas de la même façon, qu'elle en aime un davantage que l'autre, qu'il s'agit dans un cas d'une amitié plutôt que d'une passion amoureuse.

Les filles et les garçons sont sensibles à ces contraintes. Sans qu'ils puissent le formuler aussi clairement, les jeunes savent ce qui est interdit et ce qui est permis. En Occident, l'institution familiale repose encore essentiellement sur les relations amoureuses monogamiques, c'est-à-dire avec un seul partenaire à la fois. Aller à l'encontre de ces pratiques, c'est s'exposer à être marginalisé et, dans certains cas, à subir des sanctions.

? N'est-il pas normal et préférable qu'il en soit ainsi ?

Bien sûr, le façonnement des institutions se fait de manière implicite. Nous adhérons aux lois familiales et sociales sans qu'elles nous paraissent être un fardeau. Au contraire, elles sont vécues de manière tout à fait « naturelle ». C'est que nous avons été socialisés pour bien nous intégrer à notre culture et à notre société. Cependant, l'immigration internationale croissante contribue à mettre en contact des groupes d'individus ayant des valeurs familiales différentes. De plus, les Chartes québécoise et canadienne protègent les droits des personnes qui adoptent des modes de vie s'écartant des normes sociales au point de modifier celles-ci dans les textes de loi.

1.3 Les familles du monde

Postulat théorique
Principe indémontrable que l'on admet comme point de départ.

Grâce aux observations des ethnologues portant sur de nombreuses sociétés humaines et aux recherches documentaires des historiens sur la vie familiale passée, nous sommes en mesure de mieux saisir deux **postulats théoriques** de la sociologie de la famille.

Le premier postulat affirme que la famille est une construction sociale, c'est-à-dire que la famille est essentiellement une institution dont la forme peut changer d'une société à une autre. Les rapports entre les membres de la famille, entre les parents et les enfants, entre les grands-parents et le jeune noyau familial, ainsi que la division des rôles masculins et féminins, ne sont jamais définitifs, mais varient dans le temps et dans l'espace. On ne peut les considérer comme étant des faits naturels : ils doivent être situés historiquement et socialement.

---

1. Depuis 2000, dans Internet, de nombreux sites promeuvent les mérites du « polyamour » ou amours multiples. Le polyamour y est décrit comme la capacité de vivre plusieurs relations amoureuses (affectives ou sexuelles) en même temps, connues de chaque partenaire et dans le respect de tous.

Quant au second postulat théorique, il énonce l'existence d'un lien très réel entre les caractéristiques sociales, culturelles, économiques et politiques d'une société et les formes familiales qui sont les siennes.

Dans la section suivante, nous mettrons à l'épreuve ces postulats en examinant diverses structures familiales. Mais avant d'aborder cette partie du chapitre, il importe de retirer nos lunettes d'Occidentaux afin d'examiner d'un œil objectif les familles du monde.

Le mythe évolutionniste

En Occident, **nous avons tendance** à présenter notre organisation familiale comme étant la plus évoluée de toutes. Cette tendance **ethnocentrique** a également marqué les observations et les premières publications des chercheurs en sciences humaines qui, tant au XIXᵉ siècle que tard au XXᵉ siècle, ont tenté d'écrire une histoire de l'évolution de l'humanité. Plusieurs d'entre eux ont prétendu que l'humanité passait par une série de stades de développement qui se succèdent logiquement et se distinguent les uns des autres. Comme ils liaient les types de familles aux structures des sociétés, ils pensaient que l'évolution des sociétés humaines pouvait être comprise par la connaissance de l'évolution des stades familiaux (Bachofen, 1996 ; Engels, 1884 ; Morgan, 1877). Longtemps, la **théorie évolutionniste** a inspiré la recherche sur la sociologie de la famille. Selon cette théorie, la première organisation familiale apparaissant dans l'histoire de l'humanité aurait été dominée par les femmes et marquée par la « promiscuité sexuelle » pour évoluer vers une société patriarcale plus raffinée et, enfin, parvenir au stade supérieur, représenté par la famille européenne de la fin du XIXᵉ siècle.

Ethnocentrique
Qui a tendance à juger les diverses cultures à partir des normes et des valeurs en vigueur dans sa propre culture.

Théorie évolutionniste
Théorie qui suppose une suite de transformations chez une espèce, la faisant passer d'un stade inférieur à un stade supérieur.

? **N'est-il pas normal qu'il y ait eu une évolution de la famille ?**

Cette théorie est aujourd'hui rejetée par les scientifiques. On sait que la famille nucléaire, commune en Occident, se rencontre dans de nombreuses sociétés non occidentales. On ne peut porter de jugement sur la valeur des divers systèmes familiaux ; aucun n'est objectivement supérieur, progressiste ou rétrograde. Cependant, rien ne nous empêche de comparer ou d'évaluer les systèmes familiaux à partir de critères comme le statut accordé aux femmes, l'éducation des garçons et des filles, l'accès à la santé, etc. Il est indéniable que toute norme n'est pas pareillement acceptable au regard des grands principes moraux associés aux droits fondamentaux accordés à tous les êtres humains dans *La Déclaration universelle des droits de l'homme,* adoptée par les États membres de l'Organisation des Nations Unies (ONU) le 10 décembre 1948.

L'étude des structures familiales

Dans son ouvrage *Les structures élémentaires de la parenté,* paru en 1949, Claude Lévi-Strauss a tenté de présenter les règles de formation des mariages et des systèmes de parenté, en mettant en évidence la règle – universelle dans les sociétés humaines – de l'interdiction de l'inceste. Dans l'ensemble de son œuvre, Lévi-Strauss fait valoir les structures mentales universelles qui agissent derrière les institutions humaines, particulièrement dans la formation de la parenté.

La parenté

Parenté
Ensemble des personnes qui nous sont parentes par le sang ou par le mariage, à partir d'un ancêtre commun. La parenté est aussi une institution qui règle le fonctionnement de la vie sociale.

Au sens strict, le mot **parenté** désigne tous les individus qui nous sont parents par le sang ou par le mariage. Ainsi en est-il de nos père, mère, sœurs et frères, oncles et tantes, cousins et cousines, beaux-parents, etc.

Au sens large, la parenté se présente comme l'institution qui règle dans une mesure plus ou moins importante le fonctionnement de la vie sociale. Dans de nombreuses sociétés, les possibilités de mariage, le travail, la résidence et les obligations religieuses ou politiques dépendent de la place qu'occupe l'individu dans sa parenté. Parfois, toute l'organisation sociale peut être réglée par les groupes de parenté, qu'il soit question de politique, d'économie ou de religion. Ce fut sans doute le cas dans le Québec d'autrefois. Malgré l'affaiblissement de l'influence de la parenté dans notre société, dont les valeurs sont désormais fondées sur l'individu et ses compétences plutôt que sur les groupes d'appartenance, celle-ci joue encore à l'occasion un rôle de régulateur et d'entremetteur. Qui ne compte pas sur un oncle, un cousin, un beau-parent ou une sœur de la belle-sœur pour se faire connaître, obtenir un bon mot pour un employeur ou un passe-droit pour assister à un événement sportif? Naissances, morts et mariages

Regard 1.2

Le soutien du réseau familial

En 1989, les anthropologues Renée B.-Dandurand et Françoise-Romaine Ouellette ont effectué une étude auprès de 60 jeunes familles montréalaises pour mieux connaître le soutien offert par le réseau de la parenté. S'intéressant au système de parenté, les chercheuses ont découvert l'importance du réseau d'entraide.

Leurs résultats confirment que le réseau familial soutient efficacement les jeunes familles en cas de besoin, mais que cette intervention prend des connotations différentes selon les classes sociales d'appartenance des familles. Par exemple,dans un milieu ouvrier comme le quartier Saint-Henri, les solidarités des membres de la famille sont indispensables en même temps que très valorisées. Elles rendent cependant les jeunes parents dépendants du réseau et les soumettent directement au jugement de leur parenté. Par contre, dans les foyers aisés d'Outre-mont, on dépend peu des solidarités familiales. Cette même entraide s'exerce pourtant et contribue au bien-être et à la promotion sociale des familles. Dans les foyers de classe moyenne, on tend à minimiser l'importance de la parenté, car on veut être le plus autonome possible. Si la mère demeure à la maison, elle prend la responsabilité de maintenir l'autonomie du foyer parental.

Dans la vie courante, « […] les couples ou les mères seules reçoivent de leurs propres parents ou de leurs frères et sœurs une aide diversifiée, surtout matérielle et instrumentale, principalement sous forme de dépannage ou de coup de main occasionnel : garde d'un enfant pendant quelques heures ou même quelques jours, prêt d'argent, don de vêtements d'enfants, aide à déménager » (B.-Dandurand et Ouellette, 1992, p. 384).

sont encore soulignés entre membres de la parenté, même si nous nous fréquentons moins. Qui inviterez-vous à votre mariage? Quelles personnes prennent en charge les défunts et les malades?

Le réseau familial

Aujourd'hui, la famille devient de plus en plus un espace de relations sociales marqué par les échanges. C'est ce que souligne le concept de réseau. Le réseau d'un individu ou d'une famille est constitué par l'ensemble des personnes importantes avec lesquelles des échanges affectifs, de soutien ou d'entraide sont établis. Plus une famille dispose d'un réseau social étendu, plus elle a de chances d'avoir une **sociabilité** qui soit riche. La vigueur et la richesse du réseau familial et social ont par ailleurs un effet protecteur sur la santé des individus.

Sociabilité
Ensemble des activités d'échanges entre une famille et son entourage.

Trois sources alimentent le réseau d'une famille ou d'un individu. La première est constituée de la parenté et elle est associée à un ensemble plus ou moins strict de traditions d'échanges et d'obligations (par exemple, se rencontrer à Noël, échanger les vêtements d'enfants). La deuxième est composée d'amis qui, par diverses activités, viennent se greffer au réseau familial et qui changent selon les périodes: celle du couple, celle des jeunes enfants et celle des adolescents. Ces amis partagent du temps familial (par exemple, des vacances en compagnie de plusieurs familles). La troisième source comprend les voisins, que la proximité physique ou les activités parallèles rapprochent de la famille (par exemple, le barbecue dans la cour, l'été) (Fortin, 1987).

La caractéristique du réseau familial est que son existence repose sur des relations électives. C'est par choix que l'on voit telles personnes de notre parenté ou que l'on organise telle activité avec un couple d'amis qui a des enfants du même âge que les nôtres.

Les types de familles

On reconnaît en général plusieurs types de familles, nommées selon la façon dont est composé le foyer familial. Nous en retiendrons six (*voir le tableau 1.2, p. 16*).

La famille nucléaire désigne un groupe familial formé du père, de la mère et de un ou plusieurs enfants qui vivent ensemble. La famille nucléaire (noyau familial) est également appelée famille conjugale (union d'un homme et d'une femme) ou famille biparentale (famille avec deux parents). Les trois termes se rapportent au même type de famille. La famille nucléaire habite une résidence séparée de celle des grands-parents.

Lorsque plusieurs familles nucléaires vivent sous le même toit, elles constituent une famille élargie ou étendue. Il s'agit généralement d'une famille composée d'un homme, d'une femme, de leurs enfants non mariés et d'un fils marié avec son épouse et ses enfants. On dira alors que c'est une famille consanguine (ou famille souche), car les liens qui unissent les deux familles sont consanguins (parents et fils marié). Il peut s'agir aussi de sœurs ou de frères mariés ou chefs monoparentaux, ayant des enfants, qui partagent une résidence commune. Dans une société polygamique, ce peut être un homme marié et ses épouses qui partagent la même résidence. Il s'agit alors d'une famille élargie par extension d'alliances.

Dans ces types de familles, il est implicitement question de couples composés d'un homme et d'une femme. Cependant, cette réalité est en train de se transformer depuis qu'en 2004, le Canada a rejoint le groupe restreint des pays qui reconnaissent le mariage entre conjoints de même sexe. En rendant le mariage accessible aux couples homosexuels, les gouvernements fédéral et provinciaux ont ouvert la voie à la reconnaissance des familles homoparentales, qui étaient réduites à la clandestinité. Le nombre des familles homoparentales est en augmentation, même si les études manquent pour documenter leur réalité.

La famille monoparentale désigne une famille comprenant un seul parent vivant avec un ou plusieurs enfants.

La famille recomposée, ou reconstituée, regroupe deux adultes remariés ou vivant en union de fait, avec un ou plusieurs enfants issus des précédentes unions des parents et parfois de l'union actuelle de ceux-ci.

Enfin, le sociologue québécois Simon Langlois désigne par l'expression «famille réseau» la famille qui est formée de liens maintenus entre membres consanguins appartenant à des unités de vie différentes (Langlois, 2008, p. 59). Ce type de famille, dite aussi consensuelle, est en croissance en raison des ruptures conjugales qui conduisent des enfants à vivre en garde partagée chez l'un ou l'autre de leurs parents et parce que de nombreux conjoints séparés demeurent en relation avec leur ex-belle-famille, pour le bien-être de leurs enfants. Ainsi, la manière dont est formé le foyer familial différencie les types de familles.

Tableau 1.2 ● Les types de familles selon la composition des unités familiales

Type de famille	Composition	Synonymes
Famille nucléaire	Père, mère et leurs enfants vivant ensemble.	Famille conjugale, famille biparentale, noyau familial, ménage familial
Famille élargie	Deux ou plusieurs familles nucléaires partageant une résidence commune. Les liens qui unissent ces familles peuvent être consanguins ou établis par alliance.	Famille étendue, famille souche, famille consanguine
Famille homoparentale	Deux adultes de même sexe vivant avec un ou plusieurs enfants. L'enfant peut être issu d'une précédente union d'un des adultes, adopté par un ou les deux parents, ou né par le moyen d'une technique de reproduction.	Famille homosexuelle
Famille monoparentale	Mère ou père seul vivant avec un ou plusieurs enfants.	Parent unique, ménage monoparental
Famille recomposée	Deux adultes vivant avec un ou plusieurs enfants nés d'unions précédentes ou issus de la présente union.	Famille reconstituée, famille composée
Famille réseau	Des membres consanguins (parents et enfants, frère ou sœur) qui vivent dans des résidences différentes et maintiennent des liens.	Famille consensuelle

Les règles d'alliances

L'**alliance** désigne l'union de deux conjoints et, par extension, celle de deux groupes de parenté (*voir le tableau 1.3*). L'union officielle d'un homme et d'une femme est le signe public de la reconnaissance des liens qui uniront désormais deux familles, et de l'ensemble des devoirs et des responsabilités qui en découlent. Le premier devoir des nouveaux mariés est de mettre au monde des enfants qui assureront la continuité de la lignée familiale. De ce fait, le mariage rend légitime l'exercice de la sexualité et de la reproduction.

Alliance
Union de deux personnes.

Mais on n'épouse pas qui l'on veut ! Par le mariage, deux parentés entrent en alliance ; chacune d'elles veillera à effectuer le meilleur choix pour la promotion de ses intérêts et la sauvegarde de son patrimoine. Le choix du conjoint revêt une telle importance, qu'il ne peut être laissé au seul arbitraire de l'individu. Que les mariages soient imposés ou soumis à l'approbation des familles, la formation des couples s'est toujours opérée sous haut contrôle social puisque le principe d'alliance se trouve au cœur de la vie en société (Locoh, 2002).

Le mariage assure la transmission de la lignée familiale par la continuité du sang (consanguinité) et crée la parenté par l'alliance (affinité). La consanguinité est verticale (père, mère et enfants) et horizontale (frères et sœurs). L'alliance peut être directe (époux-épouse) ou s'établir par personne interposée (belle-sœur, beau-père).

Le mariage monogamique représente l'union d'un seul homme et d'une seule femme. La **monogamie** l'emporte en fréquence dans toutes les sociétés humaines et sur tous les continents. La famille nucléaire monogame fut présente à toutes les époques, tant dans l'Égypte ancienne et la Grèce antique que chez les Mayas ou dans les sociétés européennes (Dortier, 2002). La monogamie ne signifie pas que le mariage soit exclusif : sauf dans les pays où le divorce est interdit, hommes et femmes vivront sans doute plusieurs unions monogamiques au cours de leur existence, les unions se succédant, attestant ainsi d'une monogamie sérielle.

Monogamie
Alliance en vertu de laquelle un homme ou une femme ne peut avoir plus d'un conjoint en même temps.

Tableau 1.3 ● Les différents types d'alliances et les règles qui s'y rattachent

Type d'alliance	Règle d'alliance
Monogamie	Un homme ou une femme ne peuvent contracter qu'un mariage à la fois.
Polygamie (polygynie, polyandrie)	Un homme ou une femme peuvent contracter plusieurs mariages en même temps, qui sont tous valides.
Tabou de l'inceste	Un homme ou une femme ne peuvent contracter un mariage avec un parent consanguin, les degrés de parenté étant variables.
Exogamie	Un homme ou une femme ont l'obligation de choisir leur conjoint à l'extérieur de leur groupe de parenté.
Endogamie	Un homme ou une femme doivent choisir leur conjoint à l'intérieur de leur groupe de parenté, ou à l'intérieur de leur groupe social.

Polygamie
Un homme ou une femme contracte plusieurs mariages valides simultanément.

Polygynie
Plusieurs mariages d'un homme avec différentes femmes (du grec *gunaikos*, femme).

Polyandrie
Plusieurs mariages d'une femme avec différents hommes (du grec *andros*, homme).

La polygamie

La **polygamie** signifie que plusieurs mariages peuvent être contractés concurremment. Ainsi, un homme peut avoir plusieurs épouses (**polygynie**) ou une femme peut avoir plusieurs époux (**polyandrie**), tous ces mariages étant valides en même temps.

Dans les premières sociétés polygynes qui seraient apparues avec la sédentarisation des groupes humains, au néolithique, « les femmes constituent la partie la plus précieuse du patrimoine de l'homme : elles portent et élèvent les enfants, font la cuisine […]. Elles sont, avec la terre, un bien fertile, c'est-à-dire capable de produire d'autres biens par lui-même » (Attali, 2007, p. 62).

Pratique ancestrale en Afrique, on s'entend généralement pour admettre que les formes variées de polygamie répondaient à des impératifs économiques et reproductifs. Dans des sociétés de survie où les hommes et les femmes travaillaient tous les jours pour obtenir et transformer les produits nécessaires à leur subsistance, chaque épouse représentait une ressource économique par la production à laquelle elle contribuait : cueillette de petits fruits, soins aux animaux, agriculture, transformation des denrées alimentaires, fabrication des vêtements, etc. Aussi, le fait d'avoir plusieurs épouses permettait au mari de s'assurer d'une nombreuse descendance, tous les enfants devenant à leur tour des ressources économiques pour la famille, ainsi qu'une sécurité au moment de la vieillesse. En dehors de ces deux grands facteurs, chaque société polygame constitue un cas avec ses règles particulières.

Qu'en est-il aujourd'hui ? Attali estime que la polygamie masculine est autorisée ou tolérée dans des pays regroupant près du tiers de la population de la planète, où seulement 10 % des hommes (les plus riches) y ont plusieurs épouses (Attali, 2007). Les sociétés polygyniques sont concentrées en Afrique, surtout en Afrique subsaharienne, où cette pratique est antérieure à l'implantation de l'islam. Bien que la polygamie recule, du fait de l'urbanisation et de la modernité, elle n'a pas pour autant disparu, puisque l'on recense des taux de polygamie élevés aussi bien en milieu urbain que rural. Une femme africaine sur trois ou sur deux, selon les pays, vit dans un ménage polygynique (Locoh, 2002). En Orient, la polygamie représente entre 1 % et 11 % des unions. Mais dans les pays musulmans du Maghreb, les unions polygyniques seraient moindres.

Certaines épouses subissent la polygamie, tandis que d'autres la demandent, la première épouse exerçant souvent une forme d'autorité sur les épouses suivantes de son mari. Ou encore, comme au Sénégal en 2009, la polygamie attire les jeunes femmes des classes aisées et ayant un emploi, qui souhaitent se libérer des tâches dévolues à l'épouse (Josselin, 2009). En système polygynique, le groupe des femmes peut cohabiter sous le même toit ou vivre séparément. Chaque mère partage alors une résidence avec ses enfants et reçoit la visite de son mari à des périodes déterminées.

Dans son ouvrage intitulé *Amours. Histoires des relations entre les hommes et les femmes*, Jacques Attali décrit les nombreuses formes de relations entre les hommes et les femmes, de la naissance de l'*Homo sapiens* à nos jours.

Qui peut-on choisir comme conjoint et où peut-on le trouver? Rappelons un critère fondamental relatif au mariage: l'obligation à l'**exogamie** et la règle de l'inceste qui lui est subordonnée. L'exogamie consiste en l'obligation de choisir son partenaire hors du groupe familial d'origine. L'interdiction de l'inceste fait partie de la règle exogamique. Elle défend l'exercice de la sexualité et le mariage avec des catégories de personnes consanguines plus ou moins proches. Enfin, il existe une règle qui oblige une personne à choisir son partenaire à l'intérieur d'un groupe donné. C'est la règle de l'**endogamie**.

Exogamie
Choix du partenaire en dehors du groupe familial d'origine.

Endogamie
Choix du partenaire à l'intérieur du même groupe social ou familial que celui du conjoint.

Regard 1.3

La polygynie: une liberté ou une oppression?

Dans le monde d'aujourd'hui, 45 pays autorisent la polygynie. Pratique interdite dans les sociétés occidentales, elle est tolérée de fait au Canada et en France, où il existerait environ 30 000 ménages africains polygynes (Attali, 2007). Quel est le statut des femmes en système polygynique? Quelles conséquences cette forme de mariage a-t-elle sur les droits des femmes et des enfants, leur sécurité, leur liberté? «La polygynie est source d'enrichissement économique du mari, soit directement, en s'accaparant l'activité économique de la femme, soit indirectement, en profitant des prestations des enfants que ces femmes mettront au monde» (Locoh, 2002 p. 130).

Les femmes paient un lourd tribut au maintien de l'institution. Ainsi, «dans bien des régions où les rapports hétérosexuels sont le principal mode de transmission du VIH, les taux d'infection sont beaucoup plus élevés parmi les jeunes femmes que parmi les jeunes hommes» lorsque les normes de genre permettent aux hommes d'avoir davantage de partenaires sexuels que les femmes (OMS, 2009).

Dans les pays occidentaux où ne sont ni déclarées ni reconnues les coépouses, celles-ci et leurs enfants vivent dans des conditions très difficiles: «difficultés d'intégration, insalubrité de logements suroccupés, échec scolaire des enfants, condition des femmes catastrophique:

autant de situations dramatiques auxquelles doivent faire face, quotidiennement, élus, associations et établissements scolaires» (Lahouri, 2004, En ligne). Sans compter la cohabitation entre les épouses: tensions, jalousies, domination de la première épouse sur les autres. Parfois, «la haine est tellement profonde que certaines femmes se vengent sur les enfants de la rivale» (*ibid.*).

Le système familial polygynique repose sur deux inégalités. Inégalité entre les générations d'hommes, puisque les aînés subtilisent les femmes aux cadets. Cette situation est rendue possible par l'écart d'âge du premier mariage, l'épouse ayant entre 5 ans et 15 ans de moins que l'époux. Inégalité de genre, la femme étant placée sous l'autorité de son père qui peut la céder à un mari. Souvent les époux ne se connaissent pas avant le mariage et la jeune femme (parfois prépubère) est mariée contre sa volonté. Le mariage reste toujours une urgence pour les femmes et leur famille et le célibat féminin définitif est inexistant (Antoine, 2002). Aujourd'hui, la polygynie est alimentée par les femmes divorcées et veuves (qui se remarient rapidement). Pour Hertrich, les conditions d'un recul effectif de la polygamie dépendent de l'évolution de l'encadrement matrimonial des femmes. «La polygamie, réelle ou potentielle, crée un climat de défiance entre les époux qui entrave le développement de relations de solidarité conjugale et de relations d'égalité et de complémentarité entre les conjoints» (Hertrich, 2006, p. 42).

L'interdiction de l'inceste

L'inceste est la relation illicite entre des personnes qui sont parentes à un degré interdit par la loi. Un homme ne peut épouser ni avoir de relations sexuelles avec sa mère, sa sœur, sa fille ou sa grand-mère. Il en est de même pour une femme avec son père, son frère, son fils ou son grand-père. On a longtemps cherché à comprendre les motivations de l'interdiction de l'inceste, une règle universellement admise dans les sociétés humaines, mais à des degrés de consanguinité qui peuvent varier. Plusieurs explications ont été avancées. L'une d'elles nous est suggérée par la théorie finaliste biologique, relayée par le sens commun, qui fait reposer l'interdit sur le danger biologique pour l'espèce. Elle se traduit sous la forme de la « répugnance instinctive » établie entre des individus vivant en rapport étroit dès leur enfance. Et aussi par la crainte de la dégénérescence du groupe familial avec la production de tares héréditaires liées à la consanguinité. Les recherches des généticiens ont contribué à réfuter cette hypothèse. Les mariages consanguins ne font pas d'eux-mêmes apparaître des tares ; si elles sont présentes dans la famille, elles seront cependant plus vite apparentes. De même, les études en psychanalyse et l'observation des déviances sociales indiquent que nombreux sont les individus qui recherchent et sont attirés par des relations incestueuses. D'où la nécessité de règles et de sanctions sociales très fortes pour restreindre ces relations.

❓ Alors, d'où vient le tabou de l'inceste ?

Difficilement réfutable est la théorie sociologique que propose Claude Lévi-Strauss pour qui le **tabou de l'inceste** est une loi universelle qui appartient aux deux domaines de la « Nature » et de la « Culture ». Cette loi assure aux sociétés humaines le passage du premier au second, car, pour l'anthropologue français, interdire l'inceste consiste à obliger les hommes à échanger les femmes d'un groupe de parenté à un autre. Le meilleur moyen pour des familles biologiques de ne pas s'exterminer est de s'unir par des liens de sang. Dès lors, l'obligation de choisir son conjoint à l'extérieur du groupe familial d'origine procure un double avantage : économique et politique. D'une part, l'addition d'un adulte producteur (l'épouse) à l'activité économique de la famille, ainsi que la généralisation des échanges économiques entre groupes familiaux, et d'autre

Tabou de l'inceste
Interdiction d'avoir des relations sexuelles avec des catégories de personnes consanguines ou de les épouser.

Regard 1.4

Les avantages de l'exogamie

L'anthropologue américaine Margaret Mead (1963), qui a étudié et vécu dans trois sociétés de Nouvelle-Guinée, s'intéressait beaucoup aux règles du mariage et à l'interdit de l'inceste. De la société Arapesh, elle rapporte comment ses membres trouvaient un intérêt à choisir des conjoints venant d'autres clans. Pourquoi un homme voudrait-il épouser sa sœur ?

« Ne comprends-tu donc pas que si tu épouses la sœur d'un autre homme et qu'un autre homme épouse ta sœur, tu auras au moins deux beaux-frères, tandis que si tu épouses ta propre sœur tu n'en auras pas du tout ? Et avec qui iras-tu chasser ? Avec qui feras-tu les plantations ? Qui auras-tu à visiter ? »

La chercheuse confirmait que l'idée d'inceste ne suscite nullement chez les Arapesh un sentiment naturel de répulsion, mais simplement l'évaluation d'un refus stupide des joies apportées par l'accroissement des alliances entre groupes familiaux.

part, la formation d'alliances politiques entre clans pour s'assurer d'une relative sécurité (éviter les guerres) et obtenir de l'aide en cas de besoin. L'échange des partenaires matrimoniaux devient alors une affaire de familles et l'interdiction de l'inceste moins une règle qui interdit d'épouser une femme qu'une règle qui oblige à donner mère, sœur ou fille à autrui (Héritier-Auger, 2004).

❓ Oui, mais aujourd'hui, ça ne vaut plus ?

Les sociétés occidentales reconduiraient cette règle de l'inceste, même si ses avantages économiques et politiques ne sont pas aussi importants que dans les sociétés non industrielles. Plusieurs questions demeurent sans réponse à l'égard de l'explication du tabou de l'inceste, notamment le rôle joué par les femmes non seulement comme des objets de l'échange, mais aussi en tant que sujets. L'étude des systèmes d'alliance se heurte toujours à la situation d'oppression et de domination subie par les femmes depuis des millénaires (Gossez, 1982). Quels ont été les fondements sociaux de cette domination et les mécanismes qui l'ont rendue possible ? Les hypothèses structuralistes suggérées par Lévi-Strauss n'épuisent pas toute la question.

La filiation

La filiation est la reconnaissance des liens entre des individus qui sont issus les uns des autres. Le principe joue dans les deux directions, en remontant ou en descendant le long des générations successives. On parle alors des ascendants – les ancêtres – ou des descendants. Toutes les sociétés connaissent la filiation, mais certaines

Savoir plus 1.2

Les interdictions de mariage

Dans le *Code civil du Bas-Canada* de 1866, le mariage était interdit entre un homme et… sa grand-mère, l'épouse de son grand-père, la grand-mère de son épouse ; sa tante, sa mère, sa belle-mère, sa fille, sa sœur, sa petite-fille ; sa nièce, l'épouse de son neveu, la tante de son épouse ; la mère de son épouse, la fille de son épouse, l'épouse de son fils, ainsi que l'épouse de son petit-fils et la petite-fille de son épouse. Les mêmes interdictions valaient pour une femme.

Cette liste des interdictions de mariage illustre bien la règle de l'exogamie, puisqu'elle recoupe des interdictions liées aussi bien aux parents consanguins qu'aux parents par alliance (Ouellette, 1991).

En 1990, le gouvernement fédéral a voté la *Loi sur le mariage (degrés prohibés)* (Canada, ministère de la Justice, 1990, ch. 46, art. 2(2)), entrée en vigueur en décembre 1991. Le deuxième paragraphe de l'article 2 de cette loi modifiait les interdictions de parenté comme suit :

« Est prohibé le mariage entre personnes ayant des liens de parenté :

- en ligne directe, par consanguinité ou adoption ;
- en ligne collatérale, par consanguinité, s'il s'agit de frère et sœur ou de demi-frère et demi-sœur ;
- en ligne collatérale, par adoption, s'il s'agit de frère et de sœur. »

Sous réserve de ces interdictions, tout autre mariage entre personnes apparentées n'est pas invalide du seul fait du lien de parenté. Autrement dit, seuls les mariages entre parents (ou beaux-parents) et enfants, frères et sœurs (consanguins ou adoptés) sont interdits. Ces empêchements au mariage tiennent compte des familles recomposées et confirment, par ailleurs, que l'adoption crée avec la famille adoptive un lien de filiation tout à fait semblable à la filiation par le sang. On voit encore plus clairement, avec ces modifications, le caractère social du mariage.

lui accordent plus d'importance que d'autres. Nous sommes le fils ou la fille d'un seul père et d'une seule mère.

Il existe deux grands types de filiation : la filiation unilinéaire, fondée sur le sexe, et la filiation indifférenciée, bilatérale.

En filiation indifférenciée, tous les descendants d'un individu font partie de son groupe de parenté, qu'ils soient hommes ou femmes. Dans la société québécoise, nous reconnaissons les parents du côté de la mère de la même façon que ceux qui sont du côté du père. Jusqu'à tout récemment et selon la coutume, le nom de famille était cependant transmis en lignée paternelle.

Par contre, en filiation unilinéaire, ne sont reconnus pour parents que ceux qui descendent de la lignée paternelle ou maternelle. La filiation unilinéaire est fondée sur le sexe : elle attribue un seul groupe de parents à un individu, selon qu'il est un homme ou une femme. Ainsi que le souligne Agnès Fine, « la filiation d'un individu social n'est ni un simple "donné" biologique, ni le produit de la volonté des individus, mais une institution "d'ordre public" » qui fonde l'identité personnelle (Fine, 2002, p. 75). Elle ne peut dépendre que d'un seul code reconnu de tous, et nul ne peut la manipuler au gré de ses intérêts ou de ses sentiments. Les changements juridiques et techniques qui affectent la mise au monde des enfants sont en voie de brouiller les repères traditionnels de la filiation en Occident et, qui sait, peut-être aussi ceux de l'espèce humaine.

? Comment se réalise la filiation patrilinéaire ?

La filiation patrilinéaire s'effectue par les hommes de la famille. Le nom, les biens et le patrimoine familial, les charges politiques, religieuses et économiques sont transmis de père en fils. Les enfants appartiennent au groupe de leur père. La résidence du jeune couple est patrilocale (dans la maison du père de l'époux) ou néolocale (nouvelle résidence). En filiation patrilinéaire, l'autorité est attribuée au patriarche de la famille ou du clan, au père de l'époux puis au mari et éventuellement au fils aîné. Les femmes, au moment de leur mariage, quittent leur lignée d'origine pour être intégrées à celle de leur époux, dont elles prennent le nom. Déterminer de qui l'on est le fils devient donc primordial : c'est pourquoi les sociétés patrilinéaires attachent beaucoup d'importance au mariage et aux droits du mari sur sa femme et sur ses enfants. Une société de filiation patrilinéaire est souvent patriarcale.

? Dans la filiation matrilinéaire, quel est le rôle des femmes ?

Le mode de résidence et d'organisation sociale en filiation matrilinéaire est centré autour du groupe mère-fille. Les enfants appartiennent au groupe de parenté de leur mère. Les transmissions de biens et de nom se font de mère en fille. Les hommes appartiennent au groupe social de leur mère, ce qui donne une certaine prééminence sociale et politique aux femmes. Cependant, contrairement aux femmes dans les systèmes patrilinéaires, les hommes ne sont pas exclus des responsabilités et de l'autorité dans le groupe. Le frère de la mère, c'est-à-dire l'oncle maternel, joue le rôle de père social auprès des enfants de sa sœur. Le père biologique n'appartient pas au clan de sa femme et ne peut donc garantir la reproduction sociale du groupe. Divers systèmes de résidence peuvent être combinés dans la matrilinéarité. Les plus courants sont la résidence matrilocale (dans la maison de la mère de l'épouse), néolocale ou avunculocale (chez le frère de la mère). Le père biologique peut demeurer avec sa femme et ses enfants en résidence matrilocale ou vivre avec son propre groupe de parenté (c'est-à-dire celui de sa mère).

? Dans le système matrilinéaire, est-ce que ce sont les femmes qui dominent ?

Dans un système matrilinéaire, les femmes acquièrent une importance sociale très grande. Elles influencent et parfois décident des mariages, de la gestion des activités du groupe ou des activités guerrières. Mais ce n'est pas un système où les femmes dominent car, dans la plupart des cas, les biens et la responsabilité de leur gestion sont entre les mains des frères des femmes et non des femmes elles-mêmes. Il faut donc éviter de confondre système matrilinéaire et matriarcat.

L'autorité

Selon les règles d'attribution de l'autorité dans la famille, on parlera de famille patriarcale, matriarcale, matricentrique ou de compagnonnage. Dans la famille patriarcale, l'autorité repose entre les mains des hommes de la famille : l'autorité légale, politique, juridique, culturelle et religieuse est détenue par le père ou le patriarche – le mari ou le fils aîné, si l'épouse est veuve. Les femmes et les enfants doivent soumission et obéissance à l'époux et au père de famille. Cette forme d'organisation sociale et juridique fondée sur l'autorité masculine exclut explicitement les femmes de toute détention d'autorité, sinon dans l'espace domestique.

Regard 1.5

La famille au Maghreb

« Patrilinéaire au Nord, matrilinéaire au Sud »

« Dans le nord du Maghreb, la filiation se compte d'homme en homme, de père en fils, à l'exclusion des femmes. Les lignages ou "grandes familles" comprennent un patriarche, ses fils mariés, éventuellement ses petits-fils. Les femmes, dit-on, "enrichissent la maison des autres".

« Au Sud, parmi les Touaregs par exemple, la filiation se compte de mère en fille et en fils, essentiellement. Cependant, s'il y a bien mode de filiation matrilinéaire, il n'y a pas pour autant "matriarcat". Car, si le pouvoir est bien transmis par les femmes, il n'est pas exercé par elles, qui en sont exclues. Le pouvoir n'est exercé que par les hommes, fils des femmes, qui en sont seulement transmettrices » (Lacoste, 1991, p. 220).

Dans la famille matriarcale, ce seraient la mère et l'épouse qui détiendraient l'autorité. Le terme « matriarcat » a été formé à la fin du XIXe siècle sur le modèle du patriarcat. Au départ, il désignait une organisation sociale fondée sur la filiation matrilinéaire et non sur le pouvoir des femmes, mais il a pris peu à peu le sens de droit maternel et de dominance des femmes. Pour le moment, le matriarcat n'existe qu'au conditionnel. La thèse évolutionniste, reprise par les féministes durant les années 1980, a été abandonnée. Il importe de ne pas confondre les qualificatifs matriarcal et matrilinéaire.

Nous préférons, en parlant d'autorité, utiliser l'expression de familles matricentriques, c'est-à-dire des familles où les femmes ont une grande importance et exercent un pouvoir domestique incontestable et où le mari prend des décisions en concertation avec son épouse. Les femmes exercent une influence indéniable sur l'organisation de la famille, et parfois sur celle de l'entreprise familiale.

Finalement, peut-il y avoir des formes d'autorité partagée ? Les familles dites de compagnonnage vivent selon un mode de partage de l'autorité familiale entre les époux. Le partage peut être de type complémentaire ou égalitaire. Dans de nombreuses familles, la femme détient l'autorité sur l'espace domestique, l'éducation des enfants, les tâches familiales et les sorties de la famille, alors que le mari s'occupe des liens extérieurs de la famille avec les autres institutions et fournit les revenus familiaux. Son emploi détermine le niveau de vie de la famille et le prestige social dont elle jouit. L'autorité n'est pas détenue par un seul des conjoints, ceux-ci l'exerçant de manière complémentaire pour le bien de la famille. Au contraire, dans la famille de type égalitaire, le principe de l'attribution de l'autorité et des responsabilités financières et sociales qui y sont liées est celui de la symétrie : les deux conjoints ont les mêmes responsabilités quant à la survie de la famille et à l'éducation des enfants. Le tableau 1.4 présente les catégories de familles réparties selon les critères de filiation et d'autorité.

Regard 1.6

Des sociétés matriarcales ?

« Le matriarcat fait partie des hypothèses des évolutionnistes du XIXe siècle, Morgan notamment, pour expliquer le développement historique des sociétés. Dans cette perspective, le matriarcat représenterait un stade primitif d'organisation sociale ultérieurement remplacé par le patriarcat.

« Il faut pourtant souligner qu'aucune société connue – y compris celles qui, en très faible nombre, sont à la fois matrilinéaires et matrilocales – ne présente d'organisation matriarcale. De même, on ne dispose pas de données archéologiques ou historiques qui laissent supposer que de telles sociétés aient jamais existé. »

Néanmoins l'idée séduisante d'un matriarcat des origines se retrouve jusqu'à aujourd'hui « y compris dans les textes anthropologiques, et a donné lieu à la construction de diverses mythologies savantes » (Bonte et Izard, 2004, p. 455).

Tableau 1.4 ● Les catégories de familles selon les critères de filiation et d'autorité

Catégorie de famille	Critère de filiation et d'autorité
Filiation indifférenciée	Reconnaissance des lignées masculines et féminines.
Filiation unilinéaire • patrilinéaire • matrilinéaire	Attribution d'une filiation selon le sexe de la personne. Reconnaissance de la lignée masculine, transmission par les hommes de la famille. Reconnaissance de la lignée féminine, transmission par les femmes du groupe.
Famille patriarcale	Autorité masculine officielle et officieuse.
Matriarcat	Existence non prouvée scientifiquement. Renvoie à la filiation matrilinéaire.
Famille matricentrique	Influence et autorité de la mère à l'intérieur du cercle familial.
Famille de compagnonnage	Partage, complémentaire ou égalitaire, de l'autorité familiale.

Au regard de l'ensemble de ces règles, comment situer les familles québécoises ? Certaines règles familiales qui existaient autrefois au Québec se sont transformées au cours des 40 dernières années. Par exemple, on peut se demander si l'institution familiale réglemente toujours la formation de la famille et l'exercice de la sexualité. En partant de ce que vous savez sur les structures familiales, essayez de faire l'exercice 1.2, dont le but est de discuter des règles d'alliance, de filiation et d'autorité par rapport à ce qu'elles étaient et à ce que nous pensons qu'elles sont aujourd'hui au Québec.

Exercice 1.2

Les structures familiales au Québec

En équipe de deux ou trois élèves :

a) décrivez les structures familiales les plus fréquemment rencontrées au Québec en utilisant la fiche ci-dessous ; utilisez une nouvelle fiche pour chaque structure décrite.

Structure familiale	
Mariage – union	
Type de famille	
Filiation	
Forme d'autorité	
Résidence des nouveaux époux	

b) indiquez si vous connaissez des personnes de votre entourage associées à des structures familiales inédites ou peu communes pour la société québécoise. Si oui, à quelles structures ces personnes sont-elles associées ?

En bref

Dans ce chapitre sur les fondements de la famille, nous avons abordé :

1 Notre intérêt à étudier la famille

La majorité des jeunes au Québec exprime toujours le désir de fonder une famille. Cependant, la complexité des valeurs et des structures familiales qui ont cours dans notre société rend la vie de famille en ce début de millénaire beaucoup plus précaire. Nous ne devons pas oublier que les familles interagissent avec la société dans laquelle elles se trouvent. Familles et société s'influencent mutuellement.

2 Le point de vue du sociologue dans l'étude de la famille

La perspective sociologique permet de situer le concept de famille et d'effectuer le passage entre notre expérience particulière de celle-ci et son analyse scientifique. La perspective sociologique nous conduit à considérer la famille comme un fait social, à révéler le général dans le particulier. La famille peut être étudiée en tant qu'institution sociale contribuant au fonctionnement de la société, en tant que source et reflet des rapports sociaux inégaux existant dans la société, et en tant que groupe dont les membres donnent un sens à leurs actions.

3 Les caractéristiques sociologiques de la famille

Cinq traits sociologiques caractérisent le groupe social que forme la famille, quelle que soit par ailleurs la définition qui en est donnée. Ce sont la relation parents-enfant, les liens familiaux approuvés socialement, le milieu de vie quotidien, la permanence et la socialisation.

4 L'institution de la famille

À quel besoin répond la famille dans les sociétés humaines ? Il est actuellement impossible d'affirmer que la formation et l'existence de la famille comme groupe social répondent à des besoins héréditaires de l'espèce humaine. La famille est une construction sociale hautement artificielle qui assure la reproduction biologique et sociale des groupements humains. Pour chaque société, elle règle les modèles de comportement touchant la formation de la famille, le choix de la résidence, l'échange de services entre les conjoints, la régulation des rapports sexuels, ainsi que le soin et la socialisation des enfants.

5 Le mythe évolutionniste

La famille ne doit pas être pensée en fonction d'une évolution, mais plutôt en tenant compte de la diversité. Il existe dans le monde plusieurs types et plusieurs structures familiales qui répondent aux besoins des sociétés humaines. La famille nucléaire n'est pas un type familial meilleur qu'un autre, et elle se rencontre dans toutes les sociétés.

6 La parenté et le réseau familial

Chaque individu membre d'une famille fait partie d'un plus vaste ensemble familial qui forme la parenté. Les grands événements de notre vie, ainsi que plusieurs formes de solidarité sociale, se vivent encore aujourd'hui au Québec au sein de ces groupes. Le réseau familial comprend l'ensemble des personnes et des groupes avec lesquels les familles entretiennent des échanges de première importance. Ce réseau, qui intègre la parenté, les amis et les voisins, prend une importance grandissante dans une société où la taille des familles diminue.

On distingue plusieurs types de familles : la famille nucléaire, la famille élargie, la famille homoparentale, la famille monoparentale, la famille recomposée, la famille réseau et les familles de procréation et d'orientation.

7 Les règles d'alliances

Plusieurs règles structurent l'union des conjoints et imposent ou tolèrent la monogamie, la polygynie ou la polyandrie comme étant des structures familiales. L'interdiction de l'inceste est universelle, bien qu'elle s'applique à des degrés divers, et oblige à choisir son conjoint à l'extérieur du groupe de ses proches parents.

8 La reconnaissance de la filiation

La filiation est la reconnaissance verticale des liens de parenté entre les personnes. Les systèmes de filiation établissent les règles de transmission du statut social, des droits et des devoirs entre les générations.

La filiation unilinéaire, fondée sur le sexe des individus, est patrilinéaire ou matrilinéaire. La filiation patrilinéaire procède de père en fils, tandis que la filiation matrilinéaire est centrée autour du groupe mère-enfants. La filiation indifférenciée ne s'appuie pas sur le sexe des individus et reconnaît tous les lignages.

En bref (suite)

9 L'autorité dans la famille

Dans la famille patriarcale, l'autorité est formellement exercée par les hommes de la famille, en partant du plus âgé. La famille matriarcale, comme miroir du patriarcat, ne semble pas exister, selon les données ethnologiques. Cependant, la famille matricentrique reconnaît une autorité domestique très importante à la mère de famille. La famille de compagnonnage envisage l'autorité partagée entre les conjoints, de manière complémentaire ou égalitaire.

Exercices de compréhension

1 Peut-on penser que chez les jeunes générations, la famille représente une valeur encore importante ? Expliquez votre réponse.

2 Du point de vue sociologique, qu'est-ce qui distingue la famille des autres groupes sociaux ?

3 Complétez le texte suivant :

La perspective sociologique se traduit par _____. Un premier point de vue théorique définit la famille comme étant une _____ qui agit _____ avec les autres _____ au sein de la société. Le deuxième point de vue aborde la famille comme étant _____ qui préexistent dans la société. Enfin, un troisième point de vue met à contribution _____ qui _____ au sein _____.

4 « Le principe d'alliance se trouve au cœur de la vie en société. » Comment est-il vécu par les hommes et les femmes ?

5 À quel terme correspond chaque énoncé ?

a) Membres consanguins vivant dans des résidences différentes : _____

b) Groupe des parents et enfants vivant ensemble : _____

c) Famille dont on est issu : _____

d) Union de deux personnes : _____

e) Plusieurs mariages, tous reconnus simultanément : _____

f) Interdiction de mariage entre des personnes consanguines : _____

g) Filiation unilinéaire masculine : _____

h) Organisation familiale fondée sur l'influence et l'autorité domestique féminines : _____

6 Du point de vue sociologique, quels sont les facteurs explicatifs de la polygynie et les conséquences pour les hommes et les femmes aujourd'hui, dans les groupes sociaux où elle est pratiquée ?

Médiagraphie

Lectures suggérées

Attali, Jacques et Stéphanie Bonvicini. 2007. *Amours. Histoires des relations entre les hommes et les femmes.* Paris : Fayard, 239 p.

Dortier, Jean-François. dir. 2002, *Familles. Permanence et métamorphose.* Paris : Éditions Sciences Humaines, 336 p.

Sawadogo, Alfred Yambangba. 2006. *La polygamie en question.* Paris : L'Harmattan, 144 p.

Tremblay, Hélène. 1988. *Familles du monde, tome I, Les Amériques.* Paris : Robert Laffont, 304 p.

Tremblay, Hélène. 1990. *Familles du monde, tome II, L'Asie de l'Est et du Sud-Est, le Pacifique.* Paris : Robert Laffont, 284 p.

Documents audiovisuels

Josselin, Marie-Laure. 8 mars 2009. « Polygamie au Sénégal : le choix de femmes issues de la classe aisée et intellectuelle ». *Dimanche Magazine.* Montréal : Première chaîne de Radio-Canada, 12 min 12 s, [En ligne], http://www.radio-canada.ca/actualite/v2/dimanchemag/niveau2_liste36_200903.shtml#7 (Page consultée le 5 juin 2009)

L'Espérance, Pierre. 1998. *Ecce Homo,* épisode n° 12, *La Famille.* Montréal : Productions Coscient, 52 min, coul., VHS.

Labrecque, Jérôme. 1998. *Ecce Homo,* épisode n° 3, *Le Mariage.* Montréal : Productions Coscient, 52 min, coul., VHS.

° Société amérindiennes -
  ↳ Sédentaires (agriculture) : Hurons-Iroquois ; vivent dans
  ↳ Nomades (chasse)   long House
          °Algonkiens   ↳ matrilinéaire ; mère boss
                                  contrôle enfants, organisation travail
                                  clans maternels
voir notes sur moodle   ↳ Il y a tjrs la division
                                  du travail entre le sexe.

° XX^{siècle} -> Fin ~~WWII~~ : 2e Guerre mondiale
moderne -> urbanisation -> industrialisation
    -> sécurité (↑État, ↓Église)
    -> scolarisation obligatoire -> afin d'avoir un statut social
    -> communication de masse (radio/télé)
       -> ouverture des autres endroits sur la terre/sur le monde

Famille moderne :
1 : Amour #1 ; se mari par amour ; pour recherche du Bonheur
    car tombe dans l'air de l'individualisme = Individu important.
2 : Le mariage couple ; voir tableau 2.1 p.44
3 : Rôle ; ♀ ménage / souper

          ♂ pourvoyeur : travail pour $famille nourrir
4 : soins & socialisation des enfants
5 : Famille de consommation ; ex : va à l'épicerie pour
    acheter ce qu'on a besoin, de masse
6 : Vie de Banlieue ; 90% des gens habitent villes

CHAPITRE

Les types familiaux traditionnel et moderne

OBJECTIFS D'APPRENTISSAGE

- Connaître le type idéal de la famille traditionnelle : sa structure, ses valeurs, les rôles familiaux

- Connaître le type idéal de la famille moderne : sa structure, ses valeurs, les rôles familiaux

- Expliquer la naissance de la famille moderne

- Reconnaître ce qui distingue les deux types familiaux : de l'esprit communautaire à la privatisation des liens familiaux

- Connaître les principales tensions qui ont marqué ces deux types familiaux

2.1 Les familles d'autrefois

Il était une fois… la famille traditionnelle. Il était une fois… le bon vieux temps où les familles étaient grandes et unies. Regard nostalgique et… regrets d'un passé qui nous apparaît meilleur que cet aujourd'hui si tumultueux. Mais ne nous méprenons pas : notre vision du passé a tendance à nous faire oublier ce qui était moins agréable en ce temps-là. Si vous en avez l'occasion, interrogez des personnes âgées. Si certaines d'entre elles déplorent la disparition des grandes familles et de la vie chaleureuse qui les caractérisait, toutes se souviennent très bien des conditions de vie difficiles, de la pauvreté, du travail quotidien, sans relâche, qu'accomplissaient les hommes et les femmes pour faire vivre la famille.

En réalité, que pouvons-nous affirmer sur la famille traditionnelle ? Lorsque nous nous reportons aux valeurs familiales d'autrefois, de quelles valeurs s'agit-il ? Pourquoi qualifie-t-on cette famille de traditionnelle ?

La société traditionnelle

Le concept de société traditionnelle est directement lié à celui de la modernisation. Le concept de la modernisation fut introduit par les théories fonctionnaliste et développementaliste, qui émergèrent après la Seconde Guerre mondiale dans les recherches en sciences sociales aux États-Unis et au Canada.

Qu'est-ce qu'une société traditionnelle ? Les sociologues s'entendent généralement sur un certain nombre de critères pour la décrire (McRobarts et Postgate, 1983).

La société traditionnelle est d'abord rurale et agraire. En 1871, 77 % de la population du Québec vit en milieu rural. La pêche et la chasse, l'élevage des animaux, la cueillette des fruits et la coupe du bois viennent compléter l'activité agricole. Des ouvriers-artisans

Exercice 2.1

L'album de famille

Que reflètent les différentes générations de votre famille ? Prenez le temps d'examiner de vieilles photos de votre famille, car elles sont souvent révélatrices de caractéristiques sociales.

Dans un cahier ou sur un carton à dessin, collez quelques photos représentant trois ou quatre générations de votre famille. Pour la génération des arrière-grands-parents, mariés au tournant du siècle dernier, ce sera une photo de noces ou d'adultes avec des enfants endimanchés posant devant la maison familiale. À cette époque, les photos se présentaient souvent sous forme de cartes postales que les gens envoyaient à la parenté éloignée. Des photographes itinérants passaient dans les campagnes et offraient leurs services aux familles pour quelques sous.

Quel était le genre de vie de nos ancêtres, où habitaient-ils, combien d'enfants avaient-ils, comment s'habillaient-ils, etc. ? Que nous révèlent leurs sourires ou, au contraire, leurs visages graves ? Les enfants ont-ils des regards innocents ?

fabriquent les outils ou les biens non produits sur la ferme. Cette structure économique est dite « simple ». L'activité de production des biens repose sur une division du travail selon les groupes d'âges et le sexe. Elle utilise aussi directement l'énergie humaine et animale ou celle de la nature. La société traditionnelle adopte une économie de subsistance qui ramène, suivant le cycle des saisons, les mêmes activités permettant de produire les biens et la nourriture nécessaires à la vie du groupe.

Ensuite, le statut social de l'individu est assigné, hérité dès la naissance et difficilement modifiable. Dans une société traditionnelle, l'organisation sociale est structurée autour de la parenté et des groupes d'âges. À chaque groupe d'âge correspondent des droits et des devoirs, ainsi qu'un statut social. Les structures et les rôles sociaux sont étroitement imbriqués plutôt que séparés, comme dans une société industrielle.

Enfin, les valeurs dominantes sont religieuses et particularistes (elles défendent les particularités du groupe ethnique). Le sacré et le profane sont intimement liés. Les connaissances sont transmises oralement et elles proviennent davantage de l'expérience quotidienne acquise au contact de la nature que de l'expérimentation scientifique et de la pensée rationnelle. On parle alors d'une connaissance empirique. Les générations âgées transmettent aux plus jeunes, par la parole ou par l'exemple, l'ensemble des coutumes, des idées, des normes de comportement, des valeurs et des savoir-faire propres à cette société. La société traditionnelle présente un caractère plutôt conservateur et homogène. On utilise le qualificatif « traditionnel » pour désigner ce type de société parce qu'elle se fonde sur la tradition, c'est-à-dire sur le maintien des pratiques et des valeurs transmises par les générations aînées.

Le concept de société traditionnelle rend donc compte de traits sociaux, économiques et culturels bien précis, qui ne s'appliquent pas immédiatement à toute société non industrialisée. En France, la société traditionnelle se situe de la fin du Moyen Âge jusqu'à la Renaissance, c'est-à-dire du XVe siècle jusqu'au début du XVIIIe siècle (Shorter, 1977). Les colons français qui s'installèrent en Nouvelle-France importèrent un modèle de vie sociale correspondant à cette époque.

La famille constitue l'institution privilégiée pour assurer l'existence et la survie de cette société. La famille est au cœur de l'organisation sociale, l'une et l'autre se confondant ; les valeurs sociales se conforment aux valeurs familiales qui, à leur tour, consolident les valeurs sociales.

Savoir plus 2.1

La théorie développementaliste et les types idéaux

La théorie développementaliste repose sur la dichotomie entre société traditionnelle et société moderne. Ces sociétés constituent deux « types idéaux », c'est-à-dire deux modèles construits par les chercheurs pour rendre compte des changements sociaux, économiques, politiques et culturels qui marquent le passage de l'une à l'autre et que l'on appelle la modernisation. Ces types sont « idéaux » dans la mesure où ils ne correspondent pas entièrement ni parfaitement aux réalités observées directement dans la vie sociale. Cependant, ils sont utiles pour mieux comprendre les sociétés humaines. Car l'objectif de la sociologie n'est pas seulement de décrire un objet d'étude, mais aussi de rendre intelligibles les renseignements et les données qu'elle recueille, de donner un « sens » aux faits sociaux. La classification des résultats de l'observation en deux ou trois types idéaux rend compréhensible un ensemble de faits, une réalité sociale.

2.2 Des familles « communautés »

Le précurseur des études sociologiques sur la famille canadienne-française a été sans conteste Léon Gérin qui a publié en 1938 *Le type économique et social des Canadiens. Milieux agricoles de tradition française.* Ce livre regroupe les textes des principales **monographies** des familles rurales observées par Gérin à partir de 1886 et dont la plus connue est *L'habitant de Saint-Justin.* Devenu un classique pour les étudiants en sociologie, cet ouvrage décrit dans le moindre détail « l'ordinaire » de la famille Casaubon, une famille rurale typique de la fin du XIXᵉ siècle et dans laquelle cohabitent trois générations. À la suite de Léon Gérin, des sociologues et des anthropologues entreprendront entre 1950 et 1970 l'étude, par l'observation discrète ou participante, des familles rurales québécoises qui se trouvent à cette période à la croisée de deux univers sociaux, celui de la culture rurale et celui de la culture urbaine.

De nombreuses monographies seront inspirées par la **perspective théorique fonctionnaliste,** qui domine alors dans la sociologie américaine et qui a influencé le développement de la sociologie québécoise. Le type idéal de la famille rurale traditionnelle, tel qu'il a été construit, reflète une vision fonctionnaliste de la famille et de la société, notamment en ce qui a trait à la division des rôles et des tâches domestiques. La présentation que nous en ferons reprend les contours de cette approche théorique qui sera néanmoins nuancée grâce aux travaux de chercheuses québécoises qui ont publié des résultats inédits sur la division des rôles sexuels dans les familles traditionnelles ainsi que sur l'autorité des femmes et leur participation à la vie collective.

Un certain état d'esprit...

« Dans le temps, les familles étaient unies ! » Combien de fois avons-nous entendu ce jugement de valeur, surtout par rapport aux tensions que vivent les familles contemporaines. Cette phrase aux relents nostalgiques révèle un trait essentiel qui colle comme une seconde peau à la famille de type traditionnel. En effet, cette famille est d'abord une **communauté** de vie, ce qui la différencie au premier chef des autres types familiaux.

C'est l'idée même de communauté qui crée la famille traditionnelle, car la solidarité des membres envers le groupe familial l'emporte sur toute autre considération. Les désirs et les intérêts individuels cèdent le pas devant l'intérêt du groupe familial. Philippe Garigue (1962), Marc-Adélard Tremblay (1966), Colette Carisse (1974) et Andrée Fortin (1987) présentent tous la famille traditionnelle canadienne-française comme étant une communauté d'intérêts et de valeurs. Selon les analyses de ces auteurs, les membres d'une famille traditionnelle partagent les mêmes buts : la survie du groupe et la transmission du patrimoine familial. Ils s'inspirent des mêmes valeurs et poursuivent les mêmes objectifs. La volonté et les intérêts de chaque membre sont subordonnés à ceux de la collectivité familiale. Et puisque, pour fonctionner, le système familial s'appuie sur le respect de la tradition et de l'autorité des plus âgés, les jeunes générations suivent naturellement le chemin tracé par les aînés.

Cette primauté de la communauté et la solidarité qui l'accompagne ne valent pas seulement à la campagne. Les chercheurs mentionnés ci-dessus ont montré comment les solidarités de parenté et de voisinage du milieu rural se sont transposées en milieu urbain. Si la vie en milieu rural a semblé être le terreau de la communauté traditionnelle, les premiers pas de l'industrialisation au Québec et en Nouvelle-Angleterre

Monographie
Description détaillée d'un phénomène social, réalisée à l'aide d'observations, d'entrevues et d'analyses de documents.

Perspective théorique fonctionnaliste
Théorie qui cherche à comprendre comment fonctionne le système social et à déterminer le rôle des parties par rapport à l'équilibre du tout.

Communauté
Groupe de personnes qui sont solidaires et partagent les mêmes objectifs.

s'effectueront sur les assises de cette solidarité familiale et parentale (Hareven, 1985). C'est pourquoi nous qualifions la famille traditionnelle vivant en milieu rural et urbain de famille « communauté ».

Une communauté patriarcale

Le groupe est composé habituellement du père, de la mère, de leurs enfants célibataires et des enfants mariés de sexe masculin. Il peut comprendre également des frères et des sœurs non mariés du père. Le modèle idéal de la famille traditionnelle repose sur la famille élargie, c'est-à-dire la présence sous un même toit d'au moins trois générations. Nous avons ici un bel exemple du passage de la famille nucléaire, au début de la colonisation, à la famille élargie, au XIXe siècle, un changement dû aux conditions sociales environnantes.

Les auteurs qui ont étudié la famille rurale d'autrefois observent tous cette cohabitation des générations, mais aussi la présence de foyers nucléaires. Les deux structures familiales auraient donc coexisté.

Au Québec, il semble que la famille rurale ait eu la volonté de transmettre son patrimoine familial intact de génération en génération. Dans cette optique, la cohabitation patrilinéaire est de préférence la règle. Comme Andrée Fortin le souligne (Fortin, 1987), on peut penser que si tous les enfants mariés n'habitent pas avec leurs parents, tous les parents âgés cohabitent généralement avec un de leurs enfants. Le groupe familial élargi tend cependant à se restreindre à partir du XIXe siècle, tant en milieu rural qu'en milieu urbain.

Le rôle du père

Le père ou le patriarche (le grand-père) est le chef de la famille et, selon Marc-Adélard Tremblay, il est également le gérant de l'entreprise agricole. C'est le père qui détient l'autorité dans la famille, une autorité d'origine divine, obtenue par le sacrement du mariage sur lequel s'érigent les bases de la famille. Le père est le chef pourvoyeur et le protecteur du groupe familial. Les directives du père sont tenues pour sacrées et ne sont pas discutées. Il définit l'organisation et l'exécution des travaux de la ferme, gouverne les activités et administre le bien de la communauté familiale.

Le père régit les relations qu'entretient sa famille avec les autres familles de la paroisse. Il règle les conflits sérieux entre les membres de la famille. Sous sa tutelle,

---

Regard 2.1

L'esprit communautaire

L'historien Edward Shorter décrit de la façon suivante l'état d'esprit communautaire :

« Les membres d'une famille traditionnelle sont prêts à renoncer à certaines de leurs ambitions personnelles. Ils sont prêts à se marier tardivement, voire pas du tout, pour que l'exploitation familiale prospère entre les mains de l'aîné ; ils sont prêts à faire fi de tout ce que leur être peut contenir d'aspiration à la vie privée pour rejoindre les autres membres de la communauté autour du feu de la Saint-Jean. […] Et ils sont prêts à renoncer à toute la gamme des satisfactions psychosexuelles que la sociologie nous a enseigné à tenir pour notre dû si l'"honneur" de la famille est à ce prix » (Shorter, 1977, p. 27).

Selon Shorter, les membres d'une famille traditionnelle sont fondamentalement unis malgré toutes les disparités de leur condition individuelle.

les garçons feront l'apprentissage des métiers de la terre. Dans le groupe familial, les enfants plus jeunes sont aussi soumis à l'autorité de leurs aînés. Par essence, la famille traditionnelle est de type patriarcal.

Le rôle de la mère

Sur le plan juridique et selon les normes sociales en vigueur, la femme est entièrement soumise à son père, puis à son mari. Le mariage est la vocation première de toute jeune fille, car il conduit au rôle suprême de mère de famille. La chasteté prémaritale est fortement mise en valeur, l'initiation sexuelle de la jeune fille étant laissée à son futur mari. La femme accepte les avances intimes du mari avec docilité et patience. Le principal objectif du mariage est la procréation. Jusqu'à la seconde moitié du XIXe siècle, la fécondité des familles canadiennes-françaises sera dite naturelle, sans intervention de la contraception.

Les filles apprennent très jeunes de leur mère leur futur rôle de femme, de mère, de ménagère et d'éducatrice. En effet, la vocation de mère se définit par rapport aux fonctions d'éducatrice des enfants et de gardienne des valeurs morales de la société. Les jeunes filles poursuivent leurs études (à l'école de rang) pour mieux prendre en charge les responsabilités ménagères et intellectuelles du foyer qui leur incombent.

C'est la mère qui établit les liens d'amitié et d'affection dans la famille et qui règle les petits conflits entre les enfants. Elle joue bien souvent le rôle de médiatrice entre les enfants et le père. La mère accomplit également de nombreuses tâches ménagères et artisanales, de concert avec les autres femmes de la maisonnée, en plus d'exécuter quelques travaux à l'extérieur de la maison.

Une famille matricentrique

Si le père représente l'autorité officielle conformément aux dispositions légales et religieuses de type patriarcal, la mère symbolise l'autorité au cœur de l'univers familial, ce qui nous fait dire que la famille canadienne-française est matricentrique. La femme, en tant que mère, exerce une grande influence, surtout en l'absence des

hommes, partis dans les chantiers de coupe de bois, l'hiver, ou occupés par des activités de pêche. C'est elle qui se charge alors du soin des animaux et des travaux saisonniers de la ferme. La mère canadienne-française use d'une grande autorité à l'intérieur de la famille, même si elle prend peu de décisions personnelles. Andrée Fortin rappelle les observations de Léon Gérin, qui notait que les femmes étaient souvent très écoutées: «Ce sont des personnes de "bon entendement" [...] et quand elles ont quelque chose à dire, leur opinion est bien entendue par les gens concernés» (Fortin, 1987). Pour la chercheuse, la famille québécoise rurale était donc plus égalitaire que ne le laissaient croire l'idéologie rurale et le Code civil. Il ne fait aucun doute que l'indispensable complémentarité des rôles féminins et masculins dans l'accomplissement des activités économiques et domestiques explique ce relatif équilibre dans le couple.

Une unité de production

Il est indéniable que la famille rurale type est une entreprise agricole, qui doit pourvoir à tous les besoins du groupe familial. La famille n'est donc pas seulement une unité de vie sociale, mais aussi une unité de production économique. L'exploitation agricole est une entreprise familiale qui fait appel à des procédés de travail traditionnels et à des techniques rudimentaires. Dans ce contexte, la participation de tous les membres de la famille – aïeux, jeunes, hommes et femmes – est requise pour assumer les nombreuses tâches nécessaires à la production et à la fabrication des biens et des produits.

Sur la ferme, la production est polyvalente et **vivrière.** Elle répond aux besoins de nourriture et de consommation générale de la famille, qui pratique une agriculture autarcique (autosuffisante) permettant tout juste de produire l'ensemble des biens et des services nécessaires à la subsistance de ses membres. En principe, il existe un équilibre entre la production et la consommation. Les quelques surplus, vendus sur les marchés locaux ou régionaux, servent à acheter des denrées de base (sucre, thé, épices) que la famille ne produit pas. Le niveau de vie des cultivateurs est généralement bas, sauf pour les familles qui ont accès aux généreuses terres de la vallée du Saint-Laurent. En effet, partout ailleurs au Québec, l'agriculture peine à nourrir les familles nombreuses. L'exploitation forestière pratiquée en hiver deviendra vite une activité économique complémentaire, indispensable à l'agriculteur pour joindre les deux bouts.

Le **patrimoine familial** est composé de la terre et de ses dépendances : la maison, les champs, la grange et l'étable, le bétail et les outils. Ce patrimoine constitue le fondement de l'organisation familiale en tant qu'unité de production et de consommation. L'objectif du chef de famille est de le faire fructifier et d'en assurer la transmission à la génération suivante. Idéalement, un seul enfant de sexe masculin accédera à la direction du groupe et héritera de ce patrimoine selon des règles de responsabilité bien déterminées. La transmission du bien se fait de préférence à un garçon qui aura 25 ans au moment où le père prendra sa retraite. La transmission du bien en entier devait assurer la continuité entre les générations et permettre de subvenir aux besoins des parents âgés et des autres membres de la famille incapables de survivre seuls. Dans la réalité, plusieurs chefs de famille n'hésiteront pas à fractionner les terres pour installer le plus grand nombre de garçons possible.

Vivrière
Production qui est centrée sur la consommation alimentaire de la famille.

Patrimoine familial
Totalité des biens qui appartiennent à la famille et qui feront partie de l'héritage des enfants.

Savoir plus 2.2

Quelques règles de transmission du patrimoine

- L'héritier doit prendre les parents âgés à sa charge. Dans les contrats, les parents énuméraient souvent une liste des obligations que contractait envers eux le bénéficiaire, une fois l'héritage cédé. Par exemple, faire appel au médecin en cas de maladie, les conduire à l'église le dimanche ou leur fournir tel type de nourriture.

- Le bien familial doit pourvoir à l'éducation et à la dot des filles, si elles se marient.

- L'héritier s'engage à placer le plus grand nombre d'enfants sur des terres existantes ou à défricher, ou à faire apprendre aux autres enfants un métier lié à la ruralité : charpenterie, travaux de forge, etc.

- Il doit aussi faire entreprendre des études classiques à quelques garçons, qui deviendront prêtres ou religieux.

La division du travail : séparation et complémentarité

Il existe au sein de l'entreprise familiale canadienne-française une spécialisation des tâches masculines et féminines assez stricte. Les femmes s'occupent de tout ce qui relève de « l'intérieur » de la maison : transformation des denrées alimentaires, préparation et cuisson des repas, filage, tissage et confection des vêtements, fabrication du savon, cuisson du pain, etc. Ces travaux domestiques courants font appel à l'ingéniosité et à diverses habiletés que les filles apprennent de leur mère. Dans la famille élargie, le groupe des femmes travaille en collaboration et fabrique à peu près tout ce que la famille consomme. À l'extérieur de l'habitation, la mère est bien souvent responsable du potager, contigu à la maison, et des soins aux petits animaux (poulailler). Avec les enfants, elle participe à l'occasion aux travaux des champs, par exemple aux moissons durant l'été et à l'automne. L'été, femmes et enfants sont chargés de la cueillette des petits fruits sauvages (fraises, framboises, bleuets, mûres).

Quant aux hommes, ils ont la responsabilité des travaux extérieurs : défrichage, culture des champs ou pêche, coupe du bois de chauffage, travail en forêt. Ils pratiquent aussi divers métiers nécessaires au fonctionnement d'une ferme : certains travaux de forge et de menuiserie, fabrication d'outils agricoles, boucherie, etc. Ils construisent la maison, fabriquent les meubles d'usage courant et effectuent les menus travaux d'entretien dans la maison et autour.

? **Les célibataires ne pouvaient donc pas se débrouiller seuls ?**

La division des tâches, assez stricte mais complémentaire, fondée sur le sexe et les groupes d'âges, est indispensable à la survie du groupe familial. Un homme célibataire ne peut exploiter une entreprise agricole. Comme une mère seule ne suffit pas

---

Regard 2.2

L'enchaînement des tâches de la maison et de la ferme

Dans un ouvrage de Micheline Dumont et Nadia Fahmy-Eid, Florentine Morvan-Maher, née sur une ferme au début du XXe siècle, se souvient du cycle des travaux domestiques confiés à la mère, aux enfants et aux grands-parents, ainsi que de leur participation aux travaux agricoles.

« La mère exécute un grand nombre de travaux, souvent de façon complémentaire avec son mari (la boucherie, le savon, le jardin). Le grand-père l'aide à faire le pain et les tartes ; la jeune servante l'aide aussi à surveiller les enfants et la cuisson des repas, tandis qu'elle se joint aux hommes qui travaillent aux champs. La grand-mère fabrique le beurre et le sucre d'érable. La couture est confiée à la modiste du rang jusqu'à ce qu'une sœur, après un stage de six mois au village, devienne la couturière de la famille, qui a fait l'achat d'une machine à coudre.

« Les femmes filent la laine, tissent et tricotent. Elles s'assemblent avec les voisines pour le broyage du lin et la corvée des courtepointes. À l'occasion, les enfants se joignent à ces occupations : "Nous faisions des pelotes pour le tricotage des bas et pour faire les trames pour l'ouvrage au métier. Pour le tissage, nous aidions à donner les brins, et ma mère ou ma grand-mère se passait les doigts à travers ces cordes de lames entrecroisées et tirait sur le brin."

« Une voisine aide la mère lorsque le travail s'accumule. [...] Les jeunes enfants vont chercher les vaches aux champs et participent aux activités, au temps des semences et aux moissons. "Puis il y avait la terre du jardin à préparer. Mon père labourait. Quand elle était prête, ma sœur et moi semions un petit carré de fleurs et ma mère faisait des carrés ou des rectangles pour y semer les différents légumes" » (Dumont et Fahmy-Eid, 1983, p. 249-250).

à la tâche. C'est pour cette raison que le groupe élargi a besoin de tous les bras disponibles et, en retour, entretient tous ses membres tant qu'ils demeurent sous le toit familial. Parents âgés et enfants collaborent, selon leurs capacités, aux diverses tâches. Dans les sociétés traditionnelles, les enfants passent sans transition de la petite enfance à l'univers des adultes. Les enfants ne sont pas exclus de la sphère du travail familial, comme aujourd'hui, ni « protégés » des événements dramatiques qui ponctuent le déroulement des activités familiales et sociales.

Ségrégation et complémentarité caractérisent donc la division sexuelle des tâches dans la famille rurale. Andrée Fortin (1987) ajoute que cette division est pondérée dans bien des cas par le fait que les hommes sont partagés entre des activités sédentaires (agricoles) et d'autres qui les éloignent de la maison (forestières et maritimes). La femme se retrouve périodiquement avec l'entière responsabilité de l'exploitation familiale, qu'elle assume avec discrétion, essayant de maintenir intacts le rôle et le statut social du père auprès des siens et de la communauté paroissiale.

Un univers culturel intégré

Les familles et la société vont dans la même direction, étant donné qu'aux yeux des élites et des penseurs de l'époque, la société est formée de l'ensemble des familles. C'est dans ce sens que l'on doit comprendre l'expression « la famille est la base de la société ». Que les familles s'effritent, que l'autorité paternelle soit remise en question, et c'est tout l'édifice social qui est ébranlé.

Les valeurs familiales sont au centre des valeurs sociales et des modèles culturels. Les sentiments familiaux ont une grande importance dans la configuration des valeurs culturelles, puisque la famille est l'agent de socialisation privilégié et qu'elle remplit son rôle en étroite collaboration avec le clergé. L'école occupe une place restreinte dans l'éducation des enfants, qui revient au premier chef à la mère de famille. Parmi les valeurs familiales dominantes, les vertus du sacrifice et du renoncement de soi sont mises en avant dans la vocation de mère de famille. Les valeurs associées au milieu rural (frugalité, tempérance, travail, respect de la tradition et de l'autorité, obéissance, piété) sont élevées au rang de valeurs familiales et sociales les plus importantes. Elles correspondent en tout point aux valeurs chrétiennes, dans une fusion du sacré et du profane. Les normes, les modèles et les rôles familiaux sont explicitement définis par la société et renforcés par l'institution religieuse.

La vocation du mariage est très fortement encouragée ; à l'exception des enfants destinés à la vie religieuse, tous les autres doivent se marier, notamment les jeunes filles dont la finalité de vie consiste à mettre au monde des enfants. Le statut normal de l'adulte est le mariage. Seule la vieille fille, qui par renoncement demeure célibataire pour aider la mère ou la remplacer en cas de décès de cette dernière, peut dévier de cette vocation.

? **Pourquoi le mariage a-t-il autant d'importance ?**

Le mariage institutionnalise la reproduction. Il est le cadre qui délimite les relations affectives et sexuelles entre les hommes et les femmes. Le premier objectif du mariage est la procréation. Le mariage catholique est avant tout défini comme étant une institution divine. Il est donc indissoluble et la sexualité ne peut se vivre que dans la mise au monde des enfants, car une sexualité non procréatrice devient un vice et un péché de la chair. Les personnes ayant autorité, particulièrement le clergé, exhortent les couples à avoir des familles nombreuses, à ne pas « empêcher » la famille : d'une part, pour assurer la survie démographique du peuple canadien-français et la pérennité de la foi catholique en terre d'Amérique et, d'autre part, pour satisfaire le besoin de main-d'œuvre dans l'entreprise agricole. La ségrégation des rôles masculins et féminins aide à maintenir une forte fécondité en l'absence de moyens contraceptifs autres que l'abstinence prônée par l'Église catholique.

Toutes les familles avaient-elles beaucoup d'enfants ?

Si cette question nous renvoie l'image de familles nombreuses, de mères donnant naissance à un enfant en moyenne tous les deux ans, de récentes recherches en démographie historique et en sociologie relativisent cette vision quelque peu mythique (Dumont et Fahmy-Eid, 1983). Ce ne sont pas toutes les femmes québécoises qui ont connu un tel « succès » de fécondité. Nombreuses sont celles qui ont donné naissance à un petit nombre d'enfants, qui ont connu la stérilité ou qui n'ont pas vécu la maternité à cause du célibat ou de la vie religieuse. La moyenne des enfants dans les familles variait de six à huit, en raison de la mortalité infantile, même si notre mémoire collective a plus facilement retenu la douzaine d'enfants. Dès 1850, le taux global de fécondité des Québécoises commence à diminuer et, à la fin du XIXe siècle, il est de 5,5 enfants par famille (Gauvreau, 1991). Comme la mort est omniprésente, que l'espérance de vie est faible et que la mortalité infantile est élevée, les remariages sont fréquents. Beaucoup d'enfants connaissent la tutelle d'un beau-parent, avec qui les affections que commande la vie familiale ne sont pas toujours faciles de part et d'autre.

Enfin, la famille et la parenté (qui habite souvent le voisinage) constituent le cadre social qui règle et conditionne les modèles d'entraide et le style des visites et des récréations, en s'inspirant du calendrier liturgique et des rites traditionnels associés aux étapes

Regard 2.3

De la petite enfance à l'intégration au monde adulte

Jean Provencher raconte ce qui suit au sujet de la place des enfants dans la famille :

« Durant la petite enfance, soit de la naissance à quatre ans, la discrimination entre petite fille et petit garçon n'intervient pas encore. L'un et l'autre, par exemple, peuvent porter la même robe. Le jour, ils ne sont pas forcés de demeurer à la maison ou "dans la cour".

« Le temps de l'insouciance se termine vers 7 ou 8 ans. Jusqu'à ce qu'il se marie et quitte le domicile familial, l'enfant doit maintenant contribuer à la subsistance de la famille. Les parents attendent beaucoup de son travail. Ils ont tant besoin de lui que, souvent, ils négligeront de lui faire fréquenter l'école.

S'ils y consentent, c'est pour mieux le retirer sitôt qu'il a fait sa première communion.

« Filles et garçons se voient confier des tâches de soutien. Les filles mettent la table, préparent la soupe, lavent la vaisselle, voient au nouveau-né, époussettent et balaient. Leur mère les initie aux travaux de lin et de la laine. Les garçons apprennent de leur père les travaux de la terre. Ils vont chercher les vaches, puis les mènent au "clos". Ils rentrent le bois de chauffage, travaillent aux moissons et aident à "faire le train", c'est-à-dire assurer les soins quotidiens que requièrent les animaux à l'étable. Sans leur aide, la charge de travail des parents s'en trouverait alourdie de beaucoup.

« Au fil des ans, les enfants tiennent de leurs père et mère les avis et conseils qui leur permettront à leur tour, le temps venu, de fonder une nouvelle famille » (Provencher, 1988, p. 72-73).

de l'existence et aux travaux saisonniers. Ethnologues, folkloristes et même peintres ont abondamment illustré les veillées canadiennes, particulièrement au temps des fêtes.

La famille traditionnelle est particulariste, c'est-à-dire qu'elle prend les couleurs de sa société. Au-delà du type idéal, les familles intègrent les particularismes régionaux, culturels, politiques ou religieux, les règles d'héritage propres à leur coin de monde.

Les tensions familiales

Même au plus fort de la prédominance du modèle traditionnel, de nombreuses familles ont éprouvé des difficultés comparables à celles d'aujourd'hui, mais qui étaient surmontées à l'intérieur des cadres institutionnels et des normes de l'époque, et toujours avec la conviction inébranlable qu'il fallait maintenir l'institution familiale.

Ainsi en était-il de la rupture de la famille, qui était surtout liée à la mort d'un des conjoints. Hommes et femmes mouraient de l'une ou l'autre des nombreuses maladies infectieuses qui sévissaient périodiquement (fièvre typhoïde, grippe espagnole, variole, diphtérie, tuberculose, choléra), ou des suites de traumatismes dus à des accidents agricoles, maritimes et forestiers, pour les hommes, et de complications liées aux grossesses et aux accouchements multiples, pour les femmes. Les familles qui perdaient un des parents se reconstituaient assez rapidement par l'ajout d'une belle-mère ou d'un beau-père. Nombre d'enfants d'un premier ou d'un deuxième lit peuvent témoigner de ces recompositions familiales. Petits et grands devaient s'accommoder d'une nouvelle famille et souhaiter une harmonisation des caractères. Les conflits entre les générations n'étaient pas inconnus, surtout lorsqu'un fils devait attendre le bon vouloir du père pour espérer s'établir et fonder une famille. Les parents pouvaient abuser de leur pouvoir et de leur autorité pour entraver l'avenir des enfants. Ces derniers, devenus adultes, n'étaient pas toujours reconnaissants et compatissants à l'égard de leurs parents âgés, qui exprimaient une certaine tyrannie dans la gouverne de leur famille.

Si la mort frappait régulièrement aux portes des maisons – et le plus souvent elle fauchait les vies à peine naissantes, la mortalité infantile étant élevée –, d'autres formes de marginalité familiale, réprouvées et discrètement tues, existaient. Parmi elles, on recense l'abandon du foyer par le mari, les maris violents ou alcooliques, les mères célibataires, les naissances illégitimes ou l'abandon des enfants, les orphelins, les aînés laissés sans soins, les vagabonds ou les miséreux, sans compter le libertinage masculin implicitement toléré.

? Il y avait donc des problèmes familiaux comme aujourd'hui ?

C'est un sophisme de prétendre que la vie familiale d'autrefois était synonyme de bonheur, de chaleur et d'harmonie. Rien ne laisse croire que les individus qui vivaient au XIXe siècle étaient davantage prédisposés à connaître les joies de la vie de famille. Par contre, ce qu'ils connaissaient bien et acceptaient, c'étaient les contraintes du groupe et les compromis que cela supposait de la part de chacun pour réussir l'aventure de la vie conjugale et de la famille. Cela n'empêchait pas les difficultés, les frustrations ou les sacrifices de s'accumuler, mais la norme sociale l'emportait inévitablement sur les aspirations individuelles. Toute personne qui « sautait la barrière » devait quitter la communauté familiale et paroissiale, et s'exiler soit en pays de colonisation, soit en ville. La vie religieuse demeurait l'autre choix, particulièrement pour les femmes, pour passer outre à un avenir fixé d'avance.

2.3 Une famille transformée

Papa a raison, La famille Stone, Rue des Pignons, Quelle famille, Jamais deux sans toi... Tous ces téléromans américains et québécois des années 1960 et 1970 projetaient une certaine image de la famille : chaque matin, le père se rendait avec enthousiasme à son bureau en ville, tandis que la mère entreprenait une autre journée de travail domestique, absorbée par l'éducation des trois ou quatre enfants virevoltant autour d'elle. Une représentation de la vie familiale tout à fait rassurante.

La modernisation

Modernisation
Processus de changement social qui marque le passage d'une société traditionnelle à une société industrielle.

La **modernisation** est ce processus marqué par une suite de ruptures qui établissent le passage de la société préindustrielle à la société industrielle (Rocher, 1969). Kenneth McRobarts et Dale Postgate énumèrent les variables qui sont généralement associées au changement social suscité par la modernisation : l'urbanisation, la sécularisation, l'accession à l'éducation et la croissance des réseaux de communication de masse (McRobarts et Postgate, 1983).

L'urbanisation

Urbanisation
Phénomène du déplacement des populations rurales vers les villes.

L'**urbanisation** est la première variable énoncée par Kenneth McRobarts et Dale Postgate. Elle ne se limite pas à la migration des populations de la campagne vers la ville, elle signifie également la création de petits centres urbains. Alors qu'en 1951, 66 % de la population vit en milieu urbain, cette proportion grimpe à 80 % en 1971. La ville commande un nouveau mode de vie entremêlé de pratiques culturelles importées du milieu rural. À la longue, la vie citadine contribue à éliminer les structures sociales traditionnelles.

Exercice 2.2

L'album de famille

Les années d'après-guerre

Selon votre âge, ce sont les photographies de vos grands-parents ou de vos parents qui dévoilent le mieux les caractéristiques de la famille moderne, telle qu'elle apparut durant les deux décennies qui suivirent la fin de la Seconde Guerre mondiale (*voir l'exercice 2.1, p. 30*).

Au cours des années 1950 et 1960, les amoureux se font facilement photographier, tendrement enlacés, souriants, montrant aux yeux du monde leur bonheur conjugal. Ils sont au début de la vingtaine, fiancés, fraîchement mariés ou bien tenant dans leurs bras leur premier bébé.

Largement diffusé par la télévision, le modèle médiatisé de la famille moderne est aussi celui qui nous est le plus familier, car il a été intensément vécu par les générations de parents mariés au cours des années 1950 à 1970. Quelles sont justement les caractéristiques qui différencient la vie familiale moderne de la famille traditionnelle ?

C'est à la ville que se produit la première phase d'industrialisation axée sur les industries légères de transformation, qui ont besoin d'une abondante main-d'œuvre faiblement rémunérée et vivant près des lieux de travail. La ville industrielle est donc un indicateur à la fois économique et social de la modernisation.

La sécularisation

La deuxième variable, la **sécularisation,** indique un changement dans les rapports entre les individus et la société. Désormais, les activités sociales relèvent de plus en plus de l'autorité de l'État et non plus de l'Église. Chaque sphère d'activité, qu'il s'agisse du travail, de la santé, de l'éducation ou de la vie familiale, est représentée par des associations différentes et des mandataires de l'autorité distincts. Il n'y a plus une seule autorité d'essence divine ni une seule institution qui règle l'ensemble de la vie sociale ; une séparation s'est établie, qui se veut efficace et rationnelle, entre toutes les sphères d'activité avec, pour corollaire, une multiplication des institutions et une bureaucratisation des rapports sociaux. Cette séparation se traduit par un désengagement progressif de la solidarité communautaire, qui marquait profondément l'organisation sociale traditionnelle. La sécularisation de la société québécoise va s'accélérer à la fin des années 1950 et dans la décennie suivante. Avant cette période, l'influence de l'Église était très vive et très puissante, malgré une certaine désaffection de la pratique religieuse. Les professionnels de la santé, du travail social et de l'éducation deviennent les nouveaux dépositaires de l'autorité de l'État.

Sécularisation
Séparation entre les activités religieuses et les activités civiles.

La scolarisation

La troisième variable, la **scolarisation,** participe de plein droit à la modernisation. Une société en voie de modernisation a besoin d'individus qualifiés et combatifs, hautement compétents et compétitifs. L'individu ne peut obtenir un meilleur statut social que par l'acquisition de connaissances et de compétences pour lesquelles il sera jugé : c'est l'ère de la spécialisation et de la professionnalisation, associées aux nouvelles formes d'organisation du travail qui se mettent en place avec le développement de la logique industrielle. La prolongation des études obligatoires va de pair avec le processus de la modernisation, l'école assumant l'éducation qui était jadis une des fonctions de la famille et du milieu de travail, en vue de répondre aux besoins d'une division du travail accrue.

Scolarisation
Processus menant au prolongement des études obligatoires.

La communication de masse

Les moyens de **communication de masse,** dernière variable de la modernisation selon McRobarts et Postgate, permettent de joindre un plus grand nombre de personnes, pour diffuser plus d'informations et proposer de nouveaux divertissements (les radioromans puis les téléromans, les jeux-questionnaires, etc.), ce qui modifie les mentalités, les comportements et les valeurs. La mise en place des réseaux de communication offre une ouverture sur le monde, sur ce qui est extérieur à la communauté locale, et encourage une mise en contact avec d'autres façons de faire et de penser, qui contrecarrent toute pensée sociale qui se voudrait monolithique. C'est là une des caractéristiques de la modernité, qui met l'accent sur le pluralisme et la tolérance.

Communication de masse
Diffusion d'informations et de divertissements qui s'adressent de manière uniforme à de vastes auditoires.

La société moderne s'oppose-t-elle à la tradition ?

Les concepts de société traditionnelle et de société moderne ont été figés dans un ensemble de valeurs binaires. Dans la réalité sociale, les deux concepts ne s'opposent pas toujours totalement, mais se chevauchent ou intègrent des traits de l'un dans l'autre. La société traditionnelle est loin d'être toujours aussi stable et homogène qu'on l'imagine, pas plus qu'elle n'est réfractaire à tout changement. En fait, il arrive parfois que tradition et nouveauté cohabitent.

2.4 Des familles « couples »

Les orientations de la recherche

Trois pistes de recherche ont produit des connaissances sur la famille moderne. Premièrement, l'**histoire sociale** s'est attachée à décrire et à expliquer les conditions de l'émergence de la famille nucléaire moderne au sein de la bourgeoisie et de la classe ouvrière des XVIIIe et XIXe siècles. Deuxièmement, la perspective structuro-fonctionnaliste dans la sociologie américaine et québécoise a cherché à dépeindre l'idéal type de la famille conjugale dans la société industrielle. Récemment, le troisième axe de recherche que sont les **études féministes** a contribué à approfondir des thèmes et à remettre en question quelques postulats théoriques qui légitimaient, autant qu'ils expliquaient, certaines caractéristiques de la famille moderne.

Le couple dans la famille moderne

Pour les familles de type moderne, le couple est au cœur de l'édifice familial, il en est la pierre angulaire. Telle est la particularité du modèle conjugal, qui privilégie l'événement capital que constitue la rencontre d'un homme et d'une femme, leur union et leur départ dans la vie familiale.

L'idée et la réalité du couple prédominent dans la formation de la famille moderne, car le couple rend compte d'un trait fondamental de la société moderne, l'**individualisme,** par opposition à l'esprit communautaire. Le couple, que Renée B.-Dandurand nomme la **dyade conjugale** (B.-Dandurand, 1990), acquiert ce rôle central par l'importance mise sur le sentiment amoureux individuel, qui tout au long du XXe siècle préside de plus en plus à l'union des conjoints. Chez le jeune couple moderne, la recherche du bonheur passe par l'amour romantique, que couronne le mariage. Étudiant la famille moderne, qui s'est diffusée en France au cours des XIXe et XXe siècles et qui demeure majoritaire jusqu'aux années 1970, Louis Roussel souligne l'existence de ces deux finalités que sont le bonheur amoureux et l'engagement dans l'institution du mariage (Roussel, 1989).

Pourquoi l'amour a-t-il autant d'importance ?

Mais pourquoi le sentiment amoureux, et par-delà celui-ci le couple, prend-il autant d'importance ? Selon la thèse largement diffusée de l'historien Edward Shorter (1977), les chambardements dans les modes de vie imposés par la révolution industrielle expliquent dans un premier temps la perte d'autorité des familles sur leurs

Histoire sociale
Courant d'études, en histoire, qui s'intéresse à l'histoire de la société et de ses composantes.

Études féministes
Domaine de recherche qui met l'accent sur la compréhension de la situation des femmes dans les événements sociaux. Les études féministes portent un regard critique sur la tradition de la recherche en sciences sociales qui a eu tendance à analyser d'un point de vue androcentriste le rôle des femmes dans les sociétés.

Individualisme
Système de valeurs centré sur l'individu et son épanouissement.

Dyade conjugale
Couple mari-femme.

membres: les filles et les garçons, lancés dans la grande aventure industrielle, sont de plus en plus laissés à eux-mêmes dans le choix de leur conjoint et au moment de leur entrée dans la vie familiale. Ce sont l'individualisme et l'épanouissement personnel, traduits par l'inclination amoureuse, qui prennent le pas sur les obligations prescrites par les parents dans les critères de choix du partenaire. Ce changement de priorité dans le choix des conjoints survient d'abord chez les jeunes adultes de la classe ouvrière, puis se répand dans la bourgeoisie, pour finalement pénétrer et dominer tout le système de valeurs de la classe moyenne nouvellement apparue au milieu du XXe siècle. C'est la classe moyenne américaine qui, des années 1940 à 1960, symbolise le mieux cette famille centrée sur le couple. Au Québec, les familles modernes des banlieues atteignent elles aussi cet idéal, tandis que les familles ouvrières urbaines attachent encore beaucoup d'importance aux liens avec la parenté, qui viennent temporiser l'importance du couple.

Dans la famille moderne, tout repose sur la capacité des jeunes adultes à exercer un choix éclairé et à assumer leur vie de couple sans l'appui quotidien du clan familial. Dans ce contexte, le poids du couple pèse de plus en plus lourd dans la réussite de la vie familiale. Tandis qu'il était possible aux maris et aux femmes de pallier le manque de ressources du couple en s'appuyant sur celles du groupe familial élargi, la famille moderne, surtout celle qui est issue de la classe moyenne, se débrouille seule. C'est la **privatisation** des relations familiales, autre attribut de la famille moderne.

Privatisation
Processus par lequel les relations familiales passent du domaine public au domaine privé.

En effet, le corollaire à la montée de l'individualisme dans les valeurs familiales est l'établissement d'une frontière entre le domaine de la vie publique, ouverte sur la communauté environnante (parenté et voisinage, paroisse ou village), et le domaine de la vie privée, centrée sur le couple et sur la famille nucléaire. Les jeunes mariés et les jeunes parents acceptent difficilement que leurs aînés ou leur communauté s'arrogent un droit de regard et aient la mainmise sur leur vie familiale, ce qui était pourtant le lot des familles traditionnelles, perméables à l'autorité de la communauté dans son sens le plus large.

? La privatisation de la vie familiale est-elle récente?

La privatisation des liens familiaux découle des normes de la classe bourgeoise au XIXe siècle. Cependant, c'est au tournant du XXe siècle et après la Première Guerre mondiale qu'on assiste à l'émergence d'une culture de classe moyenne qui insiste sur la séparation entre la sphère du public et celle du privé, accordant une plus grande importance au foyer domestique. L'expression anglo-saxonne *Home, Sweet Home* traduit le mieux cet esprit du bonheur domestique. La sociologue française Martine Segalen conclut que les valeurs associées au foyer domestique s'opposent à celles du monde extérieur, qui incarne les désordres sociaux (Segalen, 1986). Comme l'illustre le tableau 2.1, à la page suivante, le foyer familial se pare de plusieurs vertus dans la société moderne.

L'amour romantique triomphe avec la famille moderne. Mais n'oublions pas qu'à la différence d'aujourd'hui, c'est un amour encadré par l'institution du mariage et qui demeure stable jusqu'aux années 1970. Durant toutes ces décennies, le mariage a canalisé l'amour romantique vers le couple marié et vers la fondation d'une famille.

Tableau 2.1 ● Les valeurs associées à la sphère privée et celles associées à la sphère publique

Valeurs associées à la sphère privée	Valeurs associées à la sphère publique
Le foyer familial	Le monde extérieur
Le temps de loisir	Le temps de travail
La famille	Les relations non familiales
Les relations interpersonnelles et intimes	Les relations impersonnelles et anonymes
La proximité	La distance
L'amour et la sexualité légitime	La sexualité illégitime
Le sentiment et l'irrationalité	La rationalité et l'efficacité
La moralité	L'immoralité
La chaleur, la lumière et la douceur	La division et la dissonance
L'harmonie, la vie naturelle et sincère	La vie artificielle et affectée

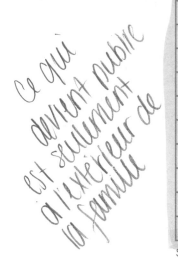

Ce qui devient public est seulement à l'extérieur de la famille

Dans famille = Famille privée

Source : Segalen, Martine. 1986. «La révolution industrielle : du prolétaire au bourgeois», dans André Burguière *et al., Histoire de la famille,* tome II, *Le choc des modernités.* Paris : A Collin, p. 514.

Si l'individu, dans la famille moderne, s'affirme à l'égard de la communauté, il ne lui est pourtant accordé qu'une relative liberté à l'intérieur des institutions existantes. C'est exactement ce que soulignait le sociologue américain Peter L. Berger en 1973 dans un volume d'introduction à la sociologie. Selon lui, un réseau de normes sociales fort complexe tissait les relations amoureuses entre jeunes gens aux États-Unis durant les années 1960, et il était certainement périlleux, voire impossible, d'outrepasser ces règles (Berger, 1973).

Savoir plus 2.3

Edward Shorter et la naissance de la famille moderne

Edward Shorter a écrit l'ouvrage *Naissance de la famille moderne* à partir de l'hypothèse suivante : c'est l'introduction du «sentiment» dans les relations familiales à partir du XVIIIᵉ siècle en Europe de l'Ouest qui bouleverse la famille traditionnelle et donne naissance à la famille moderne.

Selon l'auteur, l'introduction du sentiment s'est effectuée dans trois secteurs de la vie familiale. D'abord, dans le choix du partenaire, où l'amour romantique déloge les considérations matérielles. Ensuite, dans l'amour maternel qui transforme les relations entre le nourrisson et sa mère, cette dernière délaissant les tâches extérieures pour prendre soin de ses enfants (qui sont moins nombreux) et assurer leur survie. Enfin, dans les relations mêmes entre les membres de la famille, le sentiment domestique forgeant la famille comme lieu de la vie affective.

Pour Shorter, il ne fait aucun doute que « [...] l'affection, l'inclination, l'amour et la sympathie vinrent remplacer les considérations pratiques ou matérielles comme régulateurs des activités interfamiliales. Conjoints, enfants en vinrent à être appréciés pour eux-mêmes plutôt que pour ce qu'ils représentaient ou pouvaient faire. Telle est en effet l'essence du "sentiment" » (Shorter, 1977, p.13).

Telle est donc la première série de trois traits qui caractérisent la famille moderne :

1. la prédominance et l'idéalisation du sentiment amoureux ;
2. la place centrale accordée au couple ;
3. la privatisation des relations familiales.

Le modèle de pourvoyeur et de ménagère

Le couple étant le symbole par excellence de la famille moderne, comment se vivent les relations de couple dans cette famille ? Renée B.-Dandurand (1990) affirme que la famille moderne est caractérisée par la division sexuelle du travail entre mari et femme selon le modèle du **mari-pourvoyeur** et de l'**épouse-ménagère.**

À la différence de la famille traditionnelle, dans laquelle les hommes et les femmes se côtoyaient à l'intérieur d'espaces communs (la ferme) ou contigus (la maison et l'étable), tout en ayant des activités déterminées, les rôles masculins et féminins, quoique complémentaires, commandent des espaces distincts dans la famille moderne.

L'homme, le père, investit la sphère publique, celle du travail rémunéré : le bureau pour les cols blancs ou les professionnels, l'usine pour l'ouvrier, ou plus largement l'espace urbain, extérieur à la maison et à la famille, là où se vivent les relations contraignantes de la vie en société. Le père est celui qui fait vivre la famille, le seul dont on attend l'argent qui assurera la nourriture, l'habillement, l'éducation et, surtout, le statut social. Il remplit le rôle de pourvoyeur de la famille : c'est lui qui pourvoit, qui comble les besoins de sa femme et de ses enfants. C'est un **rôle instrumental,** orienté vers les fonctions utilitaires de la vie en société.

La femme, la mère, se charge de la sphère privée, celle de l'affectivité et du travail domestique : le logement en ville, la maison urbaine ou rurale et bientôt la **maison de plain-pied** (bungalow) en banlieue, le lieu par excellence du bonheur domestique moderne. La femme occupe l'espace intérieur de la maison, où se vivent les relations significatives entre les membres de la maisonnée et où s'accomplit le travail non rémunéré nécessaire à la vie familiale : soins aux enfants, préparation des repas, entretien des membres et des biens de la famille, éducation et remise en forme des malades. La mère est celle qui organise et assume les tâches domestiques en même temps que celle qui crée le noyau affectif de la famille et sur qui l'on compte pour souder les liens entre tous les membres, pour faire naître et entretenir le bonheur familial, pour donner du sens à la vie de famille. Elle remplit le rôle de ménagère : celle qui fait le ménage, qui donne vie à la maison familiale. C'est un **rôle expressif,** orienté vers les fonctions affectives.

Ce modèle matrimonial fondé sur la dichotomie des rôles de ménagère et de pourvoyeur s'implantera progressivement dans toutes les classes sociales à partir du XXᵉ siècle, au fur et à mesure que les femmes seront exclues du marché du travail. D'une part, du fait des lois sociales qui protégeront les femmes et les enfants des excès du capitalisme industriel et, d'autre part, en raison de l'augmentation progressive des revenus familiaux. Au sortir de la Seconde Guerre mondiale, la relative prospérité économique et l'augmentation réelle du niveau de vie rendront possible

Mari-pourvoyeur
Modèle de rôle parental qui fait assumer au mari et père la fonction de faire vivre la famille.

Épouse-ménagère
Modèle do rôle parental qui confie à la mère le rôle d'entretenir la maison et de prendre soin des enfants.

Rôle instrumental
Dans la théorie fonctionnaliste, ce rôle est celui de soutien économique et il est dévolu au père.

Maison de plain-pied
Maison unifamiliale sans étage, comprenant souvent un sous-sol avec chambres et salle familiale.

Rôle expressif
Dans la théorie fonctionnaliste, ce rôle est celui de soutien affectif et il est dévolu à la mère.

le modèle du pourvoyeur unique doté d'un salaire familial. Les familles de la classe moyenne, laquelle est composée des cols blancs et des ouvriers spécialisés, adhéreront massivement à l'idéologie de la mère au foyer. Le mari-pourvoyeur sera investi de la mission de faire vivre décemment toute sa famille, femme et enfants étant placés sous sa tutelle économique. Pendant quelques décennies, les familles modernes vivront l'utopie du revenu familial unique, qui culminera pendant les années 1950.

C'est dans ce contexte que les mères de la modernité se retrouveront confinées dans le cercle des tâches domestiques et de l'éducation des enfants, ce qui, dans la société et la famille traditionnelles, n'était qu'une partie de leur rôle.

D'après Renée B.-Dandurand, si les sphères de la famille et du travail sont compartimentées selon le sexe, c'est surtout le cas pour les femmes (B.-Dandurand, 1990). Il semble en effet que la condition d'épouse et de mère soit incompatible avec le travail salarié. Ce qui a pour conséquence, selon la chercheuse, de contraindre davantage les femmes que les hommes au mariage. La majorité des jeunes filles ne se voient pas autrement que mariées et mères de famille. C'était la voie définie par la société selon les normes de la féminité, les lois, les règles du marché du travail, la division sexuelle dans les professions et qui convergent toutes vers cette direction.

? Comment pouvait-on justifier la dichotomie entre hommes et femmes ?

La division sexuelle et sociale des rôles familiaux correspond à une valeur montante dans la société moderne : la **rationalité.** Chère au cœur de « l'homme moderne », la valeur de rationalité suppose la recherche des meilleures solutions pour résoudre chaque problème de l'existence, dans tous les domaines. Cette recherche s'appuie sur les lois de la nature rendues intelligibles par la connaissance scientifique. Le

Rationalité
Système de pensée fondé sur l'utilisation de la raison.

Regard 2.4

Des hommes pourvoyeurs, des femmes ménagères

Voici comment certaines femmes relatent la vision qu'elles avaient des rôles masculins et féminins au moment de leur mariage, il y a quelques décennies (B-Dandurand et Saint-Jean, 1988, p. 61-68 ; Baillargeon, 1991, p. 85).

Sur le rôle des femmes mariées

« La place d'une femme, c'est de s'occuper de sa maison puis de ses enfants et de son mari. Lui, il travaille, il la fait vivre. »

« J'étais assez contente d'avoir ma maison. J'avais pas le goût de travailler. D'ailleurs, tu pouvais pas faire les deux en même temps, la carrière et la famille. »

« Mon mari voulait pas que je travaille parce qu'il disait qu'il voulait rien avoir à faire dans la maison : pas de repas, pas de ménage, rien. »

Sur le rôle des hommes mariés

« Lui, il me disait que gagner le pain, c'était son lot. Le reste, ça me concernait. »

« Il disait qu'il était capable de me faire vivre. »

« En se mariant dans ce temps-là, il était pas question qu'on continue à travailler. Puis l'homme qu'on mariait, ç'aurait été un déshonneur si sa femme avait continué à travailler. »

Comme on le voit dans ces propos, les rôles sont bien séparés au sein de la famille moderne et le modèle est fortement intériorisé par les individus, hommes et femmes.

modèle pourvoyeur-ménagère rend compte d'une vision du fonctionnement de l'organisation familiale qui se veut rationnelle. En attribuant à chaque conjoint un rôle précis et exclusif, on croyait accroître l'efficacité de l'organisation familiale dans la société industrielle et provoquer l'épanouissement de ses membres. Un sociologue américain a contribué plus que tout autre à justifier la séparation des rôles familiaux au sein de la famille moderne. Talcott Parsons entreprit, au début des années 1950, de présenter une théorie scientifique de la famille et il fit des concepts de rôle instrumental masculin et de rôle expressif féminin les fondements de sa théorie (Parsons, 1955).

Les fonctions de la famille : affection et socialisation

La famille moderne se verra peu à peu départie de certaines fonctions au profit d'institutions spécialisées : école, système de santé, sécurité sociale, associations de travail. En fait, elle perd ses compétences au profit des nouveaux professionnels légitimés par leur savoir. C'est une des principales conséquences de la valorisation de l'éducation. La famille devient toutefois l'unique responsable de la fonction des soins et de la socialisation primaire des enfants et, surtout, de l'accomplissement

Savoir plus 2.4

Talcott Parsons, le structuro-fonctionnalisme et la famille américaine

Talcott Parsons est ce grand sociologue américain qui, en 1955, publia un ambitieux ouvrage de théorie générale intitulé *Family, Socialization, and Interaction Process*.

Selon Andrée Michel (1978), Louis Roussel (1989) et Maureen Baker (1990), Parsons élabora une théorie de grande portée pour expliquer le fonctionnement du système social. Il définit la société comme étant un ensemble de sous-systèmes spécialisés et interdépendants. La famille est un de ces sous-systèmes. Chaque sous-système fonctionne à la manière du système général. Il est composé de groupes ou d'individus qui remplissent des fonctions spécialisées permettant au sous-système d'agir en harmonie, ce qui assure la stabilité du système dans son ensemble. La théorie structuro-fonctionnaliste met l'accent sur le fonctionnement, la stabilité et l'adaptation du système social plutôt que sur le changement.

La famille, selon la théorie de Parsons, est une unité sociale hautement spécialisée. Elle s'est libérée de certaines fonctions au profit d'autres institutions, pour mieux accomplir les fonctions qui lui sont dévolues dans la société industrielle. Quant aux individus, ils doivent aussi se spécialiser dans des fonctions qui varient selon le sexe et les générations. La spécialisation des rôles masculins et féminins, l'aspect le plus connu de sa théorie, a pour objectif de contribuer à l'équilibre du sous-système familial et à la socialisation de l'enfant. Parsons s'inspirait directement de l'observation de petits groupes (par exemple, des équipages d'avions militaires) instaurée pendant la Seconde Guerre mondiale.

Parsons estimait avoir décrit la forme idéale et ultime de famille correspondant à la société industrielle américaine. En fait, dès le moment où il la formula, sa théorie fut l'objet de critiques sévères, notamment à l'endroit de sa conception des rôles différents selon le sexe. Pendant qu'il attribuait une égale dignité à ces rôles, plusieurs études montrèrent que cette distinction légitimait la supériorité masculine et la dépendance des femmes et des enfants. De plus, son modèle décrivait les comportements et les aspirations de la classe moyenne blanche américaine, et méconnaissait la complexité des comportements familiaux des diverses strates sociales.

affectif de ses membres. Certains auteurs parlent de cette famille comme d'un refuge à l'intérieur d'une société compétitive. Plutôt que de parler de refuge, le sociologue Gérald Fortin avançait l'idée que la famille moderne servait d'intermédiaire entre la vie publique et la vie privée. Elle serait le lieu où l'individu peut réintégrer toutes les dimensions séparées de la vie publique en un tout cohérent ; au sein de la famille, il redevient une personne dans sa globalité qui rencontre d'autres personnes à part entière. Seule la famille permet ces rencontres et contribue à bâtir des personnalités capables à la fois d'autonomie et de création.

Dans cette perspective fonctionnaliste, c'est la mère qui assume la lourde responsabilité de créer les personnalités modernes de ses enfants. Mais elle-même, bien souvent, est rarement en contact avec la sphère publique, sinon par l'entremise de son mari et de ses enfants, puis des spécialistes de l'éducation dont elle recevra des conseils, de plus en plus nombreux. Pour la mère de famille moderne, la santé et l'éducation de ses enfants sont toutefois un souci constant. Elle y consacrera toutes ses énergies.

? Pourquoi les mères, plus qu'autrefois ?

Le rôle d'éducatrice qu'exercent les mères est renforcé par deux phénomènes de société qui se manifestent au cours du XXe siècle. D'une part, la diminution de la fécondité qui, malgré l'explosion de la natalité après la Seconde Guerre mondiale, ne s'est pas démentie : une majorité de familles compte deux, trois ou quatre enfants, notamment les familles de la classe moyenne. En fait, la baisse de la natalité, qui ira en s'accentuant après 1960, révèle que les familles exercent une régulation des naissances par l'abstinence, le coït interrompu, la méthode Ogino (calendrier), le condom et, finalement, la pilule contraceptive, qui libérera véritablement les femmes de l'angoisse de la grossesse non désirée. D'autre part,

Regard 2.5

La famille, creuset de la société moderne

Gérald Fortin (s.d.) émettait l'hypothèse que la famille, dans sa fonction de sécurité affective, ne doit pas être perçue en opposition avec la société, mais plutôt comme étant en liaison avec elle et contribuant à son fonctionnement.

« La famille devient non pas un refuge mais le creuset de la société moderne, le lieu où le type de personnalité essentiel au fonctionnement de cette société peut vraiment se forger. La famille alors n'a pas à se replier sur elle-même. Au contraire, il lui faut s'ouvrir le plus possible au domaine de la vie publique. La rencontre face à face d'individus totaux implique que tous les membres de la famille soient engagés d'une façon ou d'une autre dans la créativité et le contrôle collectif de la vie publique. »

comme elles ont moins d'enfants, les femmes de ces générations s'investissent davantage dans les soins et l'éducation qu'elles donnent à leur progéniture. Deux modèles s'offrent alors aux mères. Pour celles qui ont une famille nombreuse, les rapports autoritaires et le bon sens demeurent encore les principaux critères d'éducation. Par contre, les jeunes mères adhèrent au modèle d'éducation plus permissif qui se met en place à la suite des nouvelles théories éducatives. Sous l'influence de la psychologie freudienne et des recherches de Piaget, largement répandues dans des ouvrages populaires s'adressant aux parents, la petite enfance devient le moment critique de la formation des futurs adultes. Plus question d'interdits, de discipline rigoureuse et d'autorité ; on favorise plutôt la stimulation, l'affection et le contact physique. Selon France Laurendeau, médecins, psychologues, travailleurs sociaux et éducateurs s'introduisent dans les foyers pour montrer aux femmes comment élever leurs enfants (Laurendeau, 1985). La nouvelle puériculture attribue à la mère de famille un rôle irremplaçable auprès des jeunes enfants.

Exercice 2.3

Les rôles matrimoniaux

Pour cet exercice, vous devrez rencontrer des informateurs privilégiés qui ont vécu durant la période que nous étudions. Il s'agit de procéder à deux entrevues : interroger une femme, puis un homme qui se sont mariés au Québec, en Amérique du Nord ou dans un pays d'Europe de l'Ouest, au cours des décennies 1950 à 1970.

Demandez-leur comment ils percevaient les relations amoureuses et l'idée qu'ils se faisaient du couple, du mariage et de la famille au moment de leur propre entrée dans la vie matrimoniale. Connaissaient-ils des moyens contraceptifs ? Avaient-ils décidé du nombre d'enfants qu'ils auraient ? La femme travaillait-elle ou pouvait-elle travailler ? Envisageait-elle son rôle comme étant principalement celui de ménagère ? Vous pouvez les questionner sur d'autres aspects de la vie de couple et de la vie familiale.

Faites une synthèse de vos entrevues : comment les nouveaux mariés percevaient-ils le mariage et la vie familiale ? Y a-t-il des différences entre les perceptions masculine et féminine ? Quelles étaient les valeurs de l'époque ?

Une unité de consommation

Le sociologue Simon Langlois a bien montré comment l'avènement de la **société de consommation** dans la seconde moitié du XXe siècle, autant que l'industrialisation dans la première moitié, a fortement contribué à modifier le paysage familial nord-américain (Langlois, 1990). Selon ce chercheur, l'augmentation des **rapports marchands** dans toutes les sphères de la vie quotidienne a influencé les formes de vie familiale que nous connaissons aujourd'hui. Mais c'est au cours des années 1950 et 1960 que les familles québécoises assistent au véritable décollage de la société de consommation, parallèlement à l'expansion du salariat comme mode de rémunération, et à l'urbanisation accélérée. Parmi les formes d'urbanisation, l'essor du mode d'habitation en **banlieue,** lié à la construction de maisons de plain-pied, deviendra le symbole par excellence de la vie familiale moderne. Ce mode d'habitation dans un milieu semi-urbain à vocation résidentielle, relativement homogène quant au style de vie et à la consommation, a été rendu possible par l'augmentation réelle des salaires et la possibilité d'acheter à prix raisonnable une maison (prix d'achat peu élevé et bas taux d'intérêt). Le style de vie en banlieue, facilité par la mobilité

Société de consommation
Société dans laquelle l'équilibre économique et social repose sur l'achat de nombreux biens et services par les citoyens.

Rapports marchands
Commercialisation des échanges entre les individus. Ce qui faisait autrefois l'objet d'un troc est désormais acheté ou vendu.

Banlieue
Milieu urbanisé situé à la périphérie d'une grande ville, caractérisé par sa vocation résidentielle et son style de vie homogène.

grandissante des familles grâce à l'automobile, a été associé à la classe moyenne ; quitter le centre-ville et accéder aux espaces verts ceinturant la ville a représenté une forme d'ascension sociale pour les familles.

Enfin, l'avènement de la société de consommation change l'allure du travail domestique. Avec la fabrication en série et la commercialisation d'une vaste gamme de biens ménagers, les tâches qui étaient de véritables corvées s'allègent chez les familles qui peuvent se procurer ces produits devenus rapidement indispensables : la machine à laver dont la technologie se raffinera au cours des années, le réfrigérateur qui permet de conserver la nourriture, la cuisinière électrique ou au gaz qui accélère la préparation des repas et l'aspirateur électrique qui facilite l'entretien de la maison. La variété des denrées et leur qualité de conservation s'accroissent ; conserves de fruits, de légumes et de viande sont offertes à des prix abordables. Dans la famille moderne, les femmes deviennent des consommatrices de produits finis plutôt que des productrices. Leurs tâches domestiques, tout en étant facilitées par des techniques avant-gardistes, se complexifient et occupent la plus grande partie de leur temps. Toutes proportions gardées, elles ont autant de travail domestique à effectuer que leurs ancêtres qui vivaient dans des conditions plus rudimentaires. Les exigences d'entretien et de propreté de la maison se font plus grandes, en même temps qu'elles doivent consacrer à leurs enfants une part non négligeable de leur temps.

Aux trois traits caractéristiques de la famille moderne énoncés précédemment à la page 45, nous pouvons maintenant ajouter les suivants :

4. le modèle matrimonial du mari-pourvoyeur et de l'épouse-ménagère ;
5. la fixation des trois fonctions que sont la sécurité affective, la socialisation des enfants et la consommation ;
6. l'idéalisation du mode de vie en banlieue.

Les valeurs familiales modernes

Dans la famille moderne, la démocratie signifie une plus grande reconnaissance des existences individuelles et, surtout, le droit de parole accordé aux enfants à l'égard de leurs parents, et aux femmes à l'endroit de leur mari. Le principe de la démocratie marque ainsi les relations de compagnonnage entre les conjoints. Le modèle de compagnonnage remplace les relations d'autorité et de soumission entre hommes et femmes que connurent les familles traditionnelles, et il passe par l'accomplissement de rôles masculins et féminins distincts. La structure de compagnonnage de la famille moderne est de type complémentaire et non pas symétrique. La parité des rôles réside dans leur égale importance pour le fonctionnement de la structure familiale, et non dans leur concordance.

La valeur de la démocratie se traduira aussi dans un principe pédagogique appelé « dialogue » ; dialogue entre conjoints, dialogue entre parents et enfants, où chacun est supposé entendre et accepter le point de vue de l'autre. Toute une génération d'enfants sera élevée dans un climat de perpétuel dialogue qui devait permettre d'éviter les affrontements qu'engendrait un système plus autoritaire, système devenu dysfonctionnel dans une société mettant l'accent sur l'autonomie des personnes.

En corollaire à la démocratie et au rationalisme, la valeur accordée à l'éducation formelle est devenue centrale dans l'espace des valeurs familiales. En effet, dans une société de plus en plus orientée vers le **statut acquis** et vers la reconnaissance des compétences basées sur le savoir, la scolarisation devient indispensable pour intégrer l'univers social. Les connaissances doivent être transmises par un long apprentissage en bonne et due forme que les parents ne peuvent plus fournir. Les parents modernes voient en l'éducation le moyen privilégié de mobilité sociale ascendante, à une époque qui permet réellement cette mobilité. Pour de nombreuses familles, « s'instruire, c'est s'enrichir ». Le Québec, plus que toute autre société, connaît l'ascension sociale de plusieurs générations d'enfants nés pendant ou après la guerre. Combien de vos parents ou de vos grands-parents, occupant des emplois de professionnels, de cols blancs ou d'ouvriers spécialisés, sont des enfants d'agriculteurs, de manœuvres, d'artisans, de bûcherons ou de pêcheurs ?

Sur le plan affectif, le sentiment amoureux préside aux échanges entre les conjoints. Les relations sexuelles prennent d'autres couleurs ; de procréatrices et de devoir conjugal qu'elles étaient pour les femmes, elles arborent un halo de romantisme, particulièrement chez les jeunes filles. La **sexualité romantique** se vit surtout dans les préliminaires, dans l'attente du premier baiser et du premier bal, dans le coup de foudre que l'on souhaite éternel (pensons aux romans de la collection « Harlequin »). Elle se termine parfois dans la désillusion, une maternité prénuptiale, un mariage obligé ou l'amertume du quotidien.

Les garçons et les jeunes filles rêvent leur sexualité. Ils sont peu informés sur le sujet, ils se renseignent entre eux ; la sexualité est un sujet tabou dans les familles. Les parents craignent pour la virginité de leur fille, qui est encore souhaitée chez la

Statut acquis
Statut social qu'une personne acquiert ou transforme au cours de son existence grâce aux moyens reconnus par la société.

Sexualité romantique
Idéal amoureux de la jeune fille initiée à la sexualité par son fiancé ou son mari ; dimension physique de la sexualité qui est sublimée dans le sentiment amoureux.

Regard 2.6

Le rituel du mariage

Au cours des années 1950, malgré quelques variantes, le rituel du mariage obéit à des codes assez semblables d'un groupe social à l'autre. Ce sont surtout les moyens financiers des familles qui déterminent l'envergure qui sera donnée à la cérémonie du mariage. Denise Lemieux et Lucie Mercier résument ainsi ce rituel :

« Les fiançailles sont assez répandues et, dans certains cas, les cours de préparation au mariage viennent s'ajouter à la phase préliminaire du mariage. En général, les parents de la jeune fille assument les coûts de la réception et l'organisent ; la jeune fille reçoit les cadeaux, le mariage a lieu à l'église ; pour la noce, on rassemble les deux parentés ; la mariée est vêtue d'une robe blanche, longue. Les robes courtes et de couleur sont attribuables à des moyens limités plutôt qu'à une mise à distance du modèle

de mariage conventionnel. Tous les couples vont en voyage de noce [sic] avant de s'installer dans leur logis » (Lemieux et Mercier, 1992, p. 61-62).

L'introduction du voyage de noces dans le rituel du mariage s'est produite au début du XXᵉ siècle et la robe blanche de la mariée s'est généralisée après 1945.

future mariée ; les garçons vivent une liberté de jeunesse qui est tolérée. Cependant, l'utilisation de méthodes contraceptives de plus en plus sûres, la diffusion d'information sur le sujet et notamment l'arrivée de la pilule au cours des années 1960 libéreront enfin les femmes de la sexualité strictement procréatrice pour leur permettre de vivre pleinement la sexualité romantique.

La maternité est toujours valorisée chez les femmes. La féminité se définit par la maternité. Même si elles ont moins d'enfants, les jeunes femmes ne peuvent imaginer leur vie sans la maternité. Une femme n'est pas accomplie tant qu'elle n'a pas mis au monde quelques enfants. En général, les couples ont des enfants durant les premières années de leur mariage. Ce n'est qu'à partir des années 1970 que le calendrier des naissances sera modifié.

On se marie jeune. Les années d'après-guerre connaissent l'euphorie des mariages, qui entraînent à leur tour l'optimiste période du *baby-boom*. Du mariage, on peut dire que c'est toujours la pierre angulaire de l'institution familiale. Il est plus solide que jamais, du moins en apparence. C'est le mariage qui permet de fonder une famille. Il constitue toujours pour les hommes et pour les femmes l'aspiration centrale de leur vie, soit parce qu'il ne peut en être autrement pour s'installer dans la vie (le point de vue masculin), soit parce qu'il demeure le but de la réalisation de soi (le point de vue féminin).

Les familles demeurent imprégnées des valeurs religieuses tout en prenant leurs distances de certaines règles, comme celle de la procréation et de l'interdiction de l'usage des méthodes contraceptives, et en adaptant leur foi à la réalité nouvelle de la modernité.

Famille empirique
Famille réelle, celle que le sociologue observe directement ou au moyen de documents.

Si nous esquissons un portrait d'ensemble du type idéal de la famille moderne, elle diffère profondément de la famille traditionnelle, tant dans sa structure que dans sa finalité (*voir le tableau 2.2*). La famille moderne est universelle et s'impose, par-delà les particularités des sociétés, comme le modèle de vie familiale à partir du XVIIIᵉ siècle. Pourtant les **familles empiriques** ne sont qu'imparfaitement modernes.

Les tensions familiales

Jusqu'à la Seconde Guerre mondiale, le modèle de la famille moderne s'installe, côtoie et concurrence celui de la famille traditionnelle, se répand dans toutes les classes de la société. Il connaît une période de gloire des années 1940 à 1960, décennies où il domine le ciel familial occidental et s'incarne parfaitement dans les classes moyennes. Mais dès le milieu des années 1960, ce modèle est ébranlé par les mouvements de contestation des jeunes et des femmes qui le critiquent fortement. À partir de 1970, il s'effrite et se déstructure, cédant un espace au modèle émergent d'une autre famille, soit celle de la postmodernité. Les conditions socioéconomiques, qui ont contribué à propulser à l'avant-scène du système familial le modèle de la famille à un seul pourvoyeur, se transforment à nouveau. Les salaires individuels cessent de croître rapidement et les femmes mariées retournent sur le marché du travail (Langlois, 1990).

Les femmes célibataires et mariées ont connu tout au long du XXe siècle plusieurs mouvements de va-et-vient entre la cuisine et le marché du travail. La représentation que nous avons adoptée de la mère ménagère, reine du foyer, a occulté une diversité de réalités.

Tableau 2.2 ● Les caractéristiques de la famille traditionnelle idéale et celles de la famille moderne idéale

Famille traditionnelle idéale	Composante	Famille moderne idéale
Esprit communautaire • Solidarité communautaire • Préséance des intérêts du groupe familial sur celui des individus	Principe fondateur	**Introduction du sentiment** • Amour romantique dans le choix du conjoint • Individualisme
Famille élargie, patriarcale • Règle de la cohabitation, de préférence patrilinéaire (Père contrôle) • Autorité paternelle d'origine divine • Espace domestique et espace de travail sont les mêmes	Structure familiale	**Famille «couple»** • Prédominance du couple • Compagnonnage complémentaire • Séparation en sphère du travail et sphère de la famille : privatisation des relations familiales
Entreprise économique autosuffisante • Entreprise agricole familiale • Production agricole polyvalente et vivrière • Transmission du patrimoine familial en entier	Fonction économique	**Fonction de consommation** • Transformation de l'espace domestique en lieu de consommation familiale de produits finis • Achat de biens et de produits ménagers • Complexification du travail domestique assumé uniquement par la mère • Hausse réelle du revenu familial
Division du travail selon l'âge et le sexe • Spécialisation et complémentarité des rôles et des tâches familiales sur la base de l'âge et du sexe • Coopération de tous les membres de la communauté familiale à l'ensemble des travaux de l'entreprise familiale	Rôles familiaux	**Modèle pourvoyeur-ménagère** • Rôle instrumental du mari et rôle expressif de la mère • Revenu familial unique • Valorisation de la mère ménagère au foyer
Socialisation différenciée • Socialisation des filles et des garçons selon des modèles masculin et féminin différenciés • Introduction rapide des enfants dans le monde des adultes • Éducation religieuse	Fonction de socialisation	**Personnalités modernes** • Soins et éducation primaire des enfants sous la responsabilité de la mère • Formation de personnalités adaptées à la vie moderne et compétitives
Famille matricentrique • Influence de la mère dans la prise de décisions et l'organisation des relations familiales	Fonction affective	**Refuge affectif** • Épanouissement personnel des membres de la famille • Liaison entre vie privée et vie publique assurée par la famille
Valeurs familiales religieuses • Vocation absolue du mariage • Sexualité procréatrice • Renoncement individuel et valorisation d'une vie laborieuse • Loisirs dans la famille et sous la supervision de l'Église	Valeurs familiales	**Valeurs familiales démocratiques** • Valeurs d'éducation formelle (scolarisation prolongée), de démocratie (dialogue) et de rationalité (autonomie et compétitivité) • Sexualité romantique, régulation des naissances • Mariage obligatoire pour la vie de famille

D'abord, les femmes des classes démunies ont presque toujours participé au marché du travail, et ce, dès les débuts de l'industrialisation. Ensuite, pendant la Seconde Guerre mondiale, les femmes ont pénétré massivement le marché du travail pour remplacer les hommes à la suite de la demande accrue de main-d'œuvre pour des emplois non spécialisés. Revenant à leurs casseroles une fois la guerre terminée, un petit nombre d'entre elles est demeuré sur le marché de l'emploi. Enfin, la demande en main-d'œuvre dans des secteurs d'emploi traditionnellement féminins, comme le secrétariat, l'enseignement, les soins infirmiers, la restauration et le textile, n'a jamais cessé de croître. Parallèlement à ces emplois extérieurs au foyer, plusieurs femmes ont effectué du travail à domicile, dans les domaines du textile et de la vente.

C'est l'accentuation de la société de consommation qui a de nouveau permis et fait accepter le travail des femmes mariées à l'extérieur du foyer. Le salaire de la femme s'est révélé nécessaire pour l'accès des jeunes familles à la classe moyenne ou pour empêcher une mobilité descendante de celles-ci (Langlois, 1990).

Le second écart entre le modèle idéalisé et les familles réelles a trait à l'autorité masculine, qui demeure prédominante dans les relations familiales. Il faudra attendre l'amendement du Code civil, en 1964, pour que la notion juridique d'autorité paternelle soit changée pour celle d'autorité parentale. Dans les familles modernes, le père a préséance en matière de direction et d'autorité familiale.

Pour les femmes mariées qui travaillent, le partage des tâches familiales avec le conjoint est inexistant. Elles doivent agir de façon que leur travail n'entrave pas le bon fonctionnement de la maisonnée; ni le mari ni les enfants ne doivent souffrir de leurs obligations extérieures. Ne pouvant compter sur des services de garderie généralisés, demeurant entièrement responsables du travail domestique, elles assument le double rôle de ménagère et de salariée.

À la fin des années 1960, les premières critiques féministes de la famille et du mariage, ainsi que les études portant sur le pouvoir dans la famille et le partage des tâches domestiques, se font jour. Un courant idéologique révolutionnaire, l'antipsychiatrie, proclame la mort de la famille bourgeoise et autoritaire (Cooper, 1972).

Regard 2.7

Les hauts et les bas des couples mariés

Renée B.-Dandurand relate: «Dans sa monographie d'une banlieue montréalaise, en 1964, Colette Moreux observe d'assez nombreux couples désunis qui continuent pourtant de cohabiter. Des femmes y expriment, comme à Middletown en 1924, autant le regret de s'être mariées que la déception des activités ségrégées des époux; en plus, elles déplorent l'absence des pères, l'infidélité des maris et leur propre solitude.

«L'insatisfaction serait donc davantage celle des femmes, et il faut rapprocher cette observation du constat des "deux mariages", présenté par la sociologue Jessie Bernard: l'examen des études sur le couple américain des années 1950 et 1960 fait dire à la chercheure qu'en réalité, il y a "le mariage des hommes", qui est plutôt bon pour eux et dont ils se contentent assez bien, et il y a le "mariage des femmes", moins bon pour elles, qu'elles désirent transformer et qu'elles songent parfois à rompre» B.-Danduand, 1990, p. 29).

Construire un génogramme

De nombreuses personnes s'intéressent à leur généalogie. Dans le contexte de votre futur emploi, il pourrait être nécessaire de recueillir des données pour connaître les liens familiaux d'une personne.

Cet exercice, repris du modèle McGill en soins infirmiers, vous permettra de construire un génogramme, c'est-à-dire « un outil d'évaluation de la structure familiale » (Paquette-Desjardins et Sauvé, 2002, p. 86-87). En suivant le modèle présenté ci-dessous, vous serez en mesure d'échafauder votre propre génogramme.

Le génogramme est un arbre généalogique qui s'étend sur trois générations. Chaque ligne horizontale représente une génération. Les symboles suivants sont utilisés pour construire le génogramme.

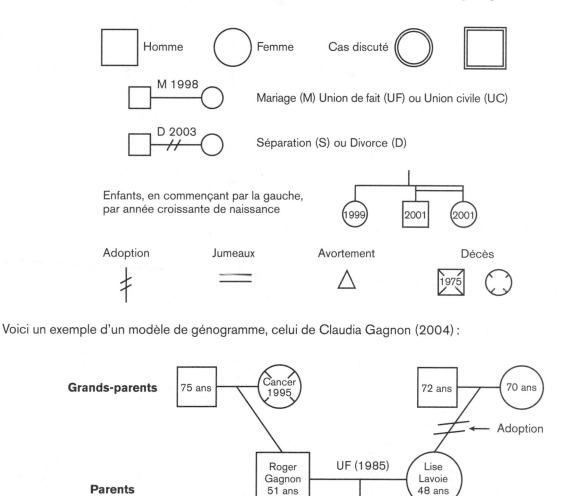

Voici un exemple d'un modèle de génogramme, celui de Claudia Gagnon (2004) :

Exercice 2.4 (*suite*)

Construisez votre génogramme en utilisant les symboles présentés à la page précédente et en vous basant sur votre propre généalogie.

En bref

Dans ce chapitre sur la famille traditionnelle et la famille moderne, nous avons abordé :

1 Les caractéristiques d'une société traditionnelle

Selon la théorie développementaliste, une société traditionnelle est rurale et agraire. Le statut social est assigné dès la naissance selon l'origine familiale et le sexe ; les valeurs dominantes sont religieuses et particularistes.

2 La famille « communauté »

L'« esprit communautaire » caractérise l'idée même de la famille traditionnelle. Il traduit la solidarité qui existe entre les membres de la famille et la préséance des intérêts du groupe familial sur les aspirations des individus.

3 L'organisation, les rôles et les valeurs familiales traditionnelles

Familles élargie et nucléaire sont présentes. L'autorité est détenue par le père de famille, mais la femme a une grande influence sur les décisions qu'il prend. Les rôles familiaux sont séparés mais complémentaires. Les femmes s'occupent des travaux d'entretien domestique et les hommes exécutent des travaux d'agriculture ou d'autres activités économiques. Les enfants et les vieillards collaborent selon leurs capacités. Les valeurs familiales sont au centre des valeurs sociales (mariage, procréation, pratique religieuse, loisirs).

4 La modernisation

La modernisation marque le passage d'une société préindustrielle à une société industrielle. Les changements qui caractérisent ce passage sont l'urbanisation, la sécularisation, l'éducation formelle et la communication de masse.

5 La famille « couple »

L'amour romantique et la prédominance accordée au couple dans la famille moderne expriment la montée en puissance d'une nouvelle valeur : l'individualisme. De plus, dans la famille moderne, l'espace public (celui du père : travail, société) est séparé de l'espace privé (celui de la mère : foyer, affection). Les rôles familiaux sont divisés sur le modèle mari-pourvoyeur et épouse-ménagère.

6 La fonction affective et celles de socialisation et de consommation de la famille moderne

La principale fonction de la famille moderne est la formation de personnalités autonomes, compétitives, capables d'agir efficacement dans la société. La famille en tant qu'espace affectif sert de lien à ses membres entre l'espace privé et l'espace public.

La mère est responsable de la fonction affective et de l'éducation. De nouvelles théories du développement de l'enfant font de la petite enfance un moment crucial dans le développement de la personnalité adulte. L'importance accordée à la valeur de démocratie contribue à une plus grande égalité entre les membres de la famille.

Le modèle de la société de consommation est de plus en plus accessible aux familles, grâce à l'augmentation des revenus et à la production à grande échelle de produits finis.

7 Les valeurs familiales

Les valeurs familiales s'ajustent aux valeurs d'une société moderne. Ce sont des valeurs de démocratie et de rationalité, et l'éducation formelle des enfants permet la mobilité sociale, la sexualité romantique et la régulation des naissances au sein de l'institution du mariage.

8 Les tensions familiales

Dans la réalité, les familles traditionnelles et modernes ne correspondent pas toujours aux types idéaux dont elles s'inspirent : mortalités nombreuses et recompositions familiales pour les familles traditionnelles, marginalité sévèrement sanctionnée, absence d'affection entre les membres des familles ; pour les familles modernes, ce sera le travail des mères, la déception par rapport au bonheur conjugal idéalisé et l'asymétrie du modèle pourvoyeur-ménagère.

Exercices de compréhension

1 Le concept sociologique de type idéal est une construction théorique des chercheurs. Quelle est son utilité ?

2 Le type de la famille traditionnelle est essentiellement une communauté. Expliquez comment.

3 Qu'est-ce qui change fondamentalement dans la famille moderne ?

4 Pourquoi dit-on que le type de famille moderne est universaliste et que le type traditionnel est particulariste ?

5 Associez chacune des caractéristiques ci-dessous au type de famille correspondant, traditionnel ou moderne.

a) Une communauté patriarcale : _____

b) Les valeurs familiales au centre des valeurs sociales : _____

c) Un pourvoyeur unique : _____

d) La division du travail selon l'âge et le sexe : _____

e) Une sexualité romantique : _____

f) Le mariage obligatoire : _____

g) La sexualité procréatrice : _____

h) Le sentiment amoureux : _____

i) La privatisation des relations familiales : _____

j) La famille élargie patriarcale : _____

6 Discutez de la notion de sentiment qui préside à la naissance de la famille moderne, selon l'historien Shorter. L'expression des sentiments était-elle complètement absente dans la famille traditionnelle ?

7 Comparez les tensions qui existent dans les deux types familiaux, traditionnel et moderne, nous rappelant d'éviter de mythifier ces deux modèles.

Médiagraphie

Lectures suggérées

B.-Dandurand, Renée. 1990. « Le couple : les transformations de la conjugalité », dans Denise Lemieux (dir.). *Familles d'aujourd'hui*. Québec : Institut québécois de recherche sur la culture, 243 p.

Carisse, Colette. 1974. *La famille : mythe et réalité québécoise*. Québec : CASF, 325 p.

Dagenais, Daniel. 2000. *La fin de la famille moderne*. Québec : PUL, 267 p.

Fortin, Andrée. 1987. *Histoires de familles et de réseaux. La sociabilité au Québec d'hier à demain*. Montréal : Éditions Saint-Martin, 225 p.

Provencher, Jean. 1988. *Les quatre saisons dans la vallée du Saint-Laurent*. Montréal : Boréal, 605 p.

Shorter, Edward. 1977. *Naissance de la famille moderne*. Paris : Seuil, 379 p.

Documents audiovisuels

Falardeau, Philippe. 2008. *C'est pas moi je l'jure*. Canada : 128 min, coul., 35 mm et DVD.

Fugère, Jean-Paul. 2006 [1953-1959]. *La Famille Plouffe*. Montréal : Société Radio-Canada, 5 heures, noir et blanc, VHS et DVD.

Mendes, Sam. 2009. *Les noces rebelles*. États-Unis : 133 min, coul., 35 mm et DVD.

Pool, Léa. 2008. *Maman est chez le coiffeur*. Canada : 128 min, coul., 35 mm et DVD.

CHAPITRE

3

Les familles postmodernes : des familles « individus »

OBJECTIFS D'APPRENTISSAGE

- Définir les concepts sociologiques de tendance et de changement social
- Connaître les trois grandes tendances dans la structure et les comportements familiaux
- Connaître les indicateurs sociodémographiques et culturels qui décrivent les comportements familiaux
- Expliquer le contexte social postmoderne
- Reconnaître ce qui différencie les familles postmodernes des autres types familiaux
- Reconnaître les principales tensions qui marquent les familles postmodernes

3.1 Des familles différentes

En 1989, le sociologue français Louis Roussel se demandait pourquoi le modèle de la famille moderne avait été abandonné au profit d'autres modèles. L'Europe et l'Amérique du Nord ont connu depuis la décennie 1960 des changements sociaux, politiques et culturels sans précédent. Sous la poussée énergique de la génération des *baby-boomers,* ces enfants nés après la Seconde Guerre mondiale et choyés par les parents de la famille moderne, les sociétés ont expérimenté toute une série de transformations des valeurs et des structures sociales dont on commence aujourd'hui à dresser le véritable bilan, lequel se caractérise par un éclatement des valeurs et des institutions, et dont les familles sont des actrices de premier plan. Mais comment se représenter ces dernières ? Elles ne correspondent certes plus à un modèle unique, qui serait, comme c'était le cas pour les familles du passé, le creuset de toutes les formations familiales. Est-il impossible pour autant de saisir les contours et les finalités des familles contemporaines ? Comment conçoivent-elles leur projet de vie familiale ? Quel aspect prend aujourd'hui le bonheur familial ?

La famille plurielle

Pluralité
Le fait qu'il y ait une diversité des types possibles, qu'il n'y ait pas de modèle unique.

Lorsque l'on pense à la famille contemporaine, on songe avant tout à une **pluralité.** On parle de plus en plus de la famille au pluriel, de la diversité des formes de vie familiale. Non que cette pluralité était autrefois absente, mais elle se fondait dans le moule du modèle préconisé. Toutes les volontés individuelles et familiales tendaient plutôt à soumettre la diversité au profit de l'homogénéité. Ce sera tout le contraire au cours des années 1990, une décennie durant laquelle la diversité s'affiche et cherche à se faire reconnaître. Tout concourt à minimiser l'idée de modèle unique au bénéfice d'un pluralisme enrichissant.

? Mais alors, comment parler d'un modèle familial ?

La diversité de la composition des familles est au cœur du nouveau modèle familial, né au milieu des années 1980, et que construisent les jeunes adultes d'aujourd'hui. La pensée de la famille postmoderne modifie avec vigueur les formes de vie familiale qui s'étaient implantées depuis le début du XXe siècle.

Exercice 3.1

L'album de famille

Les années 2000...

Voici les dernières générations de jeunes mariés de votre album de famille (*voir l'exercice 2.1, p. 30*). Ils se sont mariés durant les décennies 1980, 1990 ou 2000. Peut-être cohabitent-ils sans être mariés ? Ce sont vos sœurs ou frères aînés, des tantes, des oncles ou des amis de votre entourage immédiat (travail, loisirs, école), et pourquoi pas vous-même !

Que nous disent ces photographies ? Y voit-on des enfants ? Quel âge ont les conjoints ? Dans quelle situation sont-ils représentés ? Est-il possible de dégager des données sociologiques qui soient communes aux familles d'aujourd'hui ? À votre avis, qu'est-ce qui caractérise l'image de la famille que nous renvoient ces photographies, et en quoi diffère-t-elle de celles des générations précédentes ?

Plus que jamais, les phénomènes familiaux ne doivent pas être observés en dehors de leur contexte sociétal. Comme «la famille n'est pas une île» (B.-Dandurand, 1992), nous mettrons en relief les principaux traits qui caractérisent la société postmoderne.

La postmodernité

Des expressions comme «société postmoderne», «société postindustrielle» ou «société de l'information» sont tour à tour utilisées pour désigner le type de société au sein duquel nous vivons. En effet, les changements sociaux constatés depuis une quarantaine d'années dans les sociétés occidentales et qui se sont répandus à l'échelle de la planète nous amènent à reconnaître l'émergence d'un nouveau type de société. Le concept de **société postmoderne** fait référence à la conception d'un changement culturel profond.

Société postmoderne
Société caractérisée par un puissant changement culturel lié à la montée des valeurs associées à l'hyperindividualisme.

L'informatisation

L'avènement de l'ordinateur a permis un véritable bond en avant dans le stockage, le traitement et la circulation de l'information. Notre société repose sur la multiplication des échanges d'information. Les technologies réseautiques, comme Internet et la téléphonie mobile, ont multiplié les possibilités d'échanges (George, 2008). Aujourd'hui, nous manipulons des centaines de milliers de données informatisées aussi facilement que s'il s'agissait d'un jouet, et ce, en l'espace de quelques minutes, voire quelques secondes!

Utilisé dans toutes les branches de l'activité économique, que cela se traduise par la robotisation, l'automatisation de la production et des services, la gestion informatique, les microprocesseurs, l'électronique, les banques de données ou le traitement de textes, l'ordinateur, de plus en plus puissant, de plus en plus petit et de plus en plus accessible, a révolutionné l'organisation économique et sociale de toutes les sociétés. Sans les services que nous rend l'ordinateur, nous serions aujourd'hui des handicapés. Nous avons désappris des façons de faire, nous avons perdu des connaissances élémentaires dans l'accomplissement de nos activités quotidiennes au profit de l'**informatisation.** Par ailleurs, la centralisation de l'information dans de puissantes banques de données permet à l'État et à d'autres organisations de constituer des dossiers sur les individus et les familles portant sur tous les aspects de leur vie privée : santé, éducation, consommation, revenu...

Informatisation
Processus par lequel le traitement automatisé de l'information se répand dans toutes les sphères de l'activité humaine.

La technologie et la consommation

L'informatisation a entraîné une **révolution technologique.** Pour nos ancêtres, une invention exigeait des décennies pour se concrétiser, être diffusée et, finalement, être intégrée dans l'espace social. De nos jours, nous vivons la mise en application continue des retombées des découvertes scientifiques. Nous devons continuellement nous adapter et intégrer dans notre univers quotidien, personnel comme professionnel, les applications technologiques des recherches scientifiques, ce qui exige un effort intellectuel et culturel constant. Tout ce qui date de plus de cinq ans est déjà obsolète. De plus, nous avons accès à un style de vie axé sur la culture matérielle et la «marchandisation accrue» de la vie quotidienne (Langlois, 2003). Ce style de vie entraîne une consommation grandissante d'objets et de services produits dans la sphère marchande plutôt que dans la sphère familiale. Amorcées avec l'industrialisation, la production et la consommation de masse créent une dépendance chez les individus. Les personnes et les familles doivent consommer pour vivre et acquérir, en plus de l'équipement ménager de base, des biens de loisirs, notamment électroniques.

Révolution technologique
Changements importants apportés par l'invention et le développement permanent de procédés de travail, de techniques, d'outils, de machines et de matériaux propres à un domaine particulier.

La maîtrise de ces techniques et leur utilisation quotidienne différencient les enfants de leurs parents. C'est ainsi que les manières de penser l'univers et de se penser par rapport aux autres sont modifiées entre des générations imprégnées de connaissances techniques différentes.

La mondialisation et la migration

Mondialisation
Processus de multiplication des échanges économiques et culturels entre les nations à l'échelle planétaire.

Sur le plan des structures économiques, nous assistons à une **mondialisation** des échanges qui oblige à repenser notre place en tant que société particulière et en tant que citoyens de celle-ci. La mondialisation des échanges survient à une période où les migrations humaines sont de plus en plus visibles et inéluctables en raison des crises humanitaires qui se multiplient, causées tant par les guerres et les désastres naturels que par la pauvreté. Cela s'accompagne d'une recrudescence des nationalismes politiques, qui bouleverse l'échiquier politique mondial. Il est cependant indéniable que nous sommes de plus en plus citoyens du monde et de la planète en ce début de XXIe siècle. L'ethnicité et l'intégration migratoire sont au cœur des défis sociaux que relèvent les sociétés occidentales, et elles les obligent à réviser leurs identités culturelles.

Le nouvel individualisme

Mais c'est sur le plan des valeurs que la société postmoderne se démarque radicalement. L'une des valeurs qui la caractérise le mieux est l'individualisme, dont la

Regard 3.1

Le foyer postmoderne et les jeunes

Du four à micro-ondes à l'ordinateur portable en passant par le téléphone cellulaire, le foyer postmoderne regorge d'électroménagers et d'appareils électroniques de communication, de détente ou de loisirs qui n'existaient pas il y a à peine 20 ans.

Ainsi, selon des données recueillies en 2007 par Statistique Canada, 93,3 % des foyers québécois sont équipés d'un four à micro-ondes contre seulement 10 % au début des années 1980. Plus d'un foyer sur deux (55,9 %) dispose d'un lave-vaisselle et la quasi-totalité des ménages possède un téléviseur couleur (99,1 %), quand ce n'est pas deux postes de télévision (38,8 %), voire trois ou plus (25,3 %). Dans le domaine des technologies du divertissement, 79,8 % des foyers québécois sont pourvus d'un magnéto-scope, autant le sont d'un lecteur de disques compacts, alors que 82,3 % ont un lecteur DVD. Près de 70,9 % des ménages possèdent un ordinateur personnel, 63,6 % utilisent Internet à la maison et 61,1 % ont un téléphone cellulaire

– moins que la moyenne canadienne de 71,4 % (Statistique Canada, 2007).

Selon le sociologue Jean-Pierre Beaudry, les jeunes constituent un des marchés cibles de la consommation, fort convoité et lucratif. Ils permettraient l'éclosion et le développement d'industries entières, comme celles des jeux en ligne ou des téléphones cellulaires de troisième génération. Leur influence est déterminante sur la consommation des familles.

« Il ne semble pas que ce soit en prévision du futur, en épargnant pour les études ou autre projet d'avenir, ni dans l'acquisition de biens durables que sont dirigées les dépenses des jeunes, mais au contraire dans la consommation de biens, produits et services qui apportent une satisfaction immédiate et qui sont consommés presque aussi vite qu'ils sont achetés » (Beaudry, 1985, p. 40-44).

C'est là, pourrait-on dire, la marque distinctive de la société postmoderne qui valorise la satisfaction immédiate des plaisirs, ce qui est particulièrement vrai chez les jeunes.

présence est dominante. Cet individualisme, beaucoup plus poussé que dans la société moderne et que certains auteurs nomment **narcissisme** ou «néo-individualisme», semble être le point de départ des motivations sociales contemporaines. Tourné vers soi, narcissique, l'individu postmoderne se préoccupe d'abord de ses désirs, de son épanouissement, de sa réussite sociale, de son autonomie et de son accomplissement par le travail et l'amour. Bref, l'individualisme transgresse toutes les solidarités de groupe: le «moi» passe avant le «nous», l'individu se désolidarise du groupe. L'individualisme ne souffre aucune contrainte, hormis celles qui sont nécessaires à une cohabitation pacifique des membres de la société. L'individualisme s'accompagne d'une constellation de valeurs, comme l'autonomie, fortement revendiquée par les femmes et les jeunes, l'égalité, l'affirmation de soi, le plaisir et le bonheur immédiats, l'expérimentation, le bien-être personnel et les valeurs matérialistes (Lipovetsky, 1992).

Narcissisme
Préoccupation de soi menant à la recherche de la satisfaction immédiate de ses désirs et de son épanouissement.

Une morale du moment présent et l'emprise du droit

La valeur de l'individualisme est aussi associée à celle de la performance. Performance au travail, comme on le vivait déjà dans la société moderne, mais aussi dans les loisirs, dans la vie familiale, dans la vie amoureuse, dans les activités de mise en forme du corps, dans la santé. La performance recoupe les concepts de qualité totale, de réussite sociale, de motivation continue. C'est la primauté accordée à la **raison instrumentale** qui nous conduit à agir partout en vue d'une efficacité maximale (Taylor, 1992). Individualisme, performance, rationalisme, pluralisme et relativisme des valeurs sont les composantes de la morale dominante de la société postmoderne: une **morale conjoncturelle** qui s'appuie sur l'évaluation des circonstances pour juger d'une action, plutôt que sur des principes éthiques fondamentaux (Lacourse, 1992). En appliquant cette nouvelle morale à la famille, nous pouvons affirmer que les événements familiaux s'insèrent, en société postmoderne, dans une vision rationnelle des projets de vie individuels, plutôt que dans un projet familial global, mythique et incontrôlable.

L'une des dernières caractéristiques des sociétés postmodernes est l'expansion de l'institution du droit, qui exerce une emprise grandissante sur la définition des principes sociaux et politiques, notamment en ce qui a trait à la protection et à la promotion des droits individuels. La promulgation des chartes des droits de la personne (charte de l'ONU, chartes canadienne et québécoise) a contribué à promouvoir les droits individuels au rang de droits inviolables et à diffuser l'idéologie de l'individualisme, incarnée dans les protections législatives.

Enfin, les sociétés occidentales connaissent à des degrés divers la crise de l'**État-providence** et la remise en question du rôle de l'État dans les politiques sociales. Depuis une trentaine d'années, les États occidentaux essaient de renégocier le contrat social qui les lie à leurs différents partenaires, dont les familles. La crise

Raison instrumentale
Type de raisonnement considérant les réalités, les personnes et les sentiments humains comme des instruments servant à atteindre une efficacité maximale.

Morale conjoncturelle
Morale qui tient compte de principes moraux tout en évaluant les circonstances du moment, la conjoncture.

État-providence
Terme qui désigne l'ensemble des interventions de l'État dans le domaine social, qui visent à garantir un niveau minimum de bien-être à l'ensemble de la population.

de l'État tout-puissant entraîne un virage néolibéral en matière de politiques familiales et sociales. La figure 3.1 présente les principales caractéristiques de la postmodernité.

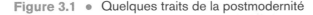

Figure 3.1 • Quelques traits de la postmodernité

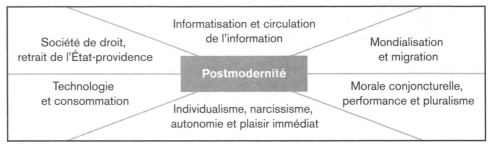

3.2 Des familles « individus »

Les tendances des comportements familiaux

Quel est le portrait de la famille québécoise en ce début de XXIᵉ siècle ? Existe-t-il un modèle familial sur lequel on pourrait s'appuyer, un modèle qui nous fournirait des balises pour imaginer et expérimenter notre propre famille ? L'existence d'un modèle dominant, unique et intégrateur, est encore incertaine. Les questionnements sur la vie familiale contemporaine sont encore nombreux. Le regard du sociologue permet cependant de faire surgir des régularités dans les comportements des familles contemporaines qui reflètent une direction particulière.

En 1990, une équipe de chercheurs québécois a publié un imposant ouvrage collectif portant sur les **tendances** de la société québécoise. L'objectif visé par cette équipe multidisciplinaire de scientifiques était de soumettre des « propositions susceptibles de caractériser les changements sociaux » observés durant la période 1960-1990 et de souligner la direction prise par le changement social. Leur approche nous permet d'examiner les tendances qui se dégagent des comportements des familles contemporaines au Québec et en Occident.

Tendance
Direction que prend un changement social.

Savoir plus 3.1

Les tendances et le changement social

Le concept de tendance fait appel à une approche inductive dans la démarche d'observation du réel. Plutôt que de partir d'une théorie explicative, puis de la vérifier dans la réalité, l'approche inductive part de l'observation de faits réels et en tire des implications théoriques ou conceptuelles.

Selon l'ouvrage *La société québécoise en tendances 1960-1990* (Langlois, 1990), la tendance ne doit pas être confondue avec un indicateur ni avec une série statistique. Ainsi, lorsqu'un sociologue reconnaît une tendance dans les comportements familiaux, il retient certains éléments susceptibles d'appuyer son constat et propose un diagnostic. La tendance est une construction « théorique » qu'effectue le chercheur pour caractériser la direction et le sens du changement social.

Une première tendance : le souffle de l'individualisme

Au Québec comme dans d'autres pays occidentaux, le nombre des personnes qui vivent en dehors du contexte familial est en progression continue depuis 1961. Des indicateurs, comme l'augmentation des ménages non familiaux et du nombre de célibataires ainsi que la diminution de la taille des familles confirment la tendance à une individualisation accrue de la vie sociale.

Les ménages non familiaux

L'augmentation des ménages non familiaux, en particulier celle des ménages à une personne, nous apprend que la population totale se répartit différemment, tout en continuant de s'accroître. Ce phénomène est plus important au Québec que dans le reste du Canada. Les villes de Sherbrooke, de Trois-Rivières, de Québec et de Montréal remportent la palme de ce mode de vie typiquement urbain. Cette diversification des ménages s'explique par l'allongement de l'espérance de vie et la baisse de la natalité. Impensable dans les sociétés traditionnelle et moderne, cette diversification des ménages est le fait de jeunes adultes célibataires, de couples de *baby-boomers* dont les enfants ont quitté la maison ou qui sont séparés et de personnes âgées se retrouvant seules à la suite d'un veuvage. Les ménages non familiaux et les ménages sans enfant expriment une nouvelle réalité sociale : il est maintenant fréquent de vivre en dehors du cadre de la famille.

La figure 3.2 illustre la progression des ménages non familiaux par rapport à l'ensemble des ménages privés au Québec depuis 1961.

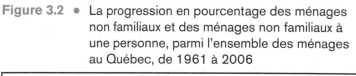

Figure 3.2 • La progression en pourcentage des ménages non familiaux et des ménages non familiaux à une personne, parmi l'ensemble des ménages au Québec, de 1961 à 2006

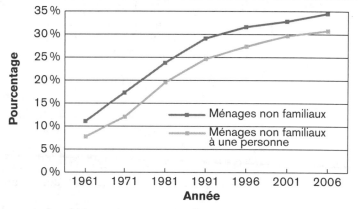

Source : Statistique Canada. 2007. *Recensement de 2006*. [En ligne], http://www.statcan.gc.ca. Calculs effectués par l'auteure.

Savoir plus 3.2

Qu'est-ce qu'un ménage ?

Le ménage est l'unité de base des recensements de Statistique Canada (2007). Il désigne toute personne ou groupe de personnes occupant un logement. Chaque personne est membre d'un seul ménage.

Au moment du recensement canadien, qui a lieu tous les cinq ans, on compte le nombre de personnes dans les ménages pour obtenir les données de la population totale canadienne. Les ménages privés correspondent au nombre de logements privés. Parmi les ménages privés, on dénombre les ménages familiaux, qui comprennent une ou plusieurs familles, et les ménages non familiaux, qui sont composés d'une personne vivant seule dans un logement ou d'un groupe de personnes ne constituant pas une famille. Ainsi, des étudiants qui partagent un logement forment un ménage non familial et une personne âgée qui vit seule constitue un ménage non familial à une personne.

Dans quel type de ménage vivez-vous ?

N'est-ce pas une tendance qui va à l'encontre de la famille ?

Ce qui est nouveau depuis le début de la décennie 2000, c'est que les modes de vie des personnes se sont grandement diversifiés et se répartissent maintenant entre les ménages avec un ou plusieurs enfants et les ménages sans enfant. Le tableau 3.1 et la figure 3.3 permettent d'observer les types de ménages au Québec selon leur composition et ils mettent en lumière deux phénomènes :

- plus de 30 % des Québécois vivent seuls (30,4 % en 2006) ;
- 60,7 % des ménages expérimentaient en 2006 un mode de vie dont les enfants sont absents au quotidien (couples sans enfant à la maison et ménages non familiaux).

Tableau 3.1 • Les types de ménages au Québec, en 2006

Type de ménage	Nombre	Pourcentage
Couples avec un ou plusieurs enfants	914 885	28,4
Familles monoparentales	352 825	10,9
Couples sans enfant présent à la maison	853 890	26,5
Ménages non familiaux	1 101 590	34,2
(Ménages à une seule personne)	(980 340)	(30,4)
Total	**3 223 190**	**100,0**

Source : Statistique Canada. 2007. *Recensement de 2006*. [En ligne], http://www.statcan.gc.ca. Calculs effectués par l'auteure.

Pour le sociologue Simon Langlois, il s'agit d'une véritable révolution dans les modes de vie, alors que la catégorie des couples sans enfant à la maison augmente plus rapidement que les autres types de ménages. En fait, « l'unité de vie typique dans la société n'est plus le couple entouré d'enfants », comme c'était historiquement la norme (Langlois, 2008, p. 58). En 2009, l'enfant occupe un espace et un temps limités dans la vie des adultes : moins de la moitié de ceux-ci vivent en présence quotidienne d'enfants, ce qui constitue un changement radical dans les modes de vie postmoderne.

Figure 3.3 • Les ménages avec et sans enfants présents à la maison au Québec, en 2006

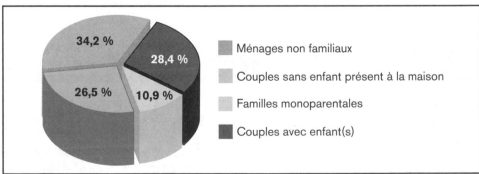

Source : Statistique Canada. 2007. *Recensement de 2006*. [En ligne], http://www.statcan.gc.ca. Calculs effectués par l'auteure.

Les célibataires

Le deuxième indicateur, qui explique en partie la croissance des ménages non familiaux, est l'augmentation du nombre de célibataires.

Selon Statistique Canada, une personne est célibataire si elle n'a jamais été mariée légalement. Ce qui signifie qu'elle peut vivre seule, dans un ménage non familial ou en couple. Lors du recensement de 2006, 29 % des célibataires affirmaient ne pas vivre avec un conjoint. Depuis quelques années, on constate une augmentation réelle des célibataires, jeunes adultes qui, entrant sur le marché du travail, quittent leur famille d'origine sans pour autant former un couple ou une nouvelle famille. La croissance du nombre de célibataires est liée tout autant à la chute de la nuptialité en faveur de l'union libre qu'à l'acceptation et à la valorisation du célibat comme mode de vie (Duchesne, 2003, p. 104). La nuptialité des célibataires du Québec, c'est-à-dire la probabilité qu'ils se marient avant l'âge de 50 ans, est la plus faible du monde ; en 2007, elle s'élevait à 28 % chez les hommes et à 30 % chez les femmes, alors que les probabilités de mariage avoisinaient les 90 % en 1972 (Girard, 2008). L'âge moyen au moment du mariage est de 31 ans. Les jeunes vivent moins en couple qu'à l'époque des familles modernes ; ils habitent plus souvent seuls ou avec des colocataires et sont aussi plus nombreux à demeurer un certain temps chez leurs parents après leur entrée sur le marché du travail.

La taille des familles

Quant au troisième indicateur, la taille des familles, il a radicalement chuté à partir de 1971, et ce, dans le sillage de la baisse de la fécondité. Depuis les années 1970, on a en effet constaté une tendance à la baisse des familles nombreuses, un mouvement en faveur des familles sans enfant ou avec un seul enfant, et une convergence croissante vers les familles de deux enfants.

? N'y a-t-il plus de familles nombreuses ?

Selon un sondage de l'institut Gallup réalisé en 1982, la famille idéale n'avait plus que deux enfants, alors qu'elle en comptait quatre en 1961. La réduction de la taille des familles et l'homogénéisation de la famille à deux enfants, quel que soit le milieu social d'appartenance des familles, sont la conséquence d'une fécondité choisie. En effet, même si le mouvement à la baisse des naissances s'est amorcé au début du XXe siècle, c'est à partir des années 1960, avec l'accessibilité à des moyens de contraception modernes, que les couples québécois ont exercé une maîtrise absolue de leur fécondité. Le nombre de naissances n'a jamais cessé de décroître depuis lors. Aujourd'hui, plus de 85 % des familles québécoises comptent un ou deux enfants à la maison, comme l'illustre la figure 3.4.

Figure 3.4 • Le pourcentage des familles avec enfants à la maison au Québec, en 2006

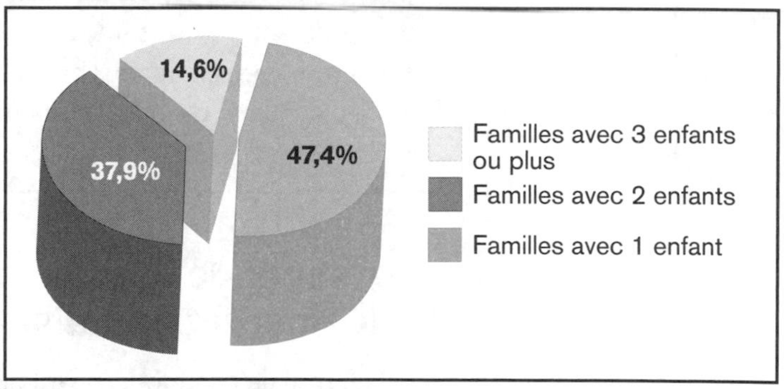

14,6 %

37,9 %

47,4 %

Familles avec 3 enfants ou plus

Familles avec 2 enfants

Familles avec 1 enfant

Source : Statistique Canada. 2007. *Recensement de 2006*. [En ligne], http://www.statcan.gc.ca. Calculs effectués par l'auteure.

L'individualisation de la vie quotidienne

Les trois indicateurs qui précèdent – l'augmentation du nombre de ménages non familiaux, l'augmentation du nombre de célibataires et la diminution de la taille des familles – nous conduisent à corroborer l'idée d'un processus d'**individualisation**

Individualisation
Façon de vivre, dans les activités de la vie quotidienne, en demeurant seul ou en accomplissant individuellement des activités au sein même de la famille.

de la vie quotidienne. Les familles étant plus petites et les personnes vivant seules étant plus nombreuses, un mode de vie orienté vers les activités qui sont propres à chaque individu a émergé dans la décennie 1980 pour s'imposer socialement. Cette individualisation revêt de multiples aspects : le partage des tâches familiales entre personnes autonomes plutôt que leur réalisation en commun ; les relations avec les amis qu'établissent les enfants nés dans des fratries restreintes ; l'organisation spatiale séparée, où chaque membre de la famille marque son espace ; les activités de loisirs séparées entre les adultes et les enfants.

Le sociologue Simon Langlois établit une relation étroite entre la montée de l'individualisation de la vie quotidienne et l'avènement de la société de consommation. Selon le chercheur, l'apparition de nouveaux modes de vie, leur éclatement et leur diversité sont rendus possibles par la diffusion des biens et des services marchands qui étaient autrefois produits dans la famille. Il explique qu'avant l'avènement de la société de consommation, peu de personnes habitaient seules. Les célibataires vivaient soit en communauté, soit dans une famille élargie. Le mode de vie en solitaire a été rendu possible par la hausse des revenus des particuliers, par l'essor des services et par la production de biens nombreux et diversifiés. C'est pourquoi l'individualisation apparaît au sein même de la famille (Langlois, 1992). La famille « communauté » a cédé le pas à la famille « individu ». Chaque personne peut vivre comme elle l'entend.

Les indicateurs qui expliquent la tendance de l'individualisme sont résumés dans l'encadré 3.1.

Encadré 3.1 • Le souffle de l'individualisme

On peut conclure à une tendance à l'individualisme dans les modes de vie par l'observation des indicateurs suivants :
- l'augmentation des ménages non familiaux et des personnes vivant seules ;
- l'augmentation des célibataires ;
- la diminution de la taille des familles par la baisse de la natalité ;
- l'individualisation des activités dans la famille.

Une seconde tendance : la désinstitutionnalisation de la famille

La vie familiale postmoderne est aussi marquée par la mise à l'écart de la dimension institutionnelle de la famille. Cette seconde tendance est reconnaissable à la progression des unions libres, à la baisse continue des mariages légaux, à l'augmentation des divorces et, plus récemment, à l'accroissement des naissances hors mariage.

C'est comme si les jeunes couples hésitaient à pénétrer de plain-pied dans l'institution de la famille alors que, par ailleurs, il est de plus en plus facile, avec l'assouplissement des lois, de quitter l'institution en question. Louis Roussel (1989) parle à cet effet d'une double **désinstitutionnalisation** : celle des comportements matrimoniaux – on ne se marie plus légalement – et celle de la législation – on accède facilement au divorce et l'union libre est acceptée. Par désinstitutionnalisation, nous

Désinstitutionnalisation
Rejet des aspects institutionnels liés à la vie familiale, en particulier le mariage.

entendons la tendance à se constituer et à vivre en famille à l'extérieur de l'insti-tution du mariage, dans les sociétés postmodernes. Il s'agit d'un nouveau phéno-mène par rapport aux comportements familiaux des périodes précédentes, lorsque l'union officialisée était une condition préalable à la vie familiale. La sociologue canadienne Marie-Blanche Tahon parle de la famille « désinstituée » (Tahon, 1995).

Le mariage et l'union civile

Au Québec comme partout ailleurs en Occident, le nombre de mariages a diminué radicalement. Cette diminution est liée en partie à la baisse progressive de la fécon-dité, amorcée depuis 100 ans, et surtout au choix des jeunes couples qui optent pour l'union libre (ou union de fait). Ceci est particulièrement vrai au Québec, où le nombre de couples vivant en union libre est le plus élevé au Canada – 35 % contre 18 % pour la moyenne canadienne. Les Québécois de moins de 25 ans formant un couple vivent en union libre dans une proportion de 80 % (Girard, 2008). Par la suite, la propension à vivre en union libre diminue avec l'âge.

En 2007, 22 156 mariages ont été célébrés au Québec (*voir le tableau 3.2*). Parmi les mariages, le mariage civil connaît une popula-rité grandissante depuis 1968, année où il a été introduit au Québec. Il est intéressant de noter que, dans plus de la moitié des mariages civils, au moins un des conjoints est divorcé. Depuis mars 2004, la compilation des mariages comprend les conjoints de même sexe.

En juin 2002, le gouvernement du Québec a légiféré pour rendre accessible un nouvel acte contractuel : l'union civile. Cette union légale, différente des mariages civil et reli-gieux, a essentiellement été instituée pour les couples composés de conjoints de même sexe, auxquels le mariage n'était pas accessible au Canada à cette époque, mais aussi pour les conjoints hétérosexuels qui refusaient le mariage. L'union civile, propre au Québec, peut-elle compenser la désaffection à l'égard du mariage ? Depuis que les conjoints de même sexe peuvent se marier partout au Canada, la popularité de l'union civile s'est atténuée. En 2003, le nombre d'unions civiles a été le plus élevé – 342 unions, en majorité le fait de conjoints de même sexe (80 %). En 2007, les proportions se sont inversées, alors que 81 % des unions civiles engageaient des conjoints de sexe opposé. Ces unions intéressent avant tout les couples formés depuis plusieurs années et ne représentent qu'un faible pourcentage des couples québécois.

Toutefois, ce que ces indicateurs nous révèlent est plus profond : les statistiques indiquent une forte baisse de la vie conjugale, une désaffection pour la vie de couple, sauf chez les personnes plus âgées. Dans le recensement de 2006, seulement 57,6 % de la population québécoise âgée de 15 ans et plus vivait en couple.

Tableau 3.2 • Le nombre de mariages, la proportion des mariages civils en pourcentage et le nombre d'unions civiles au Québec, entre 1972 et 2007

Année	Nombre de mariages[*]	Proportion des mariages civils (en %)	Nombre d'unions civiles[†]
1972	53 967	5,2	n.d.
1981	41 006	20,2	n.d.
1990	32 059	28,0	n.d.
1997	23 944	30,0	n.d.
2002	21 998	29,2	161
2005	22 244	34,7	169
2007	22 156	38,8	241

[*] Les mariages de conjoints de même sexe sont permis depuis le 19 mars 2004.
[†] L'union civile a été instituée en 2002.

Source : Girard, Chantal. 2008. *Le bilan démographique du Québec. Édition 2008.* Québec : Institut de la statistique du Québec, p. 64-65.

L'union libre

Parallèlement à la baisse des mariages, on constate une augmentation assez spectaculaire du nombre d'unions libres au Québec depuis 1980. L'union libre, aussi appelée union de fait, union consensuelle ou cohabitation – autrefois, concubinage ou couple « accoté » –, est de plus en plus choisie comme mode de vie par les jeunes couples et gagne en popularité auprès des couples qui se forment à la suite d'un divorce. Autrefois considérée comme étant un comportement marginal (observé le plus souvent en milieu ouvrier pauvre), un symptôme d'**anomie sociale** et contraire aux bonnes mœurs, l'union libre est aujourd'hui largement tolérée et même valorisée chez les jeunes adultes.

Depuis 1981, Statistique Canada recueille des données sur les couples ayant choisi l'union libre. Au Québec, le pourcentage des personnes vivant en union libre s'élève à 35 % (recensement de 2006), une donnée très supérieure à la moyenne canadienne, qui est de 18 % (Girard, 2008). Ces couples augmentent dans tout le Canada depuis 1991, affichant une croissance 16 fois plus élevée que celle des couples mariés.

Le Québec occupe le premier rang dans la formation des unions libres : 80 % de toutes les premières unions sont libres au Québec. Le tiers des couples québécois vivant en union libre est âgé de 25 à 29 ans. Pour les Québécois ayant dépassé la trentaine, entre 45 % et 65 % d'entre eux ont déjà vécu en union libre. Il s'agit donc d'une manière de vivre répandue chez les générations nées depuis le milieu des années 1950. L'encadré 3.2 résume les principales caractéristiques de l'union libre.

Encadré 3.2 ● L'union libre au Québec, en 2006

- Parmi les personnes vivant en couple, 35 % ont choisi l'union libre.
- Quatre-vingt pour cent des premières unions sont des unions libres.
- Les deux tiers des personnes de plus de 30 ans ont vécu en union libre.
- Les jeunes femmes nées depuis 1971 ont une probabilité très élevée de vivre en union libre.
- La proportion des unions libres est semblable à celle des pays d'Europe du Nord, mais demeure plus élevée qu'en France, où les couples vivant en union libre se marient au bout de quelques années.

Source : Girard, Chantal. 2008. *Le bilan démographique du Québec. Édition 2008*. Québec : Institut de la statistique du Québec, 80 p.

Les naissances hors mariage

Pendant longtemps, l'union libre a été considérée comme une période transitoire avant le mariage, qui survenait souvent au moment de l'arrivée du premier enfant. C'était le mariage à l'essai, ainsi qu'on l'appelait au début des années 1970. Trois décennies plus tard, l'union de fait passait du statut temporaire au statut permanent et devenait le mode de vie qui remplaçait le mariage. Les indices relatifs aux naissances hors mariage viennent confirmer cette situation.

Les naissances hors mariage sont passées de 8,2 % en 1970 à 38,1 % en 1990, pour atteindre 59 % en 2002, puis 62 % en 2007 (*voir la figure 3.5*). Au Québec, les mères de près des deux tiers des enfants ne sont pas mariées légalement, car la venue d'un enfant n'est plus l'occasion de contracter un mariage ou de légaliser une union déjà existante.

Figure 3.5 ● L'augmentation des naissances hors mariage au Québec en pourcentage, entre 1970 et 2007

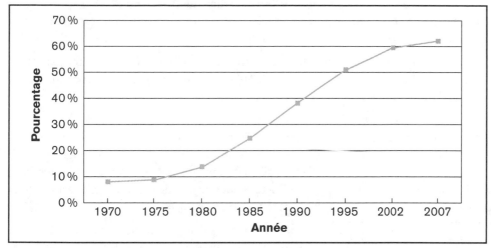

Sources : Duchesne, Louis. 2006. *La situation démographique au Québec. Bilan 2006*. Québec : Institut de la statistique du Québec, p. 247 ; Girard, Chantal. 2007. *Le bilan démographique du Québec. Édition 2007*. Québec : Institut de la statistique du Québec, p. 33.

Le nombre croissant des naissances en dehors des liens du mariage confirme, une fois de plus, que l'union de fait devient un mode de vie qui se répand, parallèlement au retrait des familles de l'institution du mariage. Ces deux phénomènes sont concevables dans une société qui tolère une diversité de comportements familiaux autrefois rejetés par les institutions sociales. Au Canada, 31 % des naissances en 2006 sont issues de mères non mariées, contre 66 % en Islande, 55 % en Suède, 50 % en France et 39 % aux États-Unis (Girard, 2008).

Le divorce et la séparation

Un dernier indicateur portant sur la désinstitutionnalisation de la famille nous est fourni par l'augmentation spectaculaire du nombre de divorces et de séparations. Depuis que la loi canadienne a permis l'accès au divorce dans les cours provinciales, en 1968, le nombre de divorcés au Québec n'a cessé d'augmenter, d'autant plus qu'une nouvelle loi, votée en 1985, a simplifié les démarches d'obtention du divorce (*voir la figure 3.6*).

En 2005, 15 423 jugements de divorce ont été prononcés au Québec, un nombre en baisse comparativement aux 20 133 divorces enregistrés en 1995. Ce ralentissement des divorces est conforme à la diminution des mariages.

Figure 3.6 ● L'augmentation du nombre de divorces au Québec, entre 1969 et 2005

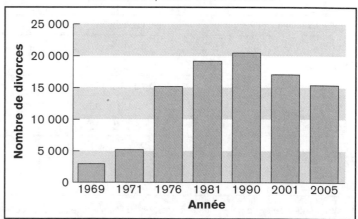

Source : Institut de la statistique du Québec. 2008. *Nombre de divorces et indice synthétique de divortialité, Québec, 1969-2005*. [En ligne], http://www.stat.gouv. qc.ca/donstat/societe/demographie/etat_matrm_marg/6p4.htm

Indice de divortialité
Estimation de la proportion de mariages qui se termineraient par un divorce en se basant sur les comportements actuels.

Cependant, il n'en demeure pas moins que la proportion des mariages se terminant par un divorce est très forte au Québec. En 2005, l'**indice de divortialité** était de 51,8 divorces par 100 mariages, soit un des plus élevés parmi les pays occidentaux avec la Suède.

Enfin, la divortialité est très précoce. En 2005, après trois et quatre ans de mariage, le taux de divorce était de 36 pour 1000, puis diminuait à 11 pour 1000 après 19 ans de vie commune. Les divorcés se remarient de moins en moins : seulement 25 % des hommes et 23 % des femmes, parmi les divorcés, s'étaient remariés en 2003.

Quoique de nombreux enfants soient touchés par le divorce de leurs parents – 14 300 enfants en 2003, soit environ 0,9 enfant par divorce –, il n'y a pas d'enfant à charge dans la moitié des divorces (Duchesne, 2006).

Ces comportements ont contribué à modifier le rôle et la place de l'institution familiale au Québec. Comme l'étayent les statistiques, ils sont maintenant majoritaires. Ces nouveaux comportements caractérisent la vie des jeunes familles, celles dont les parents sont âgés de moins de 40 ans. Ils nous indiquent une très forte tendance à la désinstitutionnalisation de la vie familiale (*voir l'encadré 3.3*).

On peut choisir ou non d'entrer dans l'institution, on peut en sortir pour y revenir par les mêmes voies ou autrement. Plusieurs de ces comportements sont typiques de la vie familiale québécoise. S'ils existent aussi bien au Canada, aux États-Unis et en France que dans les pays scandinaves ou en Europe de l'Ouest, ils prennent plus d'ampleur au Québec, où l'on dénombre davantage d'unions libres, de naissances hors mariage et de divorces (*voir le tableau 3.3*).

Encadré 3.3 ● La désinstitutionnalisation de la vie familiale

On peut conclure à une tendance à la désinstitutionnalisation de la famille par l'observation des indicateurs suivants :
- la diminution des mariages légaux ;
- l'augmentation des unions libres ;
- l'augmentation des divorces ;
- l'augmentation des naissances hors mariage.

Tableau 3.3 ● Les unions libres, les naissances hors mariage et les divorces en pourcentage, au Québec et dans différents pays

Pays	Couples en union libre (%)	Naissances hors mariage (%)	Indice de divortialité pour 100 mariages
Québec	34,6 (2007)*	62,0 (2007)	51,8 (2005)
Canada	18,4 (2007)	31,0 (2006)	41,0 (2004)
Suède	25,4 (2007)	55,0 (2006)	51,5 (2004)
Norvège	24,5 (2002)	50,0 (2000)	n.d.
Royaume-Uni	15,5 (2004)	44,0 (2006)	43,5 (2000)
France	18,0 (2006)	50,0 (2006)	42,4 (2003)
États-Unis	8,2 (2002)	39,0 (2006)	n.d.
Finlande	23,9 (2007)	n.d.	50,4 (2004)
Islande	n.d.	66,0 (2006)	n.d.
Belgique	56,1 (2003)	n.d.	n.d.

* L'année indiquée entre parenthèses correspond à l'année de publication des données dans le pays correspondant.

Sources : Duchesne, Louis. 2006. *La situation démographique au Québec. Bilan 2006.* Québec : Institut de la statistique du Québec, 341 p. ; Girard, Chantal. 2008. *Le bilan démographique du Québec. Édition 2008.* Québec : Institut de la statistique du Québec, 80 p. ; Statistique Canada. 2007. *Recensement de 2006.* [En ligne], http://www.statcan.gc.ca

La recherche de symétrie dans les rôles parentaux

Par-delà les changements de structure, comment apparaissent les modèles normatifs à l'intérieur de la vie familiale ? Dans le chapitre 2, relatif aux modèles familiaux traditionnel et moderne, nous avons expliqué l'arrangement des rôles qui prévaut pour chaque modèle. À partir des années 1970, la répartition des rôles masculins et féminins, ceux de père et de mère, sera fortement bousculée et les femmes seront à l'origine de ce bouleversement.

En effet, toute une série de critiques et de remises en question tournera autour de la maternité et du rôle féminin dans la société. Ces critiques seront alimentées par les luttes et les revendications qui sont menées par le mouvement féministe, tant en Amérique du Nord qu'en Europe durant la même période : le droit à des maternités choisies, l'accès à la contraception et à l'avortement, le droit à l'égalité juridique et sociale, le droit à des garderies, le droit au travail et à l'égalité salariale, le refus du viol et de la violence conjugale, le partage des tâches domestiques. Autant de revendications, autant de lieux de luttes qui ont confronté les femmes et les hommes aux rôles qui leur étaient jusque-là dévolus par les institutions sociales.

L'activité économique des femmes

Les femmes ont été les premières à intégrer dans leur vie quotidienne et familiale les changements de valeurs et de rôles résultant des luttes féministes. En nombre grandissant, elles ont poursuivi des études postsecondaires, pénétré massivement le marché du travail, qui était à la recherche de main-d'œuvre, et voulu concilier famille et travail à l'extérieur de la maison. Dès 1971, le taux d'activité des femmes mariées progressait sensiblement.

Le taux d'activité des femmes âgées de 15 ans et plus s'élevait à 59,7 % en 2003, en hausse constante depuis la fin des années 1950 (22,9 % en 1956). Les mères ayant de jeunes enfants à la maison comptent parmi celles qui travaillent le plus. On peut aussi affirmer qu'il y a une féminisation du marché du travail : depuis 40 ans, le nombre de femmes sur le marché du travail a doublé et elles sont actives de manière plus continue, comme le montre le tableau 3.4.

Tableau 3.4 ● Le taux d'activité des femmes de 25 à 44 ans au Québec selon la présence d'enfants, de 1976 à 2004

Année	Mères avec enfants âgés de moins de… (en %)			Femmes sans enfant (en %)
	16 ans	6 ans	3 ans	
1976	36,7	30,3	28,8	75,4
1986	60,0	57,1	56,9	84,7
1996	68,6	63,8	62,3	84,4
1998	71,3	67,2	66,8	84,2
2000	73,9	69,4	66,5	84,8
2004	80,7	78,0	76,8	87,7

Source : Québec, ministère de la Famille et des Aînés. 2007. *Portrait de la famille québécoise*. [En ligne], http://www.mfa.gouv.qc.ca/fr/Famille/portrait-famille-quebecoise/pages/index.aspx

La paternité affective

Qu'en est-il du rôle masculin? Les critiques du mouvement féministe pendant les décennies 1970 et 1980 ont surtout porté sur la valeur accordée à la maternité dans la vie publique et privée des femmes. Dès lors, le rôle de père et de mari ne pouvait être qu'ébranlé par la révolution féministe.

Chez les jeunes familles de la postmodernité, les conjoints sont passés d'une paternité instrumentale et symbolique, où l'homme était le pourvoyeur économique et le symbole de l'autorité – rôle assumé par leur propre père –, à une paternité affective et bien réelle. Les nouveaux pères investissent de leur temps dans les soins aux enfants. Ces hommes pénètrent l'univers domestique et familial de la même façon que leurs conjointes pénètrent le marché du travail. Désormais, paternité et maternité sont perçues comme des expériences personnelles privilégiées, partagées à deux, d'autant plus que les enfants sont moins nombreux.

Par ailleurs, les femmes exigent de leur conjoint un plus grand partage des tâches familiales: soins aux enfants, éducation, corvées domestiques. Alors que la complémentarité des tâches faisait partie des valeurs de la famille moderne, il est davantage question d'égalité et de **symétrie des rôles** dans la famille postmoderne. Les conjointes

Symétrie des rôles
Équilibre entre les rôles parentaux masculin et féminin.

Regard 3.2

Le mariage-association

Denise Lemieux et Lucie Mercier (1992) ont réalisé une série d'entrevues avec des femmes mariées entre 1950 et 1983. Les chercheuses abordent la montée du mariage-association, dans lequel les conjoints véhiculent des valeurs d'égalitarisme et de partage des tâches.

« Si les dilemmes maternité-travail sont encore à l'ordre du jour dans les années 1970-1980, on voit s'affirmer davantage un modèle basé sur la conciliation famille-travail et le partage des tâches. [...] Au niveau du couple, les délais de la procréation et la cohabitation semblent favoriser la formation d'un lien de compagnonnage davantage marqué d'égalitarisme. Les femmes évoquent leurs stratégies et leurs discours pour imposer le partage dès le départ. »

« [...] "On a beaucoup discuté des rôles, des tâches communes [...], le partage devait être strictement égal, j'étais quasiment chatouilleuse

[...], pas plus à moi qu'à lui le ménage, la vaisselle, etc." » (Geneviève, entrevue n° 15).

« [...] "On fait ça chacun notre tour, ou bien c'est lui qui donne à manger au bébé ou il fait le souper, c'est moitié-moitié. Il est vraiment aussi bon que moi..." » (Annick, entrevue n° 21).

Les auteures concluent que, hormis certains cas où l'on semble glisser vers le modèle séparé à la naissance des enfants (femme à la maison et homme au travail), « le partage des tâches plus ou moins imposé par les femmes demeure le modèle le plus largement accepté chez cette cohorte, y compris dans les milieux ouvriers. »

Cependant, comme le montrent aussi d'autres enquêtes, elles notent que l'arrivée des enfants et les aléas de l'insertion dans le monde du travail se traduisent dans les faits par un partage égalitaire parfois mitigé, et ce, nonobstant l'adhésion des couples au modèle associatif sur le plan des valeurs.

et les mères demeurent sur le marché du travail, les conjoints et les pères pénètrent dans l'univers de la famille où ils assument des tâches indispensables. C'est ce qu'on appelle la nouvelle paternité. Le tableau 3.5 illustre le taux d'activité des pères et des mères selon le type de famille, tandis que l'encadré 3.4 présente les indicateurs qui traduisent la tendance à la symétrie dans les rôles parentaux.

Bien sûr, ces changements sont en voie de réalisation. C'est là une nouvelle donnée de la répartition des rôles parentaux : hommes et femmes concourent de manière de plus en plus semblable à la concrétisation de la vie familiale. Il existe des détours, des variations liées aux milieux et aux statuts socioprofessionnels. Il y a encore de nombreux obstacles à franchir, comme le fait que ce sont les femmes qui assument toujours une plus grande part des tâches domestiques, mais les valeurs de symétrie et de partage sont bel et bien existantes dans les projets de vie familiale des jeunes couples, et plus encore dans ceux des jeunes femmes.

Tableau 3.5 ● Le taux d'activité des mères et des pères de 25 à 44 ans selon le type de famille au Québec, en 2004

Type de famille	Mères (en %)		Pères (en %)	
	Total	Avec enfants de moins de 6 ans	Total	Avec enfants de moins de 6 ans
Familles biparentales	80,8	79,1	95,3	92,7
Familles monoparentales	70,2	68,4	94,5	90,7

Source : Québec, ministère de la Famille et des Aînés. 2007. *Portrait de la famille québécoise*. [En ligne], http://www.mfa.gouv.qc.ca/fr/Famille/portrait-famille-quebecoise/pages/index.aspx

Encadré 3.4 ● La symétrie dans les rôles parentaux

On peut conclure à une tendance à la symétrie des rôles parentaux par l'observation des indicateurs suivants :

- l'augmentation du taux d'activité des femmes mariées ;
- la participation accrue des hommes dans la sphère privée : nouvelle paternité ;
- le partage des tâches familiales.

L'hédonisme dans les valeurs familiales

Qu'est-ce qui gouverne les rapports des individus dans la famille ? Il nous semble aller de soi que les rapports autoritaires, hiérarchiques, de soumission et de sacrifice ont été progressivement écartés des relations familiales. Ce n'est plus sous ce mode que nous entretenons des liens familiaux. Aujourd'hui, rares sont les personnes qui revendiquent ces valeurs autrefois dominantes.

Mais quelles sont les nouvelles valeurs familiales ?

De récentes enquêtes portant sur les valeurs des familles occidentales montrent qu'à travers les contraintes inexorablement imposées par la vie de famille, chacun cherche à se réaliser pleinement. Les père, mère et enfants, tout en se reconnaissant comme membres d'un groupe et en en acceptant les exigences, souhaitent plus que jamais maintenir leur individualité et leurs aspirations personnelles.

À cet égard, la réalisation de soi par une carrière, la satisfaction de ses désirs, les aspirations professionnelles, la participation à des activités de loisirs et la recherche d'une sexualité épanouissante sont autant d'indicateurs de valeurs tournées vers l'individu. Les valeurs centrées sur l'individu mettent au premier plan la recherche du plaisir et la satisfaction immédiate des désirs: c'est ce que l'on appelle l'**hédonisme**. Par exemple, la sexualité des jeunes et des adultes d'aujourd'hui repose sur l'hédonisme sexuel, c'est-à-dire la recherche du plaisir sexuel de chaque partenaire, et non plus sur la procréation ou même le romantisme des années 1950. L'hédonisme se situe au cœur des relations familiales postmodernes, tout comme il est une des valeurs dominantes de notre société.

Enfin, la souplesse des normes et des contrôles sociaux caractérise les interventions de la société vis-à-vis des projets familiaux. Il est de moins en moins question d'une structure familiale unique, imposée à tous, malgré l'idéalisation d'une certaine forme de vie familiale. En raison des transformations démographiques que nous avons mentionnées, la famille postmoderne se distingue par la diversité des structures familiales.

Voilà en somme autant de traits sociologiques qui marquent un modèle familial en émergence et s'inscrivent en contrepoint du modèle de la famille moderne. Pour mieux saisir ce qui différencie les familles postmodernes de celles qui les ont précédées, examinons en parallèle certains de leurs traits (*voir le tableau 3.6*).

Ce sont les jeunes familles québécoises qui représentent le modèle familial postmoderne le plus ostensible, le plus concret. Néanmoins, on peut affirmer que l'ensemble des familles occidentales s'oriente vers les nouvelles tendances familiales.

Tableau 3.6 • Les traits sociologiques caractérisant les familles postmodernes, modernes et traditionnelles

Famille postmoderne	Famille moderne	Famille traditionnelle
Individu	**Couple**	**Communauté et parenté**
Diversité des catégories familiales	Privatisation de la vie familiale	Solidarité entre les membres de la communauté familiale
Individualité, liberté, satisfaction personnelle	Accomplissement des rôles conjugaux rigides	Objectifs familiaux communs primant sur les volontés individuelles
Autorité des deux parents	Autorité du mari	Autorité de source divine du père de famille
Symétrie des rôles parentaux	Modèle asymétrique: pourvoyeur/ménagère	Rôles parentaux distincts selon l'âge et le sexe
Sexualité hédoniste	Sexualité romantique	Sexualité procréatrice
Amour fissionnel: s'unir sans se nouer	Amour fusionnel: un partenaire disparaît au profit du couple	Amour: devoir conjugal
Famille polymorphe: diversité des formes familiales	Famille universelle: s'impose comme type idéal, quelle que soit la culture	Famille ancrée culturellement (particulariste): par exemple, la famille canadienne-française

3.3 Le paradoxe famille et personne

Partout en Occident, les décennies récentes sont marquées par une indéniable angoisse collective quant à l'avenir de la famille. Plus que toute autre, la société québécoise s'est sentie interpellée par les changements qui touchent la famille, surtout au regard de la dénatalité et des unions libres. Alors qu'en 1972 un ouvrage révolutionnaire annonçait la mort de la famille (Cooper, 1972), c'est de la survie des familles à deux parents dont on s'inquiète en 2009 dans les discours politiques et les débats sociaux livrés sur de nombreuses tribunes.

Si les chercheurs en sciences sociales s'accordent aujourd'hui sur les nouvelles tendances familiales, peu d'entre eux réussissent en revanche à statuer sur les conséquences de ces changements pour les générations d'enfants et d'adultes qui les vivent, et pour la société dans son ensemble (Pronovost, *et al.*, 2008). Quelles fonctions restent dévolues à l'institution familiale ? Comment cette dernière s'insère-t-elle dans l'espace social ? Y joue-t-elle toujours un rôle de premier plan ? Autrefois considérée comme le fondement de la société, la famille ne fournit plus une réponse rassurante aux questionnements des individus. Au contraire, elle est plus fragile que jamais et se trouve souvent investie comme un espace temporaire, dont on ne sait s'il pourra conjurer les tourmentes du siècle. Bref, elle n'est plus la charpente de l'édifice social et elle n'est pas toujours un rempart à l'égard des vicissitudes du monde extérieur.

Par contre, l'importance accordée à la famille demeure toujours bien vivante dans le cœur des individus et elle se situe au sommet de l'ensemble des valeurs privilégiées dans la société québécoise. Selon les résultats d'un sondage réalisé à l'automne 1993, la famille continuait d'être la valeur suprême pour 82,2 % des Québécois. Cependant, si 62,6 % des femmes accordaient la primauté de leurs valeurs à la famille, seulement 47 % des hommes leur concédaient la même importance (Fessou, 1993). Dans les enquêtes d'opinion sur le nombre idéal d'enfants, peu de personnes répondent « aucun enfant » comme nombre souhaitable. En 1998, seulement 6 % des personnes âgées de 20 à 35 ans ne souhaitaient pas avoir d'enfants (Duchesne, 2003, p. 83). Dans le contexte de la société postmoderne, le défi des jeunes familles consiste à réconcilier les désirs individuels avec les nécessités de la vie familiale.

Un paradoxe

Les droits des personnes en contrepartie des droits des familles, tel est sans aucun doute le nouveau défi social des temps postmodernes. Au sein des familles, les conjoints, les parents et les enfants cherchent à créer des manières de vivre et des espaces qui tiennent compte des exigences d'une organisation familiale éclatée. On décèle même une réappropriation de valeurs familiales qui, il n'y a pas si longtemps, étaient taxées de désuètes. Il en est ainsi de l'autorité parentale, de la responsabilité familiale et de la fidélité conjugale, toutes valeurs qui devraient encourager des rapports harmonieux, respectueux des personnes, novateurs dans leur structuration et ouverts sur l'environnement social.

Les tensions familiales

L'esquisse générale de la famille postmoderne cache des tensions qu'il faut reconnaître.

Les variations socioculturelles

Ce sont les jeunes adultes qui adoptent davantage les modes de vie familiaux postmodernes. Ce sont aussi les membres scolarisés des classes moyenne et moyenne supérieure. Les individus qui occupent des emplois dans les services, dans les communications et dans l'enseignement, ainsi que les professionnels et les cols blancs, réussissent mieux à atteindre les idéaux de la postmodernité.

Les professionnelles et les femmes qui reçoivent des revenus comparables à ceux de leur conjoint peuvent plus facilement négocier le partage des tâches domestiques et l'engagement de leur conjoint. Les hommes qui bénéficient d'horaires de travail souples et qui occupent des emplois où la culture masculine traditionnelle est faiblement implantée s'occupent davantage des enfants et de l'univers domestique que les autres (Schoenborn, 2008).

Tout le monde ne partage donc pas la conception de la famille postmoderne ?

En somme, il existe des facteurs socioculturels qui déterminent la plus ou moins grande adhésion des individus aux nouvelles valeurs et structures familiales. La scolarisation, le statut socioéconomique, le type d'emploi occupé, le milieu de vie, l'âge et la socialisation passée ont tous un effet sur les arrangements familiaux que vont privilégier les couples, au-delà du modèle familial qui leur est proposé.

L'insertion dans la sphère publique

En général, on peut dire que l'organisation du travail et de la société ne facilite pas l'évolution des rôles masculins et féminins. C'est l'une des constantes qui revient

Regard 3.3

Le paradoxe famille et personne

Simon Langlois commente de la façon suivante les relations entre la famille et la personne dans la société postmoderne. Ce qui peut, de prime abord, apparaître comme une opposition entre la primauté des familles ou des personnes se comprend mieux sous l'angle de la famille comme lieu de valorisation pour les personnes.

« La personne est devenue le point de référence majeur. Jusqu'à récemment encore, la famille était présentée comme le fondement de la société, la pierre d'assise de l'édifice social. Ce discours est encore présent dans les textes gouvernementaux sur la politique familiale et dans les rapports des groupes de pression sur ce sujet. Or, les mutations socioculturelles en cours nous forcent à revoir cette vision des choses et cette définition. La famille n'est plus le fondement de l'ordre social. […]

« Nous ne soutenons pas que la famille n'a plus d'importance aux yeux des gens, bien loin de là. Les valeurs familiales sont même celles qui paraissent en tête de liste de celles qui sont partagées par les personnes interrogées sur le sujet dans les sondages [Langlois, 1990]. Si la famille est encore autant valorisée, c'est sans doute – nous en formulons l'hypothèse – en tant que lieu où la personne peut s'épanouir et trouver la chaleur humaine nécessaire à son bien-être. La famille contemporaine n'a plus le même sens que la famille de nos grands-parents. On peut donc la briser et en reconstruire une autre, avec d'autres individus, si elle ne parvient plus à satisfaire les besoins individuels » (Langlois, 1992, p. 9).

parmi les difficultés qu'éprouvent les jeunes familles au moment de leur insertion dans la sphère publique. L'État et les entreprises commencent seulement à s'adapter aux changements de rôles, ceux des femmes en particulier. Le travail des mères, l'effet de la naissance des enfants sur le travail des pères, les problèmes causés par les horaires rigides, les services de garde des enfants, les congés pour soigner un enfant malade, les congés de maternité, la conciliation de la vie familiale avec les exigences des entreprises, à l'égard de la disponibilité et du rendement de leurs employés, sont autant de points de friction qui rendent douloureuse l'harmonisation des sphères privée et publique. Les femmes en ressentent particulièrement les effets, puisque ce sont elles qui assument encore, en situation de crise ou d'impasse, le soutien aux enfants.

La solidarité familiale

La famille contemporaine n'est-elle qu'un assemblage de vies individuelles ? Quelle place accorde-t-elle aux valeurs collectives, à la solidarité familiale ? Plusieurs adaptations s'opèrent au fil du cycle de vie familiale.

Aujourd'hui plus que jamais, ce sont les événements affectifs qui marquent le cycle de vie des familles, plutôt que les événements naturels comme autrefois. Chaque étape du cycle familial est choisie, discutée, rationalisée, insérée dans un projet de vie à moyen terme. Les naissances sont planifiées, les décès plus rares et moins subits. L'affectivité se profile derrière chaque étape de la vie familiale et la recherche du bonheur individuel est le grand leitmotiv des choix d'union, de rupture, de recomposition et de procréation.

? Les familles sont-elles plus heureuses ?

On peut affirmer que la recherche du bonheur individuel constitue le fondement de la famille postmoderne. Certes, il s'agit d'une famille aux pieds d'argile, puisque l'on peut mettre fin à une union qui ne satisfait pas les attentes des individus et recommencer avec un autre partenaire. Les familles d'aujourd'hui sont-elles plus heureuses que celles d'autrefois ? En quoi le seraient-elles moins ? Il y a vraisemblablement moins d'unions dont le bonheur est absent. Telle est la logique qui se cache derrière les ruptures et les recompositions familiales.

D'autres tensions sillonnent le paysage familial. Pensons à l'effet sur les enfants de l'éclatement de la famille biparentale, de la monoparentalité, du partage de la garde entre les conjoints. Pensons à la pauvreté grandissante des familles, dont souffrent particulièrement les familles monoparentales féminines. Ces maux ne sont pas seulement ceux des familles ; ils sont aussi ceux de toute une société en période d'ajustement.

Quant aux familles immigrantes qui s'installent au Québec, elles subissent en plus un choc socioéconomique et culturel. Le plus souvent structurées selon le modèle de famille traditionnelle élargie, adhérant à des normes et à des valeurs axées sur la préservation de la tradition, elles doivent s'adapter, dans des conditions de précarité économique et affective, à une culture où la famille élargie n'est pas l'unité sociale de base.

Les trois lieux des enjeux familiaux contemporains

Au début des années 1990, l'anthropologue Renée B.-Dandurand observait trois aspects de la vie familiale qui seraient particulièrement marqués par les tensions et qui constituaient, à ses yeux, les enjeux contemporains de notre société (B.-Dandurand, 1992).

Ce sont d'abord les tensions qui surviennent entre les sexes. Ces antagonismes sont révélés par les divorces et les séparations, par les manifestations de violence conjugale ainsi que par la préférence accordée à l'union libre. Ces tensions se situent à la jonction des sphères de la vie privée et de la vie publique, la première se répercutant sur la seconde. Familles et société sont profondément interpellées par les transformations des rôles sexuels.

Viennent ensuite les tensions liées à la double charge de travail des mères, qui mènent de front le travail domestique et le travail salarié. Ces deuxièmes tensions concernent autant la sphère privée, par les difficultés dans le partage des responsabilités domestiques, que la sphère publique, par la lenteur de l'État et des entreprises à aider les femmes à harmoniser leurs rôles.

Enfin, la troisième source de tensions provient des préoccupations provoquées par le faible régime démographique du Québec. Toujours selon B.-Dandurand, c'est une source d'inquiétude publique qui trouvait jusqu'à maintenant peu d'écho dans la sphère privée. Car, pour les couples, la qualité de vie offerte à leurs enfants l'emportait sur la quantité d'enfants, qui relève plus de l'intérêt de l'État. Mais le sursaut de natalité québécois des cinq dernières années indique une modification dans les comportements des jeunes couples car, depuis 2002, le Québec connaît une augmentation de la natalité dont on ignore encore la durée à moyen terme, au-delà du rattrapage des naissances des générations de femmes âgées de 30 à 45 ans.

Le modèle familial postmoderne constitue un champ d'essais et d'aspirations qui reste encore à se construire à partir des valeurs et des structures sociales contemporaines, en parallèle et en complément des modèles précédents, toujours vivants sous plusieurs aspects.

En bref

Dans ce chapitre sur les familles postmodernes, les familles « individus », nous avons abordé :

1 La famille plurielle

La famille contemporaine se pense en fonction d'une pluralité, d'une diversité des formes familiales, plutôt que d'une homogénéité. Trois structures familiales sont surtout mises à l'avant-scène : les familles monoparentales, les familles reconstituées et les familles éclatées. Dans ce contexte, il est difficile de présenter un idéal type de la famille postmoderne.

2 La société postmoderne

La postmodernité décrit les sociétés occidentales qui ne sont plus vraiment des sociétés de type industriel. Elle se caractérise notamment par l'informatisation, le développement de technologies de pointe, la consommation accélérée, la mondialisation des échanges et les migrations internationales, de même que par des valeurs comme le nouvel individualisme, l'autonomie, la satisfaction immédiate des désirs et la recherche du bien-être personnel. Une morale conjoncturelle privilégie le rationalisme, la performance et le relativisme des valeurs. La protection des droits individuels permet le développement de l'institution du droit en même temps que l'État partenaire remplace l'État-providence.

3 Les tendances familiales

Le concept de tendance est utilisé pour étudier la famille postmoderne. La tendance est un diagnostic posé par le sociologue à partir de plusieurs indicateurs et qui nous montre la direction du changement familial.

En bref (suite)

4 L'individualisation de la vie quotidienne

Trois indicateurs démographiques nous renseignent sur la tendance à l'individualisation de la vie quotidienne : l'augmentation des ménages non familiaux, l'augmentation du nombre des célibataires et la diminution de la taille des familles. L'individualisation signifie la tendance des personnes à vivre hors de la famille et à établir, au sein de la famille, des interrelations orientées vers l'individu plutôt que vers le groupe.

5 La désinstitutionnalisation de la famille

La tendance à la désinstitutionnalisation de la vie familiale est observée dans toutes les sociétés postmodernes. Elle est définie par la diminution des mariages légaux, l'augmentation des unions libres, l'accroissement des divorces et des naissances hors mariage. La désinstitutionnalisation s'articule autour de deux axes : les jeunes couples hésitent à pénétrer dans l'institution de la famille et il est aussi plus facile d'en sortir.

6 La symétrie dans les rôles parentaux

Les partenaires sont à la recherche d'une certaine symétrie dans les rôles parentaux. Les femmes entrent et demeurent sur le marché du travail, les hommes découvrent une paternité affective dans la sphère privée de la famille. Ces changements dans les rôles ne se font pas sans heurts et ils sont loin d'être effectifs dans la majorité des familles, compte tenu des nombreux obstacles de socialisation et d'organisation du monde du travail qui entravent une réelle égalité.

7 Les valeurs familiales

Plutôt que d'être caractérisées par le sacrifice, les valeurs de la famille postmoderne sont marquées par l'hédonisme, c'est-à-dire la recherche du plaisir et la satisfaction immédiate de ses désirs. Les individus prennent largement leur place dans la vie familiale, qui doit répondre à leurs attentes. Les familles cherchent à établir un équilibre entre les aspirations individuelles et les contraintes familiales.

Les interventions de la société à l'égard de la famille se font dans un esprit de souplesse : les normes et les contrôles sociaux sont beaucoup moins rigides qu'autrefois. Il n'y a plus un seul modèle familial imposé à tous, mais une acceptation par la société de plusieurs formes familiales.

8 Les tensions familiales

Plusieurs éléments de tension apparaissent dans les familles contemporaines. D'abord, la famille n'est plus la pierre angulaire de l'édifice social : elle en a été délogée au profit de l'individu. Même si elle demeure au sommet des valeurs privilégiées dans la société québécoise, elle subit les contrecoups des changements sociaux en cours.

Comme par le passé, les vécus familiaux varient en fonction des facteurs socioculturels, comme la classe sociale, la scolarité, la socialisation antérieure des adultes, les conditions de vie, l'immigration, etc.

Le lien entre la vie familiale et le monde du travail est loin d'être harmonieux ; l'État et les entreprises ont beaucoup de chemin à parcourir à cet égard.

Trois domaines semblent plus particulièrement concentrer les antagonismes familiaux : les relations entre les sexes dans la vie quotidienne, la double charge de travail des mères et la faible natalité de la population québécoise.

Exercices de compréhension

1 À partir de quelle période peut-on situer l'émergence d'un nouveau modèle familial au Québec et en Occident ?

2 Discutez de une ou deux caractéristiques des sociétés postmodernes qui vous semblent essentielles pour différencier ce type de société des autres. Donnez des exemples observés dans votre quotidien.

3 Une tendance familiale est associée à chacun des trois indicateurs suivants. Indiquez si chaque énoncé est vrai ou faux. Justifiez vos réponses.

a) La diminution de la taille des familles est un indicateur de la symétrie dans les rôles parentaux.

b) Les unions libres et les naissances hors mariage constituent un indicateur de l'individualisme dans les modes de vie.

c) L'activité économique des femmes est un indicateur de la symétrie dans les rôles parentaux.

4 Pour chaque trait sociologique énoncé ci-après, associez le type familial correspondant (famille traditionnelle, moderne ou postmoderne).

Exercices de compréhension (*suite*)

a) Rôles parentaux distincts selon l'âge et le sexe : _____

b) Sexualité romantique : _____

c) Type idéal universel : _____

d) Autorité paternelle de source divine : _____

e) Privatisation de la vie familiale : _____

f) Amour fusionnel : _____

5 Décrivez au moins deux aspects des tensions qui existent dans les familles contemporaines.

6 Est-il vrai d'affirmer que la famille contemporaine est le fondement de la société ? Expliquez.

7 Complétez les énoncés suivants :

a) Un ménage non familial est _____.

b) Au Québec, un couple sur _____ vit en union libre.

c) Plus de 85 % des familles avec enfants comptent _____ enfants.

d) Les mariages sont en _____ au Québec.

e) Le taux d'activité des mères au Québec est de _____.

Médiagraphie

Lectures suggérées

B.-Dandurand, Renée. 2001. «Les familles d'aujourd'hui : enjeux et défis». Dans *Démographie et Famille. Les impacts sur la société de demain.* Québec : Conseil de la famille et de l'enfance (CFE), p. 88-94.

Dortier, Jean-François (dir.). 2002. *Familles. Permanence et métamorphose.* Paris : Éditions Sciences Humaines, 336 p. (Coll. «Synthèse»)

Langlois, Simon. 1992. «Culture et rapports sociaux : trente ans de changements». *Argus,* vol. 21, n° 3 (hiver 1992), p. 4-10.

Pronovost, Gilles, Chantale Dumont et Isabelle Bitaudeau (dir.). 2008. *La famille à l'horizon 2020.* Montréal : PUQ, 460 p.

Schoenborn, Melina. 2008. «Au bord de la crise de nerfs ? Non merci !». Dans *La Gazette des femmes,* dossier «Par les temps qui courent, où en sont les parents ?», vol. 30 n° 2 (sept. oct. 2008), p. 27-29.

Sites Web

Ministère de la famille et des aînés (MFA) : www.mfa.gouv.qc.ca. Ce site porte davantage sur les politiques de l'État et les programmes pour les familles au Québec.

Voici des sites incontournables pour obtenir des statistiques officielles sur les familles et les individus dans les familles :

- Conseil de développement de la recherche sur la famille du Québec (CDRFQ) : www.uqtr.ca/cdrfq. Le Conseil est dédié à la recherche sur les familles : il publie le bulletin *Recherches sur la famille,* organise un symposium de recherche bisannuel et en publie les *Actes,* et met en contact chercheurs et praticiens du soutien aux familles.
- Institut de la statistique du Québec (ISQ) : www.stat.gouv. qc.ca
- Statistique Canada, Familles, ménages et logement, [En ligne], http://cansim2.statcan.gc.ca/cgi-win/cnsmcgi.pgm? Lang=F&SP_Action=Theme&SP_ID=40000&SP_Portal=2

Documents audiovisuels

Poulette, Michel. 2006. *Histoire de famille.* Canada : 2 h 40, coul., DVD. Le film relate une saga familiale qui se situe de 1960 à 1976, au moment où le Québec vit la Révolution tranquille.

Société Radio-Canada. *La famille d'hier à aujourd'hui, Période : 1956 – 2003.* Les archives de Radio-Canada, 9 clips télé, [En ligne], http://archives.radio-canada.ca/societe/famille/ dossiers/2465

Télé-Québec. 1990. «Les ménages à une personne». *Première Ligne,* 60 min, coul., traité en trois blocs. Document sur les célibataires et les ménages non familiaux.

Le cycle familial : unions, familles et ruptures

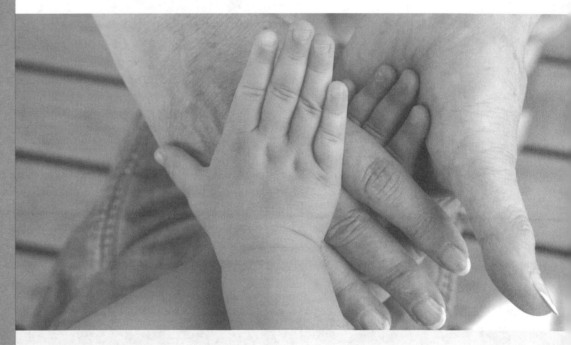

OBJECTIFS D'APPRENTISSAGE

- Connaître les différences de valeurs entre les mariages arrangés et les mariages d'amour
- Connaître les règles sociologiques de l'homogamie sociale et du gradient conjugal
- Distinguer les types d'unions, les valeurs qu'ils sous-tendent et leurs effets sur la vie conjugale
- Comprendre les facteurs explicatifs et les conséquences des ruptures conjugales
- Connaître les caractéristiques des familles biparentales, monoparentales, recomposées et homoparentales

4.1 La formation du couple

Comment se forment le couple et la famille? Cette question relève de la microsociologie de la famille et nous oriente vers la vie quotidienne, les interactions, les rôles et les motivations des personnes qui composent la famille. De son côté, la macrosociologie de la famille met plutôt l'accent sur les rapports entre la famille et la société.

« L'amour est aveugle », « Le cœur a ses raisons que la raison ignore », « Les amoureux sont seuls au monde », « Qui se ressemble s'assemble », « Les contraires s'attirent »… En matière d'amour, la sagesse populaire et son cortège de vieux adages sont aussi prolifiques que contradictoires. En abordant le sujet délicat de la formation des couples et du sentiment amoureux, le sociologue, dans sa démarche critique, doit être conscient qu'il compose avec l'extraordinaire charge affective du sujet, alimentée aussi bien par la télévision et le cinéma que par la littérature ou le théâtre.

? L'amour… ciment du couple?

En examinant diverses sociétés et périodes historiques, il convient de dire que *l'amour n'est qu'une raison parmi d'autres de s'unir*. On peut s'unir pour respecter l'engagement de ses parents envers une autre famille, pour lier les destinées de deux grandes familles, pour sortir d'un univers familial étouffant, pour changer de statut social ou parce qu'un bon parti nous est présenté.

En réalité, ce qui est en cause n'est pas tant l'existence ou non du sentiment amoureux, *mais plutôt l'importance que nous lui accordons*. En effet, plusieurs anthropologues considèrent l'attrait amoureux comme étant une composante universelle de l'être humain, dans la mesure où nous en trouvons des traces dans toutes les sociétés étudiées. Ce qui varie d'un univers social à un autre, c'est l'expression de cet attrait et le rôle qu'il joue dans la constitution des couples. Pour l'anthropologue américain William Jankowiak (1997), les sociétés domestiquent différemment l'attrait amoureux selon leurs tendances culturelles.

Regard 4.1

Microsociologie et macrosociologie

Le sociologue français François de Singly, qui a dirigé la publication d'un ouvrage de synthèse sur la famille, souligne le clivage mais aussi la complémentarité des deux approches utilisées dans l'étude de la famille.

Ainsi s'opposent, d'une part, les études sur le fonctionnement interne des familles (les relations conjugales, les habitudes et la vie quotidiennes, l'entrée dans la parentalité, la mémoire, l'argent dans le ménage, la transmission des valeurs) et, d'autre part, les recherches qui décrivent davantage les relations entre la famille et la société (la régulation politique des familles, les solidarités familiales, l'institution du mariage, les normes familiales, les politiques s'appliquant à la famille et à l'enfance, etc.).

« Du côté microsociologique, la famille est appréhendée pour elle-même, avec une grande attention portée aux processus. Du côté macrosociologique, la famille devient une "variable" dépendante, conçue comme un des rouages de la société et de l'État » (de Singly, 1991, p. 7).

Les mariages arrangés

En décrivant dans le chapitre 2 le modèle de la famille traditionnelle, nous avons insisté sur les difficultés d'assurer la survie de tous les membres du groupe. Dans ce contexte, où l'on parle davantage de survie que de surplus, se marier dans le dessein de fonder une famille c'est former une équipe pour lutter contre l'adversité. Le choix du conjoint prend donc une importance vitale et s'appuie principalement sur les capacités physiques et sociales de la personne (constitution, santé, origine familiale), plutôt que sur des considérations romantiques ou esthétiques, qui ne sont pas pour autant entièrement absentes.

De fait, le mariage ne cherche pas qu'à unir deux êtres ; il consacre l'alliance de deux lignées familiales, mettant ainsi en jeu le patrimoine et le statut de chacune. Cette union qui va engager l'avenir des deux groupes familiaux est donc une transaction économique et sociale de la plus haute importance. C'est l'occasion pour chaque famille de réaffirmer sa position dans la hiérarchie sociale. Dans ce contexte, il est impensable de laisser au hasard ou à la simple attirance physique le soin d'unir des jeunes gens, tant les enjeux sont grands.

Comment les garçons et les filles font-ils pour se connaître ?

Selon les époques et les régions, les stratégies diffèrent pour canaliser le feu de la passion, lequel se moque bien des lourds enjeux de l'union conjugale. Le plus souvent, les parents ou les autres jeunes de la communauté jouent un rôle déterminant dans le rapprochement des futurs époux, puis durant tout le temps où ils se fréquentent avant le mariage. Dans certaines sociétés, à différents moments de l'année, on instaure des rencontres pour les jeunes gens en âge de constituer des couples.

Autrefois, ces présentations prenaient des formes diverses, mais dans tous les cas les garçons et les filles étaient encadrés par un groupe, souvent des jeunes de leur âge. Il pouvait s'agir de promenades après le service religieux du dimanche ou de veillées dans une grange durant lesquelles les jeunes paysans se réunissaient pour danser. Ces rencontres approuvées par la communauté devaient permettre de créer des unions convenables pour le groupe.

Dans certaines régions de l'Indonésie et du Japon ainsi qu'au Pakistan et dans certaines communautés d'Asie du Sud-Est, du Maghreb, de la Turquie, de l'Afrique subsaharienne et du sous-continent indien, les arrangements matrimoniaux sont monnaie courante. En Inde, notamment, ils deviennent nécessaires en raison du système des castes qui établit des séparations très strictes entre les familles de rangs différents. À partir de la richesse des familles, de leur statut social et de leur appartenance à telle ou telle caste, les parents, les aînés ou les marieurs détermineront les partenaires compatibles. En général, on tient compte des critères suivants pour le mari : l'éducation, la santé et l'emploi. Pour la femme, l'apparence physique, la capacité d'enfanter et la personnalité sont les critères retenus. Des fiançailles peuvent être célébrées lorsque des familles s'engagent, par contrat, à unir leurs enfants avant même l'âge de la puberté.

Dans ces sociétés où le mariage fait l'objet d'arrangements préalables, on estime généralement que l'amour est une base très fragile. Le sentiment amoureux est acceptable, mais il doit se manifester une fois le mariage conclu par les familles et n'intervenir en rien dans le choix du partenaire de vie. Après tout, pour ces sociétés, un mari choisi selon des critères aussi rationnels que la classe sociale et la situation économique n'est certainement pas un plus mauvais parti qu'un homme désigné au hasard des battements du cœur !

Regard 4.2

Un mariage à l'indienne

En Inde, le mariage arrangé reste la façon la plus courante de fonder une famille.

Dans son roman *La Cité de la joie,* le journaliste français Dominique Lapierre raconte l'importance que revêt le mariage. Quelle que soit la caste des futurs mariés, une série de rites à connotation religieuse entourent cet événement, qui est placé sous la responsabilité du père de famille.

« Marier sa fille : il n'y a pas de plus grande obsession pour un père indien. [...] La coutume indienne veut qu'une fille soit en général mariée bien avant la puberté, d'où ces "mariages" d'enfants qui paraissent si barbares aux Occidentaux insuffisamment informés. Car il ne s'agit que d'un rite. Le vrai mariage ne vient qu'après l'apparition des premières règles. Quand elles ont lieu, le père de la "mariée" se rend chez le père du "marié" et lui annonce que sa fille peut désormais enfanter. Une cérémonie de mariage définitif est organisée et c'est alors seulement que la jeune fille quitte le domicile de ses parents pour aller vivre avec le garçon auquel elle était "mariée" depuis des années. »

S'il veut lui trouver un mari, le père doit constituer une dot pour sa fille, au risque d'endetter toute la famille. « Comme son père avant lui pour ses sœurs, comme des millions de pères indiens pour leurs filles, il devait réunir une dot. Indira Gandhi avait bien interdit cette coutume ancestrale. Il n'empêche qu'elle se perpétuait, plus tyrannique que jamais. » Seuls les déshérités, comme les paralytiques, les aveugles ou les lépreux consentent à épouser une fille sans dot. La dot d'une Indienne est composée de son trousseau et de ses bijoux personnels, qui restent en principe sa propriété, et de cadeaux qu'elle apporte à sa nouvelle famille.

Puis le père cherche, par l'entremise d'un marieur officiel, le mari correspondant au statut social de sa fille.

« De toutes les cérémonies de l'hindouisme, celle du mariage est la plus profitable pour un brahmane.

À tel point que Hari Giri s'était mis à étudier l'astrologie pour s'instituer marieur professionnel. [...] "L'horoscope de votre fille et sa caste concordent parfaitement avec ceux d'un garçon de ma connaissance", annonça-t-il, triomphant, à Hasari et à son épouse. »

Enfin, les familles se rencontrent et négocient le montant de la dot ainsi que l'organisation des noces.

« Après un long échange de salutations et d'amabilités, on finit par aborder les questions principales. "Mon fils est un garçon exceptionnel, déclara sans hésiter le père. Et je veux pour lui une épouse qui ne le soit pas moins." Naturellement, personne ne se méprit sur le sens de cette entrée en matière. Il n'était pas question de qualités morales, ni même physiques ; seulement du prix qu'il faudrait payer pour acheter le "fils exceptionnel" » (Lapierre, 1985, p. 506-507, 556-557).

En Inde, le système de la dot a des répercussions considérables sur la sécurité des filles. Les fœticides féminins sont pratiqués dans de nombreux États indiens, les parents espérant avoir un garçon, car la tradition de la dot s'est « transformée en une méthode d'extorsion des richesses des parents de la fiancée par les parents du marié, laissant ainsi beaucoup de parents de filles endettés » (Groupe de travail sur la petite fille, 2007, En ligne).

En Occident, l'amour romantique a entraîné le passage graduel du mariage comme décision de groupe engageant la communauté vers le mariage consensuel comme expression d'un choix individuel guidé par l'attrait amoureux. Ce passage ne se déroule évidemment pas pour tous en même temps. De fortes pressions du groupe agissent encore de nos jours, puisque les enjeux statutaires de l'union demeurent prédominants dans plusieurs groupes sociaux qui ont toujours veillé à bien marier leurs enfants pour assurer la transmission du patrimoine et se prévaloir d'alliances stratégiques.

Les mariages arrangés peuvent être acceptés par les jeunes partenaires car, dans leur socialisation, ils sont amenés à accepter les arrangements matrimoniaux qui font partie de leur culture et de l'organisation de la société. À côté de ceux-ci, les mariages forcés – où un partenaire, le plus souvent la jeune femme, n'a pas le choix de refuser l'union et dont la famille recourt à la violence pour forcer le consentement (confiscation des papiers d'identité et de l'argent, confinement à la maison, interdiction de prendre contact avec des amis, etc.) – sont dénoncés, même dans les pays où l'arrangement matrimonial est la norme. Mais, trop souvent, la ligne est mince entre mariage arrangé et mariage forcé lorsque la pression de la communauté se fait toute puissante.

L'homogamie sociale

Des **règles implicites** ont remplacé les **règles explicites** d'autrefois pour orienter les moments de rencontre et le choix du partenaire en Occident.

Les sociologues français Alain Girard (1974), Michel Bozon et François Héran (1988) ont montré que le choix du conjoint s'effectue dans une très large mesure au sein de groupes sociaux identiques ou très proches. L'homogamie exprime cette règle universelle de l'alliance de deux individus sur la base des ressemblances sociologiques liées à l'origine sociale, au niveau de scolarité, au statut économique et à la catégorie professionnelle (*voir l'encadré 4.1, p. 88*). Dans toutes les sociétés, l'homogamie traduit la tendance à la reproduction sociale. Bien avant que les sociologues en prennent la mesure, la sagesse populaire avait souligné cette tendance : « On se marie à sa porte avec quelqu'un de sa sorte » ou « Qui se ressemble s'assemble ».

Ces trois sociologues ont établi, à partir de données probantes, qu'on se marie vraiment « à sa porte » dans le sens où, pour une grande partie des couples, les conjoints viennent de la même région, de la même localité et, mieux encore, du même quartier. C'est le critère de la proximité géographique. Mais on se marie aussi avec quelqu'un de « sa sorte », puisque la plupart des unions sont encore aujourd'hui constituées de partenaires ayant le même niveau d'études et la même origine sociale. Cette tendance à l'**homogamie sociale** et culturelle est manifeste aux deux extrémités de l'échelle sociale. De fait, les gens issus de milieux très favorisés sont nettement plus enclins à se marier entre eux, tout comme les jeunes gens des milieux défavorisés (Arrondel et Grange, 1993). Si les premiers semblent choisir délibérément de reproduire leur capital économique et culturel de classe – on parle d'homogamie choisie –, les seconds subissent leur situation de classe qui ferme la porte à un bassin plus large de candidats et de candidates au mariage – l'homogamie subie. Dans les milieux de classe moyenne, il semble que les différences socioéconomiques

Règle implicite
Règle qui n'est pas officiellement définie, qui est transmise oralement ou par l'exemple.

Règle explicite
Règle qui est clairement exprimée par écrit.

Homogamie sociale
Règle qui détermine l'union de deux personnes à partir des ressemblances sociales.

interviennent moins dans le choix d'un conjoint, car le passage d'un sous-groupe de classe moyenne à un autre par des alliances matrimoniales est plus aisé et ne met pas en jeu un riche patrimoine économique ou culturel.

La règle de l'homogamie s'applique aussi à l'appartenance religieuse et, de manière plus marquante encore, à l'origine ethnique. Aux États-Unis, par exemple, on constate que les mariages mixtes sont encore peu fréquents. Lorsqu'on demande à des parents comment ils réagiraient si leur fille épousait un garçon d'un autre groupe ethnique, moins du quart des gens interrogés répondent qu'ils accepteraient cette situation (Melville, 1988). L'homogamie mène à la compatibilité des intérêts, des valeurs et des modes de vie des individus (Ambert, 2003), mais peut aussi avoir des répercussions sur l'organisation sociale. Ainsi, Feng Hou et John Myles rapportent que l'on constate depuis 25 ans une augmentation de l'inégalité de la distribution des revenus entre les familles dans les nations riches. L'un des facteurs contribuant à cette situation serait la progression de l'homogamie maritale chez les hommes et les femmes qui ont des revenus élevés : « Les hommes et les femmes instruits ont tendance à épouser des personnes instruites, créant ainsi des familles dont les gains sont élevés et pour lesquelles les risques de chômage sont faibles » (Hou et Myles, 2007, p. 7). Cependant, chez les couples de même sexe, le critère de l'homogamie semble jouer un moindre rôle.

Les ressemblances entre les membres du couple peuvent être établies selon plusieurs critères. En considérant une population de conjoints, on peut relever de nettes ressemblances de poids, de taille, et même de couleur des yeux ! Sur le marché du couple, il semble y avoir un appariement sur la base des attributs physiques qui fait qu'en général, les grands s'unissent plus souvent avec les grandes, les beaux hommes avec les femmes qu'on juge belles, tandis que les individus moins bien dotés physiquement se trouvent également ensemble.

? Mais ne dit-on pas aussi que les contraires s'attirent ?

L'homogamie, comme toutes les règles, a évidemment ses exceptions, et il n'est pas rare que des différences significatives d'âge ou d'origine ethnique, par exemple, soient observables chez un certain nombre de couples. On sait aussi que plus les caractéristiques sociales divergent entre les partenaires, plus les risques d'éprouver des difficultés dans leur vie familiale augmentent.

Encadré 4.1 ● L'homogamie sociale dans la formation des couples

---

Le principe de proximité

Les conjoints proviennent de la même région, de la même localité ou du même quartier – proximité géographique.

Le principe d'homogamie

Les conjoints partagent le plus souvent :

- la même origine sociale (classe sociale, catégorie professionnelle) ;
- la même origine ethnique, la même langue, la même religion, le même niveau d'études – proximité culturelle ;
- des attributs physiques semblables.

Le gradient conjugal

La règle de l'homogamie détermine la formation des couples contemporains et le jeu des intérêts sociaux dans la rencontre amoureuse, et ce, malgré les dissemblances qui caractérisent parfois certains couples. Ces couples deviennent alors l'objet de regards critiques, une conséquence de leur statut jugé hors norme.

Il existe toutefois une autre tendance forte qui, sans contrecarrer l'homogamie conjugale, détermine la formation des couples. En examinant des données sur les unions, on note que le statut social et économique du mari est habituellement supérieur à celui de sa femme. Cet écart en matière de caractéristiques sociales des conjoints, qui marque la tendance à l'**hétérogamie sexuelle** en faveur de l'homme, a conduit les analystes à concevoir la notion de **gradient conjugal** (*voir l'encadré 4.2, p. 90*). Le sociologue français Jean-Claude Kaufman confirme que les résultats d'enquête permettent de dresser le portrait suivant : l'homme a deux ans de plus que sa conjointe pour une première union, et quatre ans s'il se remarie ; il a atteint un niveau de scolarité égal ou supérieur à celui de sa compagne. Il a toujours une position professionnelle légèrement supérieure. Il est aussi de taille plus grande qu'elle (environ 11 cm). Le chercheur ajoute que si la question des identités sexuelles semble bouger en surface, l'écart de statut entre les conjoints de sexe différent persiste. L'une des conséquences de la règle implicite du gradient conjugal est la répartition inégalitaire du pouvoir et du prestige au sein de la famille (Olivier et Thibaud, 1999).

Hétérogamie sexuelle
Statut dissemblable des hommes et des femmes dans le mariage.

Gradient conjugal
Le fait qu'un des conjoints possède un statut sociéconomique et un niveau de scolarité supérieurs à ceux de l'autre.

? Le mouvement féministe a-t-il fait changer les choses ?

À première vue, on serait tenté de se demander si cette règle s'applique encore dans un contexte postmoderne, quelques décennies après l'apparition du mouvement féministe. Il faudrait observer de quelle manière l'amélioration du statut professionnel des femmes en Occident tend à modifier cette tendance. En fait, on peut supposer deux effets possibles des gains réalisés par les femmes. D'une part, en changeant incontestablement les rapports entre les sexes, la progression des femmes sur les plans scolaire et socioéconomique a réduit l'écart entre les conjoints. Dans ce cas, la règle du gradient conjugal ne s'applique plus. Feng Hou et John Myles (2007) ont montré que, depuis les années 1970, l'homogamie éducationnelle a progressé aux États-Unis (de 6 points) et au Canada (de 12 points), l'écart de scolarité entre les conjoints ayant diminué. L'augmentation de cette homogamie est plus perceptible aux niveaux supérieur (diplômés universitaires) et inférieur (diplômés du secondaire) de la hiérarchie éducationnelle. Les unions entre personnes de niveaux d'études différents ont lieu principalement entre celles qui possèdent un niveau d'études similaire, « c'est-à-dire l'un se situant juste en dessous ou au-dessus de l'autre ». Un écart de scolarité de plus d'un niveau est relativement rare.

D'autre part, la règle du gradient conjugal persiste malgré l'amélioration du statut des femmes, ce qui fait qu'en réduisant l'écart social et professionnel entre les hommes et les femmes, on a rendu plus laborieuse la formation des couples. En effet, si notre société estime qu'il est encore important que l'homme détienne un statut supérieur dans le couple, on peut supposer que les hommes peu scolarisés, ayant un statut professionnel inférieur et un salaire bas, ont moins de chances de trouver une conjointe. Si l'on poursuit dans cette logique du gradient conjugal, les femmes scolarisées, jouissant d'un statut professionnel enviable et d'un salaire élevé, devraient trouver plus difficilement un conjoint, puisque peu d'hommes se trouvent au-dessus d'elles dans l'échelle sociale. L'étude canadienne de Feng Hou et John Myles a montré que la part des hommes titulaires d'un diplôme d'études secondaires épousant une femme plus instruite a progressé au Canada et aux États-Unis depuis 30 ans. Les chercheurs émettent l'hypothèse que les conjointes très instruites qui ont des ressources financières trouvent chez leur conjoint moins nanti de grands atouts autres que celui de soutien économique (Hou et Myles, 2007). Il faudra surveiller si le nombre de ces couples hétérogames maintiendra sa progression.

Encadré 4.2 ● Le gradient conjugal et l'hétérogamie sexuelle

- Un conjoint possède :
  - un statut social supérieur à celui de l'autre conjoint ;
  - un statut économique supérieur à celui de l'autre conjoint ;
  - un niveau de scolarité supérieur à celui de l'autre conjoint.
- La règle du gradient conjugal profite habituellement au mari qui :
  - est de deux ans plus âgé pour un premier mariage ;
  - est plus scolarisé que sa femme ;
  - a un revenu supérieur ;
  - est de taille plus grande.
- L'application de la règle rend l'accès au conjoint plus difficile pour :
  - les hommes dont le statut socioéconomique est inférieur ;
  - les femmes qui ont un statut socioéconomique supérieur.

Les lieux de rencontres

Pour comprendre la mécanique qui sous-tend la formation des couples, on peut utiliser d'autres éléments que les caractéristiques sociales des conjoints. L'examen des situations de rencontres permet de dégager quelques régularités (*voir l'encadré 4.3, p. 92*). Ainsi, les endroits et les moments propices à la rencontre sont soit des lieux du quotidien, soit des espaces réservés pour des événements organisés. Les enquêtes d'Alain Girard (1964) montrent que la fréquentation des mêmes lieux de loisirs (bars, salles de spectacle, patinoires, cinémas, etc.) contribue pour une bonne part aux rencontres si souvent attribuées au hasard. La présentation du conjoint par un ami ou un parent semble aussi une situation relativement commune. Il faudrait ajouter à ces manières de faire connaissance la fréquentation quotidienne des lieux de travail ou de l'école. Et qu'il s'agisse du bureau, de l'école, de l'autobus ou du bar que l'on fréquente, il faut admettre que, dans la plupart des cas, on met en présence des gens partageant plusieurs caractéristiques sociales.

D'après ces études sur les lieux de rencontres, la règle de l'homogamie est renforcée par les formes générales de sociabilité qui séparent les gens de milieux sociaux différents. Les membres de la classe populaire rencontrent généralement leur conjoint dans des lieux publics ouverts à tous : bars, jardins publics, centres commerciaux, rues, transports en commun. Dans les milieux favorisés, il semble que la connaissance du futur conjoint se déroule dans des endroits plus privés où n'entre pas qui veut : universités, clubs de vacances, restaurants, salles de concert, boîtes de nuit, associations, etc.

? Et le hasard dans tout cela ?

Dans le cadre d'enquêtes sur les manières de faire connaissance, un grand nombre de personnes avouent qu'elles considèrent leur rencontre comme fortuite, comme étant le fruit du destin. Pourtant, à y regarder de plus près, il est possible pour le sociologue de trouver des explications simples à cette rencontre à partir des caractéristiques sociales des individus ou de leur mode de vie. *Le hasard correspond davantage à la coïncidence du temps, de l'espace et de la disponibilité amoureuse* des individus qui fait que, à tel moment dans la vie d'une personne, il lui fut possible d'établir une relation amoureuse avec telle autre personne qui, elle aussi, était libre.

> Cette femme unique, nous savons bien que c'eût été une autre pour nous, si nous avions été dans une autre ville que celle où nous l'avons rencontrée, si nous nous étions promenés dans d'autres quartiers, si nous avions fréquenté un autre salon. Unique, croyons-nous ? Elle est innombrable.
>
> Marcel Proust, *Albertine disparue*

Exercice 4.1

Les couples homogames et les mariages arrangés

L'homogamie est-elle observable au Québec ? Existe-t-il des mariages arrangés ? Menez l'enquête suivante en interrogeant des couples de votre entourage rencontrés dans des endroits publics et qui sont membres de diverses communautés ethniques.

1. Pour chaque membre du couple, recueillez les renseignements suivants : âge, niveau de scolarité, métier exercé, revenu personnel, nombre de frères et de sœurs, rang occupé dans la fratrie, goûts culturels et activités de loisirs ainsi que caractéristiques physiques (couleur des cheveux, des yeux, poids et taille, etc.).

2. Observez et décrivez brièvement leur tenue vestimentaire respective au moment de l'entrevue.

3. Informez-vous des circonstances entourant leur rencontre et la formation de leur couple, ainsi que sur le rôle qu'aurait pu jouer un tiers dans l'arrangement du mariage (ou de l'union).

4. Consignez tout autre renseignement que vous jugerez utile : religion, langue maternelle, origine ethnique, provenance géographique, etc.

5. Répétez l'entrevue avec 5 à 10 couples au moins.

Analysez ensuite vos résultats. Commentez d'abord les constantes que vous dégagez : la majorité des couples partagent-ils plusieurs points communs ou est-il impossible de mettre en évidence les ressemblances entre les conjoints ? Quelles caractéristiques « homogames » observez-vous ? À votre avis, les principes de l'homogamie et de la proximité se vérifient-ils ? Et celui du gradient conjugal ? Quels sont les lieux de rencontre les plus fréquents ? Peut-on noter des différences entre les couples selon leur âge (effet de génération) ?

Encadré 4.3 ● Les lieux de rencontres amoureuses

- Les lieux de rencontres et les caractéristiques sociales se recoupent.
- Les lieux les plus communs pour rencontrer un futur partenaire sont :
  - les lieux de loisirs ;
  - la présentation par une connaissance ;
  - le lieu de travail ;
  - l'école ;
  - le voisinage.
- Les lieux de rencontres diffèrent selon la position sociale :
  - pour les gens des classes populaires, ce sont les lieux publics ;
  - pour les gens des milieux favorisés, ce sont les lieux plus privés.

Pour tenter une synthèse, on peut dire que les couples se forment généralement à l'intérieur d'un bassin limité de candidats potentiels, à l'occasion de rencontres forcées ou induites par les activités quotidiennes qui garantissent une sorte d'équilibre social. C'est en respectant ces paramètres sociaux que d'autres éléments interviennent dans la sélection, comme l'attirance physique (avec la mise en jeu des phéromones liées au désir), la disponibilité amoureuse ou les traits de personnalité.

L'homogamie sociale contemporaine n'est pas du tout synonyme de stratégie matrimoniale, comme le sont les mariages arrangés. Lorsque le choix du conjoint incombe à chaque individu que nous sommes, il devient une affaire privée. Mais cette affaire privée n'est pas pour autant soustraite au jeu des obligations sociales.

Regard 4.3

Les modèles de rencontre au Québec

Denise Lemieux et Lucie Mercier ont interrogé plusieurs Québécoises sur les conditions de présentation des jeunes gens dans la perspective du mariage.

Durant les années 1950, des règles strictes entourent encore les rencontres entre jeunes gens, mais les chaperons ont cependant disparu. Voici ce que rapportent les auteures.

« Si les modèles de rencontre demeuraient assez codifiés, faisant appel à des intermédiaires proches pour la présentation des jeunes gens l'un à l'autre, les lieux de rencontre étaient multiples : voisinage, sortie de l'église, chalet de sa tante, etc. Plus souvent, les associations étudiantes et les danses qu'elles organisaient, les centres de ski, patinoires, tennis, réunissaient filles et garçons. Une fois le jeune homme rencontré, les fréquentations s'organisaient selon des scénarios assez rigides. Par exemple, la jeune fille attendait les téléphones, elle ne pouvait pas aller n'importe où en compagnie de son fiancé » (Lemieux et Mercier, 1992, p. 60 et 66).

Des récits de couples dans les années 2000 laissent percevoir la présence de similitudes d'origines, de conditions sociales, de proximités géographiques ou professionnelles (Lemieux, 2003a). Les rencontres au cégep, à l'université et au travail expliquent que l'on se retrouve entre professions similaires ou très proches. Le voisinage demeure, en milieu populaire, un lieu de rencontre privilégié.

La monogamie sérielle

Il est impossible de parler aujourd'hui d'une seule union conjugale en tant qu'assise de la cellule familiale. Il existe plutôt plusieurs unions que les individus peuvent successivement contracter au cours de leur vie, conformément aux normes occidentales du mariage. Il s'agit de **monogamie sérielle,** c'est-à-dire d'une série d'unions monogames qui sont vécues les unes après les autres, contrairement à ce qui se passe dans la polygamie que nous avons précédemment abordée (*voir le chapitre 1*). À une réalité déjà difficile à saisir vient s'ajouter, avec la multiplication des unions, un autre élément de complexité.

Monogamie sérielle
Suite d'unions monogames survenant les unes après les autres.

Malgré le taux d'insatisfaction et la précarité des unions, les aspirations à créer des couples stables persistent et amènent les conjoints d'expérience à utiliser d'autres stratégies de rencontre. Les réseaux de rencontres sur Internet sont très populaires, ainsi que les services qui proposent des formules variées qui vont de l'analyse complète de la personnalité à l'organisation d'activités sportives ou culturelles pour briser la glace.

L'objectif commun à tous ces réseaux de rencontres est de trouver la bonne combinaison en fonction des attentes formulées par les clients. Les hommes manifestent davantage d'intérêt pour l'apparence physique et les qualités psychologiques et relationnelles des femmes. Ces dernières semblent plus préoccupées par les qualités sociales et intellectuelles des hommes, et moins par l'apparence physique. Ces différences sexuées se juxtaposent à des différences selon les classes sociales. Michel Bozon précise que dans les milieux populaires, les femmes préfèrent les hommes plutôt costauds, gage de solidité, de sérieux et de stabilité. Les femmes des classes aisées apprécient les hommes grands et minces qui incarnent l'intelligence, l'assurance et la sécurité (Olivier et Thibaud, 1999).

Émettons une hypothèse : ce qui se produit avec la prolifération des possibilités de rencontres, dans Internet ou autrement, est le retour à une approche rationnelle de la formation du couple. Cette rationalité s'oppose évidemment à l'image idéalisée de la rencontre « fruit du hasard et du destin ». De ce fait, même si la rencontre est organisée, les éventuels partenaires espèrent vivre la spontanéité du coup de foudre. Ce qui n'est forcément pas le cas. On ne choisit pas un partenaire comme on magasine un vêtement ! On dénombre beaucoup d'échecs pour quelques rencontres réussies (Fontaine, 1993).

4.2 Les types d'unions

Dans nombre de sociétés humaines, c'est le rituel religieux qui a cours pour la reconnaissance des unions. D'autres fondent cette reconnaissance sur un contrat légal, le mariage civil, assorti ou non d'un rituel religieux. L'union non formalisée, c'est-à-dire l'union de fait, existe aussi dans plusieurs groupes sociaux. Elle est parfois la conséquence de **conditions anomiques** et vise les couches les plus défavorisées de la société. Ce fut notamment le cas dans les sociétés occidentales, de la période traditionnelle à la période industrielle. L'union de fait peut être aussi une voie normalisée de vie familiale, comme cela semble se confirmer aujourd'hui dans plusieurs pays.

Condition anomique
Condition de vie dont les normes sociales sont absentes ou déficientes.

Le mariage

Quel sens peut-on encore donner au mariage dans la société postmoderne? En Occident, le mariage est devenu «une relation privée basée sur la satisfaction personnelle» (Ambert, 2005a, p. 5). La relation maritale est institutionnalisée: le mariage comporte des normes qui dictent les droits et les responsabilités des époux entre eux, des parents à l'endroit des enfants, de la société à leur égard. Les obligations des époux reposent sur l'engagement (affectif, économique, parental) et sur la fidélité comme assise du mariage monogame.

Depuis plus de trois décennies, on enregistre une diminution notable du nombre de mariages, accompagnée d'un report de l'âge moyen au premier mariage. Olivier Galland (1991) émet l'hypothèse que, depuis les années 1980, le mariage a cédé la place au travail en tant que première forme d'établissement social féminin, ce qui lui enlève une grande partie de son attrait pour les femmes. En effet, celles-ci, autrefois inactives sur le marché du travail salarié, trouvaient dans le mariage l'accomplissement de leur rôle et la reconnaissance sociale. Le mariage leur assurait une sécurité économique et un patrimoine. Mais la prolongation de la scolarité et la participation accrue des femmes aux activités économiques ont eu pour conséquence de leur offrir une réelle solution de remplacement. Pour elles, le mariage n'est plus le passage obligé pour accéder à une position sociale. Dans ce contexte, on comprend que les femmes soient moins attirées par l'officialisation précoce d'une union.

Des études conduites au Canada, en Europe et aux États-Unis reflètent ce changement de valeur au sujet du mariage. Les jeunes femmes optent souvent pour un mode d'union mixte, alliant union de fait dans un premier temps et mariage par la suite. Des récits de couples québécois illustrent que «la cohabitation est une modalité répandue et largement acceptée» répondant aux changements des mœurs, aux longues études et aux délais d'insertion professionnelle (Lemieux, 2003, p. 12). On se marie aussi de moins en moins en Europe, et il arrive souvent que la première union soit la **cohabitation.** Cette cohabitation, accompagnée du déclin de la nuptialité, progresse partout mais à un rythme qui varie du nord au sud et d'ouest en est en Europe (Prioux, 2006).

Cohabitation
Terme utilisé en démographie pour désigner un couple qui vit ensemble sans que les conjoints soient mariés.

Des données de l'*Enquête sociale générale* (ESG) de 1995 confirmaient cette tendance au Canada. Parmi les jeunes femmes nées entre 1966 et 1975 (âgées de 20 à 29 ans au moment de l'enquête), 87 % avaient connu au moins une union: 35 % avaient opté pour un mariage en guise de première union et 52 % pour l'union de fait. Ainsi, l'union de fait en tant que première forme d'établissement conjugal a clairement détrôné le mariage (Le Bourdais, *et al.*, 2000).

? Qu'en est-il des relations mari-femme?

Après avoir examiné les changements dans les rapports entre les femmes et l'institution du mariage en Occident, Olivier Galland examine les relations entre mari et femme. Il suggère que nous sommes aussi passés, en matière de mariage, d'un système de complémentarité dissymétrique – conjoints complémentaires mais différents – à un système d'association symétrique – conjoints semblables qui s'associent dans le mariage.

Dans le **système dissymétrique,** chaque partenaire, l'un actif, l'autre inactif, remplit un rôle fonctionnel différent : c'est le modèle conjugal pourvoyeur-ménagère de la famille moderne (*voir le chapitre 2*). Le mariage est alors une institution indispensable aux deux partenaires pour asseoir leur statut social et pouvoir réaliser leur promotion sociale, et ce, bien davantage pour les femmes.

Dans le **système symétrique,** chaque partenaire est au contraire actif et conserve l'autonomie de sa stratégie. Le mariage revêt alors beaucoup moins d'importance en tant qu'assise de la position sociale. Par exemple, les femmes qui obtiennent de meilleurs résultats scolaires et professionnels vont souvent demeurer célibataires. Selon Michel Bozon (1991), c'est même ce phénomène de symétrisation croissante des relations entre les hommes et les femmes – la ressemblance des rôles féminins et masculins – qui prive aujourd'hui la cérémonie du mariage de sa signification fondamentale. Puisque nous sommes égaux, à quoi sert-il de se marier? *Ce serait un des arguments décisifs du déclin de l'institution du mariage.*

Système dissymétrique
Système matrimonial s'appuyant sur la différence des rôles conjugaux.

Système symétrique
Système matrimonial se fondant sur la ressemblance et l'égalité des rôles conjugaux.

? Choisir librement le mariage?

Si l'amour est au rendez-vous, le mariage n'est-il pas la meilleure façon «de le dire à la face du monde»? Il semble que non. *C'est la progression de l'idéologie du mariage d'amour qui a tué le mariage lui-même, car la sincérité des sentiments interpersonnels chez les jeunes couples s'oppose au formalisme de la convention matrimoniale.* Si l'on s'aime vraiment, est-il nécessaire d'insérer cet amour partagé dans un cadre juridique, surtout si ce cadre ne sanctionne plus vraiment les comportements déviants?

Choisir un type d'union plutôt qu'un autre relève de plusieurs raisons. Les choix ne renvoient jamais à un seul motif ni à une seule signification. Le mariage n'est plus le rite de passage obligé pour entrer en union. S'il a perdu son caractère contraignant, il n'en conserve pas moins des fonctions valorisées (Lemieux, 2003b). Par exemple, il représente un signe de l'officialisation de l'engagement. Il est associé à la beauté du rituel et au sacré, ainsi qu'au déploiement festif. Pour plusieurs couples, il demeure lié à la formation d'une famille comme cadre de protection pour l'enfant. La sociologue Martine Segalen pense que les rites de mariage «désormais choisis librement deviendraient l'objet en Occident d'inventivité personnelle et de manifestations festives parfois grandioses» (Lemieux, 2003b, p. 13). En 2009, les couples qui se marient diffèrent peu des couples en union libre, puisque souvent la cohabitation a constitué la première étape d'entrée en union. Pour Denise Lemieux, il n'en demeure pas moins que la quête du sens de leur union est l'objet de discussion et de réflexion au sein de tous les couples.

Un choix est possible entre l'union officialisée et l'union de fait, selon des valeurs plus personnelles qui sont influencées par les croyances religieuses, le goût de faire comme les amis ou le désir de se conformer aux attentes des parents. Le mariage ne disparaîtra jamais, il connaît même un regain de popularité dans certains pays comme la France (Segalen, 2003), mais la désaffection à son égard laisse davantage de place à l'union libre.

L'union libre

On peut définir l'union libre comme étant une relation affective et sexuelle dans le contexte d'une vie commune (Ambert, 2005a).

En l'espace de moins de 30 ans, ce type d'union est passé de la marginalité la plus totale à une acceptation sociale, puis à une reconnaissance légitime. Au Canada, en Europe et aux États-Unis, les jeunes couples choisissent ce type d'union dans une proportion grandissante. Ils y voient une solution entre les mariages religieux et civil (*voir l'encadré 4.4, p. 98*).

Il faut admettre que la signification accordée à l'union libre a évolué depuis 30 ans et que l'on ne perçoit plus aujourd'hui l'union libre comme étant la contestation des valeurs familiales traditionnelles. En Occident, elle marque en général l'entrée dans la vie conjugale, et la plupart des couples finissent par se marier, en particulier après la naissance d'un enfant. Toutefois, au Québec, où le pourcentage de couples vivant en union libre est l'un des plus élevés au monde avec la Suède, ce mode de vie tend à remplacer le mariage.

Les facteurs sociaux facilitant la montée des unions libres

Trois facteurs ont contribué à l'émergence de l'union libre chez les jeunes adultes, mais aussi auprès des personnes divorcées et séparées.

D'abord, l'indépendance économique grandissante des jeunes. À la fin des années 1970, on trouve facilement du travail et l'on obtient un revenu suffisant pour avoir un logement hors du foyer de ses parents. Le mariage n'est alors plus la porte de sortie de la maison familiale. Les deux conjoints sont autosuffisants sur le plan économique, ce qui constitue un trait particulier des couples en union libre. L'indépendance financière des jeunes femmes les rend plus libres du point de vue affectif.

Puis, avec la diffusion massive des produits anticonceptionnels (anovulants, stérilet, condom) et d'information sur la contraception, la maîtrise grandissante de la fécondité permet de côtoyer un ou une partenaire pour des activités affectives et sexuelles, sans passer encore une fois par le mariage.

Enfin, ces deux facteurs auraient sans aucun doute eu moins d'effet si les pressions sociales interdisant l'union libre étaient encore très fortes. En fait, ce mode de vie est largement toléré. L'État québécois a entériné cette pratique dans le Code civil en protégeant les enfants des conjoints de fait, qui sont reconnus au même titre que les enfants des couples mariés. Cette protection légale des enfants, présente un peu partout en Occident, a levé le dernier obstacle à la popularité de la cohabitation comme mode de vie.

? Les unions libres sont-elles plus instables ?

Pour les jeunes adultes, l'union libre permet de résoudre la contradiction entre la précocité sexuelle et la **précarité** de l'emploi (Galland, 1991). En période d'instabilité professionnelle, le moment du mariage a tendance à reculer. Or, les sociétés occidentales postmodernes traversent périodiquement un processus de restructuration du capital et de crise économique qui transforme les conditions de travail. Le chômage touche toujours davantage les jeunes adultes et leurs conditions de travail se caractérisent par la précarité: peu de protection sociale, clause de disparité de traitement, licenciements. Par exemple, en 2008, le taux de chômage des jeunes Québécois âgés de 15 à 24 ans était de 12,1 % comparativement à 7,2 % pour l'ensemble de la population (ISQ, 2009). Ils ont pourtant des attentes affectives et

Précarité
État de vie ou de travail instable, changeant, non permanent, qui touche surtout les jeunes adultes.

Savoir plus 4.1

Comparer le mariage et l'union libre

Anne-Marie Ambert a recensé un ensemble d'études portant sur les caractéristiques des unions libres et des mariages, comparant les avantages et les inconvénients de ces types d'unions. Quelques traits distinctifs sont mis en évidence par la chercheuse.

L'engagement des partenaires

L'absence fréquente d'engagement d'au moins un des deux partenaires dans l'union libre rend celle-ci plus précaire et crée une insécurité émotionnelle et économique pour l'autre partenaire. «Beaucoup de personnes vivant en union libre, sans doute plus les hommes que les femmes, demeurent disponibles en permanence» (Ambert, 2005, en ligne). Le mariage représente pour les deux partenaires un niveau d'engagement plus élevé (malgré la possibilité de divorce), particulièrement pour les hommes. Par exemple, les recherches indiquent que les conjoints mariés sont plus fidèles que ceux qui vivent en union libre. La sociologue affirme qu'en général le mariage est un type d'union plus stable. Au Québec, les unions libres montrent cependant plus de stabilité que dans le reste du Canada.

Le bien-être dans le couple

Toutes les données d'études convergent vers un plus grand bien-être émotif et une meilleure santé pour les hommes et les femmes mariés par rapport aux célibataires. Il existe peu de comparaison avec les conjoints en union libre. En 1998, une étude réalisée dans 17 pays occidentaux montrait que le mariage, plus que l'union libre, renforçait la satisfaction financière, la santé et le bonheur. Le bonheur était 3,4 fois plus associé au mariage qu'à l'union libre. Il faudrait d'autres recherches pour mieux évaluer le bien-être selon le type d'union, surtout dans le contexte où les unions libres deviendraient plus stables.

Les normes liées aux rôles conjugaux

Il existe un partage des tâches plus équitable entre les conjoints en union libre. Les femmes travaillent plus souvent à l'extérieur du domicile et elles ont moins d'enfants. Les couples en union libre se sentent plus libres d'inventer leurs relations et de rejeter les rôles traditionnels homme-femme. Par contre dans le mariage, les attentes à l'égard des rôles conjugaux sont plus précises et les obligations définies. Les normes de comportement sont énoncées dès le commencement de la relation et reposent sur un consensus social.

Quelle conclusion en tirer ? Selon Anne-Marie Ambert, le mariage et l'union libre ne sont pas équivalents. C'est-à-dire qu'il y a plus de chance qu'une dynamique familiale saine survienne dans une famille biparentale mariée. En Occident, les unions libres se caractérisent aujourd'hui par la précarité. Pour obtenir les bénéfices d'un mariage fonctionnel, l'union libre devrait reposer sur une relation engagée, fidèle et stable entre les partenaires.

sexuelles qui les font pénétrer très tôt dans l'univers des adultes. L'union libre leur permet alors de faire l'expérience de la vie en couple, tout en retardant le moment du mariage. La sociologue canadienne Anne-Marie Ambert souligne qu'aujourd'hui, une forte proportion de jeunes vivant en union libre entame cette vie commune rapidement après le début de leur rencontre, sans trop penser à la permanence et encore moins au mariage. Pour eux, l'union libre remplace les fréquentations (Ambert, 2005a). Quelle est la durée de ces unions? Le taux de rupture est-il élevé et, dans l'affirmative, a-t-il des conséquences sur la stabilité des unions suivantes? Les réponses à ces questions sont difficiles à documenter et varient selon les groupes sociaux et ethniques. Par exemple, la sociologue confirme que les unions libres sont plus stables au Québec qu'au Canada.

Encadré 4.4 ● L'union de fait: du «mariage à l'essai» au «choix de vie de couple»

- Facteurs qui incitent à l'union de fait:
  - l'indépendance économique des jeunes;
  - la maîtrise de la fécondité;
  - la tolérance sociale.
- Différenciations sociologiques:
  - l'union de fait permet de vivre la précocité sexuelle malgré la précarité économique;
  - elle représente le mariage d'amour dans les classes favorisées;
  - elle résulte de la précarité socioéconomique dans les classes populaires.

Enfin, l'union libre prend une signification différente selon les groupes d'âges et les classes sociales. Dans les classes supérieures, l'union de fait relève de l'idéologie de l'amour et de la renégociation des rôles féminins et masculins sur une base plus égalitaire. Dans ces unions, les femmes sont davantage scolarisées et indépendantes financièrement. Elles travaillent souvent à temps plein et ont un revenu supérieur à celui des femmes mariées. Ces unions ont moins d'enfants (Turcotte, 1997).

L'union de fait, dans les classes populaires, est généralement la conséquence de conditions de vie défavorisées et le fait de très jeunes garçons et filles. Encore aujourd'hui, l'union libre est plus répandue parmi les couples à faible revenu et peu scolarisés (Ambert, 2005).

L'union civile et le mariage des conjoints de même sexe

L'union civile équivaut au mariage quant à sa forme et à ses conséquences juridiques, sauf en ce qui a trait à l'âge requis pour s'unir – qui est de 18 ans – et au processus de dissolution de l'union. Ce contrat, proche du mariage civil, vise à reconnaître le droit des couples gais et lesbiens à contracter un mariage civil et il est également accessible aux conjoints hétérosexuels. Non reconnue à l'extérieur du Québec, cette union offre une solution de rechange aux personnes qui veulent officialiser leur relation de couple sans recourir au mariage civil ou religieux. Elle demeure marginale et est surtout le fait de conjoints vivant ensemble depuis de nombreuses années.

Les conjoints de même sexe ont maintenant droit aux mêmes possibilités que les couples hétérosexuels, entre le mariage et l'union libre. Rappelons qu'en Occident, la culture gaie et lesbienne s'est historiquement construite à même le rejet des institutions de la majorité hétérosexuelle et des valeurs traditionalistes qu'elles véhiculaient. Dans le cas du mariage, celui-ci impose l'obligation de la stabilité et de l'exclusivité en tant que valeurs fondamentales, valeurs critiquées par les communautés homosexuelles (cela est plus vrai pour les hommes que pour les femmes).

Le débat sur le mariage homosexuel

Au cours de l'année 2003, au moment où des tribunaux provinciaux (cours d'appel de l'Ontario, de la Colombie-Britannique et, en mars 2004, du Québec) rendaient leurs décisions sur l'inconstitutionnalité de la définition traditionnelle du mariage, un débat a eu lieu dans tout le Canada sur l'acceptation et la légalité du mariage homosexuel. Des opinions et arguments nombreux et variés furent exprimés sur toutes les tribunes du pays. Le philosophe Guy Ménard (2003) en a rassemblé plusieurs et ceux-ci permettent de prendre connaissance du large spectre des positions adoptées quant à la redéfinition du mariage au Canada (en vertu de la Constitution canadienne, la définition du mariage est de compétence exclusive fédérale).

Les premières remarques avaient trait au droit, terrain sur lequel se déroula la majeure partie de ce débat. L'égalité reconnue entre les personnes par la Charte canadienne des droits et libertés commanderait en effet que tous les individus aient le même accès à une institution fondamentale de la société. La valeur symbolique du « vrai » mariage l'emporterait ainsi sur les unions civiles à la façon québécoise ou française (le pacte civil de solidarité ou PACS, adopté en 1999), qui offrent pourtant des protections légales. Les groupes de défense des droits des homosexuels revendiquaient somme toute le droit à l'engagement public, que représente le mariage, identique pour tous.

Un autre argument fut celui de l'histoire et de la nature, servi tant pour justifier que le mariage relève d'une construction sociale située historiquement que pour appuyer une définition qui fonde par essence la nature hétérosexuelle de celui-ci. Quant à l'argumentaire du caractère supérieur du « droit naturel », qui a préséance sur les lois des nations, il constitue la position de l'Église catholique.

« Mais qu'est-ce au juste que le mariage ? » Et quelle place la société réserve-t-elle aux familles homoparentales ? L'évolution du mariage en Occident, qui est maintenant orienté vers l'amour entre deux conjoints, rend possible le mariage homosexuel. Daniel Dagenais (2003), sociologue de la famille, soulève pourtant une contradiction dans la revendication du « droit » au mariage par des personnes que l'« orientation sexuelle » avait conduites, « jusqu'à hier », à se dresser contre « l'institution de base de la société », au moment même où cette institution s'effondrait. Pour cet auteur, le mariage n'est pas plus un droit que le fait d'avoir un enfant.

Comme on peut le constater, la transition entre une définition traditionnelle héritée de plusieurs centaines d'années et les redéfinitions postmodernes de la famille et de la parentalité ne va pas sans mal.

La dissolution du couple

Dès le début des années 1970, la montée en flèche du divorce va marquer la naissance d'un nouveau cycle de vie familiale. L'augmentation des divorces frappe l'opinion publique. Le phénomène contraste avec les quelques décennies précédentes de comportements matrimoniaux stables, où les conjoints meurent de moins en moins jeunes et où l'on célèbre en grande pompe les noces d'argent et d'or. Cet âge d'or du mariage constitue une parenthèse exceptionnelle dans l'histoire de la vie conjugale en Occident.

Quant à la décennie suivante, elle verra les ruptures d'unions libres s'additionner aux divorces et aux séparations légales, ce qui contribuera à complexifier le portrait de l'instabilité familiale.

Les causes de rupture des unions

Quelles sont les causes sociales menant aux séparations? Le divorce et la rupture d'union s'insèrent dans un contexte caractérisé par trois traits sociologiques nouveaux: la longévité des individus – l'espérance de vie s'est considérablement accrue –, la perte d'influence des institutions de contrôle social, et une culture axée sur la promotion des valeurs d'individualisme et de plaisir. La combinaison de ces trois facteurs, associée à l'idéologie du mariage d'amour, explique pourquoi, à partir des multiples raisons qui déclenchent la crise, le choix de la rupture survient aussi souvent et aussi rapidement dans la vie des familles et des couples contemporains.

Savoir plus 4.2

Les motifs de divorce

Renée B.-Dandurand et Lise Saint-Jean (1988) ont décrit l'histoire de Québécoises ayant vécu une rupture d'union.

Les chercheuses constatent que les premières générations de Québécoises à avoir mis un terme à leur mariage l'ont fait parce qu'elles n'avaient plus d'autres solutions par rapport à une situation matrimoniale invivable qu'elles enduraient depuis de nombreuses années. Les auteures parlent alors de motifs traditionnels de rupture d'union: l'alcoolisme du mari, l'infidélité, la violence, le refus de pourvoir aux besoins de la famille. Ces motifs accompagnent généralement des ruptures «dures», ou difficiles, qui s'inscrivent dans la problématique du divorce-sanction venant punir un conjoint qui exerce inadéquatement son rôle marital et parental. Voici deux cas tirés des travaux de Renée B.-Dandurand et de Lise Saint-Jean qui illustrent bien ces motifs de divorce.

«Les premières fois, c'était toujours pour une question de travail ou d'argent qu'il me frappait. Ensuite, il m'a frappée pour toutes sortes de raisons: parce qu'il voulait pas que j'aille à mes cours ou à la rencontre des parents, parce que j'avais fait un oubli dans l'épicerie, parce qu'il voulait avoir une relation sexuelle et que ça me tentait pas. N'importe quoi!» (Liette)

«Je lui remettais mon salaire et il me donnait 5,00$ par semaine pour mes dépenses personnelles. Une fois par mois, il me donnait 20,00$ pour des vêtements. J'avais pas d'autre argent. Il venait avec moi à l'épicerie et c'est lui qui payait.» (Mireille)

Les auteures trouvent cependant, chez les générations de femmes plus jeunes, des motifs postmodernes de rupture d'union liés à l'incompatibilité du couple: ce sont le désaccord sur le mode de vie de l'autre, le désengagement à l'égard des responsabilités communes, comme le rôle parental, le partage des tâches et des revenus. Ces motifs sont de préférence associés à des ruptures «douces» qui sanctionnent l'échec du couple: c'est le divorce-faillite, que connaissent davantage les jeunes générations de divorcés.

«Il s'occupait de l'enfant pour les choses qui lui tentaient, comme faire une promenade, aller faire une visite chez des amis. Mais pour lui donner à manger ou autre chose, ça lui passait pas par la tête. Il fallait que je le demande.» (Nathalie)

«Il ne touchait pas à l'enfant, à moins que je sois vraiment trop débordée et que je lui demande. Autrement, rien.» (Dominique)

La question qui se pose est la suivante : si c'est bel et bien la recherche du bonheur qui est au cœur de la vie conjugale, que fait-on quand l'amour vient à manquer ? quand le bonheur cède la place aux frustrations, aux désillusions ou aux désagréments du quotidien ? Pour la sociologue canadienne Maureen Baker (2000), il est indéniable que le divorce est le produit de la mentalité individualiste et hédoniste qui s'est établie dans les sociétés technologiques. L'insistance mise sur la satisfaction personnelle, la liberté individuelle et le plaisir va à l'encontre des valeurs orientées vers le couple ou, plus simplement, vers la prise en compte de « l'autre », ce qu'on appelle les valeurs d'altruisme. Les hommes et les femmes, tant au Canada qu'ailleurs en Occident, ont abaissé leur seuil de tolérance lorsque leur union ne répondait plus à leurs attentes (Ambert, 2005b). La religion, qui a perdu son pouvoir d'influence et de contrôle social en matière de vie personnelle, a cédé le terrain à une morale libérale qui contribue à rendre le divorce acceptable. Somme toute, pour la génération du « moi », le divorce est parfaitement admissible.

La société postmoderne offre une solution de rechange à la vie de couple par la gamme des biens et des services qui permettent aux individus de vivre en dehors de la vie conjugale. Il n'est plus nécessaire d'être marié pour avoir une cuisine propre, faire nettoyer ses vêtements, acheter une automobile ou une maison, remplir son réfrigérateur et se mitonner de bons petits plats, sortir le samedi soir ou aller au cinéma en agréable compagnie. Les femmes, particulièrement, ne sont plus rebutées par la perspective d'une rupture d'union. Elles ont de plus en plus les moyens d'y faire face, bien qu'une grande partie d'entre elles s'appauvrissent en raison de la conjoncture difficile.

Les femmes mariées qui travaillent envisagent plus souvent le divorce comme une solution à un mariage désastreux, que les femmes mariées sans emploi rémunéré (Ambert, 1990). En général, les femmes divorcées qui ont un emploi et un bon revenu se remarient moins que celles qui connaissent une situation financière précaire. Pareils résultats pourraient servir d'argument à la thèse voulant que les femmes mariées doivent demeurer à la maison pour maintenir intacte la famille. Dans le passé, plus de femmes que d'hommes acceptaient leur mariage malheureux, faute de choix. Avec le travail salarié des femmes mariées, la décision de mettre fin à une union malheureuse devient possible pour les deux sexes.

En somme, on peut affirmer que c'est le fondement même du mariage, l'amour de deux personnes dans le cadre d'une relation égalitaire, qui porte en lui les causes des ruptures conjugales. La fragilité d'une telle base, c'est-à-dire l'expression d'un sentiment contingent, atteint l'institution familiale (*voir l'encadré 4.5, p. 102*).

Les conséquences de la rupture conjugale

La portée des conséquences d'un divorce ou d'une séparation est liée à trois facteurs. Le premier intéresse les caractéristiques socioéconomiques des parents : leur âge, leur scolarité, l'emploi occupé et le revenu, ainsi que le réseau familial et social sur lequel ils peuvent compter. Le deuxième porte sur la situation qui prévalait dans la famille avant la rupture. Le troisième est associé au degré de coopération entre les deux parents après la rupture ou la fin des conflits. « Les familles en transition traversent des périodes de stress qui les rendent vulnérables à des degrés divers » (Saint-Jacques et Drapeau, 2009, p. 74).

La principale conséquence pour les enfants est le risque d'appauvrissement social et économique de leur environnement familial et l'effet sur leur bien-être. Par exemple : la diminution des ressources financières disponibles pour les loisirs, l'habillement et la nourriture ; le déménagement dans un logement plus petit ; le niveau de vie qui diminue.

Inévitablement, les enfants vivent une détresse émotionnelle et doivent faire le deuil de leur famille d'origine. La détresse s'exprime de manière variable : tristesse, agressivité, culpabilité, colère, désespoir, inquiétude, etc. Elle peut se traduire par des difficultés d'adaptation de toutes sortes (changement dans le rendement scolaire, isolement social, recrudescence ou apparition de conflits familiaux) et aboutir à des comportements délinquants.

Enfin, une troisième conséquence est d'ordre plus général : la rupture bouleverse la vie familiale et la rend beaucoup plus compliquée, car elle entraîne le déménagement, la redistribution des tâches et des rôles familiaux, ainsi que la perte des amis des enfants. L'instabilité familiale fait désormais partie du cadre de vie, conséquence des transitions entre famille biparentale, famille monoparentale et famille recomposée.

Pour Marie-Christine Saint-Jacques et Sylvie Drapeau, les résultats des recherches montrent que la majorité des jeunes de ces familles en transition supportent bien les difficultés qu'ils éprouvent. « La chose la plus précieuse que les intervenants puissent offrir aux familles séparées et recomposées, c'est la croyance que la diversité des structures familiales que l'on observe au Québec est une richesse » (Saint-Jacques et Drapeau, 2009, p. 74). Il faut éviter de tomber dans les préjugés négatifs qui font de la structure biparentale intacte la seule voie possible pour une vie familiale satisfaisante. Connaître les conséquences des transitions familiales et les facteurs de protection permet une meilleure intervention auprès de ces familles.

Encadré 4.5 ● Les explications sociologiques des ruptures conjugales

- Fondements de l'union :
  - fragilité de l'amour en tant que sentiment ;
  - exigences des conjoints l'un envers l'autre ;
  - désir d'épanouissement personnel.
- Trois facteurs macrosociologiques :
  - perte d'influence des institutions de contrôle social ;
  - culture axée sur des valeurs d'individualisme et de plaisir ;
  - accès à des biens et à des services en dehors du mariage.
- Longévité des individus
- Transformation du rôle féminin :
  - changements dans les conditions de vie des femmes ;
  - travail féminin salarié ;
  - changements dans la perception du mariage et de la famille.

Qui sont les personnes qui divorcent ?

Le portrait des personnes divorcées tend à évoluer avec la forme du mariage. Il faudrait d'ailleurs tenir compte des séparations d'unions libres, mais il demeure difficile d'obtenir un profil des personnes se séparant librement, car leur rupture n'est pas déclarée, sauf en présence d'enfants.

- La rupture survient plus rapidement après le mariage – 26,2 mariages sur 1000 au Canada se soldent par un divorce après 4 ans (Ambert, 2005). Au Québec, les troisième, quatrième et cinquième années de mariage semblent déterminantes (Girard, 2009). La durée moyenne des mariages qui se sont terminés par un divorce s'élève à 16 ans au Canada et au Québec, et à 11 ans aux États-Unis lorsqu'il s'agit d'un premier mariage. Les remariages durent toujours moins longtemps.

- Les divorcés se situent à la fin de la vingtaine ou au début de la trentaine – l'âge moyen a reculé, car l'âge du mariage a augmenté ces dernières années. Ils sont en période de fertilité et ont charge d'enfants.

- En 2003, au Québec, 66 % des enfants touchés par un divorce sont âgés de 5 à 14 ans, 10 % sont âgés de 0 à 4 ans et 24 % sont âgés de 15 ans ou plus.

- De nombreux divorcés fondent une nouvelle famille ou en reconstitue une. Les hommes se remarient davantage que les femmes. Au Québec, le remariage est marginal en raison de la préférence pour la cohabitation.

4.3 La vie parentale

Après avoir examiné la vie de couple, dans l'historique du cycle familial, il nous faut aborder l'étape suivante, qui est celle de la vie parentale. Les deux moments ne se confondent pas nécessairement : une dissociation existe de plus en plus entre la vie de couple et le rôle de parent. Les expériences nouvelles des familles monoparentales et des familles reconstituées se présentent comme autant de modes de vie distincts à côté de la famille biparentale intacte.

Quand commence la vie de parent ?

Depuis les années 1980, le calendrier des naissances s'est profondément modifié. L'âge moyen des mères à la première naissance s'est élevé – 28 ans en 2007 – et les couples attendent plusieurs années avant de mettre des enfants au monde, surtout si une période d'union libre précède le mariage. Deux scénarios sont alors possibles : soit que la famille se forme assez rapidement autour de deux ou trois enfants, soit que les parents préfèrent allonger l'intervalle entre chaque naissance et constituer la famille sur une période plus longue. Lorsque les mères ont un premier enfant dans la trentaine, elles ont tendance à rapprocher leurs grossesses pour fonder rapidement leur famille. Mais lorsque le premier enfant naît assez tôt, il est possible que le couple espace de plusieurs années les naissances suivantes.

Pourquoi les couples attendent-ils avant d'avoir des enfants ?

Toutes les études qui ont été menées sur le cycle parental confirment que la venue des enfants, autrement dit l'entrée dans la vie parentale, a un effet négatif sur la satisfaction conjugale (Melville, 1988). Cette conclusion s'applique aux époux des deux sexes et à tous les couples, quels que soient leur revenu, leur niveau de scolarité ou leur groupe ethnique d'appartenance. La naissance des enfants représente une transition critique de la vie conjugale (Pollien, *et al.*, 2008) et nécessite une réorganisation du travail domestique ainsi qu'une transformation des rôles individuels et conjugaux. Pourquoi entraîne-t-elle une insatisfaction conjugale? Plusieurs hypothèses ont été soulevées, mais on peut certainement invoquer la perte d'intimité du couple, le renforcement des rôles de père et de mère dans la voie traditionnelle, la méconnaissance des exigences du rôle parental et du stress que celui-ci provoque. Pour les sociologues américains, il n'y a aucun doute que la naissance des enfants modifie la relation matrimoniale. Les couples semblent perdre leur intimité romantique, en même temps qu'ils découvrent une autre source d'affection.

Une fois le noyau parents-enfants formé, le cycle familial se déroule autour du passage des enfants aux différents âges de la vie et des événements qui modifient la vie des parents. Le voyage au long cours que constitue le quotidien familial représente une traversée, parfois houleuse, pleine de défis, et où la vie parentale peut prendre diverses tournures (*voir la figure 4.1, p. 106*).

Les familles biparentales

Les familles biparentales sont composées de deux parents. Les familles intactes correspondent à celles où les enfants vivent avec leurs parents biologiques. Il s'agit d'une famille nucléaire qui ne connaît pas de rupture au cours de son cycle de vie.

Une seconde famille biparentale peut également se reconstituer à la suite de la rupture d'une précédente union d'un ou des deux parents. On les appelle familles biparentales recomposées ou reconstituées.

Au Québec, en 2001, un peu plus de 7 enfants sur 10 vivaient dans une famille où deux parents étaient présents et 76,4 % des familles étaient des familles biparentales (Québec, MFA, 2005).

Le modèle conforme

Les familles à deux parents, sans histoire de rupture, existent-elles encore au Québec? en Occident? Si les statistiques semblent inquiétantes à cet égard, il faut cependant se rappeler que le désir de former un couple stable, avec des enfants, et de rester ensemble toute la vie demeure un objectif privilégié. Bien sûr, on se rend compte qu'il existe une marge entre les valeurs et la réalité, mais dans l'observation de la vie québécoise, ce sont encore les familles à deux parents qui sont majoritaires, malgré la multiplicité des situations concrètes que ce vocable recèle. Selon des données compilées dans l'*Enquête sociale générale* de 2006, 85,8 % des familles biparentales étaient intactes (Girard et Payeur, 2009).

Récemment, des journalistes et des politiciens se sont engagés à redorer le blason trop terni de la famille stable à deux parents. Il semblerait que, dans la vague de reconnaissance de la diversité des profils familiaux, on ait déconsidéré l'existence des familles intactes au profit des foyers monoparentaux et reconstitués. Cet appel à la valorisation d'un modèle dominant qui répond aux attentes institutionnelles s'inscrit dans la montée d'un courant idéologique et politique néoconservateur, particulièrement aux États-Unis. C'est ainsi qu'une revue américaine à grand tirage a exprimé l'opinion que l'éclatement de la famille était dramatique pour la socialisation des enfants et constituait un désastre pour le développement de la société. Sans aller aussi loin, la majorité des personnes-ressources dans le soutien aux familles s'accordent à dire que les efforts consentis aux familles en difficulté doivent aussi se refléter dans le soutien aux familles intactes.

Les familles recomposées

Ces familles intriguent. Elles sont éminemment complexes et pour ainsi dire insaisissables. Au Québec, selon l'*Enquête sociale générale* de 2006, elles constituaient 14,2 % des familles biparentales (Girard et Payeur, 2009, p. 43).

La recomposition familiale passe aussi par des formes plus ou moins officialisées, entre l'union libre et le remariage, ou y aboutit, ce qui la rend difficilement repérable. Les familles recomposées passent inaperçues au quotidien lorsqu'elles se comportent comme toutes les familles de leur voisinage et miment le modèle nucléaire intact ; dans l'intimité aussi, si les enfants appellent par leur prénom les nouveaux conjoints.

Ce qui caractérise sans aucun doute ce type de famille, c'est l'absence d'un modèle auquel elles pourraient se rapporter. Les parents gardiens, les nouveaux conjoints – qui deviennent des parents substituts – et les enfants doivent donc inventer, sinon réinventer, les relations intrafamiliales dans un contexte où plusieurs personnes peuvent jouer un rôle parental auprès d'un enfant (pluriparentalité). Les uns sont les parents de droit et de sang, les autres sont les nouveaux amoureux qui se veulent complices, mais qui ont peu d'autorité sur les enfants, plusieurs sont des ex-conjoints qui veulent demeurer parents, avec une constante dans tous les cas : les enfants n'ont pas toujours droit de parole.

Comment font-ils pour s'entendre ?

Didier Le Gall et Claude Martin (1991) mettent l'accent sur les réseaux familiaux complexes qui se structurent dans le sillage de la recomposition familiale. Pour les auteurs, un certain nombre d'échanges et de systèmes d'entraide prennent forme au moyen de ces réseaux, qui seraient la marque sociologique la plus riche de ces secondes familles. Grands-parents naturels et grands-parents par alliance, beaux-parents et beaux-enfants, ex-conjoints, nouveaux amoureux, cousins et cousines : les familles recomposées s'enrichissent de nouveaux membres qui peuvent contribuer à soutenir et à améliorer la vie familiale.

Mais les familles recomposées sont aussi très fragiles. Plusieurs se disloquent de nouveau, tant la tension peut être vive entre les deux générations, surtout lorsque des adolescents sont présents dans la recomposition. Marie-Christine Saint-Jacques et Sylvie Drapeau décrivent la complexité de la dynamique relationnelle dans une famille recomposée lorsque « l'un des conjoints n'est pas le parent biologique de tous les enfants, que le beau-parent arrive dans une famille déjà formée, que la relation conjugale doit se bâtir en même temps que la relation avec les enfants et que la relation avec l'ex-conjoint est maintenue » (Saint-Jacques et Drapeau, 2009, p. 67). L'arrivée d'un nouvel adulte dans la famille oblige tous les membres à renégocier les relations parents-enfants afin d'intégrer le nouveau venu. Plusieurs études montrent l'importance de la qualité de la relation beau-parent/enfant dans l'adaptation des familles recomposées. La dimension de soutien en est le volet le plus important.

Figure 4.1 ● La répartition des familles québécoises avec enfants selon la composition parentale au Québec, en 2006

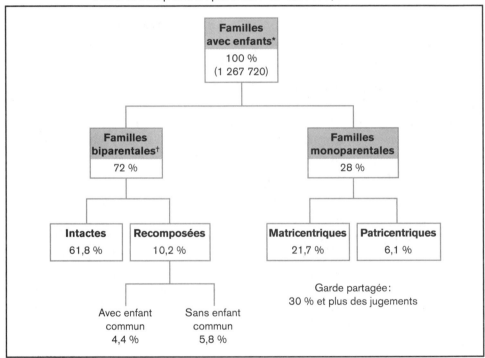

* En 2001, de profondes modifications ont été apportées à la définition d'une famille de recensement, notamment le dénombrement des couples de même sexe en union libre, et plusieurs changements ont porté sur le concept d'enfant. Au Québec, ces modifications ont entraîné une augmentation de 1,5 % du nombre total de familles de recensement entre 1996 et 2001. L'effet est particulièrement marqué en ce qui a trait aux familles monoparentales (hausse de 6,2 %) (Girard et Payeur, 2009, p. 31). Le terme « enfant » désigne les enfants de tous âges présents au foyer.

† Les familles homoparentales doivent être considérées comme étant des familles biparentales :
  – 6,4 % des couples de même sexe vivent avec des enfants ;
  – 3,2 % de couples masculins vivent avec un enfant ou plus ;
  – 11,5 % de couples féminins vivent avec un enfant ou plus.

Source : Girard, Chantal, et Frédéric Payeur. 2009. « Population, ménage et familles », dans *Données sociales du Québec, édition 2009*. Québec : Institut de la statistique du Québec, p. 19 et 44, [En ligne], stat.gouv.qc.ca/publications

Les familles monoparentales

La famille monoparentale est composée d'un seul adulte ayant la garde de un ou plusieurs enfants. Dans la très grande majorité des cas, cet adulte responsable d'une famille est une femme.

La famille monoparentale est certainement le type de famille qui a été le plus scruté par les chercheurs en sciences sociales, celle qui a fait l'objet du plus grand nombre de recherches et d'analyses dans la foulée des transformations de l'institution familiale. En effet, celles-ci sont le plus souvent associées à la désorganisation familiale et à ses conséquences négatives : pauvreté, délinquance, décrochage scolaire et violence familiale. En d'autres termes, le tribut payé par ces familles est lourd.

La composition des familles monoparentales

Les familles monoparentales ne sont pas un phénomène récent. Autrefois, elles découlaient du décès d'un des parents. Les remariages étaient cependant fréquents et l'état de monoparentalité représentait une situation passagère. Plus d'hommes veufs que de femmes devenaient alors chefs de famille monoparentale.

Ce qui a changé, c'est que le divorce et la rupture des unions libres sont devenus les principaux motifs de la formation des familles monoparentales à partir de la décennie 1970, et, depuis 1986, le nombre des familles monoparentales a augmenté plus rapidement que le nombre des familles avec deux parents. En 2009, au Québec, parmi les familles avec enfants, plus d'une famille sur quatre relève de la responsabilité d'un seul parent. Durant la période 1986-2006, on a connu une féminisation et un appauvrissement de ces familles. Le recensement canadien de 2006 indique que 78 % des familles monoparentales québécoises étaient matricentriques, ce qui représente un léger recul par rapport aux années antérieures. Les familles de pères seuls ont progressé pour atteindre 22 % (*voir le tableau 4.1*).

Tableau 4.1 • Les familles monoparentales au Québec, entre 1986 et 2006

Type de famille monoparentale	1986	1991	1996	2001	2006
Familles monoparentales, en pourcentage de l'ensemble des familles (avec et sans enfant)	14,0 %	14,0 %	16,0 %	18,0 %	16,6 %
Familles monoparentales • familles monoparentales féminines • familles monoparentales masculines	83,0 % 17,0 %	82,0 % 18,0 %	82,0 % 18,0 %	80,0 % 20,0 %	77,9 % 22,0 %
Familles monoparentales, en pourcentage des familles avec enfants : • père seul • mère seule	21,0 % 3,6 % 17,2 %	22,0 % 3,9 % 17,7 %	24,0 % 4,4 % 19,6 %	26,5 % 5,4 % 21,1 %	27,8 % 6,1 % 21,6 %

Sources : Statistique Canada. 2007. [En ligne], www40.statcan.gc.ca ; Québec, ministère de la Famille, des Aînés et de la Condition Féminine, 2005.

La proportion d'enfants vivant avec un seul parent augmente avec l'âge des enfants. Ce sont 15 % des enfants de 4 ans et moins qui demeurent avec un seul parent, contre 23 % des jeunes de 15 à 17 ans qui sont dans la même situation (Québec, MSSS, 2007).

L'augmentation des familles monoparentales en Occident s'est accompagnée d'une diversification de ses formes (*voir la figure 4.2*) et certaines restent difficiles à appréhender (Eydoux et Letablier, 2007). C'est notamment le cas des pères qui s'occupent régulièrement ou occasionnellement de leurs enfants dont ils n'ont pas la garde physique ou n'en ont que la garde partagée. C'est le cas également des parents dans les familles recomposées qui participent à l'entretien et à l'éducation des enfants de leur partenaire. On note aussi que d'autres parents sont considérés comme étant des chefs de famille monoparentale, alors qu'ils n'élèvent pas seuls leurs enfants – dans le cas de familles contraintes à vivre dans des lieux différents et dans celui des couples homoparentaux non reconnus.

La responsabilité parentale dans la garde des enfants

Les familles monoparentales dont le chef est une femme sont plus nombreuses pour deux raisons.

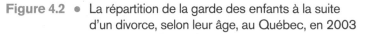

Figure 4.2 ● La répartition de la garde des enfants à la suite d'un divorce, selon leur âge, au Québec, en 2003

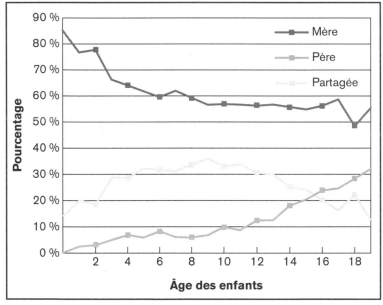

Source : Duchesne, Louis. 2006. *La situation démographique au Québec. Bilan 2006.* Québec : Institut de la statistique du Québec, p. 95.

D'une part, selon les thèses psychologiques en vigueur dans les années 1960, la société a jugé que les soins et la socialisation des jeunes enfants relevaient de la mère de famille (théorie de l'âge tendre). On a estimé que le père était incapable d'assumer cette fonction essentielle pour le développement de l'enfant. À partir de ces thèses, les juges ont eu tendance – et le font encore aujourd'hui – à accorder la garde physique des jeunes enfants à la mère. Le père obtient des droits de visite et subvient financièrement aux besoins des enfants. Les mères elles-mêmes se perçoivent comme les premières responsables des enfants, dont elles demandent presque toujours la garde. Et c'est encore plus vrai pour les mères moins scolarisées, qui investissent dans leur rôle maternel et définissent leur identité personnelle et sociale par rapport à celui-ci. Celles qui refusent ce rôle sont perçues socialement comme étant de mauvaises mères.

Défiliation paternelle
Désengagement ou absence du père vis-à-vis de ses enfants dont il n'a pas la garde.

D'autre part, les pères demandent moins la garde exclusive des jeunes enfants. Il arrive que les pères s'éclipsent de la vie des enfants après la rupture du couple. Ce phénomène que les sociologues nomment la **défiliation paternelle** (B-Dandurand, 1994) contribue au désarroi psychologique des enfants et à l'appauvrissement des familles monoparentales. Mais aujourd'hui, les pères sont plus nombreux à assumer la garde physique, qu'ils partagent avec la mère de leurs enfants. Ainsi les données relatives à la garde des enfants (Duchesne, 2006, p. 94), après un divorce faisant l'objet d'un jugement du tribunal, indiquent que :

- la garde physique conjointe des enfants a progressé de 11 % en 1995 à 29 % en 2003 ;
- concurremment, la garde exclusive par les pères a diminué de 15 % à 13 % ;
- la garde par la mère seule est passée de 74 % à 59 %.

Ces nouveaux pères se sont en général occupés de leurs enfants dès la naissance et ne craignent pas les responsabilités ni les tâches qu'exige la socialisation d'un enfant. Ajoutons que le rôle de père monoparental, à temps plein ou à temps partiel, est idéalisé. Les pères « à poussette » reçoivent spontanément plus de sympathie et d'admiration pour le cumul des rôles professionnel et paternel que les mères dans la même situation.

Les familles monoparentales féminines et la pauvreté

Ne pouvant compter que sur un seul revenu, contrairement à la majorité des familles dont les deux parents assurent la subsistance, les familles monoparentales côtoient davantage la pauvreté. Leur taux de pauvreté est près de quatre fois supérieur à celui des familles à deux parents. Plusieurs de ces familles connaissent une pauvreté plus aiguë et chronique (Québec, MSSS, 2007). Les sociologues parlent d'ailleurs d'une nouvelle forme d'inégalité sociale entre les ménages à revenu unique et ceux à double revenu. En 2002, le revenu moyen des familles biparentales (après impôt) était le double de celui des familles monoparentales (*voir le tableau 4.2*). Parmi les prestataires de la sécurité du revenu, les chefs de famille monoparentale représentaient, en mai 2009, 16,8 % de l'ensemble des adultes (Québec, MESS, 2009).

Tableau 4.2 ● Le pourcentage des familles vivant sous le seuil de faible revenu, entre 1996 et 2002, dans l'ensemble des familles québécoises

Familles vivant sous le seuil de faible revenu	1996 (%)	1998 (%)	2000 (%)	2002 (%)	Revenu moyen en 2002 (en dollars constants de 2002)
Toutes les familles • avant impôt • après impôt	 16,6 13,6	 14,9 10,9	 15,7 11,5	 12,6 10,1	 67 775 55 054
Familles biparentales • avant impôt • après impôt	 9,9 7,8	 9,4 6,2	 10,2 6,5	 7,0 5,6	 75 782 60 912
Familles monoparentales • avant impôt • après impôt	 45,3 43,0	 37,3 29,8	 37,1 31,2	 36,7 29,6	 33 581 30 034
Mères seules • avant impôt • après impôt	 50,6 38,3	 33,3 42,1	 41,3 34,7	 35,2 44,0	 29 884 27 628

Source : Québec, ministère de la Famille, des Aînés et de la Condition Féminine. 2005. *Les familles et les enfants au Québec. Principales statistiques.* Édition 2005, p. 11-12.

Figure 4.3 • Le taux d'activité des mères monoparentales et biparentales âgées de
20 à 44 ans, au Québec, en 2003

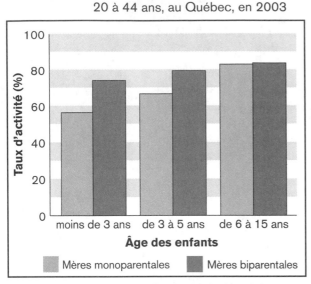

Source : Québec, ministère de la Famille, des Aînés et de la
Condition Féminine. 2005. *Les familles et les enfants au Québec.*
Principales statistiques. Édition 2005, Québec : MFACF, p. 14.

Les familles monoparentales dont le chef est une femme sont les plus touchées par la pauvreté. Près de 40 % des mères seules vivent avec un faible revenu et un quart d'entre elles reçoivent de l'aide de l'État. La principale raison invoquée en tant que contrainte à l'emploi est la présence d'enfants de moins de cinq ans. Même s'il a fortement progressé depuis 1976, le taux d'activité des mères monoparentales ayant de jeunes enfants à leur charge est encore inférieur à celui des mères de famille biparentale, ainsi que l'illustre la figure 4.3.

Enfin, lorsque les mères monoparentales travaillent, dans plus de la moitié des cas, elles occupent des emplois précaires et rémunérés au salaire minimum dans la vente et les services. Ce sont les mères les plus jeunes ainsi que les plus âgées qui cumulent le moins de scolarité, de formation et d'expérience de travail. Les mères monoparentales adolescentes forment un groupe particulièrement vulnérable ; la pauvreté à long terme les frappe davantage.

Les familles monoparentales, en guise de source de revenus, dépendent également du versement de la pension alimentaire par le parent non-gardien (le père en forte majorité). L'*Enquête longitudinale sur les enfants et les jeunes* (ELNEJ) de 2008 a montré que, pour les enfants de 12 ans, la moitié des pensions alimentaires était versée de façon régulière et ponctuelle, et que les contacts hebdomadaires et bimensuels des parents non-gardiens avec les enfants étaient le fait de 45 % d'entre eux (B.-Dandurand, 2002). Il reste donc la moitié des familles monoparentales qui sont privées de ressources économiques. Les enfants, pour leur part, sont privés d'une relation régulière avec l'autre parent.

En résumé, trois facteurs contribuent à la pauvreté des familles monoparentales féminines : la situation d'infériorité économique des mères en général, associée à leur faible scolarisation et aux emplois précaires ; le défaut de paiement des pensions alimentaires ; le soutien encore insuffisant de l'État à l'égard des familles et de la répartition de la richesse.

Les pères monoparentaux

Les pères monoparentaux se démarquent des mères monoparentales de diverses manières. On dénombre parmi eux plus de veufs, ils vivent avec des enfants plus âgés et ils restent seuls moins longtemps. Les pères qui élèvent seuls leurs enfants ont tendance à trouver plus rapidement une conjointe et à revivre en couple (mariage ou union libre). Les pères sont de plus en plus nombreux à obtenir la garde partagée avec la mère. Proportionnellement, ils sont plus scolarisés et ont un taux d'occupation professionnelle plus élevé que les mères, quel que soit l'âge des enfants, et leurs emplois sont plus rémunérateurs. Leur situation financière est donc meilleure (Dulac, 1993). C'est d'ailleurs cette situation socioéconomique avantageuse qui facilite pour les pères seuls la conciliation du rôle parental et de la carrière, car ils font un grand usage des services mis à leur disposition, que ce soit pour la garde des enfants ou pour des services domestiques.

Les problèmes éprouvés par les familles monoparentales

La pauvreté des parents est fortement associée aux problèmes graves vécus par les enfants (Bouchard, 1991). Plus que la structure familiale en elle-même, c'est la pauvreté des familles qui est mise en cause. En effet, les familles biparentales pauvres ont en commun avec les familles monoparentales les problèmes de santé et

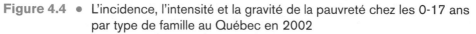

Regard 4.4

La pauvreté des enfants dans les familles monoparentales féminines

En 2007, le directeur national de la santé publique, le Dr Alain Poirier, publiait le troisième rapport national sur l'état de santé de la population québécoise. Ce rapport intitulé « Riche de tous nos enfants » portait précisément sur la pauvreté et ses répercussions sur l'état de santé des jeunes au Québec. À l'égard des enfants vivant dans les familles monoparentales dirigées par des femmes, les chercheurs mis à contribution notaient que ces dernières, quel que

soit l'indicateur retenu, figurent toujours parmi les plus pauvres.

Ainsi, l'incidence de la pauvreté (indice P_0) était de 36 % en 2002 pour ces familles contre 6 % pour les autres familles avec enfants. Les indicateurs de l'intensité de la pauvreté (indice P_1) et de la gravité de la pauvreté (indice P_2) sont aussi statistiquement plus élevés dans les familles dirigées par des mères seules, tel qu'illustré dans la figure 4.4 (Québec, MSSS, 2007, p. 67).

Figure 4.4 ● L'incidence, l'intensité et la gravité de la pauvreté chez les 0-17 ans par type de famille au Québec en 2002

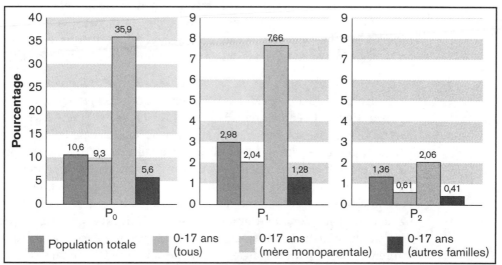

Note : L'indice P_0 est une proportion. La valeur des indices P_1 et P_2 s'appuie sur un seuil correspondant à 50 % du revenu médian défini selon la mesure du panier de consommation (MPC), c'est-à-dire 13 290 $ pour une personne seule.

Source : Makdissi et Audet. 2007. Dans *Troisième rapport national sur l'état de santé de la population du Québec. Riches de nos enfants*. Québec, ministère de la Santé et des Services sociaux, p. 67.

de comportement de leurs enfants. Bien sûr, la monoparentalité augmente la probabilité que les enfants connaissent la pauvreté au cours de leur vie.

Il est indéniable que l'on trouve régulièrement dans les études portant sur les problèmes de santé ou sur la délinquance, un plus grand nombre d'enfants éprouvant des difficultés scolaires, affectives et de santé dans des familles monoparentales. Lorsque les conditions de la rupture conjugale sont difficiles, celle-ci produit beaucoup de stress et d'anxiété qui se traduisent par diverses réactions : de la mauvaise humeur, de la tristesse ou de la dépression, de la culpabilité, de la colère, de la difficulté à se concentrer. Chez les filles, la tristesse et le retrait sont le plus souvent observés, alors que chez les garçons, on constate plutôt de la nervosité et de l'agressivité. La motivation scolaire et les notes peuvent baisser, temporairement ou plus durablement.

Les effets à long terme de la monoparentalité influencent la persévérance scolaire, la trajectoire socioprofessionnelle et même la trajectoire familiale. Les jeunes vivant dans un foyer monoparental, ou avec un beau-père dans une famille recomposée, quittent plus tôt leur famille pour s'établir en couple. Il semble que les femmes ayant vécu une partie importante de leur enfance dans un foyer monoparental ont des grossesses précoces et courent plus de risques de connaître des ruptures d'union (B.-Dandurand, 2002). Ainsi, les garçons et les filles, une fois devenus adultes, éprouvent plus de difficulté à vivre une relation de couple stable.

Par contre, dans l'*Enquête sociale et de santé de 1998*, 98 % des parents interrogés affirmaient n'avoir aucun problème, presque pas de problèmes ou des problèmes occasionnels avec leurs enfants, peu importe le type de famille (ISQ, 2001). Les problèmes que l'on peut observer chez les enfants vivant dans une famille monoparentale ne se retrouvent ni chez tous les enfants ni au même degré chez chacun d'eux. On relève aussi des dimensions positives, peu soulignées, comme une éducation moins stéréotypée par rapport aux rôles sexuels, des relations familiales plus démocratiques, ainsi qu'une responsabilisation et une autonomie accrues.

En 1991, le rapport *Un Québec fou de ses enfants* soulignait que le fait d'élever seul son enfant ne constituait pas un facteur de risque aussi lourd que les conditions de vie difficiles et pénibles dans lesquelles la pauvreté entraîne les familles. Pour les femmes élevant seules des enfants et qui survivent avec de faibles revenus, ce sont par exemple : un petit logement, de piètre qualité, dans un quartier peu attrayant ; l'isolement social et la dépendance aux ressources de l'État et aux aides communautaires ; une mauvaise alimentation, qui a un effet sur le rendement intellectuel des enfants à l'école ; une moins grande disponibilité à l'enfant et le manque de patience, qui augmentent d'autant les risques de négligence parentale. C'est dans ce contexte lié à un environnement social appauvri et à des obstacles structurels qui limitent la participation sociale, qu'il faut examiner l'état de santé des membres des familles monoparentales.

Certaines familles monoparentales se démarquent par un cumul de vulnérabilités : jeunesse du parent et de ses enfants, faible niveau de formation et de qualification, faible revenu, mauvaises conditions de logement, forte exposition au chômage et à la précarité d'emploi. Le risque de pauvreté est donc élevé pour ces familles.

La santé des parents vivant seuls

Physiquement et psychologiquement, les mères seules sont plus vulnérables (*voir le tableau 4.3*). Leur état de santé se dégrade à mesure que se prolonge leur situation de mère monoparentale; elles connaissent un seuil de détresse psychologique élevé et souffrent de troubles émotionnels, sans compter que leur adaptation sociale et professionnelle est plus difficile que celle des mères biparentales.

Quant aux pères seuls qui ont la garde des enfants, si leur état de santé général est moins bon que celui des pères conjoints, il est meilleur que celui des mères seules, sauf en ce qui a trait à la détresse psychologique et au niveau de stress, qui sont plus élevés (Dulac, 1996). Selon Germain Dulac, dans une situation analogue, le père monoparental est moins satisfait de sa vie sociale que la mère. La satisfaction de la vie sociale étant liée à l'existence et à l'utilisation d'un réseau social et au soutien que celui-ci apporte, il semble que les pères seuls intègrent peu ce type de réseau social, qu'ils ont le sentiment d'avoir une faible légitimité sociale et qu'ils ont besoin de l'approbation et du soutien des membres de la famille immédiate. Cela signifie que les principales difficultés des pères monoparentaux sont moins d'ordre économique que socioaffectif et qu'elles se rapportent à l'accomplissement des tâches quotidiennes ainsi qu'à l'absence d'un réseau social. Selon le sociologue, les pères seuls sont particulièrement sensibles à l'image projetée par leur situation, laquelle est récente et encore difficile à imposer.

Dans l'*Enquête sociale et de santé de 1998,* les chercheurs ont comparé des indicateurs sociosanitaires selon les structures familiales. Les mères monoparentales fumaient davantage, expérimentaient l'insécurité alimentaire, avaient plus de problèmes de santé et consommaient un grand nombre de médicaments. Les pères monoparentaux faisaient aussi grand usage du tabac et éprouvaient une détresse psychologique élevée. Globalement, les familles monoparentales et les familles recomposées présentaient de moins bons comportements liés à la santé, et ces parents avaient une perception plus mauvaise de leur état de santé. Ces résultats confirment que le fait de vivre dans une famille biparentale intacte agit comme un facteur protecteur pour la santé des membres de la famille.

Tableau 4.3 ● Les indicateurs de santé des parents selon le type de famille au Québec, en 1998

Indicateur de santé	Familles monoparentales (%)		Familles recomposées (%)	Familles biparentales (%)
	Parent féminin	Parent masculin		
Fumeurs réguliers	49,1	47,8	53,7	28,3
Éprouvant de l'insécurité alimentaire	24,0	8,3	8,4	5,7
Indice de détresse psychologique	24,1	29,8	29,2	17,5
Perception de l'état de santé comme étant «mauvais»	10,0	9,8	7,7	5,9
Plus d'un problème de santé	54,5	36,1	38,3	33,8
Consommation de trois médicaments et plus	16,9	6,1	11,7	9,3

Source: Institut de la statistique du Québec. 2001. *Enquête sociale et de santé 1998,* 2e édition, Québec: ISQ [En ligne], www.stat.gouv.qc.ca/publications/sante/e_soc-sante98.htm

La famille monoparentale changera-t-elle ? Est-elle à jamais marquée au fer rouge de l'échec ? La connaissance que nous avons de plusieurs indices sociaux et démographiques laisse entrevoir une famille monoparentale plus diversifiée qu'au cours des décennies précédentes. Les conditions socioéconomiques des femmes chefs de famille iront en se modifiant : on peut espérer que celles-ci seront à l'avenir mieux aguerries sur les plans scolaire et professionnel. De ce fait, une partie des difficultés qu'éprouvent les enfants de ces familles et qui sont liées à la pauvreté du parent unique pourraient diminuer en importance. Une meilleure intégration des familles monoparentales aura un effet sensible sur la perception négative dont elles sont victimes. Les familles patricentriques seront-elles plus nombreuses ? Si le nombre de pères monoparentaux a augmenté ces dernières années, ce constat est d'abord lié à la transformation du rôle parental masculin amorcé avec le modèle postmoderne. C'est de l'évolution de ce rôle que dépend l'engagement des pères séparés auprès de leurs enfants. En ce sens, des groupes masculins sont apparus ces dernières années afin de prendre la défense des pères monoparentaux et de revendiquer la garde partagée. La figure 4.5 résume les principales caractéristiques de la monoparentalité.

La structure familiale monoparentale occupe un espace social important au Québec : elle marque clairement la faillite du mariage institutionnel et les transitions vécues par les membres des familles. Elle présente plusieurs changements familiaux en émergence (mères célibataires, pères monoparentaux, garde partagée) et elle est porteuse des essais et des erreurs dans les nouvelles façons de vivre en

Figure 4.5 • Les caractéristiques de la monoparentalité au Québec en 2006

Familles monoparentales
- 28 % des familles avec enfants
- 16,6 % de toutes les familles
- Garde physique partagée entre les parents en progression (29 % des jugements de divorce)

Pauvreté
- Inégalité sociale liée au revenu unique
- Taux de pauvreté 4 fois supérieur à celui des familles biparentales
- Faible revenu pour un tiers des familles

Mères monoparentales
- 78 % des familles monoparentales en 2006
- 40 % d'entre elles vivent avec un faible revenu
- État de santé moins bon que celui des mères biparentales et des pères seuls
- Plus nombreuses à être pauvres, moins insérées dans le marché du travail, peu scolarisées et peu instruites
- Dépendantes du soutien de l'État
- Dépendantes du réseau social

Enfants
- Atteints par la pauvreté de la famille
- Garçons : agressivité et nervosité
- Filles : tristesse et retrait
- Augmentation du risque de connaître une trajectoire familiale marquée par plus d'instabilité et de ruptures
- Persévérance scolaire plus faible

Pères monoparentaux
- 22 % des familles monoparentales en 2006
- Plus nombreux à partager la garde physique avec la mère
- Moins de pauvreté que les mères seules
- Atteints par la perte du réseau social
- Moins satisfaits de leur vie sociale
- Détresse psychologique et stress plus élevés que les mères dans la même situation
- Capacité d'utiliser des services rémunérés d'aide domestique ou de garde

famille. Même s'il n'existe pas de données sur la durée de la monoparentalité, il ne faut pas oublier qu'elle est souvent un état transitoire, une étape entre différents statuts de biparentalité.

Les familles homoparentales

Nouvellement nommées homoparentales, les familles de parents de même sexe existent depuis longtemps déjà chez les mères lesbiennes. Plusieurs ont en effet la charge d'un enfant né d'une union hétérosexuelle, et c'est aussi le cas de certains pères gais.

Que sait-on des familles composées de parents de même sexe? À vrai dire, peu de choses. Les données fiables provenant d'études rigoureuses au plan de la méthodologie, de type longitudinal, et qui seraient représentatives à la fois de l'ensemble des couples formés de conjoints de même sexe et des familles homoparentales, manquent. Ces familles iront en augmentant et seront plus visibles, mais il est présentement difficile de savoir dans quelle proportion. La loi canadienne sur le mariage ouvre la voie à la filiation d'un enfant avec ses deux mères ou ses deux pères. Au Québec, le législateur a légalisé la filiation homoparentale, en même temps qu'il a créé le contrat d'union civile (2002). Il nous faut donc admettre que la filiation traditionnelle, fondée sur le présupposé biologique (la mère de l'enfant est celle qui a accouché) et sur la primauté du mariage hétérosexuel (le père est le mari de la femme), est radicalement transformée dans les sociétés occidentales, et ce, même si elle continue d'être appliquée, comme l'a constaté un père qui contestait sa paternité (Leckey, 2009).

La sociologue Anne-Marie Ambert propose une comparaison des connaissances sur le sujet. Selon la chercheuse, les estimations admissibles à l'égard de la proportion des gais et des lesbiennes parmi la population révèlent que 2 % à 5 % des hommes ont des relations exclusivement masculines et que 1 % à 4 % des femmes participent uniquement à des activités homosexuelles (Ambert, 2003). En 2006, les couples de même sexe représentaient 0,8 % de tous les couples québécois recensés. Il s'agissait un peu plus souvent de deux hommes (7920 couples masculins) que de deux femmes (5765 couples féminins). La grande majorité vit en union libre, mais 9 % sont mariés (Girard et Payeur, 2009). Les couples canadiens se marient davantage que les couples québécois (16,5 %). Il convient de penser que c'est parmi cette population de couples recensés que se trouvent ceux et celles qui revendiquent l'accès au mariage et la reconnaissance du rôle parental.

Les couples de même sexe partagent deux caractéristiques qui les singularisent par rapport aux comportements adoptés par les gais et les lesbiennes. D'une part, ils vivent ensemble depuis plusieurs années, ils sont plus stables et monogames, notamment dans le cas des couples féminins. D'autre part, ils déclarent davantage éprouver de la satisfaction dans leur vie et s'engagent à long terme. Ainsi, ces couples qui désirent se marier ou former une famille homoparentale pourraient fournir un modèle positif pour les jeunes gais et lesbiennes, et contribueraient « à rendre la vie sexuelle et émotionnelle de la communauté plus stable », selon des chercheurs américains (Ambert, 2003).

Parmi ces couples, combien vivent avec des enfants ?

Au Canada, selon le recensement de 2006, 9,5 % des couples de même sexe vivent avec un ou des enfants : 16,8 % de couples féminins et 3,4 % de couples masculins. La proportion est comparable au Québec (7,1 %), qui compte plus de couples féminins (13,4 %) que de couples masculins (2,6 %) avec un ou des enfants. Selon la sociologue Anne-Marie Ambert, ces ménages sont sans doute plus nombreux et ne reflètent pas exactement la réalité, si l'on tient compte de toutes les situations familiales comprenant des enfants et un parent homosexuel : les gais ou lesbiennes célibataires qui ont charge d'enfants, ceux et celles mariés à une personne de sexe opposé, ou ceux et celles dont l'ex-conjoint a la garde de leur enfant à la suite d'un divorce. Des chercheurs américains soutiennent qu'environ 28 % de l'ensemble des lesbiennes et 14 % des hommes gais ont des enfants à leur charge. Dans son étude sur les mères lesbiennes, la chercheuse Nathalie Ricard considère également que ces dernières sont beaucoup plus nombreuses que les données ne le laissent supposer. Pour Montréal, elle cite une proportion de 20 % de lesbiennes qui seraient mères (Ricard, 2002).

Comment se vivent les relations familiales dans les familles homoparentales ?

Il existe deux types de familles homoparentales, au sein desquelles la relation parents-enfants se vit différemment.

Dans le premier type de famille, les deux conjoints ont fait le projet de fonder ensemble un foyer, soit par l'adoption, soit par l'insémination de la mère biologique – grâce au don de sperme d'une banque ou d'un ami du couple – ou encore par l'intermédiaire d'une mère porteuse. Les parents se définissent comme étant les deux pères ou les deux mères de l'enfant et ils en revendiquent le statut juridique. Quant au second type, qu'on retrouve en plus grand nombre, il s'agit de la famille homoparentale reconstituée, c'est-à-dire que l'enfant est celui d'un des conjoints. Cet enfant conserve des liens avec son père ou sa mère, le conjoint du parent gardien devenant un beau-parent. Les effets de ces deux types de famille sur les enfants peuvent varier.

On peut supposer que, pour les parents lesbiens et gais, la vie quotidienne est identique à celle de tous les parents. Les besoins des enfants sont les mêmes (amour, encadrement, soins physiques et éducatifs) et le cycle de développement de l'enfant également. Mais comme le souligne Anne-Marie Ambert, les parents de même sexe ont tendance à créer un réseau de parents fictifs ou de parents sélectionnés (des amis, anciens partenaires et parenté consentante) pour offrir un soutien social et émotionnel à leurs enfants, et une source de modèles adultes appropriés de membres du sexe opposé. En général, ce réseau est mixte. Les parents homosexuels ont aussi recours à des ressources communautaires qui appuient les familles homoparentales.

Quels sont les effets de ce type de famille sur les enfants ?

Trois craintes surgissent régulièrement à l'égard des enfants : leur stigmatisation sociale et leur mésadaptation sur le plan psychique ; l'agression sexuelle par leurs parents ou les partenaires de ceux-ci ; la possibilité qu'ils deviennent eux aussi homosexuels. Dans les recherches portant sur les familles homoparentales, aucune preuve n'appuie ces craintes. Des études portant sur des échantillons restreints affichent des résultats positifs et assez similaires. On peut faire la synthèse suivante à partir des résultats de recherche compilés par Anne-Marie Ambert et Nathalie Ricard :

- Dans une étude réalisée auprès de jeunes adultes à la suite de la séparation de leurs parents, on comparait l'adaptation des enfants de mères lesbiennes à celle des enfants de mères hétérosexuelles. Les jeunes adultes dont la mère était lesbienne déclaraient avoir une meilleure relation avec celle-ci et sa partenaire, comparativement aux jeunes adultes dont la mère était hétérosexuelle et vivait avec un homme. Les enfants de lesbiennes jouissaient même d'une meilleure relation avec leur père, probablement parce que la conjointe de leur mère ne représentait pas une rivale pour le père.

- Les enfants de parents de même sexe qui sont victimes des taquineries – qui peuvent provoquer du stress – ne semblent pas démontrer de carences émotives à l'âge adulte et posséderaient des qualités comme la tolérance, l'empathie et la sérénité. Ces enfants peuvent cependant se sentir gênés par l'homosexualité de leurs parents ou subir la même discrimination qu'eux.

- Dans l'ensemble, les comportements parentaux des mères lesbiennes et hétérosexuelles se ressemblent. La variable explicative réside dans leur identité de mère, plutôt que dans leur orientation sexuelle.

- Les enfants ne développent pas plus de discordance entre leur sexe et leur genre que les autres enfants : les garçons montrent des comportements culturellement associés au genre masculin et les filles, au genre féminin. La socialisation à l'identité de genre correspond aux comportements culturellement attendus.

- Il n'y a pas d'augmentation du taux d'homosexualité chez les fils ayant habité avec leur père homosexuel. Les partenaires homosexuels évitent d'exercer de la pression pour que les enfants adoptent les mêmes préférences sexuelles qu'eux. Cependant, les jeunes élevés dans une famille homoparentale sont plus tolérants en matière d'expérimentation des relations homosexuelles.

- Enfin, en ce qui a trait aux craintes d'agression sexuelle, les taux ne diffèrent pas de ceux observés chez les enfants qui ont des parents hétérosexuels. L'homosexualité des parents n'est pas synonyme de pédophilie.

Pour connaître la réalité des familles homoparentales, telle qu'elle est vécue par les parents et les enfants, il reste à mieux cibler la recherche et à rejoindre un plus grand nombre de ces familles pour assurer la représentativité des résultats. Il faut aussi étudier les effets liés à des variables comme l'origine ethnique, la classe sociale, le statut socioéconomique et les conséquences de la séparation des parents sur les enfants.

L'existence des familles homoparentales soulève des controverses au sein de la population au regard des perceptions traditionalistes et **hétérosexistes** de la famille qui dominent toujours. Nathalie Ricard rappelle que les enfants élevés par des pères

Hétérosexiste
Qui fait preuve de discrimination envers les individus qui ne sont pas d'orientation hétérosexuelle.

gais ou des mères lesbiennes ressemblent davantage aux enfants élevés par des parents hétérosexuels qu'ils n'en diffèrent (*voir la figure 4.6*). Étant donné qu'ils ont à surmonter des obstacles pour concrétiser leur désir de fonder une famille, les parents de même sexe adoptent généralement une démarche réfléchie, approfondie et responsable (Ricard, 2002). Ils attestent une bonne compétence parentale, leur milieu familial est stable, la qualité des relations y est convenable et ils profitent d'un réseau de solidarité qui entoure les membres de la famille. Lorsque des problèmes d'adaptation surgissent, d'autres facteurs que l'orientation sexuelle des parents doivent aussi être examinés.

Selon Nathalie Ricard, le défi consiste à transmettre aux enfants des valeurs et des outils d'adaptation sociale qui visent autant l'appartenance que le changement social, d'où l'importance que prend la solidarité au sein du réseau social composé tant de la famille, de la parenté et du quartier que de la communauté homosexuelle.

Figure 4.6 • Les caractéristiques homoparentales

Deux types de familles homoparentales

- Famille reconstituée : parent gardien + conjoint
- Famille composée de deux mères ou de deux pères

Familles homoparentales

- Entre 0,5 % et 1 % des couples sont de même sexe
- De 15 % à 18 % des couples féminins et de 3 % à 6 % des couples masculins ont des enfants à leur charge

Résultats des études

- Développement de plus de tolérance, d'empathie, de sérénité et d'ouverture chez les enfants
- Comportements parentaux adaptés, compétents, stabilité du milieu familial, solidarité
- Pas d'augmentation du taux d'homosexualité chez les enfants de parents de même sexe
- Identité de genre culturellement conforme au sexe des enfants
- Pas plus d'agressions sexuelles
- Affectés par la discrimination subie par leurs parents

En bref

Dans ce chapitre sur le cycle de vie familiale, nous avons abordé :

1 Le cycle familial

L'étude du cycle de vie familiale porte sur les événements démographiques qui marquent les étapes de la vie d'un individu et les transitions familiales. On parle alors de la formation d'un couple, de la naissance et du départ des enfants, de la vieillesse et du décès d'un des conjoints. Aujourd'hui, le cycle familial connaît des trajectoires diversifiées au cours desquelles les familles changent de structure. Le parcours classique – le couple stable qui a plusieurs enfants – fait place à de nouveaux modèles : monoparentalité, recomposition familiale, célibat plus ou moins prolongé, activité économique des mères.

2 La place de l'amour dans la formation du couple

La place de l'amour dans la formation du couple varie selon les types de familles et de sociétés. Dans les sociétés traditionnelles, l'amour et l'attirance physique ont moins d'importance que les intérêts des familles et les capacités procréatrices ou de travail des individus. Au contraire, dans les sociétés modernes et postmodernes, l'amour est devenu le pivot de la relation conjugale.

3 Les mariages arrangés

Dans la plupart des sociétés traditionnelles, plusieurs stratégies permettent la rencontre des futurs mariés ou de conclure les meilleurs arrangements possibles. Les fréquentations entre jeunes gens sont étroitement surveillées et les familles s'assurent que les règles du choix du conjoint sont respectées. Cela peut aller jusqu'à retenir les services d'un marieur. Les mariages arrangés sont liés à des valeurs culturelles et peuvent avoir des conséquences considérables sur la sécurité des femmes, comme le fœticide féminin.

4 L'homogamie sociale

L'homogamie sociale est une règle implicite qui intervient dans le choix du conjoint. Les couples se forment sur la base de ressemblances sociologiques, comme les niveaux de scolarité et de revenus comparables, une même origine socio-économique, une langue, une religion ou une appartenance ethnique communes. Un deuxième principe entre aussi en jeu, celui de la proximité.

L'homogamie peut être choisie ou subie. Elle s'applique également aux ressemblances physiques entre les conjoints. D'autres règles peuvent être observées, comme celles du gradient conjugal, qui met en évidence le statut supérieur du mari dans le couple, et des différences dans les lieux de rencontres selon les classes sociales.

5 Les parcours conjugaux

Il n'y a plus un seul modèle linéaire de vie de couple. Plusieurs parcours sont possibles, surtout dans le contexte d'une monogamie sérielle consécutive à des ruptures d'union et à de multiples recompositions des couples. On fait de plus en plus appel à des professionnels ou à Internet pour faciliter et permettre les rencontres amoureuses dans un marché de conjoints d'expérience. La rencontre amoureuse devient un projet raisonné, qui s'appuie sur des critères objectifs.

6 Les types d'unions

Le mariage subit la concurrence de l'union libre en tant que forme d'établissement du couple. Le mariage a perdu de son attrait auprès des femmes en raison de leur plus grande autonomie financière et de l'allongement de la scolarité. En Occident, le mariage relève désormais de la sphère privée et la relation est librement choisie par les partenaires. L'une des fonctions valorisées du mariage est la protection des enfants. Enfin, c'est l'idée même de l'union amoureuse qui va à l'encontre du mariage officialisé.

L'union libre apparaît de plus en plus comme une forme nouvelle de vie de couple qui voisine avec le mariage ou le remplace complètement. Une très grande majorité de jeunes gens vivront l'union libre et le mariage, tandis que les personnes divorcées ont de plus en plus recours à la cohabitation. Ce sont l'indépendance financière des jeunes, la procréation responsable et la tolérance sociale qui ont permis l'expansion de ce mode de vie. Les unions libres sont moins stables que les mariages et le moindre engagement d'un des partenaires est souvent en cause.

Les contrats d'union civile au Québec ont rendu possible la reconnaissance juridique et la filiation des couples de même sexe. L'accès récent au mariage civil au Canada symbolise l'intégration sociale des couples et des familles homosexuelles,

En bref *(suite)*

mais il a soulevé les passions et les critiques en mettant en cause les fondements traditionnels de l'institution du mariage.

7 Les ruptures conjugales

L'instabilité familiale découle principalement des ruptures conjugales – divorces et séparations. La longévité des individus, la culture individualiste et la perte de contrôle des institutions sociales expliquent la fréquence des désunions. Le mariage d'amour résiste mal à la disparition du sentiment amoureux dans un contexte où les individus recherchent la satisfaction et l'épanouissement personnels. Les femmes mariées qui sont insatisfaites de leur vie conjugale ont désormais la possibilité d'y mettre un terme. Les motifs de divorce sont plus souvent liés à l'incompatibilité des conjoints. Le profil des personnes divorcées a évolué.

8 Les familles biparentales

Les familles biparentales demeurent la réalité familiale de la majorité des enfants. Les familles qui n'ont jamais connu de séparation sont dites simples ou intactes, et les familles recomposées ou reconstituées se forment à la suite d'une rupture d'union.

Les familles recomposées ne peuvent s'appuyer sur un modèle familial qu'elles pourraient imiter. Elles passent inaperçues dans la vie quotidienne et sont statistiquement difficiles à comptabiliser.

Elles se composent de divers types de relations familiales, affectives et sociales qui les fragilisent.

9 Les familles monoparentales

Les familles monoparentales, issues à l'origine du veuvage, sont maintenant le fait de parents divorcés et séparés. Les familles monoparentales dirigées par la mère se caractérisent par une plus grande pauvreté. Elles sont aussi plus vulnérables à l'égard des conditions de vie, de la santé du parent et de l'adaptation des enfants. La pauvreté dans laquelle elles vivent est responsable des difficultés d'adaptation sociale des enfants. Les pères monoparentaux s'en tirent mieux au plan économique, mais souffrent davantage de détresse psychologique. Les familles monoparentales sont l'indicateur le plus précis des transitions familiales et de l'éclatement du modèle familial.

10 Les familles homoparentales

Les familles composées de parents de même sexe représentent moins de 1 % des familles québécoises. Elles sont souvent le fait de deux mères, mais des parents gais ont aussi des enfants à leur charge. Peu d'études approfondies ont été effectuées, mais on sait que les enfants de ces familles ne semblent pas éprouver de difficultés particulières ou plus graves que les autres enfants. Les parents de même sexe se montrent compétents et créent un environnement familial et social protecteur.

Exercices de compréhension

1 Utilisez le tableau ci-dessous pour comparer le fonctionnement du mariage arrangé et de l'homogamie sociale ainsi que leurs avantages. En quoi sont-ils si différents ?

2 Quelles sont aujourd'hui les règles de la formation des couples en Occident ? Donnez et justifiez quatre réponses.

	Mariage arrangé	Homogamie sociale
Fonctionnement		
Avantages		

Exercices de compréhension (*suite*)

3 Utilisez le tableau ci-dessous pour comparer les avantages et les désavantages du mariage et de l'union libre, pour les adultes et pour les enfants, au Québec.

Avantages		
	Parents	**Enfants**
Mariage		
Union libre		

Désavantages		
	Parents	**Enfants**
Mariage		
Union libre		

4 Quelles sont les deux principales conséquences des mariages arrangés dans le monde ? Justifiez votre réponse.

5 Indiquez si chacun de ces énoncés est vrai ou faux. Justifiez votre réponse par un élément de connaissance complémentaire à l'énoncé.

a) C'est la faillite du mariage d'amour qui est la raison fondamentale de la croissance des divorces.

b) Les enfants vivant dans des familles homoparentales ne présentent pas de difficultés d'adaptation.

c) Les familles monoparentales sont à l'origine des difficultés d'adaptation des enfants.

6 Associez le terme correspondant à chaque énoncé.

a) Je marque la différence sexuée dans le couple : _____

b) Je repose sur l'inégalité des générations et des sexes : _____

c) Je suis choisie librement comme type d'union en Occident : _____

d) Je suis le type de famille dans laquelle vit la majorité des enfants : _____

e) Je suis le type de famille qui a le plus augmenté depuis 30 ans : _____

f) Je suis le type de famille qui remet en question le principe de la filiation traditionnelle : _____

Médiagraphie

Lectures suggérées

Ambert, Anne-Marie. *Les familles monoparentales : caractéristiques, causes, répercussions et questions.* Ottawa : Institut Vanier pour la famille (mars 2006), 37 p., [En ligne], http://www.vifamily.ca/library/cft/oneparent_fr.html

B.-Dandurand, Renée. 2002. « Divorce et nouvelle monoparentalité », dans Francine Descarries et Christine Corbeil (dir.). *Espaces et temps de la maternité.* Montréal : Les Éditions du remue-ménage, p. 266-304.

Chamberland, Line. 2003. « Les familles homoparentales », *Pensons famille*, vol. 14, n° 72 (mai 2003), [En ligne], http://www.familis.org/riopfq/publication/pensons72/chamberland.html

Dulac, Germain. 1994. « La paternité dans tous les états », *Transition*, (mars 1994). Ottawa : Institut Vanier de la famille, p. 2-15.

Greenbaum, Mona. 2003. « L'Association des mères lesbiennes : familles et communauté », *Pensons famille*, vol. 14, n° 72 (mai 2003), [En ligne], http://www.familis.org/riopfq/publication/pensons72/greenbaum.html

Ménard, Guy. 2003. *Mariage homosexuel : Les termes du débat.* Montréal : Liber-Le Devoir, 274 p.

Sites Web

Coalition des familles homoparentales (CFH) : www.familleshomoparentales.org
Né du regroupement de l'Association des mères lesbiennes et de Papa-Daddy, cette coalition milite pour la

Médiagraphie *(suite)*

reconnaissance des familles homoparentales et contre la discrimination et l'homophobie qu'elles subissent toujours. L'organisme propose une formation de trois heures.

Équipe de recherche sur la famille et son environnement (ERFE) : www.er.uqam.ca/nobel/erfe
Sur ce site on trouvera des articles scientifiques traitant des familles homoparentales ainsi que des questions touchant la famille et l'homosexualité en général.

Institut Vanier de la famille (IVF) : www.ivfamille.ca (1989)
Ce site présente plusieurs documents et résultats de recherches très récentes effectuées par des universitaires de renom sur des sujets controversés relatifs à la famille. Valeurs orientées vers le soutien et la reconnaissance des familles.

Ministère de la Justice du Canada : www.canada.justice.gc.ca
Pour tout ce qui a trait aux lois canadiennes sur le mariage et sur le divorce.

Ministère de la Justice du Québec : www.justice.gouv.qc.ca
Sur ce site, on trouve toutes les lois québécoises portant sur le droit familial qui définissent les unions légales, leur accessibilité, les droits et les obligations des conjoints, ainsi que les principes de filiation des enfants.

Documents audiovisuels

Aix, Alain d', Louis Fraser et Morgane Laliberté. 1990. *Le Marché du couple.* Canada : InformAction Film inc. et ONF, 57 min, coul., VHS. Sur un ton humoristique et sur le mode de la fiction, on présente des données sociales, démographiques et psychologiques sur la recherche du partenaire idéal. Combien d'hommes disponibles y a-t-il pour former des couples ?

Chicoine, Nicole. *On a pu les parents qu'on avait.* Canada : ONF, 100 min, coul., VHS. La vidéo présente les problèmes quotidiens des familles élargies du point de vue des adultes et des enfants.

Marceau, Karina. 2008. *Filles de jardiniers.* Canada : Les Productions Vic Pelletier (PVP), 53 min, coul., DVD. La journaliste et réalisatrice aborde la question des fœticides des filles dans plusieurs États de l'Inde. « L'Inde est assise sur une bombe à retardement. Trente-six millions de femmes manquent à l'appel. Le fardeau économique de la dot et une préférence ancestrale pour les garçons font de la naissance d'une fille un déshonneur. »

CHAPITRE

5

Les rôles familiaux

OBJECTIFS D'APPRENTISSAGE

- Comprendre le rôle joué par la famille dans la socialisation des enfants
- Comprendre l'identité de genre et les stéréotypes
- Connaître les répercussions de la socialisation à l'extérieur de la famille
- Reconnaître les changements dans l'identité féminine et le rôle de mère
- Reconnaître les changements dans l'identité masculine et le rôle de père
- Connaître les rôles des enfants, des adolescents et des grands-parents

5.1 La famille et la socialisation

La socialisation est le processus par lequel un individu acquiert les éléments indispensables à son adaptation à la société : les apprentissages des techniques du corps – propreté, habileté à se nourrir, à parler, à marcher –, les codes culturels – la langue, les règles de conduite avec autrui, les coutumes, les valeurs de base, les croyances. Ces normes et ces modèles de comportements sont nécessaires pour vivre avec les autres (Denis, *et al.*, 2007).

La famille est le principal agent de socialisation des enfants. Dans les sociétés occidentales, c'est surtout la famille nucléaire qui remplit ce rôle. Dans d'autres sociétés – africaines, asiatiques, latino-américaines –, c'est à la famille élargie, à la parenté et à la communauté que revient ce rôle essentiel, en complémentarité avec les parents. La socialisation des enfants par la famille est le stade primaire du processus d'adaptation à la vie en société qui s'installe dès la naissance, dans le contexte d'un milieu homogène et intime, auprès d'« autruis » importants.

Les deux aspects de la socialisation : l'identité et la reproduction

Il est pertinent d'aborder la socialisation sous deux angles. Le premier est celui de la « construction de l'identité ». Par le processus de socialisation, l'enfant construit son identité tant du point de vue personnel (le « moi » – qui je suis, ce qui me rend unique, me différencie des autres) que social (le « nous » – je suis semblable aux autres, je fais partie de groupes sociaux, je partage des valeurs communes). Cette construction de son identité s'opère grâce aux transactions que l'enfant effectue avec les membres de son entourage : ses parents, ses frères et sœurs (fratrie), des adultes et d'autres enfants importants de son milieu immédiat. Les effets de la socialisation individuelle primaire sont fondateurs de l'identité et de la personnalité de l'enfant, mais ils peuvent être modifiés par les expériences ultérieures. L'enfant joue un rôle actif dans ce processus : il n'est pas qu'objet de la socialisation, il en est aussi le sujet avec sa personnalité et ses expériences, qui le démarquent des autres.

Reproduction sociale
Transmission de la culture et des structures sociales d'une génération à l'autre en vue du maintien de la société et de l'adaptation de ses membres.

Le second angle est celui de la **reproduction sociale.** La socialisation est d'une importance vitale pour la société. Elle permet l'adaptation des individus à la société, s'assure de leur conformité sociale et préserve l'homogénéité de la société. La transmission de l'héritage culturel d'une génération à l'autre s'effectue par l'intermédiaire de la socialisation. D'où la valeur que toutes les sociétés humaines accordent à la socialisation de leurs membres, en les encadrant par des règles dès la naissance, et en astreignant les parents à des obligations à l'égard des enfants. L'accent mis sur la reproduction sociale n'empêche pas le changement, les acteurs de la socialisation contribuant à modifier cet héritage en le contestant ou en innovant.

Vue sous ces deux angles, la famille demeure la première institution à socialiser le jeune enfant, le premier environnement où il grandit et le premier groupe au sein duquel il va interagir. Cependant, l'action socialisatrice de la famille est complétée par celle d'autres agents : les services de garde durant la petite enfance ; l'école et les groupes de pairs, de l'enfance à la fin de l'adolescence ; les médias et les outils informatiques ; les jeux et le sport ; le milieu de travail.

Les mécanismes de socialisation

La socialisation se déroule de manière explicite – par des interdits et des sanctions, mais aussi par des récompenses, des encouragements, des essais et erreurs – et de manière implicite – par l'observation, l'imitation, les jeux de rôles et les symboles. Les parents et les adultes importants dans l'environnement familial apprennent aux enfants à distinguer les comportements exigés, ainsi que les attitudes et les valeurs jugées positives, de ceux qui doivent être rejetés. Les enfants acquièrent les éléments de la culture environnante et les assimilent jusqu'à en faire leur pensée personnelle. D'où le constat que la socialisation fonctionne selon un double schéma d'acquisition de compétences culturelles, sociales et biologiques, et d'intériorisation de ces éléments, qui font alors partie de soi et deviennent des réponses adaptées « naturelles » dans l'univers social de l'individu (*voir la figure 5.1*). Ce qui signifie également qu'en changeant d'univers social, l'individu devra se resocialiser parce que les compétences acquises ne seront pas toujours adaptées. L'immigration, la fondation d'une famille et la retraite sont autant d'événements qui nécessitent une resocialisation.

Différents courants théoriques ont cherché à mieux comprendre le processus d'acquisition des connaissances et de construction de l'identité mis en jeu dans la socialisation. Ces courants mettent l'accent soit sur l'apprentissage par le conditionnement (théorie de la psychologie behavioriste), soit sur l'apprentissage par les interactions avec autrui (théorie de G.H. Mead en sociologie interactionniste), ou encore sur la reproduction des valeurs stables de la société (Parsons et Durkheim) et des structures sociales inégalitaires de classe sociale et de sexe (Bourdieu et Michel).

L'importance de la famille pour la socialisation

La reproduction de la société d'une génération à l'autre

La famille joue un rôle primordial dans le processus de **socialisation individuelle**, et ce, pour de nombreuses raisons. D'abord, elle peut s'appuyer sur les relations affectives entre ses membres pour l'effectuer, ce qui n'est pas le cas des autres agents institutionnels de socialisation, comme l'école, le monde du travail et les

Socialisation individuelle
Construction de l'identité personnelle et sociale.

Figure 5.1 • Le processus de socialisation

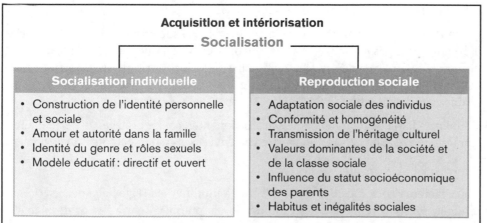

associations, d'où la grande capacité et la fonction fondamentale de socialisation de l'institution familiale (Lasch, 1979).

Les aspects affectifs et disciplinaires que comporte le rôle de parent créent un environnement émotif particulier par lequel l'enfant apprend des leçons qui le marqueront pour le reste de sa vie. Les liens affectifs dans la famille facilitent la socialisation et renforcent l'efficacité de la transmission des traits culturels. Comment? L'amour qui imprègne la vie familiale suppose la gratuité et le soutien inconditionnel dans les relations parents-enfants. Ce sont deux conditions qui fondent la relation de confiance permettant à l'enfant de répondre positivement aux demandes des parents. Ses premières expériences de socialisation prédisposent l'enfant à agir de telle ou telle manière et impriment une orientation et une couleur à ses attitudes en société. La socialisation est un processus plus complexe que la simple connaissance de la culture d'une société. Elle nécessite une intégration, une **intériorisation** des codes culturels et des normes; elle fabrique une **personnalité sociale** profondément enracinée dans la personnalité psychologique de l'individu. C'est la raison pour laquelle, grâce au processus de socialisation, il y a continuité entre la personne et la société (Rocher, 1969). La famille est l'agent de socialisation qui peut le mieux réussir cette fonction complexe, du fait de la charge émotive dont elle est porteuse.

La petite enfance est la période de socialisation primaire la plus intense, car le nourrisson, le bébé et le jeune enfant ont tout à apprendre. Ils sont comme une boule de pâte qu'il faut modeler aux attentes de la société dans laquelle ils sont appelés à vivre. Mais comme la socialisation est un processus dynamique, très tôt les jeunes enfants interagissent dans ce processus avec leur propre bagage psychologique.

En même temps que l'enfant apprend les éléments fondamentaux de la vie en société et qu'il les intériorise, il s'attend à ce que les autres individus agissent comme lui. Ainsi, autant il découvre rapidement ce qu'on attend de lui, autant il sait ce qu'il peut attendre des autres selon les rôles qu'ils remplissent et les positions sociales qu'ils occupent. En effet, nous n'agissons pas toujours exactement de la même façon selon les différents rôles sociaux que nous devons tenir. Le **rôle social** forme un ensemble structuré de normes de comportements liés à une position donnée dans un univers d'interactions sociales (Kellerhals, 1984). Nous pouvons jouer plusieurs rôles dans notre vie.

Dans l'environnement familial, l'enfant fera l'apprentissage de l'identité de genre; il apprendra aussi les rôles associés à son sexe, les rôles familiaux et tous les autres rôles liés au monde du travail et des loisirs.

Un autre motif d'importance de la famille dans la socialisation a trait à la fratrie. Si l'enfant n'est pas unique, il va alors rencontrer son premier groupe de pairs, composé en l'occurrence de ses frères et sœurs, et selon son rang dans la fratrie, ses interactions obligées avec ses aînés et ses cadets auront des répercussions non négligeables sur son identité.

Enfin, la famille est un milieu de socialisation intergénérationnelle qui permet à l'enfant d'être en relation avec des adultes, ses parents et ses grands-parents principalement.

Un modèle éducatif

Deux facteurs sociologiques ont contribué à modifier les règles de socialisation de l'enfant après la Première Guerre mondiale. Le premier tient à l'essor des sociétés industrielles avancées qui s'accompagne de la perte de la valeur économique accordée

Intériorisation
Ensemble des processus par lesquels les éléments du monde extérieur sont intégrés au fonctionnement mental de l'individu, comme faisant partie de soi.

Personnalité sociale
Ensemble des caractéristiques d'un individu qui lui sont fournies par sa culture.

Rôle social
Ensemble structuré des normes et des obligations auxquelles doit se conformer un individu selon la position sociale qu'il occupe.

à l'enfant, remplacée par la croissance de sa valeur affective. Progressivement, dans toutes les classes sociales, l'enfant n'est plus perçu comme une ressource économique pour les parents âgés. En perdant sa fonction utilitaire, l'enfant renforce son statut émotionnel. Pour compenser l'investissement lié à son éducation, on s'attend à ce qu'il soit source d'amour, de gaieté et de satisfaction affective pour les parents.

Le second facteur est lié à l'introduction des connaissances scientifiques dans l'éducation des enfants, qui modifie le regard que la société porte sur l'enfance. Depuis que les psychologues, les éducateurs et les pédiatres se sont penchés sur le développement de l'enfant, les modèles éducatifs se sont succédé. Nous sommes passés d'un modèle répressif, dans lequel l'enfant était considéré comme étant la propriété des parents, à un modèle permissif, popularisé par le Dr Spock durant les années 1950 et 1960 et qui est à l'origine de l'éducation des enfants du *baby-boom*. Au cours des années 1980, une nouvelle approche, inspirée de la psychanalyste et pédiatre Françoise Dolto, va faire une large part à l'inconscient et à la relation langagière avec la mère. Selon Françoise Dolto, l'enfant est une personne dès la naissance et doit être traité d'égal à égal. Plus récemment, le modèle éducatif dominant mise sur l'encouragement directif, soutenu par le Dr T. Berry Brazelton, un pédiatre bostonien.

En Amérique du Nord, le modèle idéal préconisé est directif et ouvert (*authoritative* en anglais), c'est-à-dire qu'il repose sur une relation démocratique entre les parents et les enfants, dont les fondements sont l'exigence et l'affection (*voir l'encadré 5.1*). On pourrait décrire ce modèle de la manière suivante: les parents exercent un encadrement ferme (directif, avec règles et discipline) s'appuyant sur une communication ouverte (dialogue). Les parents ont des attentes élevées en matière d'éducation et entretiennent des projets pour leurs enfants. Ces parents expriment leur affection de façon concrète et constante, répondant aux besoins de leurs enfants dans un environnement familial démocratique où les enfants sont considérés comme ayant des droits et des personnalités autonomes. Dans ce modèle idéal, les parents font preuve de fermeté et de chaleur, et ils assument pleinement la responsabilité de leurs décisions (Claes, 2003).

La famille reconduit les valeurs dominantes de la société et de sa classe sociale; c'est ce que l'on appelle la reproduction sociale. La position sociale des parents et, partant, leur statut socioéconomique déterminent celui des enfants pour les vingt premières années de leur vie. Ainsi, le lieu de résidence choisi par les parents ou, comme c'est plus souvent le cas, celui qui s'impose à eux compte tenu de leurs moyens financiers, détermine les conditions de vie et le milieu culturel dans lesquels évoluera l'enfant au cours de ses premières années: banlieue, quartier urbain ou milieu rural; environnement monoethnique ou multiethnique, de classe moyenne ou autre, défavorisé ou prospère, linguistiquement homogène ou hétérogène.

Par ailleurs, les méthodes adoptées par les parents pour assurer la socialisation et l'éducation de leur enfant peuvent varier selon le statut social de la famille,

Encadré 5.1 ● Le modèle éducatif nord-américain

- Exigence et affection
  - Encadrement ferme des parents
  - Directif, règles et discipline
- Ouverture
  - Communication
  - Dialogue
- Attentes élevées
  - Projets pour les enfants
  - Objectifs d'éducation
- Affection
  - Expression concrète et fréquente
- Démocratie familiale
  - Autonomie et droits des enfants
  - Fermeté et chaleur des parents

son appartenance ethnique et d'autres facteurs, comme la religion, le revenu ou la scolarité. La famille transmet en héritage à ses membres une vision du monde, une façon cohérente d'appréhender l'univers social par l'intermédiaire d'une langue, de traditions, de croyances et de coutumes, et de connaissances dont elle est porteuse. Les familles immigrantes sont fortement sollicitées par cet aspect de la socialisation. Elles tentent habituellement de maintenir l'héritage de leur culture d'origine dans les relations intrafamiliales, en particulier la langue et la religion, tout en cherchant à s'intégrer dans la culture du pays d'accueil : elles doivent alors apprendre la langue du groupe majoritaire, les valeurs communes imposées et les conduites culturelles attendues. La famille immigrante devient ainsi un espace de négociation et d'intégration au confluent de deux cultures.

En plus de cette appréhension du monde propre à sa culture, la famille transmet les **habitus** du milieu social qui est le sien. Ces habitus sont, par exemple, le goût de la lecture, des préférences alimentaires ou musicales, une certaine esthétique des biens matériels ou des choix vestimentaires, et ils sont liés à la différenciation de classe sociale, selon la théorie du sociologue français Pierre Bourdieu.

Habitus
Aptitudes et préférences culturelles propres à un milieu social, qui résultent d'un apprentissage inconscient.

Exercice 5.1

Votre socialisation

Dans un tableau à deux colonnes, décrivez deux à quatre éléments qui vous caractérisent en tant qu'individu, ou encore des expériences que vous avez vécues. Montrez comment ils découlent de votre socialisation. Il peut s'agir des valeurs auxquelles vous adhérez, de vos préférences culturelles, des traits de votre personnalité ou du milieu dans lequel vous avez grandi. Dans la mesure du possible, séparez la part de la socialisation individuelle de l'aspect de la reproduction sociale.

Ma socialisation	
Socialisation individuelle	Reproduction sociale

L'identité de genre, les rôles sexuels et les stéréotypes

L'une des premières conséquences du processus de socialisation amorcé par les parents est l'identification de genre associée au sexe biologique. L'enfant découvre qu'il est un garçon ou qu'elle est une fille au regard de son anatomie, mais aussi de sa culture. La différenciation des **rôles sexuels** ou de genre commence pendant la grossesse. Les attentes des parents ou de l'entourage vis-à-vis du fœtus en font déjà un être sexué : « il » sera comme son père ou « elle » aura les cheveux blonds de sa mère. En tant que premiers agents de socialisation, les parents jouent un rôle crucial pour faire adopter

Rôle sexuel
Ensemble de normes, d'attitudes et d'activités dévolues aux hommes et aux femmes dans une culture.

aux enfants les rôles sexuels que la société entend qu'ils exercent. Les autres membres de leur entourage, les amis, les enseignants ainsi que la télévision influencent aussi considérablement l'assimilation des normes et des valeurs masculines et féminines.

❓ Qu'est-ce que le genre?

La notion de genre désigne le fait que l'identité qui découle du sexe biologique relève en grande partie d'une construction sociale et culturelle.

D'un côté, des études en psychologie expérimentale ont montré qu'il existe des traits masculins et des traits féminins universels caractérisés génétiquement. Ce sont les hormones – testostérone, progestérone et œstrogène – qui sont surtout mises en cause. On a donc constaté que les filles s'engagent davantage dans les relations sociales et que l'agressivité est plus prononcée chez les garçons. Dans les groupes de pairs et les jeux, les filles sont plus empathiques, manifestent plus d'intérêt au bien-être des autres, alors que les garçons sont plus centrés sur l'action et la domination du groupe. Les filles se réunissent en petits comités, plus intimes, optent pour des relations qui s'appuient sur la coopération et l'échange, alors que les garçons jouent en large groupe selon des règles définies, pour des activités turbulentes, empreintes de contacts physiques et de bousculades (Claes, 2003). Les chercheurs peuvent prouver à l'aide d'outils très perfectionnés que ces différences sont perceptibles chez les bébés dès les premiers mois. Ce sont des tendances biologiques et psychologiques bien réelles: elles sont présentes à la naissance, s'accentuent à l'adolescence, puis s'atténuent à l'âge adulte.

D'un autre côté, de nombreuses recherches sociologiques attestent clairement du modelage et de l'apprentissage de genre dans la société. Les influences sociales et culturelles assurent la construction de l'**identité de genre** dans le sens voulu. Elles peuvent renforcer ou contrecarrer des tendances innées, comme l'illustrent de manière fascinante des transgressions de genre chez les Inuits ou la montée du phénomène *queer*/transgenre en Occident.

Identité de genre
Construction sociale et culturelle de l'identité associée au sexe biologique.

Lors d'une expérience menée avec des bébés de six mois habillés de vêtements bleus pour simuler le stéréotype «garçon» et de vêtements roses pour celui de «fille», on a demandé à des parents de jouer avec ces petits sans dévoiler leur sexe biologique. Les adultes se croyant en présence de filles ont fait plus de sourires, de vocalises et de bruits incohérents aux bébés habillés en rose. Ils ont utilisé les qualificatifs «délicate», «charmante» et «observatrice» pour décrire ces bébés. À l'opposé, se croyant en présence d'un garçon, les adultes ont touché, bercé, soulevé et stimulé physiquement l'enfant et l'ont décrit comme étant «solide», «fort» et «costaud» (Lajoie, 2003). En d'autres termes, des différences étaient observées dans l'attitude et les agissements des adultes en fonction du sexe présumé des enfants.

Aujourd'hui encore, les parents adopteraient des méthodes éducatives plus rigides avec les filles et plus souples avec les garçons, qu'il s'agisse de l'alimentation, des études, des groupes d'amis, des activités extérieures ou de l'hygiène corporelle.

Comme on le constate, on peut difficilement dissocier le sexe biologique du sexe social et culturel. Au cours de la socialisation, la notion de genre prend la forme de stéréotypes sexués qui séparent les hommes des femmes en deux catégories: à chaque genre sont attribués des rôles particuliers, des attitudes générales, des conduites et des personnalités typées. Au début de sa socialisation, l'enfant a besoin de ces stéréotypes pour se construire une identité de genre. Dès l'âge de trois ans, le bambin connaît son sexe d'appartenance et lui associe un rôle culturel. Durant toute la petite enfance et la période scolaire, les parents socialisent leur enfant par renforcement ou par répression pour qu'il acquière les comportements propres à son genre. Garçons et filles sont encouragés à se conformer aux modèles masculin et féminin dominants dans la société. Ceux qui n'acceptent pas ces stéréotypes peuvent subir des pressions sociales : harcèlement, discrimination, agressions verbales et physiques, toutes formes de refus de la différence d'autrui. Par exemple, les garçons qui expriment des attitudes plus « féminines » sont sujets à des moqueries ou au rejet de la part de leurs pairs. Ici, l'homophobie joue à plein dans la mesure où l'obligation d'adhérer à l'hétérosexualité est une valeur culturelle dominante et que les attitudes dites « féminines » chez les garçons sont associées à l'orientation homosexuelle. Le genre masculin se construit sur la base d'une opposition radicale au genre féminin. Avec l'émancipation des femmes, les filles ressentent moins cette obligation de différenciation des genres, bien que dans les faits, cette différenciation les atteigne également. On tolère mieux les filles qui adoptent des comportements jugés masculins que l'inverse.

Les stéréotypes sexuels et la santé

Une étude menée durant les années 1970 auprès de professionnels (infirmières, médecins, travailleurs sociaux) travaillant avec des personnes ayant des problèmes de santé mentale a soulevé de sérieuses questions dans le monde médical. Cette étude portait sur la perception qu'avaient ces spécialistes des caractéristiques d'une personne saine d'esprit. Les résultats de l'étude de I. K. et D. M. Broverman (1970) ont mis en évidence un double modèle de santé mentale, selon que l'on était en présence d'un

---

Exercice 5.2

Les rôles sexuels dans la société québécoise

Quelles sont les normes qui définissent aujourd'hui les rôles sexuels dans la société québécoise ? À partir de votre expérience, de la façon dont vous vivez vos relations entre garçons et filles, pourriez-vous dresser une liste des principales caractéristiques des rôles masculins et féminins postmodernes ?

1. D'abord, individuellement, déterminez cinq caractéristiques (qualités) fondamentales qui vous semblent associées à chaque sexe.

2. Ensuite, constituez des équipes de quatre ou cinq élèves du même sexe. Comparez vos listes, puis mettez-les en commun. Essayez de vous entendre afin que votre groupe soumette à toute la classe cinq caractéristiques.

3. Enfin, tenez une réunion plénière. Chaque équipe affiche sa liste de caractéristiques au tableau. Quels commentaires sociologiques peut-on faire ?

a) Des caractéristiques apparaissent-elles sur toutes les listes ? Trouve-t-on des caractéristiques pour un sexe et pas pour l'autre ?

b) Existe-t-il des différences entre les listes dressées par des groupes de filles et celles qui sont bâties par des groupes de garçons ? Expliquez.

c) Les caractéristiques que vous avez mises en évidence reposent-elles sur des hypothèses biologiques ou sur des valeurs sociales dominantes ?

d) Trouvez-vous qu'il existe une différence entre les rôles sexuels ou plutôt une ressemblance ? Diriez-vous que les jeunes font preuve de valeurs conservatrices ou novatrices par rapport aux rôles sexuels ?

e) Enfin, ces caractéristiques sont-elles communes aux garçons et aux filles de tous les sous-groupes culturels au Québec ou seulement propres aux membres de la culture majoritaire ?

homme ou d'une femme. Un homme sain d'esprit était actif, combatif, compétitif, aventureux et plus objectif. Une femme saine d'esprit était moins aventureuse, émotive, préoccupée de son apparence physique, subjective, moins combative. On comprend qu'à l'égard de leurs patients éprouvant des troubles de santé mentale, les spécialistes établissaient un diagnostic sur la maladie et un pronostic de guérison qui faisaient implicitement référence à cette double norme. La guérison était évaluée à l'aune du conformisme aux normes sexualisées de santé mentale. Cette recherche a montré à quel point, au cours des années 1970, les connaissances scientifiques reposaient sur des normes culturelles et l'intervention médicale y était **sexiste.** Les indicateurs de santé mentale que l'on attendait des femmes allaient à l'encontre de ceux que l'on attribuait aux hommes, lesquels servaient d'étalon de mesure de la santé mentale des adultes en général. À la suite de la publication de ces résultats, des actions ont été entreprises pour faire reculer les préjugés sexistes envers les femmes.

Sexiste
Qui fait preuve de discrimination fondée sur le sexe.

À partir des années 1990, le rôle et les stéréotypes masculins ont eux aussi fait l'objet d'études, compte tenu de la prise de conscience de nombreux problèmes qui affectent les hommes. Parmi les questions étudiées figuraient la surmortalité masculine avant 65 ans, notamment les décès par suicide, et le taux élevé de décrochage scolaire. Le sociologue Germain Dulac insiste sur les stéréotypes liés au domaine de la santé, qui portent préjudice à la santé des hommes québécois. Ces stéréotypes, qui tournent autour des thèmes de l'homme fort, prêt à endurer le mal et à ne jamais se plaindre, empêchent les Québécois de tirer parti des bienfaits de la prévention, perçue comme une préoccupation féminine. Lorsque les hommes fréquentent le système de santé, c'est le plus souvent en état de crise. Leurs comportements plus agressifs, plus violents et moins coopératifs ne sont pas évalués ni pris en compte comme étant des symptômes de maladie : ils sont au contraire jugés inappropriés. Selon Germain Dulac, le système de santé n'est pas adapté aux patients masculins, perçus comme étant dérangeants et pour lesquels on est moins tolérant, parce que le client modèle du réseau est une femme (Dulac, 2001). Un portrait des besoins des hommes québécois en matière de santé, paru en 2004, montre les contradictions entre les exigences de l'identité masculine et celles du modèle thérapeutique en milieu hospitalier. L'identité masculine traditionnelle est bâtie sur les notions de maîtrise de soi, de silence, d'invincibilité et d'action, alors que l'approche thérapeutique en santé prône le dévoilement de la vie privée, le renoncement à la maîtrise de soi, l'acceptation des faiblesses et la reconnaissance des échecs (*voir le tableau 5.1*). D'ailleurs, ces stéréotypes sexuels nuisent aux femmes et aux hommes qui veulent sortir des domaines qui leur sont traditionnellement assignés.

Tableau 5.1 ● Les exigences thérapeutiques et l'identité de genre masculin

Exigences thérapeutiques	Identité de genre masculin
• Dévoiler la vie privée et renoncer à la maîtrise de soi.	• Cacher sa vie privée et rester maître de soi.
• Démontrer une intimité affective.	• Sexualiser l'intimité.
• Montrer ses faiblesses et être vulnérable.	• Montrer sa force et être invincible.
• Exprimer ses émotions et chercher de l'aide.	• Garder ses émotions pour soi et être indépendant.
• S'attaquer aux conflits et être introspectif.	• Éviter les conflits et valoriser l'action.
• Affronter sa douleur, sa souffrance.	• Nier sa douleur et sa souffrance.
• Reconnaître ses échecs et admettre son ignorance.	• Persister indéfiniment et feindre l'omniscience.

Source : Dongois, Michel. 2004. «Ces hommes, les mal-aimés du réseau». *L'actualité médicale*, vol. 25, n° 20 (19 mai 2004), p. 9.

Les stéréotypes masculins et féminins n'ont pas disparu, même si certaines personnes s'inquiètent des conséquences d'une trop grande désexualisation de la socialisation des enfants. Le véritable enjeu d'une socialisation non sexiste se situe dans la reconnaissance des différences masculines et féminines, laquelle doit être équilibrée et ne pas désavantager un sexe au profit de l'autre.

La socialisation et les services de garde

Quelles sont les répercussions de la garderie sur la socialisation des enfants ? La théorie de l'attachement (en psychologie du développement) permet-elle toujours d'évaluer les effets de la garde non maternelle sur de très jeunes enfants ?

En Amérique du Nord, plusieurs générations d'enfants auront connu en ce début de siècle la garde de jour (le *day-care,* comme disent les Américains) dans un milieu autre que la maison familiale et par des personnes non apparentées à la famille. Il ne faut pas s'en surprendre : la garde des jeunes enfants est un phénomène très ancien qui n'est pas propre à notre époque. Le principal changement depuis

---

Regard 5.1

Sois belle et sexy, sois macho et violent

En juin 2008, le Conseil du statut de la femme (CSF) a rendu public un avis intitulé *Le Sexe dans les médias : obstacle aux rapports égalitaires.* Cet avis s'appuie sur des études qui montrent que la sexualité omniprésente dans les médias est stéréotypée (Belleau, 2008). Exposés massivement à des contenus à teneur sexuelle (revues féminines pour adolescentes, Internet, vidéoclips, émissions de téléréalité, panneaux publicitaires, etc.), les jeunes ont des relations sexuelles plus précoces et adhèrent davantage aux stéréotypes sexuels. Ils courent plus de risques de contracter des infections transmissibles sexuellement et par le sang (ITSS) et de souffrir de troubles alimentaires associés à l'obsession de l'image corporelle.

Depuis le début des années 1990, la sexualisation de l'espace public est « teintée par les codes de la pornographie qui valorisent les stéréotypes sexuels ». Les femmes sont soumises aux fantasmes des hommes, les hommes sont souvent violents et dominants, incapables de maîtriser leurs pulsions. Les auteures citent la sociologue Francine Descarries qui s'est penchée sur la construction sociale des identités féminine et masculine : « La tendance qui domine actuellement en publicité est de construire explicitement le corps des femmes en objet de jouissance offert à tous les regards et de sexualiser à outrance n'importe quelle situation de la vie quotidienne » (CSF, 2008, p. 42).

Une équipe de chercheurs de l'Université Laval a scruté pendant sept semaines (en 1988) plus de 300 vidéoclips diffusés par trois chaînes de télévision. Le constat des chercheurs sur l'utilisation des stéréotypes sexuels est éloquent : les femmes constituent seulement 11 % des interprètes dans les vidéoclips et les hommes, 70 % ; les femmes sont âgées de 18 à 25 ans, elles sont jeunes, belles et séduisantes ; les femmes plus âgées sont laides et négligées ; deux fois sur trois, les gestes accomplis par les personnages féminins autres que les interprètes ont une connotation sexuelle ou érotique : caresses, danses lascives, habillage, déshabillage, gestes obscènes ; les relations des femmes avec les hommes tournent autour de trois pôles : la soumission, la violence et la séduction. Soumise, la femme sert son homme ; victime de violence, elle encaisse les coups et les gifles ; séductrice, elle oppose ses charmes à la mâle agressivité (Beaulieu, 1988).

les années 1970 a été de structurer un réseau de garderies sous la direction de l'État québécois.

Mais pourquoi la garde non parentale nous semble-t-elle inédite ? Au cours des années 1950 et 1960, une idéologie de la garde maternelle a émergé, qui a fait de la garde par la mère de ses propres enfants le modèle idéal de soins. En fait, dans le cadre des théories psychologiques axées sur l'importance des expériences vécues durant la petite enfance, on a surtout insisté sur le rôle joué par la mère au sein de la famille (Lamb, 1992).

L'effet de la socialisation en service de garde

Les études expérimentales menées pendant les années 1970 aux États-Unis auprès d'enfants fréquentant des garderies, malgré plusieurs biais et lacunes méthodologiques, n'ont pas apporté la preuve que la garde non parentale était nuisible au développement des jeunes enfants. À la fin des années 1980, il semble que l'on soit parvenu à un consensus sur les effets de la garde extérieure à la famille : celle-ci ne nuit pas aux enfants d'âge préscolaire et peut même être bénéfique, selon la qualité du milieu de garde. Il existe de « très nombreuses démonstrations rigoureuses, bien documentées et extrêmement fouillées de l'effet positif des services de garde éducatifs sur le développement cognitif et social des jeunes enfants » (Bouchard, 1997). Jay Belsky et Marc Provost affirment que la garde des enfants par d'autres personnes que la mère ne semble pas être en elle-même dommageable : elle peut aider les enfants dans leurs efforts de socialisation (Belsky, 1997 ; Provost, 1992). Camil Bouchard (1997) croit que pour les enfants vivant dans des familles pauvres ou dans un milieu familial qui présente des carences en matière de soutien et de stimulus, la socialisation en service de garde est une ressource indispensable à leur développement social et affectif.

Aujourd'hui, on admet que de nombreux facteurs interfèrent avec les effets de la garde, les principaux d'entre eux étant les différences entre les enfants d'une part et, d'autre part, entre les services de garde. Dans une recherche effectuée à la fin des années 1980 auprès de 145 enfants suédois, répartis en trois modes de garde (garderie, garde en milieu familial et garde à la maison), Michael E. Lamb et ses collaborateurs ont trouvé que le meilleur facteur de prédiction pour le développement de l'enfant n'était pas le mode de garde, mais la qualité des soins de substitution offerts, d'une part, et la qualité des soins reçus à la maison, d'autre part (Lamb, 1992). En somme, c'est d'abord la qualité des soins donnés dans les deux milieux – le milieu familial et le milieu de garde – qui l'emporte dans le développement des jeunes enfants, plutôt que le mode de garde choisi. Les enfants partagent leur temps entre ces deux milieux, et ceux-ci ont des répercussions importantes et mesurables sur leur développement. Le mode de garde a une importance minime : si le service de garde est bon, les effets le seront aussi. C'est pour cette raison que Camil Bouchard recommandait au gouvernement québécois de veiller à assurer une qualité optimale aux services de garde éducatifs qui reçoivent un plus grand nombre d'enfants provenant de milieux défavorisés. Il préconisait d'insister sur la qualité des programmes éducatifs et des jeux, d'ajouter des ressources pour répondre aux besoins plus nombreux des enfants et de privilégier de diverses manières la présence des parents dans le milieu de la garderie (Bouchard, 1997).

Les critères de qualité d'un service de garde

Existe-t-il un seuil critique de qualité ? Dans le cas d'un service de garde, c'est la loi de la qualité totale qui doit s'imposer. Comment s'évalue cette qualité de service ? Il n'existe pas d'indice général ni unique pouvant mesurer la qualité des soins prodigués (*voir l'encadré 5.2*). Il semble que la constance soit un élément fondamental (Provost, 1992). La constance signifie que le même éducateur est présent sur une longue période auprès de l'enfant. Le contraire de la constance est un changement fréquent de personnel (congés, départs, roulement attribuable aux faibles salaires). La qualité du service de garde est aussi liée à la formation spécialisée en développement de l'enfant du personnel et à la capacité des éducateurs de satisfaire les besoins de chaque enfant. Une qualité déficiente correspondrait, par exemple, à des groupes trop nombreux où peu de temps est accordé à chaque enfant. Bien entendu, la qualité est tributaire des ressources financières allouées aux services de garde.

Encadré 5.2 ● Les critères de qualité d'un service de garde

- Formation spécialisée des éducatrices
- Stabilité du personnel et ratio éducatrice/enfants optimal
- Programme éducatif

Faire garder un bébé

Dans les années 1990, une autre question a été soulevée à propos des effets de la garde non parentale sur les tout-petits âgés de moins d'un an. Avant 1970, une mère appartenant à la classe moyenne ou ouvrière réintégrait le marché du travail lorsque ses enfants atteignaient l'âge scolaire. Au cours des années 1970, le retour au travail ne s'effectuait pas avant que l'enfant fête ses deux ou trois ans. Actuellement, aux États-Unis, une mère sur deux reprend son travail au cours de la première année qui suit la naissance de son enfant. Parmi les mères scolarisées,

Savoir plus 5.1

Les services de garde au Québec

Au Québec, les milieux de garde doivent recevoir l'agrément du ministère de la Famille et des Aînés (MFA). La Loi sur les services de garde éducatifs à l'enfance a été adoptée le 1er juin 2006 et vise à promouvoir la qualité des services éducatifs fournis par les trois types de garde suivants : les centres de la petite enfance, les garderies privées et les services de garde en milieu familial.

Chaque service de garde offrant des services à plus de six enfants doit être titulaire d'un permis de CPE ou de garderie, ou être reconnu à titre de responsable de service de garde en milieu familial, peu importe le type de garde offert (ponctuelle, à temps partiel, jardin d'enfants, etc.). Le législateur rend obligatoire la mise en œuvre d'un programme éducatif comprenant des activités ayant les objectifs suivants :

- privilégier le développement complet de l'enfant sur les plans affectif, social, moral, cognitif, langagier, physique et moteur ;
- amener l'enfant à s'adapter à la vie en collectivité et à s'y intégrer harmonieusement ;
- donner à l'enfant un environnement sain quant aux habitudes de vie et aux habitudes alimentaires (Québec, ministère de la Famille et des Aînés, 2006, En ligne).

ce taux atteint 68 %. Au Québec, la situation est la même, puisque les mères retournent sur le marché du travail de plus en plus rapidement après la naissance de leur enfant (Neill, *et al.*, 2004). À quel âge un jeune enfant peut-il commencer à fréquenter une garderie sans que son développement en soit perturbé ?

Le professeur Jay Belsky, de l'Université de Pennsylvanie, fut le premier à soulever cette préoccupation. Selon lui, les très jeunes enfants placés dans un milieu où des éducateurs s'occupent de plusieurs enfants à la fois peuvent éprouver une sensation d'absence de continuité et de cohérence. Utilisant l'expérimentation de la situation étrangère, il conclut que chez les tout-petits confiés à une garde non maternelle, le risque de présenter un attachement d'insécurité à la mère augmente, ce qui aurait des conséquences dommageables. En effet, selon la théorie des liens d'attachement, le principal lien d'attachement dans la vie de l'enfant est celui qu'il crée avec sa mère. Leur séparation pendant le jeune âge pourrait entraîner des problèmes ultérieurs quant au développement social et affectif (Connor et Brink, 1999). De nombreux chercheurs ont critiqué la conclusion que Jay Belsky tire de ses travaux, estimant que ses données ne corroborent nullement cette interprétation (Lamb, 1992 ; Provost, 1992).

À partir d'une analyse critique de travaux portant sur l'observation de jeunes enfants placés dans une situation étrangère à leur milieu familial, Michael E. Lamb a plutôt conclu que la majorité des bébés avaient manifesté un attachement de sécurité marqué à leur mère sans égard au mode de garde qu'ils avaient déjà expérimenté. Et lorsqu'il y avait une différence, celle-ci était infime. Le chercheur souligne qu'il n'existe pas d'étude sur la signification de l'attachement d'insécurité chez les enfants ayant connu la garde non parentale, comme il en existe chez les enfants non gardés. Pour Michael E. Lamb, si l'attachement parents-enfant joue un rôle déterminant, il n'est pas l'unique facteur en cause dans le développement

Ambivalence
Attitude dans laquelle une personne hésite entre deux comportements contraires.

Savoir plus 5.2

La situation étrangère : une méthode expérimentale

Toutes les études visant à évaluer le degré d'attachement entre les mères et les enfants s'appuient sur la « situation étrangère » établie par les chercheuses Mary Ainsworth et Barbara Ann Wittig durant les années 1960 aux États-Unis.

Cette méthode est axée sur la réaction du bébé qui retrouve son père ou sa mère après en avoir été séparé pendant des périodes où il a été soumis à des niveaux de stress croissants. Selon Marc Provost, la plupart des chercheurs s'entendent pour reconnaître que cette situation appliquée aux enfants de moins de deux ans est tout à fait fiable.

Comment l'expérience se déroule-t-elle ? Le bébé se trouve dans une pièce avec sa mère, puis il reste seul, avant d'être mis en présence d'un étranger, et qu'enfin sa mère ne revienne dans la pièce, etc. Trois modèles de comportement découlent de ces situations de stress que vit le bébé. Un enfant anxieux évitera le contact ou se montrera indifférent à sa mère qui revient dans la pièce, de peur de la perdre de nouveau : ce comportement d'évitement est le premier modèle et il révèle un attachement marqué d'insécurité. L'attachement marqué de sécurité est le deuxième modèle, caractérisé par la tentative du bébé de rétablir le contact avec le parent après une séparation. Le troisième modèle de comportement est celui de l'**ambivalence,** où le bébé tantôt se rapproche du parent, tantôt le rejette (Belsky, 1997 ; Lamb, 1992 ; Provost, 1991).

des enfants. D'autres auteurs croient que la théorie des liens d'attachement, qui hiérarchise l'attachement mère-enfant, doit être mise à jour pour tenir compte des changements familiaux et des tendances dans les services de garde. « Les enfants forment toujours des liens d'attachement, et ceux-ci continuent de jouer un rôle essentiel dans leur développement, mais le cercle des personnes avec qui ils peuvent constituer ces liens d'attachement s'est élargi » (Connor et Brink, 1999, p. 59). Il faudrait aussi prendre en considération la qualité des soins que le bébé gardé reçoit dans le milieu familial.

L'âge du début de la garde non parentale demeure un sujet controversé aussi bien chez les scientifiques qu'au regard du système de croyances de notre société, où l'on fait reposer sur la mère la responsabilité des soins au tout petit enfant. Mais pour Jay Belsky, la vraie question qui se pose aux États-Unis, c'est que les enfants expérimentent très tôt la garde hors de la famille, pendant de longues heures dans la journée, quand ce n'est pas tous les jours. Le chercheur considère que si la garde n'est pas dommageable en elle-même, la fréquentation prolongée d'un service de garde peut l'être. Il croit également qu'il faut que cette société octroie des congés parentaux et de maternité qui donneront aux parents la possibilité de passer plus de temps auprès de leur enfant après la naissance, et permettront aux mères de retourner progressivement sur le marché du travail. Le Régime québécois d'assurance parentale entré en vigueur le 1er janvier 2006 répond aux besoins des jeunes familles pour mieux concilier le travail et la famille en permettant au père et à la mère de passer du temps de qualité auprès du nouveau-né tout en protégeant le revenu familial.

5.2 Le rôle de mère : de l'identité féminine au rôle parental

Enfermement et épanouissement dans la maternité : pendant longtemps, telle était l'essence même du rôle de mère – rôle de mère et rôle d'épouse confondus. Rôle de femme, dirions-nous aujourd'hui, les rôles de mère et d'épouse lui étant subordonnés. Quel est le rôle de la mère dans la famille, quel est le rôle de la mère pour les femmes d'aujourd'hui ?

Les mères d'hier et les mères d'aujourd'hui

« Le rôle naturel de la femme est le soin des enfants et la formation de l'enfance. C'est en elle que repose le bonheur de la famille », opinait Lionel Groulx en 1923 (Chabot, 1989). Aujourd'hui, l'assertion ferait sursauter bien des jeunes filles qui s'apprêtent à entrer sur le marché du travail après avoir poursuivi des études collégiales et universitaires. Bien sûr, elles s'attendent à fonder une famille et à avoir des enfants un jour, mais contrairement aux prétentions de l'abbé Groulx, elles ne placent plus la maternité au cœur de leur vie adulte.

Le passage des mères d'hier aux mères d'aujourd'hui est un long réquisitoire autour du rôle de la maternité dans la vie des femmes. Hier sanctifiée, aujourd'hui maîtrisée, la maternité a exercé une influence prépondérante sur la définition du

rôle féminin. Pourquoi ? Parce que l'instinct maternel fait partie de la nature féminine, tandis que l'instinct paternel n'existe pas, disait-on autrefois ; parce que le
rôle maternel est une construction sociale liée à des apprentissages qui ne relèvent pas d'une quelconque nature féminine prédestinée à s'occuper des enfants,
dit-on aujourd'hui.

? Comment le rôle de mère a-t-il changé ?

Pourquoi le rôle traditionnel de mère a-t-il éclaté ? Pour deux raisons principales :
d'une part, la capacité des femmes à maîtriser leur fécondité – qui s'accentue après
la Seconde Guerre mondiale et rend moins inéluctables les grossesses multiples –
d'autre part, la remise en question radicale de la maternité et de l'instinct maternel
en tant que fondements de la nature féminine, à partir des années 1960.

Dès le XVIIIe siècle, des philosophes et des femmes politiques ont dénoncé le
réductionnisme biologique qui visait les femmes, mais leurs voix ont été étouffées
par les voix masculines, qui considéraient l'intellectualisme féminin comme une
déviation inacceptable de leur nature subjective. C'est au cours des années 1950
et 1960 que des écrits féministes jettent une véritable bombe dans l'univers bien orga-
nisé des rôles sexuels. Simone de Beauvoir, avec *Le Deuxième Sexe*, ouvrage retentis-
sant publié en 1949, met le feu aux poudres en osant dire qu'« on ne naît pas femme,
on le devient ». Elle montre, en s'appuyant sur des données d'enquêtes rigoureuses et
en puisant à une multitude de références dans tous les domaines scientifiques, la
manière dont les femmes sont socialisées au rôle qui est censé être un attribut de
leur nature profonde. D'autres écrivaines, cette fois américaines – Betty Friedan,
Germaine Greer, Kate Millett et Shulamith Firestone –, s'emploient à démonter la
mécanique de la mystique féminine. Les titres de leurs ouvrages en disent long sur le
regard qu'elles posent sur la situation de la femme en société : *La Femme mystifiée,
La Politique du mâle, La Dialectique du sexe, La Femme eunuque.*

Réductionnisme
Système de pensée qui
réduit un phénomène com-
plexe à une seule cause.

Regard 5.2

L'amour maternel :
instinct ou sentiment ?

La philosophe et féministe Élisabeth Badinter a
condensé les résultats des études ethnologiques,
historiques et sociologiques sur la problématique de
l'amour maternel dans un livre percutant, *L'Amour en
plus*. Publié en 1980, cet ouvrage a soulevé beaucoup de passion et ravivé la controverse autour des
oppositions nature/culture. Dans son essai, l'auteure
affirmait que l'instinct maternel n'existe pas. « À parcourir l'histoire des attitudes maternelles, naît la
conviction que l'instinct maternel est un mythe. Nous
n'avons rencontré aucune condition universelle et
nécessaire de la mère. Au contraire, nous avons
constaté l'extrême variabilité de ses sentiments,

selon sa culture, ses ambitions ou ses frustrations.
Comment, dès lors, ne pas arriver à la conclusion,
même si elle s'avère cruelle, que l'amour maternel
n'est qu'un sentiment et, comme tel, essentiellement
contingent » (Badinter, 1980, p. 369).

Aujourd'hui, la thèse d'Élisabeth Badinter a été
nuancée et l'on admet généralement que l'instinct
est à l'état potentiel chez l'être humain. De ce fait,
l'amour maternel humain n'est pas un instinct au
sens strict du terme. Ce qui caractérise l'humain est
justement le recul de l'instinct devant l'acquis. C'est
pourquoi la femme et l'homme peuvent se présenter
ensemble devant le bébé naissant et lui offrir leur
part d'amour et d'autorité. L'amour parental se
développe et se concrétise dans un long processus
culturel d'éducation.

À la suite de la publication de ces ouvrages, le mouvement féministe radical des années 1970, dans ses réflexions théoriques, rejette la maternité, qui serait la source de l'**aliénation** des femmes, ainsi que la famille, qui serait le lieu principal de leur oppression. C'est pour cette raison qu'au cours de la période 1960-1975, les luttes féministes ont surtout visé à libérer les femmes de leur rôle maternel, dans ses dimensions tant biologiques que sociales.

? Les féministes ont-elles refusé la maternité ?

Il faut dire que ce refus de la maternité s'explique dans un contexte qui confinait les femmes à une **féminité étriquée** et à un éventail restreint de rôles sociaux (Brière, 1987). Ce haro sur la maternité, essentiellement d'ordre théorique, doit pourtant être nuancé par les luttes concrètes qu'ont menées les groupes de femmes : accès à l'avortement, diffusion de la contraception, égalité salariale, partage des tâches domestiques et parentales, mise sur pied des garderies, indépendance économique et égalité juridique. Toutes ces luttes ont contribué autant à améliorer les conditions de vie des mères qu'à permettre à l'ensemble des femmes d'exister en dehors de la maternité.

Au début des années 1980, des essayistes insisteront sur la l'importance centrale de l'expérience de la maternité dans la vie des femmes (Friedan, 1983). On prendra conscience du fait que la question de la maternité se pose à toutes les femmes, qu'elles aient ou non des enfants. Le nouveau discours féministe précisera que la société doit faire une place aux femmes en tant que personnes et en tant que mères. C'est dans cette optique que les responsabilités maternelles doivent être partagées entre les hommes et les femmes, et soutenues par la société tout entière.

Être mère aujourd'hui relève d'une expérience multidimensionnelle qui engage l'individu, la conjointe et la travailleuse. Nombre de femmes découvrent un intérêt nouveau pour leur corps au moment de leur première grossesse, qui est porteuse d'innombrables sens. Elles ont des sentiments partagés en vivant plusieurs dimensions liées à la grossesse : le bonheur de l'événement, d'une part, et d'autre part la crainte de la transformation de leur corps et de sa déformation à travers le regard des autres ainsi que l'inquiétude de se retrouver enfermées dans le rôle de mère et, enfin, la peur pour la santé du fœtus (Quéniart, 1988). La maternité est aussi devenue un terrain de recherches médicales qui ont peu à voir avec l'événement naturel et non maîtrisable du début du siècle. Ce qu'il est convenu d'appeler la **médicalisation** de la grossesse et de l'accouchement a complètement bouleversé le rapport des femmes à la maternité.

La maternité et la carrière

Aujourd'hui, le rôle féminin repose sur une dualité : d'une part, celui de mère et, d'autre part, celui de travailleuse. La dyade maternité-carrière met en relief toutes les difficultés et toutes les aspirations maternelles conscientes et inconscientes des femmes postmodernes. Si plusieurs femmes ne savent pas toujours pourquoi elles désirent devenir mères, elles n'en sont pas moins capables de soupeser les avantages et les inconvénients d'une maternité survenant dans leur vie. D'ailleurs, ne parle-t-on pas de maternité planifiée? Plus que les garçons, les jeunes femmes doivent se demander: «Quand aurai-je un enfant?»

La trajectoire professionnelle des mères

Durant la décennie 1990, le travail rémunéré des femmes, conjugué à la maternité, est passé de l'exception à la règle (B.-Dandurand et Descarries, 1992). Une grossesse induit toujours une interruption de travail plus ou moins longue, au moment de la grossesse et après l'accouchement, une réduction du revenu féminin et des contraintes au moment de la reprise du travail.

Les études en sciences sociales tendent toutes à établir la réalité maternelle d'aujourd'hui comme suit: les femmes entrent sur le marché du travail et y demeurent, avec des périodes d'interruption pour mettre au monde des enfants. Au total, la durée du **maternage** et des soins exclusifs aux enfants – à peu près 10 ans dans la vie d'une femme – diminue avec la réduction du nombre d'enfants mis au monde. Parallèlement, la durée de la présence des femmes sur le marché de l'emploi rémunéré s'allonge – environ 30 ans de vie professionnelle, si l'on écarte la période intensive de maternage. Autrement dit, la période de vie exclusivement consacrée aux enfants a raccourci, tandis que la période occupée par un emploi salarié s'est allongée dans le cycle féminin (Spain, Bédard et Paiement, 2000).

Maternage
Ensemble des tâches nécessaires à l'éducation et aux soins des enfants.

Les choix de carrière des filles doivent donc être orientés en fonction d'une perspective réaliste. Il est vrai que la très grande majorité des femmes adultes connaîtront l'expérience de la maternité. On ne peut donc l'exclure du plan de carrière féminin (Spain, 1982). Cependant, la maternité n'est plus une carrière en soi et elle serait tout à fait irréaliste compte tenu des trois facteurs suivants: la précarité de la vie conjugale, qui n'assure plus la sécurité financière des conjointes; la précarité de l'emploi et les difficultés économiques qu'éprouvent les familles; la période de fertilité des femmes. L'emploi rémunéré passe alors du statut de travail d'appoint plus ou moins valorisant au statut de travail permanent.

Dans cette perspective, l'arrêt de travail peut devenir un obstacle à la poursuite des objectifs professionnels de la femme, en entraînant une perte d'emploi ou de promotion, en exigeant de nouvelles formations et une reclassification. Bien que les gouvernements aient convenu de sauvegarder l'emploi au moment d'une grossesse (Loi sur les normes du travail et congés parentaux), plusieurs études confirment que la maternité est mal vue par les employeurs, qui préfèrent ne pas engager de femmes, abolir leur poste ou les réintégrer dans d'autres fonctions.

Des choix stratégiques de maternité

Vaut-il mieux pour une femme avoir ses enfants en début de carrière, juste à la fin des études, ou attendre d'avoir un emploi pour songer à fonder une famille? Plusieurs jeunes filles veulent rapidement avoir des enfants, mais quels sont en réalité les avantages et les inconvénients dans chaque cas? En nous inspirant des résultats de recherche d'Armelle Spain (Spain, 1987; Spain, Bédard et Paiement, 1998), nous pouvons analyser les solutions qui s'offrent aux femmes.

Maternité hâtive
Maternité qui survient avant
l'âge de 25 ans.

Examinons d'abord la **maternité hâtive.** Une fois qu'elle a mis au monde le nombre d'enfants désirés, la femme se libérera rapidement des tâches accaparantes liées aux soins des jeunes enfants pour retourner sur le marché du travail ou commencer des études. Autrement dit, elle sera encore jeune pour se réorienter ou entreprendre une carrière. Elle disposera de plus de temps au moment où la carrière l'exige, à la fin de la trentaine. Enfin, la différence d'âge sera moindre entre les parents et les enfants. Plusieurs femmes pensent que le rapprochement entre les générations est alors plus facile.

À côté de ces avantages, les inconvénients ne sont pas moindres. En premier lieu, une jeune femme qui se retire rapidement du marché du travail pour avoir ses enfants profite très peu des programmes sociaux de soutien à la famille, comme les congés de maternité et les allocations de grossesse. Ces programmes ont été conçus pour aider à concilier la famille et le travail. Même s'ils sont imparfaits, ils permettent aux femmes de conserver une certaine autonomie financière et de contribuer au revenu familial. Ainsi, lors d'une maternité hâtive,

Savoir plus 5.3

Les mères au foyer : du mythe à l'analyse sociologique

Des étudiantes et des étudiants peuvent se demander : pourquoi ne pas parler des mères qui demeurent au foyer ? Dans les années 1990, un courant néoconservateur a influencé plusieurs écrits sur la famille. Des articles parus dans des revues à grand tirage ont loué les charmes et la tranquillité de la vie au foyer. Une équipe de chercheuses s'est penchée sur la réalité des femmes au foyer et il est apparu que ces femmes ne constituent pas une catégorie sociale homogène. Les chercheuses estiment à environ 30 % de la population féminine canadienne âgée de plus de 15 ans les femmes pour qui le travail domestique et l'entretien des membres de la famille représentent l'activité principale. Ce ne sont pas toutes de jeunes femmes mariées, mères de famille.

Les auteures de la recherche distinguent trois catégories de femmes au foyer : un premier groupe est composé de femmes âgées de moins de 45 ans qui quittent leur emploi soit par choix délibéré, soit à cause des contraintes trop grandes liées à la structure du marché du travail. Le deuxième groupe inclut la génération des femmes de 45 à 64 ans qui n'ont plus de jeunes enfants, mais qui éprouvent des difficultés de réinsertion ou sont exclues du marché du travail. Elles ont vécu à la fois les contraintes du modèle traditionnel de mère au foyer et les bouleversements liés à la contestation de ce modèle. Enfin, la troisième catégorie de femmes au foyer comprend des femmes de plus de 65 ans pour qui l'éventualité d'une réinsertion sur le marché du travail ne se pose plus.

Les chercheuses remettent en question un mythe fort répandu : les femmes au foyer ont les moyens de rester à la maison et le font par choix. « Les données statistiques sur la situation sociale et financière des femmes inactives révèlent qu'une proportion considérable d'entre elles appartiennent à un groupe défavorisé socialement, économiquement ou culturellement. » Selon leur étude, les risques économiques, la faible reconnaissance sociale du statut de femme au foyer et les effets sur la santé physique et mentale sont énormes et parfois irrémédiables. Elles sont très critiques à l'égard de l'image idyllique de la femme au foyer véhiculée par les médias. « [...] La jeune épouse-mère-ménagère qui a traditionnellement prêté sa physionomie à une certaine conception de la "bonne mère" et de la femme au foyer deviendra un personnage sociologique de plus en plus rare » (Corbeil et Descarries, 1992, p. 82-93).

les femmes ne bénéficient pas de ces programmes : elles deviennent économiquement dépendantes de leur conjoint et le revenu familial est amoindri. En deuxième lieu, les difficultés de recyclage peuvent être considérables : concilier la reprise des études et la vie familiale devient vite épuisant. De plus, la femme entre alors en concurrence avec de plus jeunes candidates. Si elle possédait un diplôme, celui-ci aura sans doute perdu de sa valeur et elle n'aura guère d'expérience de travail dans son domaine de formation. Le recyclage ou l'obtention d'un nouveau diplôme deviennent alors incontournables. En dernier lieu, le soutien et la collaboration de son mari et de ses enfants seront indispensables pour assurer le fonctionnement de la maisonnée. Si elle avait jusqu'alors assumé seule ces tâches, le changement de rôle peut être une étape difficile dans la vie de la famille.

Quels sont les avantages de la maternité tardive ?

Retarder la venue des enfants permet à la jeune femme de s'établir professionnellement : asseoir ses compétences, se faire connaître dans son milieu de travail, accéder à un poste permanent si cela est possible, acquérir des habiletés et accumuler une précieuse expérience de travail. Les deux conjoints bâtissent leur carrière ensemble, ce qui crée ou facilite une plus grande égalité économique dans le couple. Le travail de la femme prend de l'importance et peut difficilement être écarté dans les stratégies familiales. Pendant cette période sans enfant, l'union conjugale se solidifie. L'avantage financier de la **maternité tardive** est aussi substantiel : la femme enceinte profite des programmes de soutien à la famille et son congé de maternité est alors moins coûteux, pour elle comme pour la famille. Si elle est travailleuse autonome, elle peut planifier son absence temporaire.

Maternité tardive
Maternité qui survient après l'âge de 30 ans.

Au chapitre des inconvénients, le couple doit s'adapter aux contraintes de la vie avec des enfants. La réorganisation de la vie familiale peut être une source de frustrations et de tensions dans la relation du couple. Plus la femme retarde la maternité, plus les risques d'infertilité augmentent. L'inconvénient principal est sans doute le fait que la maternité survient au moment où la carrière est la plus exigeante. Famille et carrière entrent alors en concurrence. Un ralentissement dans le travail peut avoir des effets sur le déroulement de la carrière. Enfin, plus la maternité est retardée, plus la possibilité de ne pas avoir d'enfant augmente. Les concessions à la vie de célibataire ou de couple à deux revenus sans enfant (*double income, no kid* – DINK) pèsent lourd dans la balance. La différence d'âge entre les deux générations est perçue comme un autre inconvénient. Le tableau 5.2, à la page suivante, résume les avantages et les inconvénients de la maternité hâtive et de la maternité tardive.

Les stratégies de maternité et de carrière ne sont pas autant tranchées, rationalisées. Néanmoins, de plus en plus de jeunes femmes, seules ou en concertation avec leur conjoint, organisent leur projet de vie en prenant en considération la perspective d'une maternité. Elles savent très bien à quel moment elles ne désirent pas être enceintes, mais elles sont un peu moins certaines quant à l'étape la plus propice à l'établissement d'une famille, d'autant plus que les aléas de la vie de couple peuvent perturber toute cette stratégie. Malgré tout, il est permis de parler de maternités planifiées dans la famille postmoderne.

L'identité de mère : un dilemme

Une mère aujourd'hui continue d'être une mère comme autrefois : elle met un enfant au monde, elle le soigne, elle lui sourit, elle le gronde, elle a peur pour lui, elle le berce, elle lui chante des mélodies, etc. Elle est fière de son enfant, elle veut qu'il grandisse en bonne santé, et son rôle de mère lui tient à cœur. Pourtant, ce rôle ne suffit plus à la combler. Son identité de mère puise à l'aune de son identité de travailleuse et elle n'est qu'un des aspects de son identité de femme.

La conciliation de ces deux univers encore tant éloignés, dont l'un demeure hermétique aux obligations de la vie de famille, n'est pas sans créer plusieurs dilemmes pour les femmes. Elles vivent fréquemment des conflits de rôles : avant d'avoir des enfants, elles s'inquiètent des répercussions d'une maternité sur leur carrière ; une fois qu'elles ont mis un enfant au monde, ce sont les exigences de la carrière qui interfèrent dans la vie familiale. Ce conflit les oblige à établir une hiérarchie dans leurs rôles et, la plupart du temps, elles placent le rôle maternel et la famille au premier rang. Il découle aussi de l'accumulation des responsabilités inhérentes aux deux rôles une surcharge de travail qui nuit à la santé physique et psychologique des femmes.

Tableau 5.2 ● Les avantages et les inconvénients de la maternité hâtive et de la maternité tardive

	Maternité hâtive	Maternité tardive
Avantages	• La famille est établie plus tôt. • Les femmes sont encore jeunes pour entreprendre ou poursuivre une carrière. • Elles sont plus libres au moment où leur carrière devient plus exigeante. • Il existe une faible différence d'âge entre les parents et les enfants.	• Les femmes s'établissent d'abord professionnellement. • Les deux partenaires bâtissent leur carrière simultanément. • Les femmes sont autonomes financièrement. • Elles ont le temps de fonder une union solide avec une répartition égalitaire des tâches. • Elles acquièrent une identité personnelle avant de devenir parent. • Elles profitent des avantages économiques et sociaux consentis aux travailleuses enceintes.
Inconvénients	• Les femmes quittent leur poste au moment où elles viennent de commencer à travailler. • Elles éprouvent des difficultés de recyclage scolaire ou de formation. • Elles sont en concurrence avec des candidates plus jeunes. • Elles sont dans une situation de dépendance financière. • Elles n'ont pas droit aux avantages sociaux consentis aux travailleuses enceintes.	• Les femmes éprouvent des difficultés d'adaptation au rôle de parent. • Le couple doit s'adapter à la nouvelle réalité familiale. • Il y a de l'insatisfaction quand la réalité ne correspond pas à ce qui a été décidé. • Les risques d'infertilité de la femme s'accroissent avec l'âge. • La carrière et la famille se trouvent en concurrence. • Le sommet dans la carrière est presque atteint au moment où la famille est la plus exigeante.

5.3 Le rôle de père : l'engagement parental en mouvement

Enfermement dans l'activité économique et expression affective dans l'autorité, tels étaient autrefois les fondements du rôle de père. Un rôle tout entier tourné vers l'extérieur de la maisonnée : pourvoyeur, protecteur, médiateur entre l'amour maternel et les contraintes de la vie en société. Au sein de la famille, le père occupait une place à part, là sans y être, auréolé d'une présence surtout symbolique. Il pouvait être absent, mais son autorité n'en demeurait pas moins toujours effective. Pendant des décennies, l'essentiel du rôle paternel consista en l'exercice d'un patriarcat social et affectif.

Les pères d'hier et la condition masculine d'aujourd'hui

Il ne faut pas oublier que plusieurs pères traditionnels étaient proches de la vie familiale. Comme la maison et la ferme étaient les lieux de vie et de travail, que les femmes, les hommes et les enfants coopéraient à certains travaux et que, pendant les longs hivers, les activités se déroulaient dans la maison, le rôle du père-autorité a été tempéré. Les pères d'hier côtoyaient les mères, les enfants et les grands-parents dans des espaces communs. L'homme n'était pas un exclu dans sa famille. Malgré la

---

Regard 5.3

Vivre en constante contradiction

Voici le témoignage teinté d'ironie d'une mère d'un jeune enfant, qui exprime à sa façon les conflits de rôle et les dilemmes inhérents à la conciliation maternité-travail.

« Depuis que j'ai eu mon fils, une partie du monde m'a littéralement mise sur un piédestal. Une autre partie, quant à elle, me considère pratiquement comme une bête n'ayant pu s'empêcher d'assouvir ses instincts primaires de reproduction. Entre les deux je me balance. Et mes amis pères et mères aussi. [...]

« Être en constante contradiction avec soi-même me semble donc le point central de ma vie de mère. Ça... et la culpabilité, relent subtil de notre chrétienne éducation que les moralistes (qui trop souvent s'ignorent) savent si bien apprêter au goût du jour. »

Quelques contradictions

« Vouloir un enfant, sans véritable raison, parce que c'est plus fort que nous. Et ne pas en vouloir pour ne pas déranger la vie de couple, par peur des responsabilités. [...]

« Vouloir qu'il soit autonome. Parce que j'aime bien lorsqu'il se débrouille tout seul et que je peux relaxer un peu, parce que ça me rend fière de lui et parce que je n'aime pas être au service continu de quelqu'un. Ne pas vouloir qu'il soit autonome, parce que je n'aime pas ramasser ses dégâts, parce que j'aime bien le dorloter (je me sens moins coupable de ne pas être là le jour). [...]

« Être partagée entre le désir d'être toujours avec lui et le besoin (monétaire et psychologique) de travailler. Vouloir "lui montrer les choses de la vie", mais laisser une autre le faire la majeure partie du temps... »

« Vouloir la meilleure gardienne possible pour mon enfant et me sentir rassurée parce qu'il s'entend bien avec elle. Mais vouloir aussi qu'elle ne soit pas si fine que ça, sa fameuse gardienne, pour qu'il me garde son amour exclusif ou tout au moins la première place dans son cœur. »

« Vouloir sortir seule avec mon chum, parce que des fois ça ferait du bien de se retrouver un peu et de vivre quelques heures folles et irresponsables. Ne pas vouloir sortir, parce qu'on est déjà absent cinq jours sur sept, sans compter nos heures supplémentaires, réunions de comités ou conseils d'administration » (Campeau, 1989, p. 115-117).

division sexuelle du travail, la solidarité entre les sexes revêtait une importance vitale et les pères traditionnels étaient mieux intégrés dans la famille que ne le seront les générations de pères suivantes.

Avec l'industrialisation et la modernisation, le père s'exclut définitivement de la famille, les lieux de travail étant séparés des lieux de la vie privée. Chaque jour, le père moderne quitte le foyer familial pendant de longues heures. Dans les familles ouvrières et de la classe moyenne, le père travaille souvent le soir et le samedi pour assurer un meilleur niveau de vie et acheter les biens de consommation qui sont devenus indispensables, l'automobile notamment. C'est à ce père de l'extérieur, ce père exclu, que les générations d'enfants du *baby-boom* reprocheront son absence de la maison. Ce père dont la responsabilité première était de travailler et qui, en rapportant un salaire au foyer, assumait son rôle fondamental, sera critiqué pour son manque de tendresse, sa rationalité économique, sa désertion dans l'éducation des enfants.

? Le père d'autrefois était-il vraiment heureux ?

Ce père moderne est-il à plaindre ? Comme la mère, il était astreint à un rôle, et celui-ci laissait peu de place à l'expression des sentiments, lesquels appartenaient au domaine du féminin. L'homme devait taire le féminin en lui. Cependant, s'il n'était pas réellement heureux – des témoignages commencent à souligner cet aspect méconnu de la vie de père d'autrefois –, il n'occupait pas objectivement la même position sociale que la mère. Son rôle était contraignant, certes, mais il jouissait de la reconnaissance et de pouvoirs sociaux, d'une autonomie financière, de l'autorité sur l'épouse et les enfants en plus de contacts avec d'autres adultes. Pour le père moderne, la famille relevait plus de la conformité au rôle social masculin que d'un

---

Regard 5.4

La paternité d'hier

Les représentations du père d'autrefois sont tout aussi riches de valeurs anciennes que celles de la mère. Comme on le voit dans les citations ci-dessous, le père est magnifié pour son rôle de chef de la famille, pour ses activités qui le font appartenir à la société des hommes.

> Le père : première personne de la trinité familiale : un nom qui signifie autorité, royauté.
>
> (Lalande, 1929)

> Normalement, l'homme est moins sensible que la femme et il est fort peu intéressé par tout l'aspect romanesque et sentimental de l'existence, qui est l'une des caractéristiques de l'âme féminine. La lutte de chaque jour pour la vie, les soucis quotidiens, la conquête et la conservation d'une place au soleil pourraient le rendre insensible et, en fait, le rendent souvent tel ; non pas qu'il n'ait pas le sens

> de la sympathie, mais il la manifeste moins […]. Par contre, il peut s'attacher à des idées douces, simples et claires, à des abstractions, à des idéaux sociaux ou politiques, pour lesquels toute sa sensibilité profonde se déclenche et le rend capable de lutter avec ténacité et même d'y sacrifier sa vie. Ses passions, parfois cérébrales, lui permettent de travailler à un but lointain…
>
> (Abbé Lemoine, 1961)

> Lorsqu'ils parlent de leur père, tous les hommes interviewés en donnent une image assez semblable : c'est "une autorité lointaine qui prend les ultimes décisions", c'est le "seigneur absent, dictateur et maître", le père, "surpuissant, agressif, autoritaire, silencieux et castrateur". C'est celui qui juge, qui punit, qui décide, qui interdit, qui réprime et qui garde ses distances. Le fils le regarde, l'admire ou le déteste, mais apprend à tenir le même rôle.
>
> (Falconnet, 1975)

penchant affectif ou d'un désir particulier, intime, d'avoir des enfants. La fondation d'une famille était souvent un jalon dans l'établissement d'une carrière ou dans le cycle de vie masculin.

Pour l'écrivain et philosophe Marc Chabot, qui s'est intéressé au rôle de père d'il y a 50 ans, un homme se mariait pour avoir des enfants. Les responsabilités du père «l'obligeaient à vivre sa famille en dehors de la famille». La paternité était vécue comme un pouvoir, une responsabilité, un devoir (Chabot, 1989).

La nouvelle condition masculine

Ce père a été contesté, surtout dans la dimension autoritaire de son rôle. Il ne peut plus se définir comme étant le roi et le maître dans la famille. Son autorité et le pouvoir qui en découle ont été remis en question sur les plans juridique, social et culturel.

Deux phénomènes sur lesquels le **féminisme** a eu une incidence considérable ont contribué à la redéfinition du rôle paternel : l'entrée massive des femmes sur le marché du travail salarié depuis les années 1970 et l'éclatement de la famille nucléaire moderne.

Un autre mouvement alimente la réflexion sur les nouveaux pères. C'est le mouvement de la «nouvelle condition masculine». Plusieurs groupes d'hommes se sont constitués soit en réaction au discours féministe, soit par sympathie à la cause. Tous ces groupes ressentent le besoin de réfléchir entre hommes sur la condition masculine. L'un des aspects centraux de leurs discussions porte sur la nouvelle paternité et sa dimension affective. Depuis quelques années, on assiste à l'émergence d'un nouveau discours sur la paternité. De plus, compte tenu de l'augmentation des ruptures d'unions, les pères doivent réinventer leurs relations avec les enfants. Un nombre croissant de pères demandent la garde partagée, signe d'un nouvel engagement auprès des enfants. Des associations de défense des droits des pères ont vu le jour, arguant la discrimination dont sont victimes les pères devant les tribunaux (Dulac, 1994a).

Pourtant, les philosophes et les sociologues qui réfléchissent sur les rapports entre les hommes et les femmes tiennent pour acquis que des transformations durables des rôles familiaux ne seront possibles que lorsque *les hommes amorceront la transformation de leurs valeurs* et qu'ils s'engageront pleinement dans la voie du changement. Car les hommes vivent plus difficilement la transformation des rapports entre les sexes, comme le souligne le sociologue Jacques Lazure. Plusieurs hommes se tiennent sur la défensive : ils doivent composer avec les incertitudes qui frappent leurs acquis sociaux, leur sentiment de supériorité, leur autorité et leur pouvoir sur le domaine social (Lazure, 1990).

L'identité de père

Que font les pères aujourd'hui ? Qu'est-ce qui a changé dans le rôle de père ? Thomas Antil et Michel O'Neill définissent la **nouvelle paternité** de la façon suivante : les nouveaux pères sont des hommes qui ont décidé par choix, plutôt que par obligation, de consacrer une quantité importante de leur temps et de leur énergie à leurs

Féminisme
Mouvement social qui préconise l'égalité des droits entre les hommes et les femmes. Il existe plusieurs tendances dans le mouvement féministe.

Nouvelle paternité
Paternité dans laquelle le père choisit d'avoir une présence affective active auprès de ses enfants et de participer aux tâches familiales.

enfants. Cette participation active commence durant la grossesse, se poursuit lors de l'accouchement et se prolonge au cours des années subséquentes (Antil et O'Neill, 1987).

La nouvelle paternité est donc tout à la fois un choix, une orientation affective, une présence active et une coparentalité bien assumée avec la mère ou un conjoint. Certains se demandent si tout cela est conciliable avec la nature masculine. Comment un père peut-il être présent dans l'univers du nourrisson? Enlève-t-il sa place à la mère? La mère lui laisse-t-elle suffisamment de place?

L'évolution de la paternité

On a longtemps opposé la maternité à la paternité, affirmant que la première était à la nature ce que la seconde était à la société. Or, plusieurs chercheurs remettent en question la dichotomie «biologisante» des rapports à l'enfant, qui a servi d'assise à la séparation des rôles familiaux. Nous avons précédemment souligné (*voir la rubrique Regard 5.2, p. 137*) le postulat selon lequel l'amour maternel, tout ancré qu'il soit au bagage biologique féminin et plus directement aux changements hormonaux induits par la grossesse, est considéré comme étant un comportement appris. Qu'en est-il de la paternité, qui est la plupart du temps perçue comme sociale?

La dimension biologique de la paternité existe. D'une part, il y a le père procréateur. Réduite au géniteur ou au donneur de sperme, la place que prend le père dans la procréation a été très mal étudiée. Geneviève Delaisi de Parseval écrit que le rôle institutionnel du père masque son rôle de procréateur. L'une des manifestations du rôle procréateur est la couvade, qui a été documentée pour les sociétés primitives et que l'on commence à peine à reconnaître en Occident. La couvade est un mode d'expression corporelle des hommes durant la grossesse de leur conjointe. Les symptômes de la couvade sont psychosomatiques et vont de la prise de poids (parfois 10 kg) aux orgelets, en passant par la perte de dents, l'anxiété et l'insomnie.

D'autre part, il y a le père nourricier. L'un des mythes les plus tenaces sur la paternité est bien celui qui nie au père toute capacité d'entretenir des relations étroites de soins et d'affection avec le nourrisson, domaine exclusif de la mère. La mère porte l'enfant, elle est le mieux disposée à s'occuper de lui. Des études menées dans des situations encadrées, où le chercheur précise la tâche à effectuer, montrent des compétences similaires entre les pères et les mères en matière de langage et de soins (Dubeau, 2002). Les pères ne sont pas moins sensibles que les mères aux signaux émis par l'enfant. Ils réagissent à leurs demandes et les alimentent de la même façon que le font les mères. C'est le type de soins spontanément déployés qui diffère. Les observations effectuées en milieu naturel montrent des différences entre les pères et les mères dans la façon d'effectuer les activités et dans la manière d'agir avec l'enfant. Les mères interagissent plus dans un contexte de soins à donner à l'enfant – le débarbouiller, par exemple –, tandis que les pères interviennent plus souvent à l'occasion d'exercices physiques. Ces distinctions suggèrent aux chercheurs que ce n'est pas tant par incapacité biologique que les pères s'occupent peu des soins aux enfants, mais parce que, culturellement, ce rôle est dévolu aux mères (Antil et O'Neill, 1987).

D'autres différences ont été observées dans les échanges verbaux avec l'enfant. Les pères verbalisent un peu moins que les mères, mais ils s'engagent davantage dans l'action. Ils utilisent volontiers la forme impérative en s'adressant à l'enfant et sont plus exigeants à l'égard du langage. Ils expriment une plus grande réactivité aux comportements de dépendance de l'enfant. Enfin, ils manifestent plus fréquemment que les mères des comportements non conventionnels qui déstabilisent l'enfant et le mettent en situation de défi – par exemple, le laisser perdre dans un jeu de société ou le bousculer physiquement dans des jeux sportifs (Dubeau et Devault, 2009).

Tous ces résultats de recherche ont contribué à ébranler le mythe de l'incapacité des pères à s'occuper des enfants.

La paternité active

Si la nouvelle paternité se définit comme le choix qu'assume un homme de désirer et de mettre au monde un enfant, sa conséquence rationnelle est sans aucun doute la présence active du père dans la famille. Elle devrait se traduire par une présence affective en temps réel auprès de l'enfant, mais aussi par la participation du père à l'ensemble des tâches liées à la famille, tâches de soins comme de travaux ménagers.

Le rôle de père postmoderne glisse de la mystique paternelle aux **contingences** du quotidien familial. Avoir un enfant, c'est de plus en plus l'aimer concrètement, c'est-à-dire tous les jours, dans des gestes qui créent des interactions quotidiennes intimes. Les pères nouveaux changent les couches, donnent le biberon ou apportent l'enfant à sa mère pour la tétée en pleine nuit, préparent les repas de la famille, achètent des vêtements, vont chez le médecin pour les visites périodiques ou les vaccinations, se lèvent la nuit pour consoler. «Il n'est pas rare de voir des pères de

Contingences
Événements qui sont soumis au hasard.

Regard 5.5

La paternité engagée

«Les recherches concluent que la présence du père et un niveau significatif d'engagement de sa part procurent des bénéfices incontestables aux enfants» (CFE, 2008, p. 34).

Le journaliste pigiste Claude Laroche exposait en 1979 sa conception de la paternité. «Qu'est-ce qu'un père ? C'est un homme qui fait un enfant et qui en est conscient. [...] Des pères d'amour et de tendresse, des pères-cuisiniers, laveurs de vaisselle, changeurs de couches [...] des pères sortis de leur froideur et de leur virilité, des pères paternels, amoureux, joyeux, éducateurs, engagés, des pères tracassés par la vie quotidienne et non plus seulement par le grand art et les travaux d'Hercule [...]» (ibid., p. 60-61). En 2008, le Conseil de la famille et de l'enfance précise que si l'engagement paternel souhaité est multiple, deux caractéristiques essentielles doivent être présentes : la

précocité de l'engagement dès la naissance, et la durée dans le temps, au-delà des difficultés qui surviennent dans la relation père-enfant et les aléas de la relation conjugale.

Un indicateur de l'engagement des pères peut être vu dans l'évolution de la prise des congés parentaux au Québec. Les récentes statistiques indiquent qu'en 2006, 69 % des pères de nouveau-nés (45 906 pères) se sont prévalus du congé de paternité pour une durée moyenne de 4,8 semaines, presque le maximum prévu (5 semaines). Quant au congé parental qui désigne la période suivant le congé de maternité ou de paternité, 12 % des pères l'ont partagé avec la mère pour une durée moyenne de huit semaines et 9,6 % des pères l'ont pris seuls. «Il s'agit là d'un revirement majeur» (ibid., p. 42). Il serait intéressant de savoir ce que font les pères avec leur enfant et leur niveau de responsabilité dans les tâches familiales durant le congé.

nourrissons les porter dans leurs bras ou les promener dans la poussette. D'autres accompagnent leurs enfants dans leurs déplacements entre la maison et la garderie ou l'école primaire et participent à des initiatives de ces milieux […]. Ces implications […] sont de plus en plus évidentes. Elles témoignent de l'engagement paternel et des formes qu'il prend de nos jours » (CFE, 2008, p. 39).

Tous les hommes qui ont tenté l'expérience de la nouvelle paternité admettent que les soins aux enfants sont accaparants, que les tâches domestiques sont répétitives et demandent des habiletés, et que l'on ressent rapidement un enfermement familial si l'on ne maintient pas de relations avec le monde du travail ou d'autres activités sociales. Les pères qui demeurent à la maison avec les enfants par obligation – généralement en raison de la perte de leur emploi – vivent souvent mal cette situation. Ils sont quelquefois déprimés et se sentent dévalorisés dans leur rôle habituel de pourvoyeur économique. Le statut de travailleur et travailleuse au foyer n'étant pas reconnu, les hommes en prennent souvent conscience au moment où ils se trouvent par nécessité à la maison.

Plusieurs éléments sont associés à une plus grande participation des pères. Par exemple, l'appartenance à la classe moyenne éduquée (professionnels, professeurs, journalistes, publicistes, artistes) offre une flexibilité du travail et une variabilité des horaires qui constituent des conditions favorables à l'exercice de la paternité. Le niveau de scolarité de la mère et son désir de faire carrière sont aussi le moteur d'un partage plus égalitaire. Le père collabore davantage quand la mère « souhaite qu'il prenne une part plus active dans les soins aux enfants » (*ibid.*, p. 63).

La paternité se diversifie avec l'évolution des structures familiales. Il y a le père qui vit avec ses enfants et leur mère, le papa d'enfants qui ne vivent pas avec lui, le beau-père des enfants de sa nouvelle conjointe avec laquelle il aura peut-être un enfant, le père qui vit avec son compagnon, etc. La paternité aujourd'hui est en mouvement et est loin d'être figée dans un modèle unique.

Les résultats des consultations et des rencontres sur le thème de la paternité menées par le Conseil de la famille et de l'enfance en 1993, puis de 2006 à 2008, ont montré l'intérêt des pères dans l'engagement auprès de leurs enfants (CFE, 2008). Les témoignages semblaient indiquer que les hommes laissent de plus en plus facilement tomber leur pudeur relativement aux sentiments lorsqu'il est question d'enfants. Les pères souhaitent prendre leur place auprès des enfants sans qu'on leur dicte quoi faire et comment le faire ; ils en veulent aux médias qui présentent négativement les efforts consentis par de nombreux pères auprès des enfants. Ces hommes pensent que la recherche de l'équilibre entre les rôles parentaux ne passe pas seulement par le partage des tâches, mais qu'elle se situe aussi sur le plan des valeurs (CFE, 2008).

5.4 Les rôles parentaux et les tâches familiales

Nommées « travail domestique » ou « travail ménager », les tâches inhérentes à la vie familiale, ainsi que leur organisation et leur réparation, ont été des sujets d'étude privilégiés de la recherche féministe durant les années 1980. En effet, jusqu'au début des années 1970, cet aspect de la vie familiale n'était presque pas abordé, sinon par les études des économistes portant sur le budget et le temps. Ce n'est qu'au moment où les femmes et les mères de famille ont commencé à demeurer sur le marché du travail salarié que le problème du travail ménager a fait surface. Ce travail, «naturellement» exécuté par les femmes, est devenu tout à coup un enjeu des rapports sociaux de sexe et de la recherche d'autonomie et d'indépendance des femmes à l'ère du mouvement féministe.

Les tâches familiales selon le genre

Que signifie le concept de **travail domestique**? Il recoupe des activités qui sont liées à trois grands domaines de la vie familiale: la satisfaction des besoins des personnes (soins, alimentation, protection), l'entretien de la maison (intérieur et extérieur), et les soins et l'éducation des enfants, en particulier durant la petite enfance. Il est impossible de dresser une liste exhaustive de toutes ces activités, tant certaines sont ponctuelles et d'autres permanentes, plus ou moins visibles, exigeant des investissements différents en temps, qu'ils soient de type corvée ou travail courant.

Travail domestique
Ensemble des tâches effectuées au sein des familles pour satisfaire aux besoins des personnes, à l'entretien de la maison et aux soins des enfants.

? Qui fait quoi dans la famille?

On sait que certaines tâches sont plus facilement dévolues aux hommes et d'autres aux femmes. Pour la plupart, les hommes exécutent des tâches déterminées, circonscrites dans un espace-temps délimité – le repas du samedi soir, par exemple –, qui répondent à une demande explicite de leur conjointe. Ces tâches sont habituellement liées à un savoir qui est associé au travail du père, à moins qu'elles ne soient traditionnellement du ressort masculin, comme laver la voiture, procéder à des réparations extérieures, à

Savoir plus 5.4

La sociologie et le travail domestique

Selon les sociologues Céline Le Bourdais, Pierre J. Hamel et Paul Bernard (1987), le travail domestique est quasiment absent des écrits à caractère sociologique, jusqu'à la fin des années 1960. Dans le courant théorique marxiste, plusieurs auteurs prédisaient, à l'instar de Marx et d'Engels, que le travail domestique effectué au sein de la famille allait disparaître avec l'essor du capitalisme. Les services et les biens produits à la maison seraient remplacés par des biens marchands offerts par les industries capitalistes. Or, si l'industrie s'est effectivement immiscée dans l'univers des travaux domestiques, elle n'a pas fait pour autant disparaître les tâches familiales. De plus, la théorie marxiste s'intéressait d'abord aux rapports de classe du point de vue de la production marchande et laissait de côté les luttes autres que celles de classe, comme les luttes à caractères sexuel et racial.

À l'opposé, pour la tradition fonctionnaliste, la division sexuelle du travail, codifiée par les modèles de mari-pourvoyeur et d'épouse-ménagère, est reconnue et fixée dans un déterminisme sociobiologique qui la rend naturelle et nécessaire. Il est donc inutile de faire du travail ménager un objet d'analyse en soi.

C'est l'entrée accélérée des femmes sur le marché du travail qui a fait naître un doute sur ce fractionnement des rôles entre les sexes et qui a inspiré un renouveau aux analyses féministes.

«En même temps, les analyses féministes s'attachaient à montrer que la famille n'est pas seulement un lieu où s'expriment la tendresse et l'affection, mais constitue aussi un espace de luttes quant à l'appropriation des biens produits et accumulés, lesquelles se reflètent, par exemple, dans les jugements de divorce. Ces différents mouvements ont contribué à rendre le travail domestique un peu plus visible, comme en témoignent les nombreuses études qui par la suite ont tenté de le définir ou de le quantifier» (Le Bourdais, 1987, p. 55).

des travaux de plomberie ou de menuiserie, tondre la pelouse ou sortir les poubelles (Vandelac, 1985). Plusieurs études confirment que les hommes ont une préférence marquée pour les tâches fonctionnelles, délimitées et… uniques. Il leur est difficile de préparer le repas tout en surveillant les enfants, de répondre à une question tout en réparant un objet ou de ramasser les jouets et le linge après avoir endormi les enfants. Selon Louise Vandelac, contrairement aux femmes, les hommes s'accommodent mal du caractère composite, multidisciplinaire et cumulatif des activités domestiques (*voir la figure 5.2*).

Quant aux soins aux enfants, ce sont les activités de socialisation – faire la lecture, jouer, apprendre à pédaler – plutôt que les soins physiques – langer, donner à manger, soigner – qui ont la préférence des pères (Chabaud, *et al.,* 1981). La participation des hommes aux tâches domestiques a augmenté depuis les années 1980, mais elle demeure encore ponctuelle, sélective et a souvent le statut d'une aide.

Par opposition, les femmes s'occupent des tâches moins visibles (comme faire le ménage), davantage répétitives (les repas de toute la semaine), souvent peu valorisantes du point de vue social et technique, salissantes (donner à manger au bébé, changer ses couches), mais aussi avec une forte connotation affective, comme bercer un enfant, aller à l'hôpital ou prendre soin d'une personne âgée. Les tâches féminines sont souvent celles qui demandent une planification hebdomadaire ou mensuelle, et un certain degré d'organisation pour réussir à toutes les mener à bien. D'ailleurs, certains auteurs affirment que les femmes qui sont entrées sur le marché du travail ont choisi des métiers qui misent sur ces habiletés de maternage (infirmière, enseignante, secrétaire).

Les tâches se superposent et il n'est pas rare que la ménagère doive abandonner le chiffon ou laisser la préparation du repas pour consoler un enfant ou surveiller les petits qui jouent dans la cour. Enfin, selon la majorité des auteurs, l'accomplissement féminin des tâches domestiques se conjugue avec la complexité des relations intrafamiliales. L'un ne va pas sans l'autre.

Figure 5.2 • Les tâches familiales selon le genre

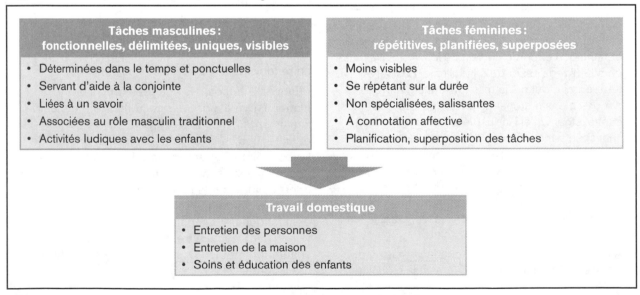

Le temps consacré aux tâches familiales

Dans une étude réalisée en 1986 auprès de 1332 ménages québécois, des chercheurs ont essayé d'analyser le partage des tâches domestiques et le temps qui leur est consacré à l'intérieur des couples (Le Bourdais, *et al.*, 1987). En moyenne, les femmes effectuent 36,6 heures de travail domestique par semaine, contre

---

Exercice 5.3

Les tâches ménagères et familiales

Il n'y a rien de mieux que d'examiner sur le terrain certaines données d'analyse. Amusez-vous à interroger soit vos parents, à propos de l'époque où ils avaient à leur charge des enfants d'âge préscolaire ou scolaire (primaire), soit une famille comprenant de jeunes enfants (peut-être la vôtre !).

À l'aide du questionnaire suivant, vérifiez la répartition des tâches dans la famille, telle qu'elle avait cours dans votre propre famille lorsque vous étiez petit ou dans une jeune famille d'aujourd'hui. Pour répondre au questionnaire, ne choisissez pas une famille comptant des adolescents : les données obtenues ne seraient plus valides pour notre propos, car les enfants plus âgés exigent moins d'attention permanente et participent aux tâches ménagères.

Demandez à vos interlocuteurs d'être honnêtes dans leurs réponses ! N'oubliez pas que la plupart des personnes soumises à ce genre d'enquête surestiment leur participation aux tâches domestiques, autant les hommes que les femmes.

Utilisez les lettres correspondantes aux personnes qui font ces tâches pour répondre aux questions suivantes : **H** pour homme, **F** pour femme, **C** pour couple.

Discussion

- Les tâches effectuées principalement par le père ou par la mère sont-elles typiques de chaque sexe ?
- Diriez-vous que la répartition des tâches dans cette famille est équitable ? Pourquoi ?
- À votre avis, quels facteurs sociologiques expliquent la répartition des tâches dans cette famille ?
- En vous appuyant sur cette famille, votre observation des tâches domestiques se rapproche-t-elle ou diffère-t-elle des données contenues dans cette section ? Pouvez-vous généraliser ces résultats à l'ensemble des familles québécoises ? Pourquoi ?

Source : Adapté du questionnaire de l'exposition *Familles*, Québec, Musée de la civilisation, 1989.

	H	F	C
Tâches ménagères			
1. Qui nettoie la salle de bains ?			
2. Qui range les pièces communes ?			
3. Qui lave les planchers ?			
4. Qui fait la lessive ?			
5. Qui range les chambres des enfants (fait les lits) ?			
6. Qui plie et range le linge ?			
7. Qui cuisine tous les jours ?			
8. Qui s'occupe de la vaisselle ?			
9. Qui s'occupe des ordures ménagères ?			
10. Qui fait l'épicerie ?			
11. Qui coordonne toutes ces tâches ?			
Tâches liées aux enfants et à la famille			
1. Qui gère les finances et le budget ?			
2. Qui conduit les enfants à l'école ?			
3. Qui supervise les devoirs des enfants ?			
4. Qui accompagne les enfants à leurs activités de loisir ?			
5. Qui change les couches (ou les changeait) ?			
6. Qui se lève la nuit pour les enfants ?			
7. Qui décide des gros achats de consommation ?			
Total du nombre de tâches pour chacune des colonnes			

Données complémentaires :

a) Nombre d'enfants dans la famille et leur âge :

_____

b) Situation professionnelle du père et de la mère :

_____

_____

Charge familiale
Travail nécessité par le nombre de personnes comprises dans la famille, notamment le nombre d'enfants.

11,2 heures pour les hommes. Ce sont la **charge familiale** et la participation des femmes au marché du travail qui exercent l'influence la plus déterminante sur le travail domestique féminin.

Lorsque la charge familiale augmente avec la venue des enfants, le nombre d'heures consacrées par les femmes au travail domestique augmente aussi (*voir la figure 5.3*). Chez les couples où la charge familiale est la plus élevée, c'est-à-dire lorsque les enfants sont tous d'âge préscolaire, le travail domestique accapare la femme qui n'occupe pas d'emploi rémunéré pendant quelque 70 heures par semaine. Si la mère occupe un emploi rémunéré, le temps accordé au travail domestique diminue à 35 heures hebdomadaires. Dans les mêmes conditions, son conjoint fournit 12 heures de travail domestique si les enfants sont d'âge préscolaire. Pour les auteurs de l'étude, il est évident que la charge familiale a un effet considérable sur le travail domestique féminin, effet inversement proportionnel à l'âge des enfants.

Figure 5.3 • La charge familiale et le travail domestique féminin

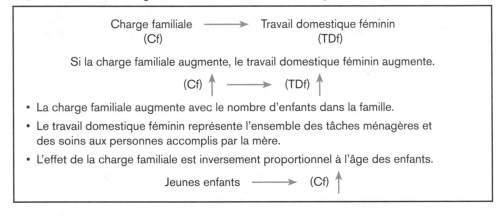

- La charge familiale augmente avec le nombre d'enfants dans la famille.
- Le travail domestique féminin représente l'ensemble des tâches ménagères et des soins aux personnes accomplis par la mère.
- L'effet de la charge familiale est inversement proportionnel à l'âge des enfants.

Comment les mères de jeunes enfants réussissent-elles à accomplir toutes leurs tâches ménagères ?

Ces chiffres indiquent, d'une part, que dans les familles qui ont de jeunes enfants et où la femme travaille à l'extérieur de la maison, les femmes doivent réduire leur participation au travail ménager et que, d'autre part, ces familles doivent compenser ce temps de travail par l'achat de biens et de services que les femmes ne peuvent plus produire (services de garderie, d'entretien ménager, alimentaires, etc.). Dans ces familles, les femmes doivent aussi réviser l'importance qu'elles accorderaient habituellement aux normes de qualité du ménage et de la production domestique de biens – par exemple, le degré de propreté ou de rangement de la maison, les repas cuisinés à la maison, la couture, la fabrication de divers objets ou l'entretien extérieur de la maison.

Les facteurs qui influencent la participation des pères

Quel est l'effet du travail de la mère sur la participation du père au travail domestique ? Encore une fois, c'est lorsque la famille compte de jeunes enfants que la part de travail du conjoint augmente de façon sensible : près de 15 heures de plus, ce qui double effectivement sa participation aux tâches domestiques. C'est donc l'interaction de ces deux facteurs – de jeunes enfants et le travail à l'extérieur des femmes – qui influe le plus sur la participation des hommes au travail domestique, comme le montre le tableau 5.3.

Tableau 5.3 ● Le temps hebdomadaire (moyenne d'heures) accordé au travail ménager par les femmes et par les hommes au Québec, en 1987

Facteurs influençant le temps accordé au travail ménager	Femmes (heures)	Hommes (heures)
Moyenne générale	36,6	11,2
Conjointe au foyer	70,0	12,0
Conjointe en emploi extérieur	35,0	26,2

Source : Le Bourdais, Céline, *et al.* 1987. «Le travail et l'ouvrage». *Sociologie et Sociétés,* vol 19, n° 1 (avril 1987), p. 37-55.

Les nouveaux pères et la participation aux responsabilités familiales

Dans la décennie 2000, les statistiques montrent une augmentation de la participation masculine aux travaux domestiques. Globalement, les pères consacrent plus de temps aux tâches de la maisonnée, ils sont plus nombreux à collaborer et leur part de travaux domestiques augmente. C'est dans la catégorie «travail ménager et soins aux personnes» que la progression est la plus spectaculaire. Le sociologue Gilles Pronovost a examiné l'évolution des données sur l'emploi du temps de 1986 à 2005 dans les quatre dernières enquêtes de Statistique Canada. Le temps accordé par les hommes aux responsabilités familiales a augmenté (*voir le tableau 5.4, p. 154*) et les pères «consacraient chaque semaine un temps significatif à la plupart, sinon à l'ensemble des responsabilités familiales» (CFE, 2008, p. 44).

Les termes du partage des tâches ménagères entre les conjoints ont évolué. Cela dit, les tâches ménagères demeurent toujours le lot des femmes vivant avec un conjoint. L'entretien intérieur, ce que l'on appelle communément le ménage, est l'activité la moins prisée des hommes : en moyenne 20 % du ménage est effectué par les hommes contre 80 % par les femmes. Bien sûr, ce partage variera selon que la famille compte sur un seul revenu ou que les deux parents travaillent, et selon sa composition. Deux facteurs facilitent un partage plus égalitaire : le niveau de scolarité atteint par les conjoints et le type d'union. En effet, chez les couples vivant en union de fait et en famille recomposée, le partage des tâches est plus symétrique (Le Bourdais, 1998).

Tableau 5.4 • Le budget du temps hebdomadaire (en heures) chez les pères, parmi la population active âgée de 18 à 64 ans, de 1986 à 2005

Temps consacré aux responsabilités familiales	1986	1992	1998	2005
Temps interactif	21,0	18,0	17,0	15,0
Travaux ménagers	6,9	9,9	12,0	11,5
Soins aux enfants	3,1	4,9	5,3	4,4
Achats et services	2,8	4,6	3,5	3,6
Temps consacré aux autres activités				
Soins personnels	71,9	73,3	70,7	69,6
dont le sommeil	54,7	55,2	55,7	54,4
Travail	52,5	44,3	44,8	50,4
y compris les déplacements	4,9	3,6	3,6	4,7
Loisirs	28,5	28,5	29,8	26,5

Sources : Conseil de la famille et de l'enfance. 2008. *L'engagement des pères*. Québec : CEF, p. 43 ; Pronovost, G., C. Dumont et I. Bitaudeau, dir. 2008. *La famille à l'horizon 2020*. Montréal : PUQ, annexe A1 et tableau 111.

Y a-t-il diminution ou augmentation ?

Le travail ménager prend-il moins de temps aujourd'hui qu'auparavant ? La durée accordée au travail domestique a peu changé depuis un siècle. Selon l'historienne Diane Bélisle, si autant de personnes ont l'illusion que la robotisation épargne du temps de travail, cela est essentiellement dû à la confusion entre la diminution de la durée et la réduction de l'énergie physique nécessaire au travail domestique (Bélisle, 1985). De plus, il faut maintenant ajouter au temps de travail celui que l'on passe à comparer les prix et les produits qui se multiplient, ou à effectuer de fréquents et longs déplacements exigés par la diversité grandissante des marchandises. Ces activités dites tertiaires occuperaient une journée entière par semaine.

Une autre dimension du travail domestique consiste en la demande accrue de temps et d'énergie nécessaires à l'éducation et aux soins destinés aux jeunes enfants. Plus les enfants sont jeunes, plus ils exigent de l'attention et du temps pour prendre soin d'eux : les changer souvent, nettoyer plus fréquemment la salle à manger, préparer des repas particuliers pour les bébés, les bercer, les endormir, leur donner un bain quotidien, ramasser leurs jouets, etc. Cet accaparement des enfants influence la décision des femmes de se soustraire du marché du travail, d'avoir ou non un enfant additionnel ou même de vouloir un enfant.

Y a-t-il des différences selon les milieux sociaux ?

La répartition des tâches diffère selon les classes sociales. Les femmes des milieux ouvriers exécutent l'essentiel du ménage, tandis que dans les classes plus aisées, les femmes se préoccupent davantage de la promotion sociale du couple et allouent un maximum de temps aux enfants. La définition même du travail domestique correspond donc à des normes de classes sociales précises : entretien domestique pour l'une, investissement pour le couple et auprès des enfants pour l'autre.

Les différences selon les générations de femmes

Un dernier élément temporise les analyses sur le partage des responsabilités familiales et domestiques : celle des générations de femmes. La chercheuse Lucie Mercier (1990) identifie trois groupes de femmes qui vivent différemment le partage du travail ménager et dans lesquels l'âge semble jouer un rôle important.

Le premier groupe est celui des plus jeunes femmes qui refusent d'être exclusivement assimilées au domaine privé. Dans cette perspective, elles négocient serré et exhortent leur conjoint à s'investir dans la sphère du travail domestique et de la vie affective. Ces femmes sont dans la vingtaine ou au début de la trentaine et elles ne travaillent pas toutes nécessairement à l'extérieur du foyer.

Le deuxième groupe, composé de femmes plus âgées, réunit des femmes qui ne connaissent pas le partage des tâches ménagères, hormis en de rarissimes occasions. Elles détiennent l'entière responsabilité du domaine domestique, ce qui allait de soi au moment de leur mariage. L'aide du conjoint est occasionnelle et c'est surtout des autres femmes de la famille – mère, sœur, belle-sœur ou femme de ménage – qu'elles attendent un soutien dans les cas d'urgence.

Le troisième groupe de répondantes comprend des femmes qui négocient et obtiennent une participation du conjoint selon les circonstances. Cette catégorie rassemblait le plus grand nombre de répondantes de ce **corpus d'enquête**. Le partage peut alors prendre plusieurs formes : occasionnel, en fonction des circonstances du cycle de vie, sporadique ou sélectif. Ces femmes ont franchi la trentaine ou la quarantaine et elles éprouvent une ambivalence entre les univers professionnel et familial. Si elles réclament et obtiennent dans certains cas la participation du conjoint, il leur semble difficile de céder complètement la responsabilité des tâches domestiques.

Les trois facteurs sociologiques qui influencent le partage des tâches domestiques au sein du couple sont donc la charge familiale, le travail à l'extérieur de la conjointe et la **socialisation générationnelle** féminine.

Enfin, soulignons comme l'ont fait plusieurs auteurs que, peu importe le degré de partage réel entre les conjoints, les couples ont de plus en plus tendance aujourd'hui à recourir aux biens et services offerts sur le marché. Dans ce contexte, les familles à faibles revenus et ayant de jeunes enfants sont sans aucun doute celles dont la femme effectue le plus de tâches ménagères, car elles ne peuvent compter que de façon modérée sur une aide extérieure ou sur des biens achetés.

5.5 Les jeunes dans la famille

Si l'on vous demandait de décrire le rôle de l'enfant dans la famille, vous penseriez résolument « aimer ses parents ». Oui, mais encore ? Les enfants jouent-ils un autre rôle que celui d'obéir à leurs parents et de les respecter ?

Dans notre société, nous concevons mal que les enfants assument d'autres fonctions que celle de se développer dans la famille sous la bienveillante autorité de leurs parents. Il n'en a pas toujours été ainsi. À vrai dire, l'enfance et l'adolescence telles

Corpus d'enquête
Ensemble des personnes interrogées à l'occasion d'une enquête qualitative. Ces personnes représentent une diversité de situations possibles et ne constituent pas un échantillon représentatif de la population.

Socialisation générationnelle
Normes de socialisation propres à chaque génération.

que nous les connaissons aujourd'hui sont d'origine récente dans l'histoire des sociétés occidentales, encore que l'enfance douillette que nous offrons aux jeunes soit particulière aux sociétés industrialisées.

Le regard que les adultes posent sur les enfants est ambivalent (Mackie, 1990). D'un côté, plusieurs personnes ont une perception romantique, quasi sentimentale, de l'enfance. Elles sont nostalgiques de leur propre enfance, surtout lorsqu'elle s'est déroulée dans des conditions de vie agréables. C'est le versant rose de l'enfance. L'univers publicitaire l'utilise et contribue lui aussi à créer une image idéalisée, voire magnifiée de l'enfance. Les enfants y sont présentés comme charmants, gentils, pleins de sourires et de câlins, toujours beaux. Les publicitaires incitent les parents à acheter ce qu'il y a de mieux pour leurs enfants-rois. La mode enfantine coûte cher, les jouets sont multipliés à l'infini et l'on invente sans cesse des objets indispensables à l'éducation de l'enfant. Tout ce qu'il nous en coûte pour préserver la vie et la santé de l'enfant – siège d'auto, crochets sécuritaires, barrières et casques protecteurs – donne une valeur inestimable à la vie d'un enfant occidental. Petit à petit, l'enfance devient une catégorie abstraite, un cocon ouatiné pour enfants sages.

L'autre versant de cette vision romantique de l'enfance est la suspicion et l'éloignement d'une partie des adultes vis-à-vis des enfants et des adolescents. Les adultes jaloux de leur tranquillité et de leur liberté d'action voient dans les enfants des empêcheurs de tourner en rond. Ils associent les jeunes à la violence, et les enfants à la baisse de leur niveau de vie. Les couples s'interrogent pendant des années sur l'effet qu'aurait la venue d'un enfant sur la qualité de leur mode de vie. Au Québec, nous faisons peu d'enfants en même temps que l'imaginaire autour de la petite enfance est à son zénith. En tant que société, nous investissons encore bien peu pour combattre la pauvreté des enfants et assurer à tous des chances équivalentes de se bâtir un avenir prometteur.

Enfin, les parents d'aujourd'hui sont plutôt perplexes sur la meilleure façon d'élever leurs enfants. La multiplication des avis d'experts ne facilite pas les choix éducatifs. La concurrence de l'école, de la télévision et des amis rend la tâche parfois lourde aux parents, malgré leur bonne volonté.

L'enfance d'hier à aujourd'hui

Néoténie
Existence chez le représentant adulte de caractères infantiles de la génération précédente.

L'enfance du petit de l'homme, lorsqu'on la compare à celle des espèces animales, est la plus lente et la plus longue. Le bébé naît avec un degré d'inachèvement biologique et culturel élevé qui oblige à une socialisation longue et complexe. Paradoxalement, plus les générations d'êtres humains passent, plus l'inachèvement culturel augmente et la période de socialisation s'allonge. L'adulte d'aujourd'hui conserve des caractères liés à l'enfance et à l'adolescence qui le rendent apte à poursuivre sa socialisation tout au long de sa vie. La **néoténie** socioculturelle caractérise l'espèce humaine. À l'heure actuelle, l'apprentissage des jeunes se prolonge de la petite enfance à l'adolescence et jusqu'à l'orée de la vie adulte.

Le statut de l'enfance

Pour l'historien Philippe Ariès, le concept même de l'enfance n'existait pas au Moyen Âge. Le jeune enfant pénétrait rapidement dans l'univers adulte, qu'il côtoyait dans toutes ses activités. Le petit enfant ne vivait pas séparé des adultes. Il partageait le lit de ses parents ; les adultes et les enfants dormaient, vivaient et travaillaient dans les mêmes pièces. Dès qu'ils le pouvaient, les enfants participaient aux travaux de la maisonnée.

Les historiens soutiennent que si le Moyen Âge se montrait indifférent à l'enfance, c'était en raison de la mortalité infantile très élevée qui rendait difficile l'attachement au petit être qui pouvait disparaître du jour au lendemain.

La sociologue française Martine Segalen conteste la thèse de l'indifférence et de la découverte du sentiment de l'enfance mise en avant par Philippe Ariès. Selon elle, d'autres travaux ont révélé que le petit enfant était aimé, entouré de soins peut-être excessifs et maladroits, mais que les parents n'étaient indifférents ni à sa mort ni à sa survie (Segalen, 1981).

L'instruction offerte dans les écoles à la fin du XVIIe siècle marquera l'évolution de l'enfance. Désormais, on accepte l'idée selon laquelle l'enfant doit être formé pour accéder au monde des adultes. Les premières écoles, en Angleterre, sont pourtant des écoles de charité (*Charity school* ou *Blue coat school*, en référence à l'uniforme des élèves) où l'on recueille les enfants abandonnés et pauvres qui traînent dans les rues. Le **paradigme** qui inspire l'éducation des enfants est celui de la « propriété ». L'enfant est la propriété des adultes masculins, qui ont le droit et le devoir de le corriger physiquement, de l'enfermer et de le faire travailler. Pendant toute cette période, l'enfant a un statut social d'infériorité.

Paradigme
Modèle théorique qui sert de référence pour la compréhension ou l'étude d'un phénomène.

Au XVIIIe siècle, on s'intéresse davantage à l'âme et à l'intelligence de l'enfant. C'est la période qui verra naître les concepts modernes d'hygiène et de soins physiques à fournir aux nouveau-nés. Deux conceptions de l'enfance se font alors concurrence. Une conception puritaine perçoit dans l'enfance le germe du mal, l'instinct naturellement mauvais de l'homme. Cette nature dépravée de l'enfant doit donc être réprimée et encadrée de règles sociales strictes. Tel est le sens de l'éducation à donner à l'enfant. Une conception romantique fait au contraire la part belle à l'enfance, originellement bonne, et qui se contamine au contact de la vie en société. Le philosophe français Jean-Jacques Rousseau contribue à cette pensée en publiant *Émile, ou De l'éducation* en 1762.

L'enfance acquiert définitivement ses lettres de noblesse au XIXe siècle dans les familles de la bourgeoisie. La personnalité enfantine est reconnue comme une entité autonome de celle de l'adulte. Pourtant, le sort des enfants est encore très précaire dans les classes ouvrières, où les mères et les enfants travaillent dans les filatures, les mines et les usines du capitalisme industriel. Ce n'est qu'à la fin du XIXe siècle que les premières lois sociales en Occident interdiront le travail des jeunes enfants et des femmes, pour préserver le salaire masculin et protéger la famille ouvrière. En 2009, partout dans le monde, des milliers d'enfants sont toujours contraints de travailler : en Afrique, en Asie, en Amérique du Sud et ailleurs, les enfants peinent dur, meurent, sont malades, quittent l'école pour subvenir aux besoins de leur famille. Les lois internationales qui interdisent le travail des enfants sont contournées, ou simplement inapplicables, tant la misère et l'exploitation sont omniprésentes.

❓ Qu'est-ce qui a changé pour l'enfant ?

Le sentiment de l'enfance se construit au moment où la famille bourgeoise se referme dans l'espace domestique privé. Les enfants, moins nombreux, sont investis des espoirs d'ascension sociale des parents. La fonction éducative prend de l'ampleur en même temps qu'un savoir scientifique se construit avec la pédiatrie et la psychologie au début du XXᵉ siècle. Le XXᵉ siècle voit aussi apparaître officiellement l'adolescence, avec la prolongation de la scolarité.

Le sens de l'enfant

Pérennité
Caractère de ce qui dure longtemps.

Plusieurs chercheurs ont essayé de définir le sens donné à l'enfant dans les sociétés postmodernes. La majorité d'entre eux reconnaissent que l'enfant assume une fonction expressive pour le couple. Il symbolise l'amour conjugal et le désir de **pérennité** du couple.

Sur le plan macrosocial, l'enfant assume toujours une fonction économique pour l'ensemble de la société, en tant que futur producteur et consommateur. Il symbolise la puissance de la nation. Il est d'ailleurs remarquable que les politiques des gouvernements parlent des enfants comme d'un bien national, d'une richesse ou d'un investissement dans l'avenir de la société.

Il existe une dissociation entre ces deux rôles joués par l'enfant. L'enfant public, objet des préoccupations de l'État, a peu de ressemblance avec l'enfant privé de la cellule familiale. C'est le couple qui donne vie et sens à l'enfant dans les sociétés occidentales contemporaines. Celui-ci prend naissance dans le désir du couple beaucoup plus que dans le besoin de la société d'assurer sa survie, même si les deux fonctions se recoupent (Lacourse, 1993).

Dans certains milieux, la fonction expressive des enfants peut cependant se doubler d'une fonction instrumentale indirecte, selon les termes de la sociologie fonctionnaliste. Dans les milieux populaires, l'enfant fournit une identité sociale aux parents, plus prestigieuse que leur identité professionnelle, notamment pour les mères. Il est aussi l'occasion d'exercer un pouvoir auquel les membres des classes défavorisées n'ont habituellement pas accès. Dans les strates sociales élevées, même si le désir d'enfant semble davantage gratuit, celui-ci est investi de la tâche d'assurer la transmission du statut social des parents. Le rôle des enfants dans les familles ne peut donc être limité aux relations affectives, malgré l'importance du rôle expressif.

L'adolescence contemporaine

« C'est tout un travail que d'être un ado ! », et c'est réciproquement tout un engagement que d'être parent d'un ado (CFE, 2002). Quelle participation la société requiert-elle des jeunes de 10 à 17 ans, en dehors de leur rôle de consommateurs ?

Malgré les apparences, la famille demeure le principal milieu d'appartenance des jeunes. Au Québec, 8 adolescents sur 10 vivent avec 2 adultes : 70 % avec leurs père et mère, et 11 % en famille recomposée, surtout celle de la mère et son nouveau conjoint. Les autres se répartissent dans des familles monoparentales (10 %), font l'objet d'une garde partagée (7 %) ou sont pris en charge dans d'autres milieux (2 %). Ces données, tirées d'une enquête de 1998 sur les élèves du secondaire (Duchesne, 2000), reflètent le fait que les adultes font partie intégrante du milieu de vie des adolescents, et que la famille est le cadre qui structure leur insertion dans la société. Contrairement à une croyance répandue, les chercheurs affirment aussi que 91,5 % des garçons tirent profit de la présence du père. Les adolescents accordent une grande importance à leur famille en tant que port d'attache le plus important pour leur épanouissement et pour le soutien constant qu'ils y reçoivent. Ils demandent aux mères plus de compréhension et moins de réprobation, et aux pères d'être plus concrètement et activement présents.

Le poids démographique des adolescents est encore plus important pour les familles immigrées et les familles autochtones. Les familles monoparentales constituent 25 % des familles immigrées avec enfants et elles sont aussi très répandues chez les populations autochtones (CFE, 2002).

Qui sont les adolescents ?

Comment caractériser les adolescents d'aujourd'hui ? Quelles sont leurs conditions de vie et leurs valeurs ?

- On peut parler de deux périodes à l'adolescence. La première, qui s'étend de l'âge de 10 ans à 15 ans, correspond au début de la puberté, à l'élargissement du cercle d'amis, à la recherche d'autonomie et à l'entrée dans le cycle d'études secondaires. La seconde période, comprise entre 15 ans et 17-19 ans, est caractérisée par une vie sexuelle active, un travail rémunéré et l'affirmation d'une plus grande autonomie au sein de la dépendance domiciliaire familiale.

- Les adolescents contemporains effectuent des choix parmi un ensemble de possibilités, le tout assorti de plusieurs droits et de peu d'obligations. Par exemple, ils devront choisir de poursuivre des études postsecondaires ou d'entrer sur le marché du travail ; de travailler pendant leurs études ou de rester dépendants financièrement de leurs parents ; de vivre dans la maison familiale ou de louer un appartement ; d'avoir une vie sexuelle active ou de préférer attendre une plus grande maturité psychologique ; d'opter pour une formation ou une carrière dès le secondaire sans avoir une idée précise de leurs aptitudes et de leurs préférences ; d'acheter ou non des biens de consommation dans une société marchande qui fait d'eux des consommateurs-rois. Cette nécessité de choisir survient dans un contexte social caractérisé par de moins en moins de repères pour orienter les choix. Chacun est ainsi libre de définir sa propre norme, d'établir sa propre échelle de valeurs et est responsable de son propre avenir (Gauthier, 1997). Notre société ne manque pas de valeurs : elle souffre de la multiplication des valeurs et de l'absence de consensus social lorsqu'il faut surmonter de grandes difficultés.

- L'autonomie affirmée des adolescents ne s'accompagne pas d'une accession à l'indépendance financière. Cette situation ambiguë peut être une source de malaises : alors que les adolescents ont la capacité d'être indépendants et de faire des choix (par exemple, avoir une vie sexuelle active ou acheter des biens de consommation), ils n'ont pas les moyens d'agir dans un contexte économique incertain.

- Un autre trait de l'adolescence contemporaine, si on la compare aux générations précédentes, est l'extension du réseau des pairs et le volume des relations quotidiennes (CFE, 2002). Les adolescents créent très tôt de nombreuses relations d'amitié avec d'autres adolescents et d'autres adultes en dehors du réseau familial. Ce phénomène, lié à l'école, est accentué par leurs activités culturelles ou sportives, le travail, les loisirs, les voyages et la multiplication des sites de réseautage social sur Internet, comme *Facebook* ou *Twitter*. Le rôle des pairs est considérable dans la vie des adolescents : ils confirment leur capacité à construire leur destin personnel. Pour les adolescents, les pairs jouent le rôle de premiers confidents.

Les parents d'adolescents se disent partagés entre la valeur de démocratie, qui marque aujourd'hui les échanges entre adultes et enfants, et le rôle social qu'ils désirent assumer. En d'autres mots, entre les sujets « non négociables » et la relation « copain-copain », comment être un parent compétent ? Par exemple, en matière de sexualité adolescente, ils ne veulent pas interdire les rapports sexuels à leurs enfants, mais ils cherchent à en définir les limites dans une perspective de respect.

Notre contexte social a eu pour effet de transformer l'adolescence en une période quasi dysfonctionnelle. Pensons notamment à l'image médiatique négative accolée aux adolescents, celle de délinquants, et à l'intolérance sociale qui en découle. Que l'adolescence soit en elle-même une étape complexe, jamais simple, parfois houleuse, dans le cycle de vie des familles, cela ne fait aucun doute. On oublie vite cependant que la très grande majorité des adolescents s'en sort bien et suit un parcours gratifiant vers la vie adulte, sans écueils particuliers. Afin d'éviter des crises, ils préfèrent négocier avec leurs parents de plus en plus d'autonomie, d'indépendance, dans un monde qui change rapidement, mais certains éprouvent des difficultés.

Les problèmes vécus par les adolescents

Un adolescent sur cinq environ connaîtra des problèmes de développement, et une petite minorité, de 3 % à 5 % selon les études, éprouvera de grandes difficultés (Claes, 2003). Quels effets les récents changements familiaux ont-ils eu sur les adolescents ?

- La qualité de vie mentale et sociale des adolescents est fortement liée à l'adaptation des parents aux événements familiaux, plutôt qu'au maintien absolu de la structure familiale biparentale. C'est l'adaptation réussie, sur les plans émotif et financier, des adultes ayant des enfants à leur charge qui est le facteur le plus déterminant de l'état de santé et de l'intégration sociale de leur progéniture. Il s'avère que les changements dans les structures familiales fragilisent l'adaptation des parents et que la pauvreté qui accompagne fréquemment ces changements devient un facteur de risque pour les divers problèmes que peuvent éprouver les adolescents.

- Depuis près de 30 ans, les changements familiaux ont eu un double effet sur les rapports parents-enfants. Par exemple, on a assisté à l'instauration d'un modèle relationnel qui s'appuie sur l'affection, le partage et la communication. Selon Michel Claes (2003), dans toutes les enquêtes ouvertes sur le sujet des relations intergénérationnelles, les parents et les adolescents évaluent positivement la communication et la plus grande liberté dans les relations entre les générations. Michel Claes pense que seule une nostalgie aveugle du passé laisserait croire que les relations entre les parents et les enfants étaient meilleures autrefois. Par contre, les données portant sur la communication et la satisfaction dans les relations familiales proviennent de familles des classes moyenne et supérieure de la société qui sont demeurées intactes (sans rupture). Ce sont elles qui ont le plus profité des changements familiaux au cours des dernières décennies.

- Si l'on examine maintenant les situations problématiques des adolescents dans les familles contemporaines, on observe une augmentation de la détresse psychologique des adolescents et de leur affliction émotive. Cet aspect négatif des rapports familiaux découle précisément de l'absence de rapprochement entre les générations. Des carences parentales, en latence bien souvent, surgissent à la suite de l'éclatement de la famille. Ces carences s'expliquent par des facteurs psychologiques et économiques. La pauvreté des familles, avec son lot de conditions de vie précaires, comme un faible revenu et l'isolement social, porte atteinte au bien-être psychologique des adolescents. Pour Michel Claes, on constate une augmentation réelle des « laissés pour compte » dans les chambardements des structures familiales. Camil Bouchard, dans le rapport *Un Québec fou de ses enfants* (1991), montrait lui aussi que les inégalités entre les enfants découlaient de l'accès inégal aux ressources culturelles et matérielles dont pouvaient disposer leurs familles. L'encadré 5.3 résume les principales caractéristiques du contexte de vie des adolescents d'aujourd'hui.

Encadré 5.3 ● Le contexte de vie des adolescents

- Obligation et capacité de faire des choix, multiplicité des choix et des valeurs.
- Liberté de définition de ses propres normes et valeurs.
- Autonomie affirmée mais dépendance financière.
- Extension du réseau social des pairs, densité des échanges.
- Qualité de vie liée à l'adaptation des parents aux événements familiaux.
- Changements dans la structure familiale fragilisant l'adaptation.
- Augmentation de la détresse psychologique et émotive.

5.6 Les grands-parents et la multiplicité des vieillesses

L'histoire de la maturité et de la vieillesse dans les sociétés occidentales ressemble à maints égards à celle de l'enfance et de l'adolescence. L'une et l'autre ont suivi des chemins parallèles qui ont donné des résultats différents. La privatisation des relations familiales, qui a permis à l'enfant de faire sa niche au sein de la famille, a eu un effet contraire pour les personnes âgées de la famille étendue. La famille moderne a fermé la porte aux aînés, les excluant du noyau privé de la famille.

Comment cela a-t-il pu se produire ?

L'historienne Tamara K. Hareven, en étudiant l'histoire de la maturité et de la vieillesse, rappelle que la délimitation de l'âge adulte et de la vieillesse s'effectue dans les sociétés industrielles au moment de la reconnaissance des différentes étapes de la vie. Ce fut d'abord la découverte de l'enfance, suivie de l'invention de l'adolescence et enfin l'instauration de la vieillesse (Hareven, 1977).

Dans les sociétés préindustrielles occidentales, la vieillesse découlait naturellement de la maturité physiologique et sociale. De façon générale, les adultes consacraient toute leur vie à jouer leurs rôles familiaux : l'espérance de vie était plus courte, les hommes et les femmes assumaient leurs rôles de parents et de travailleurs dès l'instant où ils entraient dans le monde des adultes et jusqu'à leur mort, qui survenait tôt. Ils ne connaissaient ni la retraite ni l'isolement familial, tout simplement parce que le travail était permanent : celui-ci s'ajustait aux âges de la vie et aux capacités de la personne, enfant et vieillard, homme et femme.

Pour Tamara K. Hareven, c'est sous l'influence de l'industrialisation et des changements démographiques au xixᵉ siècle que les tranches d'âges se caractérisent et se démarquent. Des normes de productivité sont fixées en fonction de l'âge des travailleurs et l'on commence à congédier ou à rétrograder les travailleurs moins productifs en raison de l'usure physique provoquée par le travail en usine. Les syndicats lutteront pour instituer des systèmes de protection économique pour les travailleurs. La retraite deviendra obligatoire au xxᵉ siècle.

Puis, la famille moderne contribuera à la mise à l'écart des personnes âgées de la vie sociale. En effet, les classes moyennes ont commencé à ne plus considérer la famille comme étant un lieu d'échanges de services, mais « comme une société fermée qui tirait sa force et sa cohésion des échanges affectifs auxquels elle donnait lieu, ce qui explique que l'on a attribué de moins en moins de rôles à ceux qui ne faisaient pas partie de la famille conjugale » (Hareven, 1977, p. 137).

Les grands-parents ont-ils été mis à l'écart ?

L'industrialisation a eu un effet positif sur la qualité et le niveau de vie des gens âgés. Le revenu des ménages s'accroît progressivement tout au long du xxᵉ siècle et permet l'accumulation de ressources financières pour les vieux jours. La sécurité économique des personnes est assurée par l'État et par les systèmes de protection privés et publics mis en place sous la pression des organisations ouvrières. La sécurité des gens âgés ne dépend plus de la famille et des enfants adultes, pas plus que, plus tard, la prestation des soins de santé (Bélanger, 1985).

Une autre dynamique s'installe. Les personnes âgées modifient leurs rapports avec la famille. Elles aspirent à une certaine autonomie et à l'indépendance, qui caractérisent maintenant les rapports entre les individus et les unités de vie. Si les couples désirent vivre seuls avec leurs enfants, les gens âgés désirent aussi vivre seuls tant que cela leur est possible. Par ailleurs, même si les personnes âgées ne vivent pas au sein des familles nucléaires, les recherches sur les réseaux familiaux ont montré que les relations intergénérationnelles sont encore bien vivantes dans différents milieux sociaux (Fortin, 1987).

Être grand-parent

Les gens âgés ne forment pas une classe homogène. La diversification des âges de la vie a créé une première, une deuxième puis une troisième vieillesse (Dumont, 1986). Les préretraités, les retraités, le troisième âge et le quatrième âge s'y côtoient. L'inéluctable vieillesse recule avec l'allongement de l'espérance de vie.

Les grands-parents des années 2000 sont bien souvent de jeunes retraités. Ils se sont mariés et ont eu leurs enfants très jeunes. Ils sont âgés de 50 ans en moyenne à la naissance de leur premier petit-enfant. Ils sont en meilleure santé que les personnes âgées des générations précédentes et, grâce à leurs régimes de retraite et à la bonification de la valeur de leur propriété, ils maintiennent un niveau de vie enviable. Ce sont les personnes plus âgées, et surtout les femmes, qui subissent une plus grande pauvreté.

Les jeunes grands-parents s'engagent auprès de leurs enfants et de leurs petits-enfants, tout en conservant une vie conjugale et personnelle autonome. Ils sont mis en présence de l'éclatement des structures familiales qu'expérimentent leurs enfants. Parmi ces personnes âgées, un certain nombre connaît des ruptures en raison du veuvage, mais aussi à la suite de séparations et de divorces qui touchent les plus jeunes d'entre eux. À cause de cet éclatement familial, certains grands-parents perdent de vue leurs petits-enfants, alors que d'autres voient se diversifier leur réseau affectif et familial.

Le divorce des grands-parents change la donne générationnelle de deux manières. Lorsqu'ils ont constitué une nouvelle famille, les hommes et les femmes se concentrent sur leur nouveau couple, ses enfants et petits-enfants communs, et se préoccupent moins de leurs descendants issus d'une union précédente (Attias-Donfut, 2002). Les femmes maintiennent malgré tout un lien avec leurs premiers enfants et entraînent davantage leur conjoint vers leur propre descendance que l'inverse. Si les grands-parents divorcés ne se sont pas remariés, ils conservent un lien plus étroit avec leurs petits-enfants, mais moins que les grands-parents n'ayant pas divorcé. Il semble alors que les relations qu'ils ont nouées en dehors de la famille (activités sociales, loisirs, bénévolat) entrent en compétition avec les activités familiales.

Une enquête effectuée en France auprès de 2000 lignées de 3 générations adultes confirme que les liens intergénérationnels sont bien vivants, mais que les grands-parents ont changé en ce début de troisième millénaire.

Martine Segalen et Claudine Attias-Donfut (1998) en dressent le portrait suivant. Premièrement, la période durant laquelle on est grand-parent s'allonge et se découpe en plusieurs étapes. Les jeunes grands-pères et grands-mères demeurent actifs professionnellement. L'image de vieillards ne peut plus leur être accolée. Ils apportent, en tant que groupe social, une aide massive à leurs enfants et petits-enfants. Leur contribution (de toute nature) se révélerait d'ailleurs supérieure à celle des générations précédentes. Par exemple, les grands-parents font des dons d'argent à leurs petits-enfants, qui sont presque devenus une obligation lorsque les grands-parents ont la capacité financière de le faire. L'argent représente une aide pour les petits-enfants qui en ont besoin, et un cadeau, symbole du lien intergénérationnel. Les dons d'argent surviennent à différentes occasions et les montants offerts sont variables : héritage substantiel, rente d'études, argent de poche ou « enveloppe surprise » rituelle. Tant pour les enfants que pour les grands-parents, l'argent sera préféré à d'autres types de cadeaux, car ainsi les petits-enfants « achètent ce qu'ils veulent ».

Une autre forme d'aide fréquente est la garde des petits-enfants. Il arrive souvent que la grand-mère vienne en aide à une fille qui travaille (plus rarement à un fils et à sa femme) en prenant en charge son petit-enfant de manière ponctuelle ou à diverses occasions. De manière générale, la contribution des grands-parents touche tous les petits-enfants. Ils respectent donc une sorte d'égalité entre leurs enfants et leurs petits-enfants, même s'ils ressentent plus d'affinités avec certains d'entre eux. Cette façon de procéder est différente de celle d'autrefois, où il n'était pas rare que les grands-parents prennent la responsabilité d'un seul petit-enfant durant une longue période. Les dons et l'aide fonctionnent sur les principes du statut (c'est mon enfant) et de la réciprocité: obligation de donner, de recevoir, de rendre. Les aides économiques qui circulent de façon descendante (des grands-parents vers les enfants et les petits-enfants) et la densité des échanges de soutien entre les générations indiquent bien que les familles actuelles ne vivent pas isolées les unes des autres, et que le réseau familial profite de la présence des grands-parents. L'une des fonctions du statut de grand-parent est de renforcer et de sauvegarder le lien de filiation. Les couples de grands-parents stables assurent davantage le resserrement du lien intergénérationnel que ceux qui ont connu une rupture.

La génération vieillissante du *baby-boom* influencera nécessairement, par son poids démographique et économique, la consommation de la première partie du XXIe siècle, les services offerts ainsi que le statut social accordé à la vieillesse. Cette génération cherchera à conserver les attributs de la jeunesse le plus longtemps possible.

Savoir plus 5.5

Des *baby-boomers* devenus grands-parents

La génération actuelle d'hommes et de femmes qui accèdent au rôle de grands-parents peut être qualifiée de génération « sandwich » intercalée entre les parents plus âgés, les enfants et les petits-enfants. « Il y a des périodes de la vie où tout arrive en même temps : s'occuper du petit-enfant qui vient de naître, aider son fils à s'installer dans son nouvel appartement, soutenir sa fille qui cherche un emploi, faire face aux besoins des parents vieillissants, s'adapter au départ à la retraite du conjoint, et gérer ses propres activités professionnelles… » (Chapelle, 2002, p. 61). Les grands-parents d'aujourd'hui sont à l'origine des grands mouvements de contestation des années 1960 : ce sont les fameux « soixante-huitards » qui représentent la première génération des *baby-boomers*. Leurs valeurs en matière d'éducation sont plus proches de celles de leurs enfants que de celles de leurs parents. Dans ce groupe, environ une grand-mère sur quatre et un grand-père sur cinq mène de front vie professionnelle, garde des petits-enfants et soutien aux parents âgés. Et, curieusement, « l'investissement envers les uns ne diminue pas celui envers les autres ».

En bref

Dans ce chapitre sur les rôles familiaux, nous avons abordé :

1 La famille et la socialisation

La socialisation est un processus permettant l'adaptation des individus à leur société et la construction de l'identité. La famille est responsable de la socialisation primaire et son efficacité repose sur les dimensions affective et autoritaire qu'incarnent les parents. Le modèle éducatif dominant, dans la socialisation individuelle, est directif et ouvert. Le milieu social dans lequel évolue la famille détermine celui des enfants. La famille transmet en héritage les valeurs dominantes de la société et les habitus de son milieu social. La socialisation individuelle et la reproduction sociale sont deux aspects à partir desquels on observe les mécanismes de socialisation.

2 La socialisation hors de la famille

De nombreux enfants sont gardés à l'extérieur de la famille. Quel est l'effet de cette garde sur leur socialisation ? Si les services de garde sont de qualité, il n'y a pas de conséquences négatives. Les milieux de service de garde peuvent contribuer au développement cognitif et social des jeunes enfants par la stimulation précoce. Cela est particulièrement vrai pour les enfants qui vivent dans un milieu familial défavorisé. Les travaux s'appuyant sur la théorie de l'attachement n'ont pas montré des difficultés d'attachement pour les enfants ayant fréquenté des services de garde éducatifs.

3 Le genre, les rôles sexuels et les stéréotypes

Le genre représente l'identité construite socialement. Même si l'on observe des tendances universelles dans les comportements des garçons et des filles, qui découlent de leur sexe biologique, la majorité de leurs comportements et de leurs rôles sexuels sont le résultat de l'apprentissage et de l'intériorisation dans le cadre de la socialisation. Les rôles sexuels se figent en stéréotypes et déterminent ce qui est attendu d'une fille et d'un garçon. Les stéréotypes sexuels ont des effets sur la définition de la santé mentale des femmes et sur l'état de santé des hommes.

4 Le rôle de mère

Autrefois, la maternité était au cœur du rôle de mère. Ce rôle a changé à la suite de la maîtrise de la fécondité par les femmes et de la remise en question de l'instinct maternel par le mouvement féministe. Dans leurs projets professionnels et leur déroulement de carrière, les jeunes filles doivent tenir compte de la possibilité d'une maternité. Les femmes peuvent opter pour une maternité hâtive ou tardive, chacune ayant ses avantages et ses contraintes.

5 Le rôle de père

Le rôle de père était autrefois défini par l'activité économique et l'autorité sur la famille. Les pères traditionnels vivaient et travaillaient dans les lieux où se déroulait la vie familiale. Les pères modernes seront tenus à l'écart de la famille en raison de la séparation des lieux de travail et de vie privée. Les transformations du rôle de père seront provoquées par l'entrée massive des femmes sur le marché du travail et l'éclatement de la famille nucléaire. La nouvelle condition masculine suscite l'émergence de groupes de discussion et de soutien aux pères. Dans ce contexte, la nouvelle paternité représente le choix qu'effectue un homme d'avoir un enfant, sa présence affective auprès de l'enfant et sa participation active aux soins des enfants et aux tâches domestiques. Lorsque l'on parle de nouvelle paternité, on reconnaît la capacité des hommes à s'occuper du petit enfant.

6 Les tâches familiales

Le travail domestique se décompose en trois types de tâches : celles qui sont liées aux besoins des personnes, celles qui visent l'entretien de l'habitation et, enfin, les soins et l'éducation prodigués aux enfants. Les hommes exécutent des tâches définies comme étant fonctionnelles, délimitées dans le temps et uniques. Les femmes s'occupent davantage de l'aspect multidimensionnel du travail domestique, de la superposition des tâches et de leur dimension affective.

Ce sont les femmes qui effectuent le plus grand nombre d'heures hebdomadaires de travail domestique. La charge domestique varie en fonction du nombre d'enfants que compte la famille, de l'activité professionnelle de la mère et de la socialisation à l'égard du rôle féminin qu'a connue la femme. Lorsque la mère travaille à l'extérieur, elle doit réduire le nombre d'heures consacrées aux tâches familiales, ou recourir à des services extérieurs si le revenu familial le permet. La participation des plus jeunes générations de pères aux responsabilités familiales a augmenté, mais elle demeure encore stéréotypée.

7 Les jeunes

L'enfance et l'adolescence correspondent à des étapes du cycle de vie familiale nées de la modernisation. Historiquement, elles apparaissent au moment où l'on sépare les individus sur la base des tranches d'âges et où la scolarisation des enfants s'allonge. Aujourd'hui, l'enfant a perdu sa valeur économique et a renforcé son statut affectif au sein de la famille. L'enfant naît du désir du couple, un désir privé et individuel, et pourtant il répond à la nécessité qu'a la société de se reproduire. Il remplit un rôle expressif pour le couple et a une fonction instrumentale pour certaines catégories de familles. S'ils occupent une place privilégiée dans les sociétés contemporaines et s'ils sont l'objet de soins attentifs de plus en plus coûteux, les enfants sont parfois perçus comme dérangeants.

Le principal milieu de vie pour les adolescents demeure la famille. Cependant, ils ont des échanges avec un nombre important de pairs et d'adultes à l'extérieur de la famille. Les adolescents sont contraints d'effectuer des choix relatifs à divers aspects de leur vie dans un contexte où les repères sont flous et l'accès à l'indépendance économique toujours plus distant. Les adolescents sont victimes d'une image négative associée à la délinquance. Pourtant, la majorité traversera l'adolescence sans crise profonde. Les difficultés qu'ils éprouvent sont liées à la pauvreté de leur famille et à la difficulté de leurs parents à s'adapter aux événements familiaux. On constate une augmentation de la détresse psychologique chez les adolescents.

8 Le rôle des grands-parents

C'est avec l'industrialisation que les personnes âgées connaîtront la cessation définitive du travail et la mise à la retraite, accompagnées d'une exclusion de la famille conjugale. Aujourd'hui, on admet qu'il n'existe pas une vieillesse mais plusieurs. Les jeunes grands-parents sont plus actifs, en meilleure santé, mieux nantis, plus autonomes et vivent séparément de leurs enfants. Les grands-parents tissent la toile de la solidarité familiale : ils soutiennent leurs enfants et leurs petits-enfants de diverses manières (dons d'argent, garde des petits, dépannage, etc.). La densité des échanges entre les générations permet de maintenir vivante la filiation.

Exercices de compréhension

1 Indiquez les énoncés qui sont faux parmi les suivants.

a) La socialisation est un phénomène qui relève de l'instinct.

b) La socialisation est essentiellement un phénomène social.

c) La socialisation des jeunes générations est nécessaire pour la reproduction des sociétés.

d) La famille est le principal agent de socialisation des enfants.

e) Le processus de socialisation vise l'acquisition des connaissances et l'extériorisation des éléments de la culture.

2 Pourquoi l'identité de genre est-elle une construction sociale ?

_____

_____

3 Résumez sous forme de tableau les caractéristiques du rôle de mère et du rôle de père.

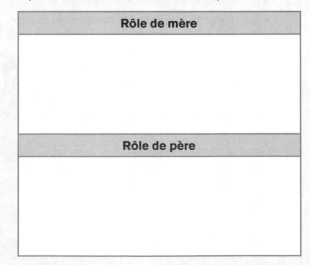

Rôle de mère

Rôle de père

Exercices de compréhension (suite)

4 Trouvez dans un journal un article ayant trait aux familles et qui illustre l'aspect de la reproduction sociale lié à la socialisation des enfants par la famille. Justifiez votre choix.

5 Est-il vrai ou faux de dire que le partage des tâches familiales est aujourd'hui égalitaire au Québec ? Justifiez votre réponse avec au moins une donnée récente.

6 Complétez les énoncés qui suivent.

a) Les grands-parents sont plutôt _____ _____ .

b) Les jeunes vivent majoritairement dans_____ _____ .

c) La qualité de vie_____ et _____ des jeunes est liée à _____ plutôt que _____ .

d) Un effet positif des changements familiaux depuis 30 ans sur les rapports parents-enfants est ___ _____ .

e) L'enfant assume une _____ pour le couple.

7 Dressez le portrait des grands-parents d'aujourd'hui.

8 L'énoncé suivant est-il vrai ou faux ? Justifiez votre réponse. « La majorité des adolescents vivent des problèmes d'adaptation liés aux changements imposés dans leur vie familiale. »

Médiagraphie

Lectures suggérées

Attias-Donfut, Claudine. 2002. « Des générations solidaires ». Dans J.-F. Dortier, *Familles. Permanence et métamorphose*. Paris : Éditions Sciences Humaines, p. 113-123.

Conseil de la famille et de l'enfance (CFE). 2002. *Les familles avec adolescents : Entre le doute et l'incertitude. Le rapport 2001-2002 sur la situation et les besoins des familles et des enfants*. Québec : Conseil de la famille et de l'enfance, 119 p.

Conseil de la famille et de l'enfance (CFE). 2008. *L'engagement des pères. Le rapport 2007-2008 sur la situation et les besoins des familles et des enfants*. Québec : Conseil de la famille et de l'enfance, 120 p.

Conseil du statut de la femme (CSF). 2008. *Le sexe dans les médias : obstacle aux rapports égalitaires*. Québec : Conseil du statut de la femme, 109 p.

Descarries, Francine et Marie Mathieu. 2006. *Filles ou garçons ? La construction sociale du féminin et du masculin : stéréotypes sexuels et sexistes*. Rapport de recherche rédigé pour le Conseil du statut de la femme, 168 p.

Dulac, Germain. 2001. *Aider les hommes… aussi*. Montréal : VLB Éditeur, 192 p.

Gauthier, Yvon, *et al.* 2009. *L'attachement, un départ pour la vie*. Montréal : Éditions du CHU Sainte-Justine, 140 p.

Lajoie, Ginette. 2003. *L'école au masculin*. Québec : Septembre Éditeur, 134 p.

Laroche, Denis. 2001. « Le partage du temps productif entre conjoints ». Dans *Portrait social du Québec : Données et analyse, édition 2001*. Québec : Institut de la statistique du Québec, p. 513-545.

Québec, ministère de la Santé et des Services sociaux (MSSS). 2004. *Portrait des besoins des hommes québécois en matière de santé et de services sociaux*. Québec : Ministère de la Santé et des Services sociaux, 215 p.

Ruano Borbalan, Jean-Claude, *et al.* 2004. « Hommes/femmes, quelles différences ? » *Sciences Humaines*, dossier n° 146 (février 2004), p. 21-39.

Médiagraphie *(suite)*

Sites Web

Conseil de la famille et de l'enfance (CFE) : www.cfe.gouv. qc.ca. Cet organisme a pour mandat de conseiller le gouvernement du Québec au regard de la famille et de l'enfance. Ses avis et ses rapports sont teintés des réalités familiales observées lors de consultations publiques, et alimentés par des recherches.

Sur la condition féminine et la condition masculine

Il existe de nombreux sites portant sur les conditions féminine et masculine. Tous ne sont pas de valeur égale, et certains sites masculinistes contribuent à véhiculer des commentaires antiféministes ou ouvertement haineux. Il faut donc être vigilant à l'égard du contenu des sites consultés. Voici des sites qui donnent accès à plusieurs liens, groupes et articles rigoureux :

- Condition féminine :
  - Condition féminine Canada : www.cfc-swc.gc.ca
  - Conseil du statut de la femme du Québec : www.csf.gouv.qc.ca
  - Secrétariat à la condition féminine : www.scf.gouv.qc.ca
  - Sisyphe : www.sisyphe.org

- Condition masculine :
  - Collectif masculin contre le sexisme : www.antipatriarcat.org
  - Réseau Hommes Québec : www.rhq.ca

Documents audiovisuels

Berthiaume, Marc et Monique Simard. 1994. *Les relations entre les hommes et les femmes*. Montréal : Radio-Québec, 50 min, coul. Résultats d'un sondage et témoignages masculins sur les relations de couple.

Bonin, Laurier. 1994. *Omniscience*. Montréal : Radio-Québec, 30 min, coul. Présentation des différences et des ressemblances biologiques, intellectuelles et sociales entre les hommes et les femmes.

Cayer, Marc. 2008. *Sommes-nous… : de bons parents* ? Montréal : Production Télé-Vision 2008 et Télé-Québec, 52 min, coul. (diffusé le 7 janvier 2009).

Simoneau, Guy. 1993. *Est-ce ainsi que les hommes vivent* ? Canada : Cinéma Libre Vents d'Est Films, 75 min, coul., DVD et VHS. Long métrage documentaire sur la condition masculine.

Watson, Patricia. 1967. *L'adolescence, une invention récente*. Canada : Office national du film (ONF), 28 min, coul., DVD et VHS. Même si ce film a été réalisé il y a plus de 40 ans, il présente de manière fort intéressante une rétrospective de l'adolescence au cours des siècles. S'inspirant des travaux des historiens de la vie familiale, il montre, à l'aide de tableaux, de documents d'archives et de graphiques du XVIe siècle aux années 1960, les transformations qu'ont subies l'enfance et l'adolescence.

Les problématiques familiales

OBJECTIFS D'APPRENTISSAGE

- Connaître la tendance de la violence et de l'insécurité dans la société canadienne
- Expliquer la relation entre inégalité, pouvoir, domination et violence familiale
- Distinguer les types de violence conjugale et les sources de données
- Expliquer les facteurs sociaux associés à la violence conjugale
- Reconnaître l'ampleur et les formes de maltraitance à l'égard des enfants et des aînés
- Connaître les facteurs sociaux qui expliquent la maltraitance à l'égard des enfants et des aînés
- Désigner les éléments de l'environnement familial qui ont une influence sur la santé
- Connaître les effets de la socialisation sur la santé des membres de la famille
- Comprendre les enjeux de la santé dans la conciliation travail-famille

6.1 La violence familiale

Il existe une dimension de la vie familiale qui, enfermée dans l'espace de la maison, a été longtemps tenue au secret le plus strict. Encore tout récemment, ne disait-on pas : « ce sont des **secrets de famille** » ? Les secrets de famille, ce sont les diverses formes de déviance et de transgression des interdits sociaux dans le cadre de la vie de famille que l'on garde sous silence. La violence familiale a toujours fait partie de ces secrets qu'il fallait taire.

Secret de famille
Comportement familial déviant qui est caché à l'entourage.

Aujourd'hui, nous dénonçons ce qui autrefois était tenu pour normal : les normes autoritaires dans l'éducation des enfants et la domination exercée par le mari sur sa femme. Qui ne s'est jamais moqué du mari dont la femme « porte la culotte dans la famille » ? Qui n'a pas critiqué le père « qui ne sait pas se faire respecter de ses enfants » ? Toutes ces valeurs constituaient un terreau fertile à l'usage de violence dans les relations intrafamiliales ou au recours à des sévices de toutes sortes.

Violence familiale
Terme général désignant à la fois la violence conjugale, les mauvais traitements infligés aux enfants et les agressions sexuelles.

La notion de **violence familiale** comprend plusieurs types de violence qui se répartissent en trois grandes catégories : la violence conjugale exercée par un conjoint envers l'autre conjoint, les mauvais traitements infligés aux enfants par le père ou par la mère, appelés la maltraitance, et les agressions sexuelles. Ces trois catégories représentent les cas les plus nombreux de violence familiale rapportés aux instances judiciaires et institutionnelles, sans toutefois englober toutes les situations de violence que subissent les individus. De plus en plus de personnes âgées sont victimes de violence physique ou d'intimidation verbale de la part de leurs enfants adultes. Des hommes sont agressés psychologiquement et physiquement par leur conjointe, des femmes battent leurs enfants. On commence aussi à recenser et à dénoncer ces formes de violence.

Selon Claire Chamberland (2003), il existe encore peu de recherches portant sur la violence des femmes envers leur partenaire (sauf en ce qui a trait à la violence dans les relations amoureuses chez les jeunes), sur la violence des pères envers leurs enfants (la violence parentale étant plus documentée lorsque la mère en est à l'origine) et sur la violence des jeunes envers leurs parents ou au sein d'une fratrie.

De la tolérance au refus

Il ne faut pas croire que le problème de la violence familiale soit récent. Les sociologues affirment que la violence n'est pas plus fréquente aujourd'hui que par le passé ; c'est plutôt notre tolérance à son égard qui a diminué (Propper, 1990). Depuis les années 1980, les courbes de la criminalité recensée au Canada stagnent et ont même entamé un mouvement de décroissance (Brodeur, 1994). Il y a moins d'homicides et de vols, et la majorité des conflits se règlent au moyen du droit plus que par les poings. Par contre, les types de crimes ont changé à la suite de la judiciarisation de la vie privée. Le nombre d'agressions sexuelles et de voies de fait a doublé entre les années 1960 et 1990, puis il s'est stabilisé (Ouimet, 2003). Au Canada, les incidents de violence conjugale traités par la police n'ont cessé de décroître pour la période de 1998 à 2006 (Statistique Canada, 2008).

Étonnamment, le sentiment général dans la population est que la société civile est plus violente. *Le sentiment d'insécurité a augmenté parallèlement à la visibilité accordée à la violence et aux agressions physiques.* Plusieurs facteurs peuvent expliquer cette apparente contradiction. La population est plus sensible aux phénomènes de violence et la société les combat davantage. On constate une augmentation de la dénonciation des délits d'agression survenant dans l'espace privé. La production des statistiques s'est aussi affinée. Enfin, les médias allouent une plus grande visibilité à la violence en rapportant de manière détaillée les événements violents, ce qui a un effet de dramatisation. Si l'on observe l'histoire de l'humanité, les sociétés occidentales n'ont jamais été aussi pacifiques à l'intérieur de leurs frontières. C'est dans les productions cinématographiques, les émissions télévisuelles et les jeux électroniques que la violence et la résolution agressive des conflits interpersonnels sont omniprésentes.

Des droits à reconnaître

L'histoire des enfants maltraités est vieille comme le monde : l'exposition à la violence, l'abandon, le travail en bas âge, les mutilations sexuelles et l'infanticide ne sont que quelques-unes des formes qu'a prises cette violence au cours de l'histoire de l'humanité (Dubé et Saint-Jules, 1987). De tout temps, les enfants ont subi des violences physiques et psychologiques que l'on a mis des siècles à contrecarrer, mais qui perdurent dans nombre de pays. Les mêmes expériences ont été vécues par les femmes, pour qui les violences de tout ordre – les viols massifs, la soumission et même la mort – ont été longtemps le lot, particulièrement dans les contextes de guerre. Les agressions physiques et sexuelles dont furent victimes les femmes au moment des guerres dans le golfe Persique et en ex-Yougoslavie en témoignent toujours. En Afghanistan, le sort des femmes sous le gouvernement des talibans était tragique. Pendant le génocide rwandais de 1994, les meurtres et les viols commis à l'encontre des femmes et des enfants tutsis furent systématiques.

Depuis la Déclaration universelle des droits de l'homme adoptée par l'ONU le 10 décembre 1948, et la Convention relative aux droits des enfants, adoptée à New York le 20 novembre 1989 par l'Assemblée générale de l'ONU, les États membres reconnaissent que les personnes ont droit à l'intégrité physique et psychologique, à la sécurité et à l'égalité civique, y compris les enfants, considérés comme des sujets de droit.

Au cours des années 1970, le mouvement féministe a dénoncé le viol et la tolérance de la société à l'égard des agressions sexuelles et de la violence faite aux femmes, puis a mis en place, durant les années 1980, des ressources communautaires pour les femmes battues et leurs enfants. Les groupes de femmes ont forcé les gouvernements à agir. La violence familiale a fait l'objet de plusieurs lois, tant provinciales que fédérales, qui l'ont criminalisée. Puis, des politiques publiques ont été établies pour venir en aide aux victimes, femmes et enfants. Par la suite, on a mis en place un soutien pour les agresseurs. De ce fait, nombre d'acteurs des domaines de la santé, du service social et des ressources communautaires sont désormais engagés dans la prévention de la violence familiale, sa dénonciation, l'aide aux victimes et les interventions auprès des agresseurs.

La violence parentale et la violence conjugale sont deux facettes interreliées de la violence, même si la compilation des statistiques et les interventions d'aide sont traitées de manière séparée. Les mauvais traitements que subissent les enfants ne sont pas le fait du hasard. Ces situations sont plus fréquentes dans les familles où les mères sont elles-mêmes victimes de violence ou dans des familles monoparentales féminines appauvries et isolées socialement.

Une question de pouvoir et d'inégalité sociale

Les différentes formes de violence s'inscrivent dans des relations où les individus n'occupent pas les mêmes positions : les agresseurs sont en position de domination et les victimes sont dépendantes, moralement et économiquement, de leur agresseur (*voir la figure 6.1*).

Plusieurs chercheurs ont montré que le modèle de la violence familiale s'explique par les notions de pouvoir et d'inégalité des sexes et des générations (Propper, 1990). Ce sont les membres en position de force et de domination dans la famille qui exercent une violence envers les plus faibles ou les plus démunis : les maris sont violents à l'égard de leur femme et les parents vis-à-vis de leurs enfants, parce qu'ils détiennent un pouvoir social, économique et physique sur eux. L'utilisation de la violence devient alors un moyen de dominer les individus sur qui s'exerce le pouvoir.

Dans notre société, le groupe des hommes est en situation de pouvoir et d'autorité. Malgré les changements apportés dans les lois, l'idéologie patriarcale sur laquelle cette position de domination prend appui est loin d'avoir disparu. Qui plus est, les structures sociales qui existent dans le monde du travail et des loisirs font perdurer cette position privilégiée du groupe des hommes. La violence conjugale est la manifestation de rapports de force historiquement inégaux entre les hommes et les femmes (INSPQ, 2006).

La mainmise patriarcale ne s'exerce pas nécessairement par la violence, mais cette dernière est un moyen d'intervention qui a été et continue d'être souvent employé par les hommes, dans la mesure où elle est tolérée culturellement. Lorsqu'une femme agresse son mari, c'est que la relation de pouvoir est inversée dans le couple. Il en est de même des enfants adultes à l'endroit des parents âgés.

Du point de vue de la sociologie féministe, le fondement de la violence conjugale se trouve dans les relations inégalitaires entre les sexes. Plus les relations affectives et économiques entre une fille et un garçon, une femme et son mari, sont inégalitaires, plus les possibilités de voir la violence s'installer dans la relation conjugale sont élevées. D'ailleurs, des études ont montré que les formes de violence étaient quasi

Figure 6.1 • Un schéma de la violence familiale

Pouvoir	Violence familiale	Domination
• Inégalités des positions sociales entre les sexes et les générations • Positions sociales de domination et d'infériorisation	• Abus de pouvoir • Violence en tant que moyen de domination • Agressivité dans la résolution des conflits interpersonnels	• Exercice de l'autorité liée à la position dominante • Agressivité et force physique en tant que moyen de pression sur l'autre

absentes chez les couples qui vivaient des relations égalitaires. De la même façon, les femmes qui sont indépendantes sur le plan financier ont davantage la possibilité de choisir un mari non violent (Propper, 1990).

6.2 La violence conjugale

«Une femme sur deux est victime de violence.» Titre alarmiste? Au Canada, à l'occasion d'une enquête où 12 300 femmes âgées de 18 ans et plus ont été interrogées, plus d'une femme sur deux avouait avoir été victime d'un acte de violence physique ou sexuelle au cours de sa vie adulte (Statistique Canada, 1993). Près de 48 % de ces femmes avaient été agressées par un homme qu'elles connaissaient – 25 % par leur conjoint. Déjà, en 1980, l'étude réalisée par Linda MacLeod et Andrée Cadieux pour le Conseil consultatif canadien de la situation de la femme (CCCSF) tirait la sonnette d'alarme: les auteures du rapport estimaient qu'une Canadienne sur dix était victime de violence de la part de son conjoint ou de son ex-conjoint (MacLeod et Cadieux, 1980). La diffusion de ces statistiques soulève plusieurs points de discussion: quels sont les actes qui sont recensés comme étant de la violence conjugale? Comment ces données sont-elles recueillies et peut-on s'y fier?

Savoir plus 6.1

Un débat: de quelle violence parle-t-on?

Solange Cantin, responsable du bureau d'intervention en matière de harcèlement sexuel à l'Université de Montréal, a mené une réflexion sur les difficultés à bien mesurer les comportements de violence (Cantin, 1994). Selon elle, il existe deux conceptions de la violence.

Dans les travaux des chercheurs, les termes violence, abus, maltraitance et agression sont souvent interchangeables. Ils font tous référence à la notion d'imposition ou de contrainte. «On parlera donc de violence dans tous les cas où quelqu'un cherche à imposer sa volonté à une autre personne, que ce soit par la force physique, les menaces verbales, l'humiliation, etc. Dans cette perspective, les diverses formes de violence constituent les manifestations d'un même phénomène et se situent sur un même continuum, introduisant une idée de continuité dans le passage d'une forme à l'autre» (Cantin, 1994, p. 5). Les données empiriques le confirment: la violence physique est souvent précédée de violence psychologique et sexuelle.

Par ailleurs, la conception populaire du terme de violence est plus restrictive: elle lui associe précisément l'idée de brutalité ou de force physique et la voit comme un événement plutôt exceptionnel. Dans cette perspective, seuls les comportements extrêmes sont qualifiés de violents. Ainsi trouvera-t-on exagéré de parler de violence pour des voies de fait simples. «Nous voici donc devant deux lectures de la réalité en grande partie irréconciliables. La première considère l'usage de la force physique non pas comme une perte de contrôle, mais plutôt comme un moyen de dominer l'autre ou les autres» (ibid.). D'un autre côté, dans l'acception populaire, l'abus physique est considéré «comme une perte de contrôle, une manifestation de frustration et même une expression normale des tensions, condamnable dans la mesure seulement où elle porte ou risque de porter gravement atteinte à l'intégrité physique» (ibid.).

Pour Solange Cantin, le refus de considérer comme violents des comportements jugés communs et sans conséquences graves, montre à quel point «la tolérance est élevée face à l'utilisation de la force physique dans les rapports quotidiens avec les autres» (ibid., p. 6).

Il faut savoir que deux sources de données offrent un portrait contrasté de la violence conjugale. La première renvoie à une catégorie d'études qui portent sur les stratégies de résolution des conflits familiaux. Elle fournit des statistiques relatives aux taux de violence subie par les femmes et par les hommes. Dans ce genre d'enquête, les taux de violence conjugale sont étonnamment semblables chez les femmes et les hommes. Nous en étudierons les raisons plus loin. La seconde source provient des données de victimisation liée à des actes criminels rapportées par les corps policiers (programme DUC 2), les services judiciaires, les maisons d'hébergement, ainsi que les groupes cliniques. Dans ce cas, la violence conjugale est plus grave : elle a des conséquences qui touchent l'intégrité physique des personnes et elle est asymétrique, c'est-à-dire que les femmes en sont les victimes dans plus de 80 % des cas et les hommes, les agresseurs (Laroche, 2003).

Les données statistiques et le type de violence conjugale

Dans les enquêtes portant sur la résolution des conflits familiaux, les chercheurs utilisent l'Échelle des tactiques de conflits (*Conflict Tactics Scale* ou CTS), qui a été élaborée en 1971 par le sociologue Michael A. Strauss, puis révisée en 1995. Cet instrument sert à mesurer les actions auxquelles un membre de la famille (homme ou femme) peut avoir recours à l'occasion d'un conflit ou d'une dispute avec un autre membre de la famille. L'échelle est composée de 18 énoncés d'action distribués selon un continuum d'actions dites raisonnées, d'agressions verbales et d'agressions physiques et sexuelles. La CTS a été utilisée dans de nombreuses études tant aux États-Unis qu'au Canada, ainsi que dans une vingtaine de pays, et plus de 70 000 personnes de diverses origines sociales et ethniques y ont participé. Pour son *Enquête sociale générale* (ESG) de 2004, Statistique Canada a utilisé une version adaptée de la CTS comprenant 10 énoncés qui « couvrent un large éventail des formes de la violence conjugale physique, allant de la menace de frapper jusqu'à l'utilisation d'une arme à feu ou d'un couteau à l'occasion d'une agression » (Laroche, 2007a, p. 13). À l'égard de la gravité de la violence subie, les chercheurs distinguent la violence mineure, qui fait l'objet de quatre énoncés, de la violence grave, qui compte six énoncés.

Selon Denis Laroche (2007a), les résultats obtenus dans les enquêtes portant sur la résolution des conflits familiaux indiquent une *symétrie* de la violence conjugale (*voir le tableau 6.1*). Les taux de violence vécue par les conjoints sont élevés et ont tendance à être semblables chez les hommes et les femmes. Ce résultat est constant dans toutes les enquêtes. Dans l'*Enquête sociale générale* de 2004, le taux de prévalence de la violence envers le partenaire actuel ou l'ex-conjoint, sur une période de 12 mois, est de 15 pour 1 000 chez les hommes et de 14 pour 1 000 chez les femmes. Au Canada, cette prévalence s'élève à 18 pour 1 000, aussi bien pour les hommes que pour les femmes. Sur une période de 5 ans, les taux québécois sont de 42 pour 1 000 chez les hommes et de 52 pour 1 000 chez les femmes. L'évolution de la violence conjugale mesurée par les enquêtes canadiennes, de 1993 à 2004, affiche une baisse de 41 % de la violence conjugale au Québec et de 32 % au Canada (Laroche, 2007b). Cette diminution touche autant les femmes que les hommes et l'on note qu'au Québec, le nombre de femmes victimes de violence grave a reculé de 57 % au cours de cette période. La même tendance est observée aux États-Unis. On observe aussi une tendance soutenue à la **désistance** à la violence conjugale avec l'âge. Le taux de prévalence est plus élevé chez les sujets âgés de 15 à 24 ans, puis diminue considérablement après 35 ans. Selon Denis Laroche, cette diminution de la violence conjugale rapportée constitue un résultat encourageant (Laroche, 2007b) et les facteurs qui peuvent l'expliquer sont nombreux.

Désistance
Le fait de mettre fin à une conduite criminelle.

Angela Bressan (2008) suggère quelques pistes de réflexion sur les causes de ce déclin de la violence conjugale, comme la sensibilisation et l'intolérance accrues de la société à l'égard de ces actes, l'accès amélioré aux services sociaux pour les victimes, l'intervention mieux adaptée du système de justice pénale, ainsi que l'augmentation des services d'aide aux victimes et des programmes de traitement pour les agresseurs.

? Les hommes sont-ils victimes de violence conjugale ?

Mais pourquoi existe-t-il une telle symétrie des taux de violence conjugale subie par les femmes et par les hommes dans ces enquêtes ? Cela est dû au contexte dans lequel se déroulent ces enquêtes de population. Elles portent sur la déclaration des comportements dans le couple. Cela touche essentiellement la violence mineure, commune, celle que l'on qualifie de *situationnelle*. Ce type de violence n'est pas nécessairement chronique et il survient à l'occasion. Il n'entraîne pas de graves conséquences immédiates et même les partenaires ne le considèrent pas comme un acte criminel. De 40 % à 80 % de ces actes ne sont pas rapportés en tant que crimes.

Tableau 6.1 ● Le taux de violence conjugale envers le conjoint actuel ou l'ex-conjoint, avec prévalence sur 12 mois et sur 5 ans, au Canada et au Québec, en 2004

	Conjoint actuel		Ex-conjoint		Conjoint actuel ou ex-conjoint	
Prévalence sur 12 mois	**Nombre**	**0/00**	**Nombre**	**0/00**	**Nombre**	**0/00**
Hommes						
Québec	25 400	13	ND	ND	35 300	15
Canada	124 300	16	44 800	14	172 800	18
Femmes						
Québec	16 900	9	19 900	17	36 800	14
Canada	95 800	13	95 200	21	191 300	28
Prévalence sur 5 ans	**Nombre**	**0/00**	**Nombre**	**0/00**	**Nombre**	**0/00**
Hommes						
Québec	53 100	28	52 700	57	98 900	42
Canada	296 700	38	247 400	77	539 800	57
Femmes						
Québec	237 100	26	410 800	74	134 100	52
Canada	47 900	31	86 200	92	646 700	62

Source : Laroche, Denis. 2007a. *Contexte et conséquences de la violence conjugale envers les hommes et les femmes au Canada en 2004*. Québec : Institut de la statistique du Québec, p. 18.

La violence liée aux conflits familiaux est plus fréquente, relativement secondaire, et elle suppose une réciprocité des attaques entre les partenaires, la victime pouvant être aussi l'agresseur. Certains auteurs suggèrent une mutualité de la violence situationnelle qui sous-tendrait une dynamique des relations interpersonnelles axée sur des actions agressives dans la résolution des conflits. Le caractère bidirectionnel de cette violence expliquerait la symétrie dans la prévalence des taux de violence subie par les femmes et les hommes. On peut certes affirmer que les hommes subissent aussi de la violence de la part de leur conjointe. Par contre, la violence grave est peu déclarée dans les enquêtes de population pour des raisons de conformité sociale.

Les femmes sont-elles davantage victimes de violence grave?

Lorsque l'on examine les statistiques de violence conjugale provenant des sources policières, le portrait obtenu diffère grandement (*voir l'encadré 6.1*). Si les taux de violence conjugale sont plus bas, ils révèlent cependant une violence physique majeure, plus grave, et, surtout, ils montrent une asymétrie dans la violence subie. La majorité des agresseurs sont des hommes et la majorité des victimes sont des femmes. La violence des hommes est alors instrumentalisée, exercée afin de dominer la partenaire. Elle est plus systématique et persistante et se poursuit donc au fil du temps.

Savoir plus 6.2

Quelle symétrie constate-t-on dans la violence conjugale?

Depuis que les données de l'ESG de 1999 ont été publiées, les médias ont fait grand cas de la multiplication des femmes violentes et du tabou du mari battu. Par chercheurs interposés, on assiste à un débat entre les groupes «masculinistes» et féministes sur la validité de la méthodologie et l'interprétation des statistiques colligées. Dans un article intitulé *Le mythe de la symétrie,* Rudolf Rausch (2007), psychologue, formateur et clinicien auprès de groupes en violence masculine, nuance la perspective de la symétrie dans la violence conjugale. Comme l'ont fait remarquer d'autres chercheurs, il souligne que, presque partout en Occident et sur de longues périodes, on dénombre un homme tué pour quatre femmes assassinées par leur conjoint. L'auteur pose ensuite cette question: «Où sont les victimes masculines?» Si l'on peut arguer que les hommes se sentent démunis pour porter plainte ou recourir à des services d'aide, cette discrétion à se déclarer victime de violence est aussi le cas des femmes, bien que ces dernières soient nombreuses à se présenter aux portes des maisons d'hébergement. La principale critique formulée par Rausch et d'autres chercheurs porte sur l'échelle de tactique de conflits qui mesure le nombre d'actes de violence sans égard au contexte, à l'objectif, à l'intensité et aux effets de ces actes. Ainsi, chaque partenaire obtiendra un point sur l'échelle, qu'il soit à l'origine de l'agression ou qu'il se défende. Le Conseil du statut de la femme formule des critiques similaires dans un document d'information sur la violence conjugale (2005).

«Quand, à partir des données de l'ESG, on dit que la prévalence de la violence conjugale subie ne présente pas d'écart substantiel entre les hommes et les femmes pour l'ensemble de la population, on parle plus précisément du fait d'avoir été victime, au cours d'une période donnée, d'au moins un acte de violence dans le cadre d'une relation de couple. La prise en compte d'autres dimensions montre des différences importantes et ne soutient pas la notion d'une symétrie dans la violence conjugale. L'idée que, dans leurs relations de couple, les hommes sont autant victimes de violence que les femmes et son corollaire, que les femmes sont aussi violentes que les hommes, ne correspond pas à la réalité» (p. 25). «La violence à l'encontre des conjointes s'exerce principalement dans un contexte de domination, alors que la violence subie par les hommes se situe le plus souvent dans le cadre de conflits de nature plus ponctuelle» (p. 9).

La violence conjugale majeure cause des blessures et entraîne de graves conséquences sur le plan de l'intégrité physique et mentale. Le taux de blessures nécessi-
tant des soins médicaux ou obligeant de s'absenter du travail varie de 50 % à 75 %.
Dans ce contexte, la violence des femmes est expressive et elle traduit un geste d'auto-
défense. On parle d'une dynamique de terrorisme conjugal où les femmes subissent
de manière systématique des agressions physiques, verbales et psychologiques.

Encadré 6.1 ● Les statistiques policières de la violence conjugale au Québec, en 2007

Nombre de victimes	**Évolution du taux d'infractions contre la personne**	**Délits les plus fréquents**
17 343 personnes ont déclaré à la police être victimes de violence conjugale : • 83 % étaient des femmes (14 395) ; • 17 % étaient des hommes (2 948).	• hausse depuis 1997 (un sommet est atteint en 2006) ; • diminution de 2006 à 2007 (retour au taux de 2001).	• voies de fait simples (55 %) ; • menaces (15 %) ; • harcèlement criminel (12 %) ; • agressions armées entraînant des lésions (13 %) ; • enlèvement ou séquestration (3 %) ; • agressions sexuelles (2 %) ; • meurtre, tentative de meurtre (1 %, 89 personnes).
Sexe des agresseurs et des victimes	**Catégories d'âges des victimes**	**Conséquences de la violence conjugale**
• La quasi-totalité des victimes a été agressée par une personne du sexe opposé. • Plus de 8 victimes sur 10 étaient des femmes. • 85 % des auteurs présumés étaient des hommes. • Une petite proportion (4 %) a été agressée dans le contexte d'une relation homosexuelle, cette proportion étant plus élevée chez les hommes (14 %) que chez les femmes (1 %).	Taux les plus élevés, par ordre d'importance, chez les personnes : • de 18 à 24 ans ; • suivis en deuxième position des 25 à 39 ans ; • puis, au troisième rang, des 40 à 49 ans.	• blessures graves (166 personnes) ; • blessures légères (87,7 %) ; • décès (11 femmes et 1 homme).
Taux de victimisation	**Taux d'agressions selon le sexe et selon le groupe d'âge**	**Relation avec l'auteur présumé**
• 41,8 victimes pour 10 000 femmes ; • 8,9 victimes pour 10 000 hommes.	• Taux d'agressions commises à l'encontre des femmes 12 fois supérieur à celui à l'encontre des hommes pour les personnes de 12 à 17 ans. • L'écart diminue progressivement avec l'augmentation de l'âge pour ne devenir que 2 fois plus élevé chez les personnes de 60 ans et plus.	• conjoint (45 %) ; • ex-conjoint (41,2 %) ; • ami ou ex-ami intime (13,8 %).

Source : Québec, ministère de la Sécurité publique. 2008. *Statistiques 2007 sur la criminalité commise dans un contexte conjugal au Québec.*
Québec : MSQ, [En ligne], http://www.msp.gouv.qc.ca/prevention/statistiques/conjugale/2007/statistiques_2007_violence_conjugale.pdf

Dans les enquêtes relatives à la victimisation, les personnes déclarent les actes violents perçus comme étant criminels. La violence mineure est donc sous-représentée. Il faut aussi souligner que ces données ne sont pas généralisables (*voir l'encadré 6.2*).

Les formes de violence conjugale

La violence conjugale revêt de nombreuses formes : coups, brûlures, blessures infligées à l'aide d'objets, viols, agressions sexuelles, menaces, intimidation, violence verbale et psychologique, qui toutes portent atteinte à l'intégrité physique et psychologique des victimes. Si la violence verbale est moins spectaculaire, elle n'en est pas moins préjudiciable et destructrice au même titre que les coups. Être dénigré auprès d'autrui, se voir interdire des sorties avec ses collègues ou ses meilleurs amis, perdre son réseau affectif, se faire dire que l'on est bon à rien, être toujours épié, abreuvé d'injures, menacé de coups – même s'ils ne sont pas mis à exécution –, vivre dans la peur constante des méchancetés, des cris ou des ordres insultants sont autant de facettes de la violence qui ne laissent pas de traces physiques mais qui réussissent à anéantir l'estime de soi et l'intégrité morale de la victime de ces violences. Les types de violence psychologique, verbale et économique peuvent se produire indépendamment, mais ils s'accompagnent le plus souvent des formes de violence physique et sexuelle plus graves.

Existe-t-il un schéma de la violence conjugale ?

Sous ses diverses formes, la violence du mari ou du petit ami se produit selon un cycle qui se répète jusqu'à ce que la victime puisse le rompre[1]. La relation commence par une phase dite de « lune de miel » où tout va pour le mieux dans le

Encadré 6.2 ● Les caractéristiques de la violence conjugale recensées selon les types d'enquêtes

Les deux sources qui suivent sont valables, s'appliquent à des groupes différents et reflètent les deux facettes de la violence conjugale.

Résultats d'enquêtes de population portant sur les conflits familiaux :
- Violence plus fréquente, de type mineur.
- Réciprocité des attaques entre les partenaires.
- Mutualité de la violence situationnelle.
- Victimes et agresseurs à la fois.
- Taux symétriques dans la violence subie et déclarée par les femmes et par les hommes.
- Sous-représentation de la violence grave.

Résultats d'enquêtes de victimisation auprès des sources policières et des maisons d'hébergement de femmes battues :
- Prévalence plus faible de la violence conjugale.
- Violence plus souvent chronique et grave, agressions physiques et sexuelles.
- Blessures et soins médicaux.
- Violence masculine instrumentalisée : femmes systématiquement battues, domination de l'agresseur sur sa conjointe.
- Violence féminine défensive.
- Données non généralisables.

---

1. Pour décrire le cycle de la violence, nous retenons le modèle construit par les chercheuses féministes à partir de la réalité vécue par les femmes victimes de violence conjugale majeure.

couple. Après une période de tensions plus ou moins longue, une première crise éclate au cours de laquelle la violence sera utilisée : cris, gifles, bousculades, séquestration dans la maison, suppression de l'argent et des cartes bancaires, etc. La violence peut avoir droit de cité. Cette première crise est souvent attribuée par le conjoint à un facteur atténuant : la fatigue, le stress, l'alcool ou la perte d'un emploi sera invoqué par le conjoint pour se disculper. Malheureusement, près de la moitié des cas de violence apparaissent pour la première fois lorsque la femme est enceinte. Cette crise est suivie d'une phase de rémission où le bonheur semble revenu. C'est de nouveau la lune de miel... avant l'accumulation de nouvelles tensions qui mèneront à la prochaine scène de violence (Lacombe, 1990).

Pendant la lune de miel, le conjoint exprime des remords et des regrets pour ses gestes ou ses paroles. Il promet à sa conjointe de changer, lui jure que cela ne se produira plus. La réconciliation est possible, d'autant que la femme veut toujours vivre avec cet homme qu'elle a choisi et qu'elle aime. C'est cette période de rémission qui explique en partie pour quelles raisons les femmes violentées demeurent avec leur conjoint et supportent une situation qui peut prendre des années à se détériorer, jusqu'à atteindre la limite du tolérable. Les femmes croient leur conjoint, leur pardonnent et espèrent qu'il finira par changer. L'espoir d'une réconciliation, combinée avec d'autres facteurs, comme la dépendance financière, le désir de maintenir intacte la famille ou la protection des enfants, fait perdurer la situation de violence conjugale. Le conjoint violent jouera sur toute la gamme des émotions affectives et psychologiques, et brandira des arguments matériels qui rendent sa conjointe dépendante de lui et l'empêchent de briser le cycle de la violence.

Avec le temps, les périodes de lune de miel raccourcissent et les crises se manifestent plus fréquemment. Nombre d'événements de la vie du couple deviennent prétexte au déclenchement d'une crise et servent à justifier le climat de violence qui s'installe à demeure. L'encadré 6.3 résume le cycle de la violence et ses diverses formes.

Encadré 6.3 • Le cycle et les formes de la violence conjugale

Le cycle de la violence
- La lune de miel : phase du bonheur.
- La tension : phase où les tensions s'accumulent.
- La crise : phase où la crise éclate et s'exprime par des violences.
- La rémission : phase des remords et des promesses, suivie d'une nouvelle lune de miel.

Les formes de violence
- La violence physique : atteinte à l'intégrité corporelle (coups, blessures, châtiments corporels).
- La violence psychologique : atteinte à l'intégrité mentale (dénigrement, dévalorisation, négation).
- La violence sexuelle : atteinte à l'intégrité sexuelle (agressions, viols, gestes dégradants).
- La violence verbale : atteinte à l'intégrité mentale et affective (mots injurieux, ton agressif, cris, menaces, colère).
- La violence économique : atteinte à l'autonomie financière (retrait de l'argent, interdit de consommation, manquements au soutien économique de la famille).

Les théories explicatives et les causes de la violence conjugale

La violence conjugale étant considérée comme un phénomène complexe et multi-dimensionnel, plus d'une théorie est utilisée pour la comprendre. On peut regrouper les théories explicatives en trois grandes catégories, selon l'angle d'analyse privilégié par les chercheurs et le genre d'interventions qui en découlent.

Une première catégorie touche les théories de type intra-individuelles, qui mettent l'accent sur le caractère dysfonctionnel de l'individu, en ce qu'il présente des traits de personnalité déficients, comme une très faible estime de soi et une incapacité à maîtriser son impulsivité. À cela s'ajoutent des psychopathologies, comme l'alcoolisme et la toxicomanie. Dans cette approche, on prend en considération les facteurs endogènes (neurologiques, physiologiques) et les traits de personnalité des individus. À titre d'exemple, des chercheurs s'interrogent sur les traumatismes crâniens subis durant l'enfance, car ils prédisposeraient à des comportements violents. L'ensemble de ces théories découle d'une vision biomédicale de l'étude des problèmes sociaux. Elles ignorent le contexte social. On sait aussi que la majorité des agresseurs ne présente pas de psychopathologie.

Une deuxième catégorie réunit les théories socioculturelles et les analyses politiques et structurelles. Ici, on examine l'influence de la position sociale dans l'étiologie de la violence conjugale, c'est-à-dire les inégalités de classe sociale et les rapports sociaux de sexe. Par exemple, l'analyse féministe de la violence conjugale montre que celle-ci devient un moyen pour l'agresseur masculin d'exercer, de maintenir ou de regagner la mainmise sur sa conjointe. Comme nous l'avons souligné dans le chapitre 4, dans une société patriarcale, les normes sociales et la culture encouragent la domination masculine au sein de la famille et du couple, et se traduisent par une inégalité de pouvoir entre les conjoints. Ce point de vue n'explique pas le fait que les femmes aussi soient des agresseuses et que la violence féminine ne soit pas que défensive. L'analyse systémique du processus familial de la violence consiste à soutenir que tous les membres de la famille sont porteurs de violence ou peuvent en être les victimes. Des facteurs interdépendants et individuels – comme le mode de communication, les attitudes, etc. – participent à la dynamique de violence. L'analyse systémique n'offre pas d'explication particulière à la violence entre conjoints.

Enfin, une troisième catégorie réunit les théories psychosociologiques, qui mettent l'accent sur l'apprentissage social de la violence. Il existe une transmission intergénérationnelle de la violence. Selon Michael A. Strauss (1999), l'exposition à la violence familiale durant l'enfance est le facteur le plus déterminant de la violence conjugale, que les conjoints violents exposent leurs enfants à ce modèle de conduite ou que les parents recourent à des punitions physiques dans l'éducation de leurs enfants. Pourtant, aussi déterminant que soit ce facteur, il n'explique pas le fait que la majorité des hommes qui ont été exposés à la violence durant leur enfance ne deviennent pas des agresseurs. La figure 6.2 résume les trois théories de la violence conjugale.

Les facteurs sociaux et individuels dans l'étiologie de la violence conjugale

Les facteurs sociaux

Trois facteurs sociaux augmentent les risques de recours à la violence dans les relations de couple. Ce sont la socialisation différente des garçons et des filles en ce qui a trait aux rôles conjugaux, la discrimination sociale que subissent les femmes et la tolérance de la société à l'égard de l'expression des comportements violents.

La socialisation sexuée. Chez les garçons, la socialisation valorise l'action, la force, l'agressivité au travail et dans les loisirs, l'affirmation de soi. On pardonne plus facilement aux garçons les écarts de langage ou de geste. Chez les filles, on apprécie les comportements dits féminins, comme la douceur, la voix posée, et l'on suggère des loisirs qui ne demandent pas une force exagérée, tout en mettant en évidence la grâce féminine. On surveille davantage les filles, on les surprotège par crainte des agressions dont elles pourraient être les victimes. On dit encore aujourd'hui à propos des enfants : « on le sait bien, c'est un garçon » ou « c'est normal, c'est une fille ».

Les hommes qui usent de violence dans leurs relations de couple ont profondément intériorisé le type d'éducation masculine qui fait de la force et de l'agressivité le mode de communication privilégié. La force devenue violence à l'égard

Figure 6.2 ● Les théories de la violence conjugale

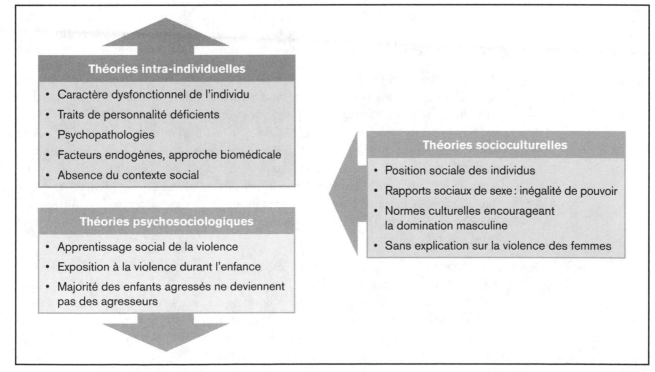

de la conjointe est alors un des modes d'expression de la masculinité et elle fait partie du rôle de mari. La violence dans la relation de couple est perçue comme un fait normal.

De la même façon, les femmes qui ont reçu une éducation féminine traditionnelle sont celles qui se soumettent le plus à la domination de leur conjoint. Elles sont rabaissées au sein du couple et les rôles conjugaux sont fondés sur l'autorité du mari. Elles éprouvent des difficultés à briser le cycle de la violence, parce qu'elles se sentent investies de la mission de préserver leur union. Par ailleurs, elles se croient responsables de la violence de leur conjoint et elles pensent pouvoir les faire changer de comportement. Pourtant, plusieurs spécialistes soulignent que la soumission de la femme, loin de transformer la situation, devient un facteur individuel de risque.

Plus la socialisation différenciée est renforcée, plus les risques de violence conjugale augmentent. Au contraire, une socialisation qui puise aux comportements associés aux deux sexes, reposant sur des valeurs éducatives égalitaires, prémunit les individus contre l'adoption de comportements violents, et contre l'acceptation de cette violence.

La discrimination sexiste. Comme nous l'avons déjà souligné, l'inégalité sociale entre les hommes et les femmes est la pierre angulaire de l'expression de la violence conjugale. La dépendance économique de la femme rend sa domination possible par son conjoint et, si elle se retrouve démunie financièrement, il lui est très difficile de briser le cercle de la violence.

Mais l'inégalité n'est pas seulement économique : elle touche tous les aspects de la vie sociale, du travail aux loisirs, de la justice aux services publics. La discrimination à l'égard des femmes est encore bien réelle, inscrite dans les codes culturels et dans les structures sociales.

La tolérance sociale. Il peut paraître paradoxal de prétendre extraire la violence des relations conjugales, alors que notre société tolère divers niveaux d'expression de la violence. Même si les opinions des experts sont divisées en ce qui a trait à l'effet des images de violence diffusées à la télévision et au cinéma, tout le monde convient que les enfants sont exposés très tôt à des scènes de violence. Ces scènes sont abondantes et de plus en plus réalistes dans les films d'action, qui s'adressent aux jeunes garçons et montrent l'agressivité et la violence, ainsi que l'utilisation de la force, comme constituant des réponses adaptées aux différentes situations de la vie. Dans ces mêmes films d'action, les valeurs dites féminines ne sont pas très prisées.

Les facteurs sociaux expliquent les raisons pour lesquelles la violence devient un mode de communication dans le couple et que les femmes en sont les principales victimes. Quant aux facteurs individuels, ils permettent de comprendre pour quels motifs, dans une situation semblable, un individu s'exprimera par la violence et un autre, par le calme. Le tableau 6.2 résume les trois facteurs sociaux dans la violence conjugale.

Les facteurs individuels

Les études effectuées auprès des agresseurs révèlent que les facteurs individuels peuvent laisser présumer une propension à utiliser la violence. Ces facteurs sont les suivants : le fait d'avoir été maltraité durant son enfance ou d'avoir assisté à des scènes de violence conjugale, la faible estime de soi, le stress provoqué par des difficultés, la vulnérabilité émotionnelle, la scolarité écourtée et le degré d'intériorisation des valeurs masculines traditionnelles qui associent la masculinité à l'agressivité. Toute une gamme d'incidents peuvent déclencher une crise de violence, mais il apparaît que la grossesse constitue un facteur primordial : 21 % des femmes victimes de violence au Canada en 2004 avaient été agressées pendant une grossesse et, dans 40 % des cas, c'était le début de la violence (Statistique Canada, 2006). La grossesse suscite des réactions violentes de la part du conjoint, qui craint de perdre l'exclusivité affective de sa conjointe.

Le facteur individuel dont l'incidence sur la violence conjugale a été le plus clairement établi est celui des antécédents familiaux : on estime que 81 % des hommes agresseurs et 33 % des femmes violentées ont été battus lorsqu'ils étaient enfants (Rochon, 1988). Il est confirmé qu'il existe une reproduction de la violence familiale d'une génération à l'autre : les enfants battus ou ayant assisté à des scènes de violence entre leurs parents sont plus susceptibles de reproduire ce modèle sexué de comportement. C'est l'effet le plus manifeste de la socialisation à l'égard de la violence. Cela ne signifie pas pour autant qu'un enfant battu utilisera la violence à son tour. La majorité des enfants violentés apprennent à rejeter ce mode de relation, car les autres institutions sociales transmettent un message d'interdit des formes de violence.

L'*Enquête sur la violence envers les conjointes dans les couples québécois* (2003) met en évidence certaines caractéristiques quant aux femmes victimes de violence :

- Les taux de violence sexuelle et physique sont plus élevés chez les femmes dont l'indice de soutien social est faible. Elles sont plus insatisfaites de leur vie sociale, sont isolées pendant leur temps libre, n'ont personne dans leur entourage pouvant leur offrir de l'aide, se confient moins ; lorsqu'elles le font, c'est toutefois à des personnes de leur entourage plutôt qu'au sein d'un réseau d'entraide structuré.

Tableau 6.2 ● Les facteurs sociaux dans la violence conjugale

Facteurs sociaux de risque		Facteurs sociaux protecteurs
1. Socialisation sexuée, différenciée, rôles conjugaux stéréotypés (force et agressivité masculines contre soumission et culpabilisation féminines). 2. Discrimination sexiste touchant au statut social des femmes et créant une dépendance économique. 3. Tolérance sociale à l'égard de l'expression de diverses formes de violence (médias, cinéma et sports, pornographie).	**Violence conjugale**	1. Ressources économiques des conjointes (autonomie financière). 2. Relations conjugales plus symétriques et égalitaires. 3. Réseau social riche et dynamique (soutien pour maîtriser ou changer la situation).

- Elles présentent un niveau élevé de détresse psychologique et un piètre état de santé mentale. Il en est de même pour le conjoint agresseur.

- La jeunesse des femmes et de leur conjoint combinée avec une relation de courte durée (quatre ans ou moins) se traduisent par des taux de violence physique et sexuelle plus élevés envers les femmes. Plus la durée de la vie commune est courte, plus la violence est présente.

- Les périodes de transition familiale sont des moments charnières pour les manifestations de violence. La rupture du couple et la grossesse en sont deux exemples.

- Il existe des antécédents de violence et de négligence dans les familles et des événements traumatisants dans leur passé.

- Les conditions socioéconomiques difficiles sont un terrain propice à l'apparition des comportements violents. Un faible revenu est associé à la probabilité d'être victime (et d'être agresseur). Pour les femmes, le fait d'être pauvre, d'être étudiante ou sans emploi, d'éprouver de l'insécurité alimentaire et de la pauvreté dans la famille, est associé à des taux plus élevés de violence sexuelle ou physique.

- Enfin, on constate un fort lien entre la consommation d'alcool et de drogue, chez l'un ou l'autre des conjoints, et des taux élevés de violence physique.

Au Canada, les femmes autochtones sont trois fois plus susceptibles que les non autochtones d'être victimes de violence conjugale sous des formes plus graves qui mettent leur vie en danger (étranglement, attaque avec une arme ou un couteau, agression sexuelle) et avec de sérieuses conséquences, comme des blessures corporelles qui demandent des soins médicaux (Statistique Canada, 2006). La figure 6.3 présente les facteurs individuels dans la violence conjugale.

Figure 6.3 • Les facteurs individuels de risque dans la violence conjugale

Hommes agresseurs	Facteurs communs aux agresseurs et aux victimes	Femmes victimes

• Stress élevé continu lié à plusieurs difficultés : emploi, relation conjugale, difficultés financières, toxicomanie, etc.
• Vulnérabilité émotionnelle : dépendance affective, jalousie.
• Rôle masculin stéréotypé et intériorisation élevée des valeurs masculines traditionnelles : agressivité, force, domination, seul pourvoyeur, etc.
• Scolarité courte (facteur relatif, car la violence conjugale est aussi présente dans les milieux aisés).
	• Antécédents familiaux : avoir été victime de violence familiale ou témoin de violence conjugale dans sa famille d'origine.
	• Reproduction intergénérationnelle de la violence par l'intermédiaire de la socialisation des enfants :
	  – à un modèle stéréotypé des relations entre les hommes et les femmes ;
	  – à un modèle de résolution des conflits utilisant la violence.
	• Facteurs déclencheurs les plus fréquents : la grossesse qui suscite une crainte de perte de pouvoir et la perte de l'exclusivité affective ; la séparation du couple.
	• Pauvreté et faible estime de soi.
	• Lien avec la consommation d'alcool et de drogue.
		• Isolement social
		• Dépendance économique à l'égard du conjoint : femmes au foyer ou occupant un emploi peu rémunéré, peu scolarisées.
		• Adhésion forte au rôle féminin stéréotypé et aux valeurs féminines traditionnelles : soumission à l'autorité, responsabilité de sauvegarder le couple et la famille, espoir de réussir à changer la situation, dépendance affective.

6.3 La violence envers les enfants : maltraitance et violence parentale

«Dites aux adultes de ne pas dire des mots qui tuent!» La maltraitance est une réalité encore plus invisible que la violence conjugale. De nombreux enfants souffrent au premier chef de la négligence de leurs parents, puis de violences physique, psychologique et langagière, et, enfin, d'agressions sexuelles.

Il n'est pas facile de déterminer l'ampleur du phénomène de la maltraitance des enfants. Un rapport sur l'**incidence** des agressions sexuelles indique que 34 % des filles et 13 % des garçons seraient agressés sexuellement avant l'âge de 18 ans (Bouchard, 1991). Sur le territoire francophone de Montréal, on estime à environ 1 % le taux d'incidence annuel des cas d'agressions physiques et de négligence – près de 12 enfants sur 1 000 (Chamberland, 1992). Les agressions physiques représentent près de 10 % des cas de mauvais traitements sur le territoire québécois.

La maltraitance des parents à l'égard des enfants se présente sous cinq formes :

Incidence
Nombre de nouveaux cas à survenir pendant une période donnée.

1. La négligence, principale forme de maltraitance : défaut de supervision pouvant entraîner un préjudice physique, négligence éducative, etc.

2. Les abus physiques : discipline physique abusive, brutalité impulsive, restriction physique excessive, etc.

3. Les abus sexuels : attouchements ou caresses des parties génitales, relation sexuelle avec pénétration, exhibitionnisme, etc.

4. L'abandon : refus d'assurer la garde, absence des parents, expulsion du foyer, etc.

5. Les mauvais traitements psychologiques : exposition à la violence conjugale, rejet, dénigrement, indifférence affective, etc.

En 2008-2009, près de 30 022 cas touchant des enfants ont été signalés à la Direction de la protection de la jeunesse (DPJ) du Québec, dont près de 47,5 % pour négligence (incluant les risques de mauvais traitements), 13 % pour mauvais traitements psychologiques et 19 % pour mauvais traitements physiques (ACJQ, 2009). Parmi ces signalements, 6 519 cas étaient fondés. La maltraitance des enfants est en hausse, probablement parce qu'on la dénonce davantage, mais aussi parce que, au cours de la dernière décennie, la violence familiale a connu une flambée en Amérique du Nord et au Québec (Paré, 2004). Au Québec, on a constaté une augmentation de 56 % des mauvais traitements physiques infligés aux enfants. En 2009, 38 % des décès accidentels de bébés sont liés à la violence parentale.

Les caractéristiques des enfants maltraités

Il existe des différences dans les mauvais traitements infligés aux enfants selon le sexe de la victime (Tourigny, *et al.,* 2001). Si la violence psychologique est répartie de manière égale entre les filles et les garçons, les filles sont presque trois fois plus fréquemment victimes d'agressions sexuelles que les garçons, ces derniers étant un peu plus souvent victimes de négligence et de sévices.

En ce qui a trait à l'âge auquel sont infligés ces mauvais traitements (*voir le tableau 6.3*), la négligence parentale touche particulièrement le groupe des enfants âgés de 0 à 5 ans et diminue avec l'âge. C'est le phénomène inverse qui se produit chez les victimes d'agressions sexuelles : leur taux augmente avec l'âge. Après l'âge de 12 ans, on constate une diminution du nombre des enfants victimes de sévices. De manière générale, le taux de victimisation diminue avec l'âge, surtout chez les garçons, tandis que chez les filles, les agressions physiques et sexuelles augmentent avec l'âge.

Tableau 6.3 ● Les motifs de prises en charge d'enfants par la DPJ selon l'âge au Québec, en 2008-2009

Motif	0-5 ans	6-12 ans	13-17 ans
Agression physique	5,2 %	8,9 %	5,2 %
Agression sexuelle	0,6 %	3,4 %	3,9 %
Négligence et abandon*	79,0 %	69,0 %	45,0 %
Mauvais traitements psychologiques	15,1 %	13,9 %	8,4 %

* Les nouveaux motifs de signalement depuis juillet 2007 (risque d'abus physique, d'abus sexuel et de négligence) sont traités dans la catégorie « négligence ».

Source : Association des centres jeunesse du Québec (ACJQ). 2009. *Bilan des directeurs de la protection de la jeunesse*. Québec : ACJQ, p. 18. [En ligne], www.acjq.qc.ca

Les facteurs sociaux dans l'étiologie de la maltraitance

L'une des difficultés relative à la reconnaissance de la maltraitance réside dans la capacité de définir les mauvais traitements. En effet, la maltraitance se définit par rapport aux normes culturelles retenues pour la socialisation des enfants. Quel geste relève des sévices ou d'une négligence, et par rapport à quelle norme ? Laisser pleurer un nourrisson pour le former, est-ce de la négligence ? Laisser de jeunes enfants sous la surveillance d'un enfant de 10 ans, est-ce encore de la négligence ? Utiliser la fessée comme principe d'éducation, est-ce une agression physique ? Où s'arrête le respect de la diversité culturelle et sociale, et où commence le droit à l'intégrité corporelle et psychologique des enfants ?

Cette dernière question vaut autant pour les communautés ethniques que pour les sous-groupes sociaux et religieux. Il semble que, dans la définition de la maltraitance, deux écueils doivent être évités : l'ethnocentrisme des valeurs occidentales – qui sont les valeurs servant de mesure de comparaison pour les spécialistes des institutions – et le relativisme culturel, qui met en péril l'intégrité des enfants. Par exemple, certaines pratiques culturelles qui sont adaptées à la société d'origine peuvent être sources de réel danger une fois transposées dans un autre contexte social. Mais l'application étroite des normes du groupe dominant crée aussi des traumatismes inutiles. La recherche de la maltraitance à tout prix en fait parfois voir de toutes les couleurs à des parents bien intentionnés. Comme pour la violence conjugale, les facteurs sociaux et les facteurs individuels se combinent pour expliquer les comportements de maltraitance des parents à l'égard des enfants. Les causes de ces problèmes sont nombreuses et complexes.

« La plupart des adultes sont en mesure d'agir de manière sensible, respectueuse et non violente envers les enfants à moins qu'ils soient empêchés de le faire » (Lacharité et Éthier, 2009, p. 333).

Les normes culturelles de la violence

Parmi les facteurs sociaux, les normes culturelles relatives à la violence et à son usage dans l'éducation des enfants se détachent au premier plan. À plusieurs égards, certaines institutions sociales cautionnent l'adoption de la violence en tant que moyen efficace de résoudre les conflits. D'abord, les médias fournissent maintes occasions d'observer des scènes de violence qui, de manière récurrente, présentent un schème de conduite agressive dans les relations interpersonnelles. On sait que les médias constituent un puissant agent transmetteur de valeurs et de conduites auprès des jeunes.

Les enfants côtoient la violence tous les jours à la télévision, dans la programmation courante ou dans les films. Les jeunes Américains, par exemple, auront été témoins de 18 000 meurtres et de 800 suicides avant d'avoir atteint l'âge de 18 ans (Bouchard, 1991). Camil Bouchard estime que cette omniprésence de la violence télévisuelle ne prépare pas les enfants et les jeunes à résoudre les conflits par l'intermédiaire de conduites pacifiques et par la négociation.

Des chercheurs américains ont mis en évidence les effets à long terme de la violence télévisée sur les comportements d'agressivité des adolescents, une fois l'âge adulte atteint (*Le Devoir*, 2002). Ils ont suivi 700 jeunes sur une période de 18 ans,

Savoir plus 6.3

Le respect des droits fondamentaux des enfants

En mars 2004, la Cour suprême du Canada a statué que les parents pouvaient user de manière limitée et encadrée de sanctions physiques dans l'éducation de leurs enfants, à l'exception des enfants de moins de deux ans et des adolescents. Cet avis juridique, qui veut préserver la capacité éducative des parents, soulève toutefois une question fondamentale : en tant que sujets de droit, les enfants ont-ils les mêmes droits que les adultes, dont celui à l'intégrité physique ? Selon Mireille Jetté, Camil Bouchard et Marie-Ève Clément (2001) :

« Il n'y a pas de minimum ou maximum à partir duquel la communauté scientifique se montrerait unanimement inquiète ou rassurée concernant le recours à la punition physique ou à d'autres formes de violence "usuelle" par les parents envers leurs enfants. Cela demeure une appréciation qui ne peut être faite que par l'ensemble des acteurs sociaux, aussi bien ceux qui se préoccupent du bien-être quotidien des enfants [...] que ceux qui analysent aussi la question sous l'angle des droits fondamentaux. Frapper une autre personne – ou taper, dans le cas des enfants – pour arriver à ses fins soulève en effet la question des droits fondamentaux » (Jetté, *et al.*, 2001, p. 483).

allant de l'adolescence à l'âge adulte, en fonction de leur écoute quotidienne de la télévision, compte tenu du nombre d'actes violents auxquels ils avaient été exposés (de 20 à 25 actes violents par heure dans les émissions destinées aux enfants). Qu'ont-ils découvert? Que seulement 5,7% des adolescents qui passaient moins d'une heure par jour devant la télévision commettaient des actes violents à la fin de l'adolescence et au début de l'âge adulte, contre 22,5% de ceux qui regardaient la télévision entre une heure et trois heures, et 28,8% de ceux qui la regardaient plus de trois heures. D'après les chercheurs, cette étude contredit l'hypothèse selon laquelle la violence télévisuelle n'affecte que les enfants. La violence dans les médias contribue réellement à produire plus de violence.

Par ailleurs, la société confère aux parents une autorité légale sur leurs enfants et l'obligation morale et sociale de les éduquer (Lacharité et Éthier, 2009). Dans le prolongement de cette autorité, on tolère que le parent puisse user de châtiments ou de punitions pour se faire obéir. «Le recours à la punition physique en tant que stratégie disciplinaire» était toujours accepté par près de 50% des parents qui avaient été interrogés au début des années 2000 au Canada (*ibid.*, p. 309). La plupart des parents qui maltraitent leur enfant prétendront avoir voulu le corriger parce qu'il était désobéissant ou turbulent.

L'étude sur la violence dans la vie familiale, effectuée en 1999 auprès de femmes vivant avec au moins un enfant d'âge mineur, montre que plus un parent accepte l'idée d'utiliser des punitions corporelles pour résoudre un conflit avec un enfant, plus le risque augmente que l'enfant subisse des épisodes de maltraitance (Jetté, *et al.*, 2001).

Dès l'origine, la relation entre un parent et son enfant est inscrite dans un rapport social asymétrique : une des parties exerce une autorité et détient un pouvoir légitime sur l'autre (Lacharité et Éthier, 2009).

L'environnement social

La précarité économique est l'une des principales composantes de la maltraitance (*voir le tableau 6.4*), en particulier dans les cas de sévices et de négligence – les agressions sexuelles se répartissent davantage dans tous les milieux sociaux. De façon générale, la proportion d'enfants maltraités est plus élevée dans les milieux défavorisés sur le plan socioéconomique, deux fois plus en ce qui a trait à la violence physique sévère (MSSS, 2007).

Les conditions de vie des familles pauvres augmentent de six à sept fois le risque d'agression et de négligence des enfants, comparativement aux conditions de vie des milieux nantis. Pourquoi? Essentiellement parce que les ressources – celles du parent, celles de l'enfant et celles du milieu – qui servent d'assises au parent pour exercer son rôle sont déficientes: les parents pauvres sont plus souvent malades, démotivés, préoccupés, isolés. Ils vivent dans des lieux souvent inappropriés, trop petits, mal équipés, qu'ils n'ont pas choisi d'habiter. Leurs enfants sont souvent malades, davantage sujets à des infections ou à des maladies du système respiratoire. La santé altérée de ces enfants peut nuire à la formation des liens d'attachement parents-enfants, qui sont nécessaires dans une relation affective positive. Le stress élevé qu'éprouvent jour après jour les familles pauvres met la compétence parentale à rude épreuve, et les ressources parentales déjà précaires s'épuisent plus rapidement.

❓ La pauvreté conduit-elle à maltraiter les enfants ?

On ne peut prétendre que la pauvreté des enfants et des familles conduit fatalement à la maltraitance. Il ne faut pas sous-estimer le courage et la volonté de la majorité des parents pauvres qui élèvent leurs enfants dans des contextes peu propices à leur développement. À pauvreté comparable, les familles les mieux protégées sont celles dont l'environnement offre le plus de soutien et dont les réseaux d'entraide sont variés – parenté, garderies, groupes communautaires, écoles, professionnels. Il n'en demeure pas moins que la pauvreté est associée à un très grand nombre de facteurs qui influent sur l'augmentation des risques de maltraitance à l'égard des enfants et des jeunes (MacMillan, 1993).

Les structures familiales

Plusieurs études ont confirmé que, dans certains contextes, les recompositions familiales présentent un risque de violence pour les filles. La présence d'un père de substitution qui n'a pas créé un lien d'attachement père-enfant augmente le risque d'agression sexuelle pour une fille (Bouchard, 1991).

Tableau 6.4 ● Les facteurs sociaux de la maltraitance

Facteurs sociaux de risque		Facteurs sociaux protecteurs
1. Normes culturelles de tolérance à l'utilisation de sanctions physiques dans l'éducation des enfants : • moyen efficace pour résoudre les conflits (véhiculé par la télévision, le cinéma et les jeux électroniques) ; • norme sociale faisant des enfants la propriété des parents ; • valeurs traditionnelles dans l'éducation des enfants. 2. Environnement social de la famille : précarité économique entraînant des conditions de vie difficiles et un stress quotidien plus élevé et permanent. 3. Structures familiales : • pauvreté accrue dans les familles monoparentales matricentriques ; • familles dont le modèle éducatif s'appuie sur l'autoritarisme (de type patriarcal) : augmentation du risque d'agression physique ; • familles recomposées : la présence d'un beau-père augmente le risque d'agression sexuelle pour les filles ; • présence de violence mineure.	**Maltraitance**	1. Intégration de la famille dans un réseau social (les familles maltraitantes sont souvent isolées des voisins, de la communauté ou de la parenté) ; présence d'autres adultes importants auprès des enfants. 2. Ressources communautaires pour améliorer la situation de la famille. 3. Groupes d'entraide pour soutenir les parents dans leur rôle éducatif, et les enfants dans leur réussite scolaire.

La monoparentalité matricentrique est de son côté fortement associée à la pauvreté qui, comme on vient de le constater, a une grande incidence sur la maltraitance. Selon Louise S. Éthier (1992), les mères qui négligent leurs enfants sont habituellement des mères isolées socialement et très démunies sur le plan financier.

Par ailleurs, les conflits conjugaux altèrent la qualité du climat familial et provoquent des états de stress tels qu'ils peuvent avoir des répercussions sur la compétence parentale des adultes. L'enfant pourra servir d'exutoire à la tension vécue par l'adulte.

Quant aux familles dont le modèle de relations parents-enfants est empreint d'autoritarisme et d'inégalité, elles sont davantage prédisposées à recourir à des moyens coercitifs pour éduquer leurs enfants et de mauvais traitements peuvent alors s'ensuivre.

Une forme de violence mineure constitue un environnement hostile pour un enfant et risque d'entraîner une escalade de la violence. Dans ce cas, la probabilité de subir des violences physiques sévères est multipliée par sept (Jetté, *et al.*, 2001). Il en est de même pour la violence psychologique, dont les possibilités de dérapage sont bien réelles.

Qu'est-ce qui protège de la violence ?

Il existe aussi des facteurs qui protègent de la violence, comme certaines caractéristiques personnelles (avoir un enfant facile à éduquer) et familiales (avoir le soutien actif d'un conjoint). D'autres facteurs protecteurs prennent racine dans l'environnement social. L'intégration des familles dans un réseau social et d'entraide peut contrer l'effet négatif du stress quotidien ou le caractère plus difficile d'un enfant. L'appui de groupes communautaires rompt la dépendance à l'égard des institutions officielles et aide à renforcer l'estime de soi nécessaire pour établir des relations intrafamiliales positives.

Exercice 6.1

La fessée est-elle efficace ?

Dans votre milieu familial et social, quelles sont les stratégies éducatives utilisées à l'égard des enfants et les valeurs qu'elles sous-tendent ? Interrogez cinq adultes ou plus, d'âges différents, sur les stratégies de discipline : lesquelles croient-ils efficaces et pour quelles raisons ? Prenez note de certaines caractéristiques socioéconomiques : âge, niveau de scolarité, emploi, sexe, revenu, milieu familial d'origine, difficultés éprouvées dans l'éducation de leurs enfants. Ont-ils déjà utilisé une sanction physique comme stratégie de discipline ? Effectuez une synthèse des réponses obtenues.

L'Agence de la santé publique du Canada (ASPC) a un point de vue très arrêté au sujet de la fessée : « La fessée n'est pas une forme de discipline efficace, même si certaines personnes peuvent penser le contraire. La fessée enseigne qu'il est acceptable de frapper les autres. À long terme, la fessée contribue à aggraver un comportement indésirable, et non à l'améliorer. Ne donnez jamais la fessée ! Ça ne fonctionne tout simplement pas – ni pour l'enfant ni pour le parent » (ASPC, 2008. En ligne).

6.4 Les mauvais traitements envers les aînés

Avant d'aborder les aspects de la violence que subissent des personnes âgées, il convient de rappeler que les aînés ne constituent pas un groupe homogène par leurs caractéristiques aussi bien de santé que socioéconomiques. La diversification de la vieillesse est bien réelle au moment où l'espérance de vie continue d'augmenter, comme nous l'avons souligné au chapitre 5. L'espérance de vie en bonne santé a aussi fait des progrès (Lacourse, 2006). Nombre d'aînés qualifient leur santé de bonne à excellente, se sentent peu ou pas limités dans leurs activités, ont un bon moral et ne souffrent pas d'isolement. Dans une large proportion, leurs conditions de vie ne sont pas aussi déplorables qu'on l'imagine. Les aînés représentent également une

multiplicité de trajectoires sociales et d'identités aussi diverses que dans la société québécoise. Ainsi retrouve-t-on parmi eux des personnes de statuts socioéconomiques variés, des immigrants récents mais aussi de longue date, des personnes homosexuelles ou ayant des croyances religieuses et spirituelles diverses. Leurs structures familiales se sont complexifiées. Ils peuvent aussi être retraités, travailleurs salariés, bénévoles (MFA, 2008).

L'âgisme

Pourtant, dans notre société, la vieillesse demeure pour plusieurs personnes « synonyme de dépendance, de vulnérabilité, de maladie, d'inutilité, de non-productivité, d'inaction et d'isolement » (CRPSPC, 2006, p. 1). Les préjugés et les stéréotypes à l'égard des personnes qui vieillissent conduisent à des attitudes négatives et discriminatoires comme l'**âgisme,** qui est la discrimination fondée sur l'âge, et l'**infantilisation,** qui dénie à la personne la capacité d'agir. Ces attitudes influent sur le bien-être des aînés tout en freinant leur contribution à la société. Avec le sexisme et le racisme, l'âgisme constitue le troisième grand « isme » des sociétés postmodernes (MFA, 2008). Certaines personnes refusent d'ailleurs de s'inclure dans le groupe des aînés en raison des stéréotypes négatifs. Lors de la consultation sur les conditions de vie des aînés qui s'est déroulée au Québec en 2007, de nombreux témoignages ont illustré les préjugés et l'âgisme de tous les jours : « Y'a encore beaucoup de préjugés en milieu hospitalier : tous les aînés ne sont pas sourds, pourquoi ne pas leur parler normalement plutôt que leur crier par la tête ! » (*ibid.*, p. 88). La banalisation du suicide chez les personnes âgées peut être considérée comme étant une manifestation d'âgisme dans sa forme générale « qui s'exprime par un stéréotype qui veut que la plupart des personnes âgées soient en perte d'autonomie et séniles et que, parce qu'elles ont déjà vécu plusieurs années, elles n'ont plus le même urgent besoin de continuer à vivre » (*ibid.*, p. 97).

C'est dans ce contexte que la violence envers les personnes âgées apparaît comme un problème social relativement nouveau et pour lequel les connaissances sont encore insuffisantes.

Âgisme
Discrimination à l'encontre de personnes du fait de leur âge.

Infantilisation
Attitude consistant à agir envers une personne comme envers un enfant incapable de se débrouiller seul ou de juger ce qui est bon pour lui.

Les types de violence envers les aînés

Selon le Centre québécois de ressources en promotion de la sécurité et en prévention de la criminalité (CRPSPC), il existe de nombreuses définitions de la violence envers les aînés. Les termes maltraitance, agression, mauvais traitements, exploitation et sévices renvoient à un aspect ou l'autre de la violence dont les aînés peuvent être victimes. Marie Beaulieu, professeure au Centre de recherche sur le vieillissement (CDRV) de l'Université de Sherbrooke, dans un mémoire déposé lors de la consultation publique sur les conditions de vie des aînés (2007), souligne les deux pôles distincts de la maltraitance: «Les spécialistes sont d'accord pour dire que la maltraitance comprend à la fois des actions violentes et des omissions ou actions négligentes» (Beaulieu, 2007, p. 5). La chercheuse s'appuie sur la définition qu'en a donnée l'Organisation mondiale de la Santé (OMS) en 2002, laquelle rend compte du caractère particulier de cette violence qui est vécue dans le cadre d'une relation de confiance:

«Il y a maltraitance quand un geste singulier ou répétitif, ou une absence d'action appropriée, se produit dans une relation où il devrait y avoir de la confiance, et que cela cause du tort ou de la détresse chez une personne âgée. Cela peut prendre de multiples formes: physique, psychologique/émotionnelle, sexuelle, financière ou refléter des formes intentionnelles ou non de négligence» (*ibid.*).

Cinq formes de violence envers les aînés sont reconnues: l'exploitation matérielle ou financière, la violence psychologique, la violence physique, la négligence et la privation ou l'abus des droits (CRPSPC, 2006).

- L'exploitation matérielle ou financière est une forme de violence propre au groupe des personnes âgées. Elle recouvre des comportements comme la manipulation d'une personne pour lui soutirer de l'argent ou l'amener à modifier son testament, une fausse représentation pour avoir la mainmise sur son argent ou sur ses biens, la mauvaise gestion de ses avoirs ou l'utilisation d'une procuration pour prendre des décisions en son nom, etc. Les données montrent que l'exploitation matérielle ou financière est le type de violence le plus fréquent dont sont victimes les personnes âgées, «constituant au-delà de 50% des méfaits contre les aînés» (CRPSPC, 2006, p. 2). Mais c'est aussi le type de méfait que les aînés minimisent le plus et refusent de rapporter aux autorités.

- La violence psychologique ou émotive se manifeste principalement par des insultes ou de l'agressivité verbale. Ses deux formes les plus courantes sont, d'une part, le dénigrement et les mots blessants et, d'autre part, la limitation des relations avec les membres de la famille et les amis.

- La violence physique recoupe toutes les formes de mauvais traitements physiques: les bousculades, les contentions, les coups et aussi les agressions de nature sexuelle.

- La négligence peut être l'absence d'une action qui influe sur le bien-être de l'aîné, comme l'oubli de sa médication, ou ne pas répondre à ses besoins essentiels.

- Enfin, la privation et l'abus des droits consistent à dénier les droits de la personne aînée: le non-respect de l'intimité, par exemple, les atteintes à l'intégrité, à la sécurité ou à l'égalité. Cela peut aussi consister à soumettre des patients âgés à des traitements sans se soucier de leur consentement ou à des actes d'humiliation verbale et à l'infantilisation.

? La violence envers les personnes âgées est-elle fréquente?

Comme pour la violence familiale, le phénomène de la violence à l'égard des aînés reste difficile à cerner. Son ampleur est mal connue: les données sur son incidence sont inexistantes et les études traitant de la prévalence sont restreintes et comprennent des limites méthodologiques. Par exemple, «le fait que les aînés répondants ont pu taire des informations en raison de la proximité de la personne qui les maltraite, le fait que les répondants devaient être en mesure de converser au téléphone et de répondre à un questionnaire» (Beaulieu, 2007, p. 7), ce qui exclut ceux avec des limitations auditives ou avec des pertes d'autonomie, etc.

Une étude canadienne menée à la fin des années 1990 estimait que, parmi les personnes âgées vivant à domicile, 4% avaient été victimes d'une forme de violence après l'âge de 65 ans. Cette proportion était identique au Québec (CRPSPC, 2006). Selon Marie Beaulieu, des auteurs n'hésitent pas à doubler, voire à tripler ces résultats. Cela signifie qu'il y aurait de 8% à 20% des aînés qui seraient maltraités à domicile (Beaulieu, 2007). À ce jour, aucun pays n'a réalisé d'étude épidémiologique sur la maltraitance en milieu d'hébergement. On comprend aisément la difficulté des aînés à collaborer à une telle étude en raison de leur état de santé dégradé ou bien par crainte des représailles, puisque l'institution est leur milieu de vie. Le problème est pourtant connu des responsables, comme en font foi des recherches menées auprès des professionnels qui confirment l'existence de cette violence mais ne fournissent que peu d'indications sur son ampleur (CRPSPC, 2006). Ainsi, un sondage réalisé en 1997 par l'Ordre des infirmières et infirmiers de l'Ontario (OIIO) révélait que 52% des membres de l'Ordre avaient été témoins de violence envers des patients âgés. En 2005, dans un sondage semblable, la prévalence avait chuté à 42%, après la mise en place d'un programme de prévention des mauvais traitements intitulé *Un, c'est trop* (OIIO, 2005). La professeure Marie Beaulieu pense que bien que «la majorité des directions d'établissement refusent de le reconnaître, la maltraitance peut se produire dans tous les milieux, y compris chez elles» (Beaulieu, 2007, p. 16).

Dans l'*Enquête sociale générale* de 2004, moins de 1% des aînés canadiens ont déclaré avoir subi une forme de violence de la part d'un partenaire au cours des 12 mois qui précédaient l'enquête. Environ 8% ont rapporté un incident de maltraitance émotionnelle ou d'exploitation financière sur une période de 5 ans précédant l'enquête (Québec, ministère de la Justice, 2009).

Quant aux données compilées à partir des renseignements fournis par les corps policiers au Canada en 2006, elles indiquent que:

- près de 6 000 incidents de violence envers les aînés ont été déclarés et, dans le tiers des cas, les accusés étaient des membres de la famille;
- dans un tiers des cas, les agresseurs étaient un enfant adulte et, pour un autre tiers, le conjoint ou l'ex-conjoint;
- chez les victimes des deux sexes, plus de la moitié avait subi des voies de fait simples, 20% des menaces et 14% des agressions graves;
- en 2003, 78% des agresseurs étaient des membres masculins de la famille (enfant adulte, conjoint, ex-conjoint, oncle, beau-frère, frère);

- la proportion des femmes âgées victimes de violence de la part d'un membre de la famille était deux fois plus élevée que celle des hommes (45 % contre 25 %); les aînées pouvaient être davantage victimes d'un conjoint ou ex-conjoint, tandis que les hommes âgés étaient à la merci d'un enfant d'âge adulte ou d'un autre membre de la famille; deux tiers des femmes assassinées l'ont été par un conjoint (40 %) ou par un fils d'âge adulte (34 %) (Québec, ministère de la Justice, 2009).

Les victimes et les facteurs explicatifs

Les violences envers les aînés peuvent se produire tant au domicile qu'en milieu institutionnel. Au Canada, près de 90 % des personnes âgées vivent dans une résidence privée et 10 % en environnement institutionnel. Même si la violence envers les aînés est vécue dans tous les milieux socioéconomiques, certains facteurs augmentent les risques de la subir. La dépendance financière et émotive de la personne âgée envers un tiers constitue le principal facteur social associé à ce risque, suivi par l'isolement et le manque de soutien social. Ces facteurs sont les mêmes qui entrent en jeu dans tous les cas de violence, qu'il s'agisse de violence conjugale, parentale ou à l'égard des aînés.

Il existe donc des facteurs liés au milieu de vie immédiat et aux caractéristiques de la personne. Ils se composent des antécédents de violence vécus par la personne âgée, de son état civil, des qualités propres à l'aidant ou au membre de la famille qui cohabite avec l'aîné, de la dynamique relationnelle entre l'aidant et l'aîné (épuisement, stress, comportements difficiles de l'aîné), des mauvaises conditions du milieu familial ou social (éloignement ou isolement, pauvreté). Il faut aussi prendre en considération les facteurs attachés au contexte social global, comme les restrictions budgétaires pour le soutien à domicile, l'absence de ressources ou des politiques gouvernementales inadaptées. Enfin, il faut de nouveau mentionner que les facteurs associés aux normes et aux valeurs présentes dans la société sont fondamentaux: les représentations médiatiques répétées de diverses formes de violence, les croyances stéréotypées par rapport au vieillissement et aux valeurs dominantes orientées vers la jeunesse, la performance et la productivité. Ce contexte est défavorable au bien-être des personnes âgées.

Le centre québécois de ressources en promotion de la sécurité et en prévention de la criminalité dresse un portrait des caractéristiques des personnes âgées pouvant vivre des situations de violence (CRPSPC, 2006). Les victimes d'une exploitation matérielle ou financière sont plus souvent des veuves, qui habitent seules et reçoivent moins d'aide en cas de maladie ou de handicap. De la même façon, les victimes de négligence sont surtout des femmes, des veuves et des personnes qui souffrent d'un handicap physique ou qui sont en perte d'autonomie ou en mauvaise santé. La négligence est le fait de la famille immédiate ou d'un soignant. Les victimes de violence psychologique ont souvent vécu de longues relations maritales ou filiales troubles: la plupart d'entre elles sont mariées, habitent avec l'auteur des mauvais traitements et tendent à se blâmer pour la violence subie. La violence physique est moins fréquente chez les aînés que dans la population en général, mais chez les hommes, l'exposition à la violence physique augmente avec l'âge, tandis que les femmes courent plus de risques d'être victimes de violence physique grave. Enfin, la privation des droits frappe principalement les personnes qui vivent dans des établissements d'hébergement et de soins de longue durée et les agresseurs sont des membres de l'équipe soignante.

❓ Comment expliquer cette violence ?

Il n'est pas évident de relier tous ces facteurs à une théorie explicative, du fait que les divers points de vue et approches mettent l'accent sur un aspect ou l'autre de la violence et que la violence envers les personnes âgées prend plusieurs formes. Dans son mémoire, la chercheuse Marie Beaulieu a résumé les quatre théories qui ont cours pour expliquer cette violence.

- La théorie du fardeau des aidants insiste sur la perte d'autonomie de la victime. Elle est la plus répandue. « Selon cette théorie, l'aidant principal ou des aidants sont dépassés par les événements et le soutien à donner à un aîné en perte d'autonomie » (Beaulieu, 2007, p. 8). L'épuisement des aidants peut conduire à la négligence et à la violence psychologique et physique. Évidemment, avec des fardeaux de soins similaires, tous les aidants ne réagissent pas de manière violente. Par contre, il convient de s'interroger sur le soutien apporté aux aidants afin d'éviter l'épuisement moral et physique qui les guette.

- La théorie de l'appât du gain s'intéresse à l'exploitation matérielle et financière par des personnes de l'entourage d'un aîné.

- Une troisième théorie se concentre sur l'interdépendance affective et financière entre un enfant adulte et un parent âgé qui cohabitent. Le parent retire des avantages de cette cohabitation (aide pour les tâches ménagères, soutien dans les déplacements, etc.) et se sent responsable de l'enfant adulte, qui peut être immature sous certains aspects. L'enfant adulte, s'il croit ne pas recevoir une compensation financière suffisante, peut se montrer négligent, voire violent.

- Enfin, une quatrième théorie, celle de la transmission d'une culture de la violence, porte sur les antécédents de violence dans la vie de l'aîné. « Selon cette théorie, les gens répètent les interactions violentes et négligentes dans lesquelles ils furent socialisés » (*ibid.*, p.9). La violence dans une relation conjugale ou familiale peut perdurer plusieurs années ou bien les membres de la famille peuvent avoir des comportements négligents vis-à-vis d'un aîné qui fut lui-même violent envers sa femme ou ses enfants.

6.5 La famille comme déterminant de la santé

Le maintien en santé des membres d'une société relève en grande partie des familles. Il fut une époque pas si lointaine où seule la famille soignait et guérissait les malades, et veillait sur eux. La prise en charge par l'État des fonctions de guérison et de soins n'a exclu la famille des officines de la santé qu'en apparence. Le rôle de la famille dans la santé des individus demeure essentiel, notamment pour les soins informels prodigués par les femmes aux membres de la famille.

Santé publique
Champ d'activité qui vise
la santé des populations.

Déterminant
Facteur dont l'influence est
décisive sur l'état de santé.

Habitudes de vie
Comportements de l'indi-
vidu qui peuvent avoir des
conséquences positives
ou négatives sur sa santé.

Examinons la nature des relations entre la vie familiale et le statut de personne en bonne santé. Les rapports entre la famille et la santé s'établissent autour de trois axes. Le premier axe est constitué par ce qu'on appelle, dans le langage de la **santé publique,** les **déterminants** de la santé. Il est reconnu, à l'échelle mondiale, que l'environnement socioéconomique dans lequel vivent les familles ainsi que leurs **habitudes de vie** constituent des déterminants de la santé. Le deuxième axe a trait à la construction de la santé et aux soins à la personne malade : les soins familiaux non professionnels sont une réalité incontournable de la santé des populations. Le troisième axe des rapports entre la famille et la santé intéresse l'effet de la maladie sur le déroulement de la vie familiale et sur la mobilisation des ressources familiales dans le soutien aux personnes malades ou non autonomes. Ce soutien des proches pendant les épisodes de maladie est l'axe famille-santé qui a été le plus étudié et le plus documenté dans la foulée de la responsabilisation des familles envers leurs membres démunis.

L'environnement familial et la santé

L'état de santé des personnes varie au fil du temps en fonction de plusieurs facteurs comme l'âge, le sexe et l'hérédité. D'autres variables non biologiques sont tout aussi indispensables dans la préservation de l'état de santé. Depuis le milieu des années 1970, à la suite du rapport Lalonde sur la santé des Canadiens, il est désormais admis en promotion de la santé que quatre grandes variables déterminent l'état de santé des individus et des populations. Ce sont l'hérédité (ou les caractéristiques biologiques des personnes), les habitudes de vie, l'environnement physique et socio-culturel, ainsi que le système de santé et l'accès aux soins. Deux de ces détermi-nants, les habitudes de vie et l'environnement, sont intimement liés au statut socioéconomique et culturel des familles.

L'environnement immédiat de la majorité des populations est essentiellement celui des familles : la famille d'origine dans laquelle sont élevés les enfants et la famille de procréation, que les jeunes adultes constituent avec, pour bagage, leurs ressources économiques et culturelles.

De nombreuses études dans les domaines des sciences sociales et des sciences de la santé confirment que les personnes qui vivent dans un environnement défavorisé éprouvent davantage de problèmes de santé de toute nature et courent davantage de risques de contracter des maladies et de mourir plus jeunes que les personnes issues de milieux socioéconomiques aisés (Najman, 1993). Les personnes et les familles des milieux favorisés présentent moins de problèmes de santé chronique, ont une espérance de vie plus élevée et décèdent moins souvent de traumatismes. Depuis 30 ans, la relation entre la pauvreté et la maladie a été établie par de nombreuses études et les preuves sont irréfutables : les principaux facteurs de prédictibilité de maladie sont le niveau socioéconomique et le revenu familial, quels que soient le pays, la tranche d'âge et la maladie. C'est ainsi que les familles pauvres éprouvent de plus grandes difficultés pour aider leurs enfants à constituer et à maintenir un état de santé jugé satisfaisant selon les critères nord-américains. Deux séries d'obstacles expliquent les raisons pour lesquelles les familles et les personnes pauvres se main-tiennent difficilement en bonne santé.

❓ Pourquoi les personnes pauvres sont-elles davantage malades ?

Les premiers obstacles, appelés structurels, sont les **conditions de vie** dans lesquelles ces familles évoluent : quartiers à haute densité de population situés près de sources de pollution, comme les usines, et circulation routière intense ; régions périphériques en décroissance économique et éloignées des services de santé ; logements petits, mal chauffés, parfois insalubres, et moins sécuritaires ; absence d'espaces verts ; malnutrition ; environnement de travail pollué et toxique ; conditions de travail plus pénibles et dangereuses ; stress plus élevé ; chômage. Ce sont ces conditions de vie que connaissent généralement les familles pauvres et qui sont nuisibles à la santé.

L'environnement physique et socioculturel des familles pauvres et des familles appartenant à des groupes ethniques défavorisés, les autochtones en particulier, est structuré comme un ensemble d'obstacles portant atteinte à une santé optimale. Ces familles n'ont pas le choix de leur environnement, lequel s'impose à elles en l'absence de ressources financières pour le transformer ou le quitter. Cela ne signifie pas que toutes les personnes démunies sont ou seront malades, mais les familles pauvres accumulent davantage de risques objectifs pour la santé liés aux facteurs environnementaux et elles ont moins de ressources pour y remédier.

Quelques exemples permettront de comprendre l'importance des facteurs environnementaux. Les hommes issus des milieux populaires occupent le plus souvent des emplois de manœuvres, de cols bleus ou d'ouvriers non spécialisés. En général, ces emplois sont plus contraignants physiquement et entraînent un vieillissement précoce du corps. De plus, ils sont monotones, répétitifs, et l'ouvrier n'a guère son mot à dire sur le déroulement de son travail. Or, des facteurs comme les faibles revenus, le secteur primaire du marché du travail, la monotonie et l'absence d'autonomie au travail sont autant d'éléments qui influencent la santé de manière négative et qui sont associés à des problèmes, comme la restriction permanente des activités, la détresse mentale, la consommation de cigarettes et la consommation d'alcool (Paquet et Tellier, 2003).

Un autre exemple est celui de la malnutrition. Une famille de deux adultes et de deux enfants, bénéficiaires de l'aide sociale, doit consacrer en moyenne 46 % de ses revenus au logement et 36 % aux autres dépenses fixes et urgentes. Elle ne dispose donc que de 18 % de ses revenus pour l'alimentation, alors qu'il lui faudrait en utiliser presque 50 % pour nourrir sainement toute la famille (Dunnigan et Gravel, 1992). Quel que soit le type de nourriture que cette famille achète, ses revenus sont insuffisants pour satisfaire les besoins alimentaires de ses membres.

La seconde série d'obstacles se rapporte aux comportements plus risqués et aux habitudes de vie nuisibles à la santé, observés dans un grand nombre de familles pauvres : les choix alimentaires, le tabagisme, les relations sexuelles précoces, les grossesses à l'adolescence, les loisirs sédentaires et la consommation d'alcool.

❓ Peut-on prétendre que les personnes pauvres mangent mal ou fument trop ?

Les familles défavorisées sont reconnues pour adopter un grand nombre des habitudes de vie jugées dommageables pour la santé, selon les experts médicaux occidentaux. Pourquoi ? Pour être bien compris, ces comportements doivent être analysés dans leur

contexte socioculturel. Être mince, est-ce seulement une question de santé ou un critère esthétique des classes dominantes ? Faut-il être plus mince ou moins grassouillet ?
Il y a 30 ans, c'était un signe d'émancipation féminine et de virilité masculine que de
fumer. Aujourd'hui, cesser de fumer est un geste préventif en matière de santé, autant
qu'un symbole de l'image idéalisée de la personne en bonne forme physique. Les récal-
citrants sont souvent classés parmi ceux qui n'ont pas compris le nouveau discours de
santé publique et qui mettent leur vie en danger. Or, la prévalence du tabagisme est
plus élevée dans les milieux défavorisés, même si un plus grand nombre de fumeurs se
retrouvent dans les couches de revenus moyens et supérieurs de la société. Tandis
qu'on s'épanche peu sur ces derniers, on montre facilement du doigt les premiers, qui
amoncellent les risques de santé en plus de voir leurs revenus partir en fumée !

Que représente la cigarette pour les personnes pauvres ? Elle est la seule gratifi-
cation immédiatement accessible, l'objet d'échange dont ces personnes disposent
dans leurs relations avec la société (Colin, *et al.,* 1992). Les comportements, qu'on
appelle les habitudes de vie, sont dotés d'une signification qui varie selon les milieux
sociaux. Les habitudes ne sont pas que raison pure : elles sont un moyen d'adaptation, ce qui leur confère un sens particulier que les seules prescriptions d'habitudes
saines ne peuvent suffire à modifier.

En général, les membres des classes sociales moyennes et aisées adhèrent davantage
et plus facilement au discours hygiéniste moderne qui valorise la bonne forme physique et l'adoption d'habitudes de vie saines, et qui insiste sur un état de santé bien équi-
libré. Le discours scientifique profite d'une écoute attentive auprès des classes sociales
plus scolarisées, qui y repèrent plusieurs des valeurs qu'elles privilégient. Pour elles, être
en santé devient un objectif compatible avec leurs ressources culturelles et économiques,
et elles acceptent plus facilement de modifier leurs habitudes de vie jugées mauvaises.
À l'inverse, pour les familles des milieux populaires, les valeurs véhiculées dans le discours médical sont éloignées de leurs propres valeurs. Leurs préoccupations liées à la
survie quotidienne l'emportent sur des objectifs de santé à long terme. Enfin, il faut
rappeler que, si les habitudes de vie jouent un rôle de premier plan dans le maintien de
la santé, elles expliquent une part modeste de l'écart de santé entre les groupes favorisés
et défavorisés (moins de 25 % de la variation). En effet, lorsque l'on compare deux groupes
de population qui présentent les mêmes habitudes de vie ou les mêmes facteurs personnels de risque, comme le taux de cholestérol ou la tension artérielle, les écarts de
santé, d'espérance de vie et de mortalité demeurent fonction de la position sociale
(Paquet et Hamel, 2003). Les familles offrent donc en héritage à leurs enfants un certain
environnement économique, social et culturel qui aura un effet sur leur santé.

Ce constat est d'autant plus vrai que les chercheurs, depuis peu, mettent en évidence des facteurs intermédiaires qui influencent la relation entre les conditions de
vie et la santé. Un premier facteur est l'influence des conditions de vie durant la
petite enfance. Il semble que les conséquences des conditions dans lesquelles sera
élevé un enfant perdurent et influencent son état de santé à l'âge adulte, même si le
contexte de vie évolue (Paquet et Hamel, 2003).

L'*Étude longitudinale du développement des enfants du Québec* (ÉLDEQ 1998-
2002), entreprise en 1998 auprès d'une cohorte de près de 2 000 enfants nés en
bonne santé, confirme ce que d'autres auteurs ont observé, à savoir que la pauvreté

chronique est l'élément le plus néfaste pour la santé des enfants. Les enfants vivant dans une famille défavorisée du point de vue social et économique ont été proportionnellement plus nombreux à être hospitalisés et à afficher un état de santé perçu comme moins bon. La durabilité et la persistance des effets du contexte de vie familial pour l'enfant sont donc capitales et poussent les décideurs à investir dans des programmes s'adressant particulièrement aux jeunes enfants et à leurs familles dans les milieux défavorisés. Ces programmes de stimulation précoce, comme le programme du gouvernement québécois «Naître égaux, grandir en santé» (MSSS), visent à aider les familles à mieux maîtriser leur avenir, même dans un contexte difficile. On sait aussi qu'un autre facteur intermédiaire, le sentiment de compétence ou d'autonomisation (*empowerment*), minimise les conséquences d'un environnement de pauvreté. Les spécialistes de l'enfance se penchent sur des facteurs psychosociaux, comme le sentiment de compétence et le sentiment de cohérence – la résilience –, qui nous aident à comprendre pourquoi certains enfants échappent mieux que d'autres aux difficultés dans les mêmes conditions difficiles.

Savoir plus 6.4

L'état de santé durant la petite enfance et la position sociale de la famille

Ginette Paquet et Denis Hamel (2003) ont analysé de près les données fournies pour les enfants de 5 mois, 17 mois et 29 mois dans l'*Étude longitudinale du développement des enfants du Québec* (ÉLDEQ 1998-2002). Cette étude, terminée en 2008, permet de mieux connaître les facteurs sociaux liés à la production et à la reproduction des inégalités de santé.

Déjà, elle confirme les résultats obtenus par d'autres études internationales qui ont montré que «en dépit de notre système universel de santé et de services sociaux et de nos programmes de prévention, la santé des jeunes enfants est encore liée à la position sociale de leur famille. [...] Concrètement, les résultats indiquent que, pour un enfant né au Québec à la fin des années 1990, vivre depuis sa naissance dans une famille qui se situe au bas de l'échelle sociale, quant à la scolarité, au revenu et à la profession des parents, augmente ses probabilités d'être en moins bonne santé. De plus, le fait qu'un état de santé précaire soit davantage le lot des tout-petits de faible position sociale ne peut être entièrement expliqué par la présence accrue des facteurs de risque observée en milieu défavorisé. *La position sociale de la famille jouerait un*

*rôle déterminant et distinct sur l'état de santé des enfants** » (Paquet et Hamel, 2003, p. 77).

Ce constat, qui semble pessimiste quant à la reproduction des écarts de santé, est tempéré par certains facteurs de protection, qui sont liés au mode de vie familial et qui égalisent les chances sur le plan sanitaire, que les chercheurs ont mis en évidence. L'étude esquisse ainsi certaines orientations prioritaires à donner aux interventions de santé publique destinées aux populations situées dans le bas de l'échelle sociale. Tout en adoptant une attitude non culpabilisante et respectueuse des familles, les professionnels devraient :

- promouvoir et soutenir l'allaitement maternel en milieu défavorisé, car s'il dure au moins six mois, il peut protéger les jeunes enfants de l'hospitalisation ;

- encourager le resserrement des liens intergénérationnels, puisque l'aide matérielle, émotive, et le soutien fournis par les grands-parents contribuent à préserver la santé de leurs petits-enfants défavorisés ;

- promouvoir les programmes de santé publique qui visent à améliorer la santé des mères en position de faiblesse sociale, car ils aident aussi à sauvegarder la santé de leurs tout-petits.

* L'italique est de nous.

La construction de la santé et les soins familiaux

Le deuxième axe où se tissent les relations entre la santé et la famille est celui du rôle dévolu aux parents vis-à-vis de leurs enfants. C'est la prise en charge de la santé dans le contexte de la vie familiale, ce que nous pourrions aussi appeler la construction de la santé. Dès la naissance d'un enfant, les ressources des parents sont mobilisées pour assurer la survie physique du nouveau-né et maintenir son niveau de santé, ou l'améliorer le cas échéant. Dans le domaine des relations familiales, les femmes ont été traditionnellement les premières responsables de la santé des membres de leur famille. Elles le sont encore dans la majorité des familles et, de manière générale, on peut dire qu'à l'échelle planétaire, les femmes demeurent aux premières lignes de la bataille pour la santé des populations. Ce sont elles qui dispensent aux enfants et aux adultes malades ou dépendants, comme les personnes âgées, les soins de santé primaires (appliquer une pommade, administrer un sirop, masser, réconforter), qui s'occupent des activités de réadaptation nécessaires à la réhabilitation du malade, et qui ont recours, lorsque c'est nécessaire, aux services des professionnels de la santé. Des études québécoises évaluent que les femmes assurent de 70 % à 80 % du soutien aux personnes âgées en perte d'autonomie, aux personnes souffrant de maladie mentale et à d'autres populations dépendantes (Dunnigan, 1992). À l'instar de certains chercheurs américains, on pourrait avancer que les femmes, plus que les médecins, sont les principaux déterminants de l'état de santé de tous les membres de la société.

Quel est le rôle des femmes par rapport à la santé ?

Encore aujourd'hui, quel que soit le membre de la famille ayant besoin de soins – un enfant, le mari, les grands-parents ou la mère elle-même – c'est la femme qui surveille, soigne ou communique avec les professionnels de la santé. Elle assure le relais entre le système de soins officiel et les individus dans la famille. Cette partie du rôle de mère est encore bien vivante, malgré la perte de savoir relatif aux recettes traditionnelles de soins familiaux et l'extension de l'expertise médicale à presque tous les aspects de la vie des individus. Pensons seulement à une annonce publicitaire télévisée d'un sirop pour la toux qui fait appel à « Docteure maman » pour soigner le rhume des enfants, du mari et même du chien ! Une autre publicité met en scène une mère qui se lève la nuit pour soulager son mari accablé par la grippe. Ces messages stéréotypés rendent compte à leur manière de données sociologiques qui soulignent la dépendance masculine par rapport à la santé.

Les hommes se préoccupent-ils de leur santé ?

Du point de vue de la santé, le mariage profite aux hommes. Les hommes mariés ont un taux de mortalité moindre que les hommes non mariés. Ainsi, le taux de suicide des célibataires endurcis est plus élevé que celui des hommes mariés, et la période de transition du mariage au divorce ou au veuvage a un effet plus négatif sur les hommes que sur les femmes. En fait, les hommes ne sont tout simplement pas socialisés à la santé : ils se préoccupent peu des malaises de leur corps et reconnaissent plus tardivement que les femmes les signes de gravité et de complications. Le problème des hommes en matière de santé ne consiste pas en une surconsommation des services ou des médicaments, mais en un manque de sensibilisation par rapport à la santé et aux comportements qui permettent de la maintenir et de la protéger (Antil, 1986). Pour les hommes, jeunes et moins jeunes, le fait d'adopter des comportements préventifs, de prendre soin de sa santé et de s'en préoccuper relève du domaine féminin et va à l'encontre de la culture masculine. La seule activité valorisée par les garçons et qui pourrait être associée à une approche préventive en santé est la pratique d'un sport.

Au contraire, les femmes apprennent durant l'enfance, et plus encore lorsqu'elles sont responsables de jeunes enfants, à être attentives aux symptômes et aux manifestations de la maladie. C'est ainsi qu'elles deviennent plus enclines à exprimer les problèmes de santé et à chercher de l'aide (Dunnigan, 1992). De ce fait, les femmes sont davantage en relation avec des professionnels de la santé, notamment pour deux raisons. Par sa capacité reproductrice, le corps féminin est d'une part l'objet d'investigations médicales très précoces : premières règles, contraception, avortement, grossesse, accouchement. D'autre part, par sa fonction esthétique et séductrice, ce même corps fait l'objet d'attentions particulières qui, si elles s'apparentent à des préoccupations de santé, sont parfois diamétralement opposées à celle-ci : régimes amaigrissants, minceur, traitements chirurgicaux esthétiques. Par rapport à la santé, le problème des femmes relève essentiellement de la surmédicalisation et de l'utilisation fréquente des ressources de santé (Guyon, 1991).

L'état de santé individuel est donc en grande partie lié aux soins de santé et aux activités d'entretien de la vie qui sont dispensés par les femmes dans l'intimité du foyer. Pour les hommes et les femmes, cet état de santé est associé à la socialisation des garçons et des filles, à la définition des rôles masculins et féminins dans la famille et dans la société et, enfin, à la sociabilité de genre. Les hommes occupent surtout l'espace public, celui du travail, et construisent leur identité en relation avec leur insertion en emploi. Les femmes investissent l'espace privé, celui de la famille, et sont plus affectées par l'état de leurs relations avec les autres. La sociabilité masculine s'appuie sur des comportements à risque – alcool, vitesse, sports – et la sociabilité féminine, sur des activités relationnelles.

Les activités familiales productrices de santé

La nourriture, l'activité physique et les règles d'hygiène contribuent au premier chef à maintenir en santé la famille, qui peut aussi avoir recours aux recettes ancestrales.

Pensons d'abord à la nourriture. Le choix des aliments, leur valeur calorique et nutritive, la transformation des aliments en repas sains et équilibrés, ainsi que la socialisation aux goûts alimentaires sont tous précurseurs des bonnes habitudes alimentaires (peu de sucre, peu de gras, beaucoup de fibres, de fruits, de légumes et de produits laitiers) transmises par les parents. Une alimentation saine doublée d'activités physiques régulières est maintenant reconnue comme un facteur de protection contre deux des fléaux de notre civilisation que sont le cancer et les maladies cardiovasculaires. Les connaissances diététiques des femmes sont fortement sollicitées dès qu'elles ont des enfants, parce qu'elles assument souvent la préparation des repas quotidiens. Les pères ont tendance à s'occuper des repas particuliers, à l'occasion de fêtes ou le samedi soir, repas qui ne sont généralement pas astreints au respect de règles diététiques, puisqu'ils sortent de l'ordinaire et ont une valeur symbolique festive. Il n'est pas étonnant que les magazines féminins regorgent de recettes de cuisine et de conseils nutritionnels, et que les livres de recettes soient écrits pour les femmes.

Pensons ensuite à l'éducation aux règles d'hygiène corporelle, qui relève encore une fois des attributs de la mère, souvent dans la prolongation des soins qu'elle dispense au nouveau-né. L'enfant apprend à se laver correctement et régulièrement, il adopte des habitudes de propreté corporelle et intériorise assez rapidement les normes culturelles nord-américaines fortement hygiénistes: le bain et le brossage des dents font partie du rituel quotidien de l'enfant.

Pensons enfin aux soins transmis de génération en génération. Les anthropologues de la santé s'intéressent depuis quelques années au domaine de la médecine populaire et aux recettes familiales de soins (Saillant, 1990). Depuis les concoctions à base de plantes ou d'herbes médicinales, comme l'herbe à dinde, jusqu'aux sirops fabriqués à la maison avec des produits courants, comme la mélasse, en passant par les cataplasmes composés de lard salé ou la fameuse «mouche de moutarde» pour faire sortir le «mauvais» des bronches, la **pharmacopée** familiale traditionnelle recelait d'innombrables recettes pour traiter les maladies et les accidents bénins et fréquents. Autrefois, le médecin n'était appelé au chevet du malade qu'une fois épuisées les ressources domestiques et les connaissances empiriques en matière de

Pharmacopée
Ensemble de remèdes.

Regard 6.1

Les remèdes populaires traditionnels

Dans une recherche portant sur l'ethnomédecine, l'anthropologue Francine Saillant a recensé 4 292 recettes de médecine populaire qui ont été recueillies de 1950 à 1980 par les Archives de folklore de l'Université Laval. Selon l'auteure, il existait au Québec une authentique culture des soins qui a été transmise grâce à des savoirs et des pratiques thérapeutiques dans l'espace du groupe familial. Les femmes semblent avoir été les principales figures de sa transmission. La chercheuse a groupé les recettes de médecine populaire en trois catégories thérapeutiques: l'équilibre du corps, la protection à l'égard des maladies et le soulagement des symptômes. Voici quelques exemples de recettes et leurs vertus thérapeutiques.

Pour purifier et harmoniser le corps, on prépare et l'on fait boire d'innombrables boissons chaudes, tisanes, mixtures ou décoctions qui agissent localement ou sur l'ensemble du corps. Queues de cerises, tripe de roche, graines de citrouille, «cheveux» de blé d'Inde, graines de lin, sapin, camomille, saule,

absinthe, soufre et mélasse, moutarde sèche, oignons et pommes de terre ne sont que quelques-unes des matières végétales ou minérales mises à contribution.

Pour protéger le corps, on prépare des compresses, cataplasmes, onguents et tisanes, que l'on applique sur la partie du corps malade. Par exemple, «pour faire aboutir les clous [boutons]», on utilisait des cataplasmes de graisse de porc, du savon du pays, du sucre d'érable, de la cassonade ou du fumier, ou bien des cataplasmes à base de légumes, comme l'oignon (cru ou cuit), le navet ou un mélange de mie de pain et de lait bouilli.

Pour soulager le corps malade, encore une fois les tisanes, mixtures, compresses et sirops sont préparés avec une diversité très grande de matières médicinales. Les rhumes et les grippes sont l'objet privilégié des soins traditionnels familiaux, de même que les rhumatismes. On essaie en général d'engourdir le mal, de calmer la douleur. Ainsi, on soulagera le mal d'oreilles avec la chaleur de la fumée de pipe soufflée dans le conduit auditif (Saillant, 1990).

soins. Ces connaissances étaient transmises d'une génération de femmes à l'autre, mais elles les ont peu à peu perdues au profit de produits pharmaceutiques, qui remplissent souvent les mêmes fonctions de soulager les symptômes et de prévenir l'aggravation de la maladie. Des entrevues réalisées par des collégiens auprès de représentants de trois générations ont montré que la génération des adultes qui vivait durant les années 1930 et 1940 utilisait fréquemment ces recettes pour soigner les membres de la famille, tandis que celle des années 1950 et 1960, si elle connaissait les recettes, les utilisait de moins en moins. Quant aux jeunes adultes des années 1990, ils ont perdu jusqu'à la connaissance de ces recettes, qu'ils qualifient de « recettes de grand-mère » (Lacourse, 1993).

Nombre de femmes sont engagées dans le maintien de la santé de la population par l'intermédiaire de leur rôle familial. Pour promouvoir la santé, l'État québécois s'appuie sur ces soins domestiques et sur les ressources familiales. Qu'en sera-t-il avec les prochaines générations féminines actives sur le marché du travail et disposant donc de moins de temps pour prendre en charge la maladie ? Les changements apportés à la socialisation masculine inciteront-ils à un partage des responsabilités à cet égard ?

La participation des femmes au système officiel de santé s'apparente à leur rôle de soignante dans la famille. Si les femmes commencent à investir la profession médicale (en 2002, elles représentaient 36 % des médecins québécois), ce sont elles qui s'occupent presque exclusivement des soins aux malades : 91 % du personnel infirmier diplômé et 92 % du personnel infirmier auxiliaire sont féminins (OPQ, 2003). Il existe une différence de statut et de pouvoir dans le système de santé entre la fonction (masculine) de guérir, fonction d'autorité, et la fonction (féminine) de soigner, fonction subalterne (Saillant, 1991).

L'effet de la maladie sur la vie familiale

Le troisième axe des relations entre la famille et la santé est celui de l'effet de la maladie sur le déroulement de la vie familiale. Trois volets de la vie familiale sont touchés par la maladie d'une personne : la situation économique de la famille, le rôle de malade au sein de la famille et le soutien du milieu familial envers la personne non autonome.

Pour les générations de Québécois qui vécurent avant la création des régimes d'assurance hospitalisation (1961) et d'assurance maladie (1969), la maladie a toujours été perçue comme une fatalité contre laquelle on ne pouvait se prémunir et qui exigeait de nombreux sacrifices. La santé était alors perçue comme une chance, un don de Dieu, et l'on peut affirmer que dans le passé, la maladie provoquait l'appauvrissement des familles. Sans filet de sécurité sociale et en l'absence d'assurances privées ou de ressources financières personnelles, la personne malade était entièrement à la charge de sa famille. Pour peu que la victime de la maladie, ou d'un accident, fut le père, le niveau de vie de la famille et sa survie quotidienne étaient mis en jeu. Dès lors, on devine que les qualités recherchées chez les jeunes gens en vue du mariage étaient la bonne santé physique, la solidité et la force, qui permettaient d'abattre tout l'ouvrage qu'on attendait d'un père et d'une mère de famille. Être en santé, c'était pouvoir travailler, faire son ouvrage quotidien (Lacourse, 1993). Les considérations esthétiques ou subjectives de la santé étaient reléguées au second plan.

? L'effet de la maladie n'est donc plus aussi dramatique?

Si la crainte de la maladie s'est amoindrie avec l'amélioration de l'accès aux soins de santé, il n'en demeure pas moins vrai encore aujourd'hui que la maladie est l'une des causes de l'appauvrissement des personnes et des familles. En dehors de l'assurance universelle de santé, de nombreux frais supplémentaires liés à la maladie s'ajoutent, comme les médicaments non remboursés par les assurances, les traitements perfectionnés et les services de réadaptation. Certaines pathologies chroniques sont reconnues pour leur effet d'appauvrissement à long terme, en excluant petit à petit la personne malade du marché du travail et en étant dévoreuses de médicaments coûteux. On peut penser au diabète, à la schizophrénie et au sida, qui attaquent l'intégrité économique des personnes qui en sont atteintes. L'appauvrissement causé par la maladie explique environ 10 % à 15 % du lien constaté entre la pauvreté et la mauvaise santé (Paquet et Tellier, 2003).

L'apparition des maladies chroniques, qui ont remplacé les grandes épidémies meurtrières des siècles précédents, modifie le rôle du malade et son statut dans la famille. Les malades chroniques doivent être autonomes et réussir à s'intégrer dans la société. Pour la famille, cela exige une réorganisation des rôles et de la vie domestique. Le malade n'est plus confiné dans sa chambre, il doit apprendre à vivre avec sa maladie, à évoluer comme tout le monde. Il n'est pas non plus entièrement déchargé de ses responsabilités ni de ses droits.

Une famille, dont un membre est atteint d'une maladie chronique, est mobilisée auprès de la personne malade non pas quelques jours ni quelques mois, mais des années entières, avec des périodes de morbidité aiguës et une lente dégradation de l'état de santé. Cette mobilisation permanente entraîne des conséquences financières et émotives considérables. Les problèmes de stress, de santé mentale et physique, d'emploi et de chemin de carrière, de relations familiales et conjugales ainsi que de limites de temps libre constituent, selon plusieurs études, les conséquences possibles du soutien apporté par les aidants familiaux (Roy, 1990). La surcharge pour les personnes aidantes est bien réelle. Il semblerait d'ailleurs que le recours à l'hébergement en institution pour une personne non autonome est davantage lié aux caractéristiques et au bien-être des aidants familiaux qu'à la gravité ou aux caractéristiques du patient lui-même. En d'autres termes, ce sont la faillite et l'épuisement des ressources familiales qui conduisent à solliciter la prise en charge par l'État.

Depuis les années 1980, l'État se désengage fortement du soutien aux malades et se tourne à nouveau vers les familles et les communautés, comme dans les périodes antérieures où chaque famille se chargeait de ses malades et de ses déficients (Fortin, 1994). On sait, par exemple, que les groupes de bénévoles (surtout des femmes) qui œuvrent auprès des malades dans les hôpitaux sont non seulement essentiels, mais indispensables pour accomplir un ensemble de tâches primaires et discrètes qui améliorent la qualité de vie des patients hospitalisés, et que l'État ne peut plus financer.

À cet égard, la situation des familles vivant avec un enfant handicapé et celles des personnes âgées en perte d'autonomie est particulièrement critique. Les politiques gouvernementales encouragent le maintien à domicile des personnes âgées. Cette réorientation des politiques en matière de santé et de services sociaux satisfait à deux exigences : d'une part, freiner la croissance du financement public par rapport à l'évolution des ressources et des besoins ; d'autre part, humaniser la santé, restreindre sa professionnalisation à outrance et miser sur des valeurs d'autonomie et de prise en charge des personnes (Roy, 1990).

C'est à partir des années 1980 que la plupart des rapports gouvernementaux ont préconisé des réorientations de politiques pour mettre à contribution le milieu naturel, notamment les familles, en les conviant, ainsi que les communautés, à devenir des partenaires de l'État. On cherchait à revaloriser le potentiel des familles à prendre en charge les enfants en difficulté, les malades, les handicapés et les personnes âgées en perte d'autonomie. Après une période de dévalorisation des compétences familiales et parentales envers les personnes en difficulté, et l'envahissement du domaine des affaires sociales et de la famille par des professionnels, qui a marqué les années 1960 et 1970, on assiste à un retour de balancier. En ce début de XXIᵉ siècle, les politiques sociales des pays occidentaux tendent à reconnaître le potentiel du milieu naturel et la nécessité d'un partenariat entre l'État et les familles « communautés ». Mais avec quelle aide les familles pourront-elles assumer ce partenariat ? Qui, dans les familles, offrira concrètement le soutien aux personnes en difficulté ? Quel est l'effet de ce retrait de l'État et des nouvelles orientations des politiques sociales sur les conditions de vie et de travail des femmes dans les familles ?

Savoir plus 6.5

« La famille : premier et ultime recours »*

La famille représente le premier recours, parce qu'elle est immédiatement mobilisée en cas d'urgence comme de difficultés passagères. « Malgré des tensions ou des crises en son sein, la famille reste la famille... et l'obligation morale de l'entraide en cas de pépin aussi » (Fortin, 1994, p. 948).

L'ultime recours « alors que sont épuisées les autres ressources : les liens du sang sont les plus tenaces, et survivent à des chicanes, contrairement à l'amitié ou même à la relation conjugale » (*ibid.*, p. 948).

Quelles sont les limites d'entraide de la famille ? Il faut d'abord qu'il y ait une famille, qu'elle ne soit pas trop éloignée géographiquement (selon les moyens financiers de ses membres) ni affectivement, qu'elle ait en son sein les ressources nécessaires pour fournir de l'aide, et surtout qu'elle ne soit pas à l'origine du problème ! Le ménage familial n'est pas le meilleur recours s'il est au cœur du problème (inceste, alcoolisme, santé mentale, etc.). Une personne peut hésiter à faire appel à la parenté par crainte d'indiscrétions ou de pressions pour étouffer le problème. L'aide familiale exacerbe parfois les conflits latents entre membres de la famille ou compromet l'autonomie de ceux qu'elle prend en charge.

Les intervenants en milieu familial comptent sur la famille en tant que réseau de soutien naturel. Pourquoi un soutien naturel ? Parce qu'il se situe à l'intérieur de la communauté (par opposition à l'institution) et des relations primaires.

Désormais, le schéma familial est davantage vertical (trois et quatre générations) qu'horizontal (peu de frères et sœurs). Les jeunes reçoivent de leurs aînés une aide matérielle, et les plus âgés, une aide sous forme de soins. Cette verticalité accroît la demande d'aide familiale, donc les pressions sur les familles et les personnes aidantes, en même temps que s'amenuisent les ressources. De plus, les familles subissent des stress divers (séparation, par exemple), ce qui compromet leur capacité d'aide.

* Titre emprunté à Andrée Fortin.

Il y a 20 ans déjà, les chercheuses Sylvie Jutras et France Veilleux (1989) soulignaient que les femmes effectuaient les tâches les plus essentielles, les plus récurrentes, qui tolèrent le moins de délais dans la réalisation et qui demandent un contact physique étroit avec la personne aidée – les laver, les faire manger, leur administrer des médicaments. Ainsi, les femmes aidantes cumulaient une triple fonction (emploi, foyer et aide principale) et étaient surexploitées dans le soutien familial.

La même année, Rita Therrien (1989) mentionnait que les enfants adultes se sentaient particulièrement responsables du soutien de leurs parents âgés. Les valeurs des familles allaient dans le sens d'une solidarité avec leurs aînés, malgré l'individualisation croissante des ménages et des modes de vie des personnes âgées. Ce sentiment de responsabilité se transformait en culpabilité, lorsque les exigences de la vie familiale et professionnelle des jeunes adultes ne leur permettaient pas de tout faire pour leurs parents âgés. Le dilemme du placement en institution, fréquemment traité dans des dramatiques télévisées ou des films, symbolise parfaitement cette culpabilité. Les familles sont loin de se désintéresser du sort des gens âgés.

L'entrée des hommes dans la sphère privée, par l'intermédiaire du nouveau rôle de père, et la modification des bases de la sociabilité de l'avenir permettent un engagement plus grand des hommes dans les réseaux familiaux de soutien. Les changements qui s'opèrent depuis deux décennies dans les rôles parentaux et l'élargissement des réseaux de soutien constituent les garants du rôle d'aidant naturel de la famille.

Exercice 6.2

La famille et la maladie

L'objectif de cet exercice est de mieux comprendre la réalité des familles qui doivent composer avec un membre vivant une maladie ou aux prises avec une limitation de santé. Il s'agit d'effectuer une entrevue qui détaille les relations familiales, l'organisation de la vie quotidienne et la conciliation travail-famille lorsqu'elles sont bouleversées par la maladie d'un proche.

Les questions de cette entrevue doivent porter sur les trois aspects suivants:

1. Recueillir des renseignements généraux sur les caractéristiques de la famille, de la personne qui répond à vos questions et de la personne malade au sein de la famille. Collectez des données sociodémographiques et de connaissance sur le problème de santé soulevé: âge, scolarité, revenu, emploi, statut marital, type de famille, etc.

2. Dans l'organisation familiale au quotidien et les arrangements liés à la conciliation travail-famille pour les parents, qu'en est-il de la qualité de vie et du bien-être des membres de la famille? Qui accomplit quelles activités au quotidien? Comment s'effectue la garde de la personne malade? Combien de temps est nécessaire pour prendre soin de la personne malade et la compatibilité avec le travail? Décrivez le contexte de vie au quotidien.

3. Les soins dans la famille: qui les dispense (l'aidant, les ressources institutionnelles et communautaires, etc.)?

À partir des données recueillies, effectuez une analyse des résultats en mettant en évidence les facteurs familiaux et sociaux qui déterminent la santé. Précisez également quelle(s) ressource(s) de l'environnement social doit, à votre avis, être mise(s) en place pour soutenir les aidants familiaux.

Source: Travail de session élaboré par Stéphanie Fournier, professeure de sociologie au cégep François-Xavier-Garneau à Québec et au cégep de Drummondville, à partir de la lecture de l'ouvrage *L'infirmière et la famille*. L'auteure l'en remercie. Suggestion de lecture pour approfondir l'exercice: Leahy, M., et L. M. Wright. (Adaptation L. Campagna). 2007. *L'infirmière et la famille*. Montréal: Erpi.

6.6 La conciliation travail-famille

En abordant les questions de la famille et de sa santé, on ne peut faire l'économie d'une discussion sur un défi de première importance au Québec, celui de la conciliation travail-famille, qui est un enjeu à la fois de santé publique et de population. La difficile réalité et les nombreuses contraintes socioéconomiques qu'affrontent les familles à double carrière (où les deux parents travaillent) se répercutent sur le nombre d'enfants que ces familles mettront au monde et sur la santé des membres de ces familles.

Les femmes mènent de front leur carrière professionnelle et leur rôle de mère de famille pour deux motifs complémentaires : par investissement identitaire dans la carrière (le cas des femmes professionnelles et semi-professionnelles) ou par nécessité économique tant familiale (niveau de consommation familiale) que personnelle (autonomie financière individuelle, survie économique). Les jeunes mères quittent de moins en moins le marché du travail et assument parallèlement les exigences du travail et de la famille. La difficulté inhérente à un tel choix est l'engagement moindre des femmes dans chacune des deux sphères : la mère voit son temps familial restreint et la travailleuse est moins disponible au travail. La fatigue, le stress, l'épuisement professionnel guettent celles qu'on appelle les *superwomen*. De plus, les femmes qui envisagent de concilier les réalités liées au travail et à la famille comptent sur une participation active de leur conjoint aux tâches familiales et auprès des enfants. Or, cette participation attendue des hommes se révèle insuffisante pour deux raisons : d'une part, la persistance du rôle traditionnel masculin, qui n'encourage pas la participation des hommes aux activités familiales et domestiques, et d'autre part, des **barrières systémiques** érigées dans l'organisation du travail et empêchant les hommes qui le souhaitent de s'investir davantage.

Barrière systémique
Obstacle lié aux structures sociales intrinsèques.

Des barrières objectives et subjectives

Objectivement, les deux univers – travail rémunéré sur le marché de l'emploi et travail non rémunéré au foyer – ne sont pas sur un pied d'égalité. C'est l'insertion dans l'économie marchande qui confère au groupe familial son statut social et son pouvoir économique, et non la manière dont sont réparties les tâches domestiques. Par conséquent, les hommes qui décident de s'occuper davantage de leurs enfants perdent une partie de leur influence économique et sociale. Peu importe la valeur accordée aux tâches familiales, elles n'offrent aucun avantage social à ceux qui les accomplissent. Étant donné que, sur le marché de l'emploi, les hommes sont mieux rémunérés que les femmes, à poste égal, leur retrait du travail extérieur pour prendre soin des enfants risque de provoquer une diminution du niveau de vie de la famille, et une altération de leur propre statut. On comprend mieux comment la place qu'occupent les hommes et les femmes dans l'organisation du travail crée une barrière à la conciliation de la famille et de la carrière pour les pères. Cette barrière objective et systémique ne peut être levée que par l'atteinte d'une plus grande égalité de l'emploi. Tant que les femmes auront de bas salaires, tant que, dans les couples, les hommes seront mieux dotés que leur conjointe sur le plan scolaire et professionnel, il sera très difficile d'augmenter la participation des pères aux tâches domestiques et aux soins à prodiguer aux enfants.

Un autre aspect de l'organisation du monde du travail joue en défaveur de cette conciliation pour les hommes. Dans les secteurs primaire et secondaire, nombre d'emplois sont traditionnellement masculins – cols bleus, manœuvres, ouvriers spécialisés, mineurs et pêcheurs – et présentent une structure de travail plus rigide, une moins grande souplesse des horaires, une moindre possibilité de travailler à temps partiel et beaucoup d'heures supplémentaires. Dans ces secteurs où la culture masculine traditionnelle est fortement ancrée, il est difficile de négocier des aménagements aux règles de travail pour répondre aux obligations familiales.

Il existe aussi une barrière subjective dans la recherche d'une nouvelle paternité. Cette barrière émane de l'intensité du rôle féminin traditionnel qu'assumera la mère. Les femmes renoncent difficilement à leur pouvoir sur la sphère privée. Socialisées et encouragées à maîtriser parfaitement les activités domestiques et familiales, elles se sentent coupables de ne pas être les mères ou les ménagères parfaites véhiculées par les images de la femme moderne. Même si elles travaillent à l'extérieur, elles se sentent bien souvent toujours propriétaires des enfants et de l'espace domestique.

Plusieurs femmes doutent des capacités de leur conjoint à s'occuper des enfants et de la maison. Elles tolèrent d'autant moins l'intrusion du mari dans la sphère privée que celui-ci agit selon des normes différentes. Il faut dire que plusieurs hommes leur donnent raison : leur niveau de qualité des tâches domestiques est généralement plus bas, ils n'ont pas acquis dès l'enfance les habiletés domestiques minimales et, bien souvent, ils ne savent pas comment s'y prendre. La femme doit alors diriger l'apprentissage du père. Le sociologue Germain Dulac croit que les pères se butent aux comparaisons désavantageuses avec le savoir-faire des mères, qui constitue la norme du comportement parental à laquelle les hommes doivent se conformer (Dulac, 1993). Ils souhaiteraient que soient reconnus comme conformes et convenables les comportements qui leur sont propres.

Cette barrière subjective s'amenuise chez les nouveaux pères, qui ont généralement appris à faire la cuisine et à prendre en charge des tâches domestiques. D'ailleurs, à l'égard des activités familiales, les garçons et les filles reçoivent une éducation qui a tendance à se ressembler à l'intérieur de familles plus restreintes. Soit que les frères et les sœurs aient dû coopérer dans une famille à double carrière, soit qu'ils aient peu manifesté leurs aptitudes domestiques si la mère assumait entièrement les tâches ménagères.

Une question de santé publique

La sociologue Maria De Koninck a examiné la manière dont la conciliation travail-famille agit sur la santé des personnes (De Koninck, 2003).

L'emploi et la santé. Avoir un emploi permet aux femmes comme aux hommes d'accéder à un statut, de s'inscrire dans un réseau social, d'avoir accès à divers avantages sociaux et pécuniaires. Les liens sont explicitement établis entre le fait d'avoir un emploi et d'être en santé. Cependant pour les femmes, il apparaît qu'accéder à un emploi à temps plein peut être difficilement compatible avec leurs responsabilités familiales.

La santé au travail. Le cumul des responsabilités familiales et professionnelles présente un facteur de risque élevé pour la santé mentale des travailleuses. C'est une des causes principales du stress et de l'épuisement professionnel. De plus, l'expérience de la grossesse en milieu de travail est soumise à des obstacles structurels qui dénient cette réalité. Les travailleuses enceintes sont victimes de discrimination et sont exposées à divers contaminants qui peuvent affecter leur organisme et celui de l'enfant à naître. Du point de vue de la santé mentale, il faut apprécier l'effet positif de conditions de vie familiales harmonieuses et satisfaisantes pour les travailleurs. Pourraient-elles protéger contre des risques présents dans le milieu de travail ? autant pour les hommes que pour les femmes ?

La santé familiale. La qualité de vie au sein des familles est associée aux activités réalisées dans la famille, notamment celles dont l'objectif est d'entretenir la santé et le bien-être des membres, comme on l'a vu dans la section précédente. Ces activités nécessitent du temps, de la disponibilité et des ressources financières, trois éléments tributaires d'un emploi. Le dilemme des parents (surtout des femmes) est le suivant : choisir entre davantage d'heures de travail pour un meilleur revenu familial ou une présence à la maison accrue pour une meilleure qualité de vie et de soins.

Le développement des enfants. Les premières années de vie de l'enfant, et au-delà jusqu'à l'adolescence, exigent du temps de qualité et requièrent toute l'attention des parents pour assurer le meilleur développement cognitif, physique, psychologique et social à l'enfant. Rappelons que les conditions de vie familiales dans lesquelles est élevé un enfant sont le plus puissant déterminant de sa santé à l'âge adulte. Ces conditions passent par l'accès aux ressources financières (liées à un emploi) et aussi par la qualité de la présence des parents (liée au temps dévolu aux activités familiales).

Toutes ces dimensions interreliées de la famille et de l'emploi montrent bien les conséquences insoupçonnées de la conciliation travail-famille sur la santé (*voir l'encadré 6.4*). Selon Maria De Koninck, la cible en matière de santé publique doit être

Encadré 6.4 • Les aspects de la conciliation travail-famille

Les barrières objectives
- le moindre engagement des femmes dans chaque sphère ;
- la participation insuffisante des pères dans l'espace domestique ;
- la valeur inégale accordée au travail domestique et au travail rémunéré ;
- la diminution du niveau de vie familial ;
- l'inégalité des revenus masculins et féminins ;
- l'organisation traditionnelle du travail.

Les barrières subjectives
- les normes féminines du travail domestique et du comportement parental ;
- les habiletés domestiques différentes des hommes ;
- le pouvoir des femmes dans l'espace domestique.

Les effets sur la santé
- le travail rémunéré est un facteur de protection pour la santé ;
- le cumul des responsabilités peut augmenter les risques pour la santé mentale et physique ;
- les conditions de travail peuvent présenter des risques pour la santé de la mère et du fœtus ;
- la santé de la famille est liée aux ressources et au revenu procurés par un emploi ;
- la santé de la famille est liée au temps consacré aux activités familiales.

de conjuguer l'un avec l'autre. Nos choix de société doivent accorder la priorité aux activités de reproduction de la vie, et pas uniquement à celles de la production, comme c'est le cas aujourd'hui. « Le questionnement qui s'impose doit plutôt remettre en cause l'encadrement des activités de travail rémunérées et l'articulation de celles-ci avec les autres activités nécessaires à la vie quotidienne » (De Koninck, 2003, p. 65). Pour l'auteure, nous sommes encore trop souvent du côté des compromis qui rendent les personnes plus disponibles pour leur emploi, alors que nous devrions changer l'ordre hiérarchique de nos activités. « La conciliation travail-famille nous parle du sens donné aux activités humaines », c'est une question de valeurs et de choix collectifs, et non d'aménagement d'horaires.

Regard 6.2

Des exemples de clauses de contrats de travail permettant la conciliation du travail avec la famille

Des scénarios et des exemples de clauses ont été présentés lors du Forum sur la conciliation du travail avec la famille, qui s'est tenu en mars 2003 à Montréal. En voici deux illustrations, mais les aménagements peuvent être multiples et novateurs.

Mise en situation 1

La petite ne se sentait pas très bien ce matin. Si je pouvais aller la chercher à la garderie un peu plus tôt, ça lui ferait du bien… et à moi aussi. Le hic, c'est qu'il me reste seulement deux congés de maladie d'ici la fin de l'année et que je ne peux les prendre qu'en blocs d'une journée ou d'une demi-journée.

La mesure

Les employés de la Corporation des concessionnaires automobiles de la région de Québec peuvent prendre leurs congés mobiles et de maladie en heures et en fractions d'heure. Cette mesure répond à des besoins familiaux et personnels n'obligeant pas de s'absenter toute une journée.

- L'employé utilise ses congés mobiles et de maladie au moment de la journée qui lui convient et pour la durée dont il a réellement besoin.

Mise en situation 2

La fin de semaine est déjà terminée ? J'ai l'impression que nous n'avons fait que du ménage et des courses ! J'ai à peine vu les enfants entre leurs cours de ballet et de natation. Je serais prêt à travailler davantage tous les jours pour avoir une plus longue fin de semaine.

La mesure

Il y a déjà une vingtaine d'années, le Centre Saint-Georges de Chicoutimi et ses éducateurs ont négocié la semaine de travail comprimée. N'ayant qu'une fin de semaine sur deux de congé, cet aménagement permet de profiter d'une fin de semaine de quatre jours.

- L'employeur et les employés ont travaillé ensemble à la mise sur pied de cet horaire de travail. Les journées sont plus longues mais les semaines plus courtes.

Source: Forum 2003. *Conciliation du travail avec la famille. Scénarios.* Rédacteurs: Ginette Poirier (situation 1) et Pierre Galipeau (situation 2). [En ligne], www.travail.gouv.qc.ca/actualite/conciliation_travail_famille/index.html

En bref

Dans ce chapitre sur les problématiques familiales, nous avons abordé :

1 La violence familiale

Le sentiment d'insécurité parmi la population est plus élevé bien que la violence civile ait diminué, sauf en ce qui a trait à la violence familiale, qui est passible de poursuites judiciaires. La société est aujourd'hui moins tolérante que par le passé vis-à-vis des formes de violence qui surviennent dans la vie privée, même si la représentation de la violence est toujours manifeste dans l'espace public. La violence familiale comprend la violence conjugale, la mal-traitance et les agressions sexuelles.

Les notions de pouvoir et d'inégalité entre les hommes et les femmes sont au cœur de la violence et des agressions. La dépendance des victimes et la domination des agresseurs consti-tuent le schéma classique de la violence familiale sur fond de culture patriarcale, où la violence devient un moyen de domination des hommes à l'égard des femmes.

2 La violence conjugale

La violence conjugale a été dénoncée par le mouvement féministe, qui a contribué à mettre à jour le problème des femmes et des enfants battus. Parmi les facteurs sociaux qui intervien-nent dans l'expression de la violence conjugale, on dénombre la socialisation sexuée, la discrimi-nation sexiste et la tolérance sociale.

Les hommes et les femmes sont victimes de violence conjugale. Les hommes subissent une violence mineure et situationnelle, liée à une dynamique de couple qui privilégie la résolution agressive des conflits. Ce type de violence est documenté dans les enquêtes de population qui utilisent l'Échelle des tactiques de conflits (CTS). Dans les cas de violence conjugale grave, ce sont les femmes qui sont le plus durement touchées, 85 % d'entre elles étant les victimes. Elles subissent des blessures et sont l'objet d'homi-cides dans une proportion de 10 contre 1,5. Il s'agit là d'une forme de violence chronique, instrumentalisée, avec une prise en main de l'homme sur sa conjointe. Les données provien-nent des déclarations d'actes criminels ou des maisons d'hébergement.

Trois catégories de théories sont utilisées pour expliquer la violence conjugale : les théories intra-individuelles portent sur le caractère dysfonctionnel de l'agresseur ; les théories socioculturelles et politiques mettent en cause l'environnement social, les inégalités et les facteurs individuels des membres de la famille ; les théories psychosociologiques attestent de la transmission et de la reproduction de la violence d'une génération à l'autre. Les facteurs sociaux associés à la violence conjugale sont la socialisa-tion différenciée et les stéréotypes traditionnels, l'inégalité sociale et économique du groupe des femmes et la tolérance sociale à l'égard de l'expression médiatisée des formes de violence. Le facteur individuel le plus déterminant est celui des antécédents familiaux de violence dans la vie des agresseurs et des victimes.

3 La violence envers les enfants

La maltraitance porte sur la négligence ainsi que sur les agressions physiques et sexuelles à l'endroit des enfants. Il est parfois difficile de cerner les situations d'agression ou de négligence en raison des normes d'éducation propres à un groupe. Les facteurs sociaux liés à la maltraitance sont les normes culturelles par rapport à la violence, à l'environnement social des familles (principalement la pauvreté) et aux structures familiales qui augmentent les risques d'agressions.

Les cas de maltraitance des enfants sont en hausse en Amérique du Nord. Les garçons sont davantage victimes de sévices et de négligence, tandis que les filles sont surtout en proie aux agressions sexuelles. La maltraitance accroît avec l'âge pour les filles et diminue dans le cas des garçons. La violence dans les médias touche les enfants et les adolescents en augmentant le risque qu'ils commettent des actes violents à l'âge adulte. Le risque de maltraitance est amplifié lorsque les parents appliquent un mode d'éducation coercitif, faisant appel à des puni-tions corporelles, et lorsqu'il existe d'autres formes de violence dans l'environnement familial.

4 La violence envers les aînés

Le groupe des aînés est hétérogène, mais n'en souffre pas moins de discrimination liée à l'âge (âgisme) dans notre société où les stéréotypes négatifs liés au vieillissement sont encore présents.

De 8 % à 20 % des aînés seraient maltraités à domicile. La principale violence commise à l'endroit des personnes âgées est l'exploitation matérielle et financière, qui représente plus de 50 % des mauvais traitements subis, mais elle est peu dénoncée. La violence psychologique et la négligence occupent la deuxième position et sont souvent le fait des membres de la famille de l'aîné. La violence physique survient tant à domicile qu'en milieu institutionnel. Plus de 75 % des agresseurs reconnus sont des hommes (conjoint, ex-conjoint ou enfant adulte). Des facteurs sociaux augmentent la vulnérabilité des aînés : être financièrement dépendant d'un tiers, être socialement isolé et être en perte d'autonomie. Des théories tentent d'expliquer les formes de violence en mettant l'accent sur l'épuisement des aidants, l'appât du gain ou l'interdépendance émotive et financière entre l'aîné et l'aidant familial.

5 La famille comme déterminant de la santé

L'environnement physique et socioéconomique ainsi que les habitudes de vie adoptées en famille constituent deux déterminants de la santé. Les conditions de vie des personnes durant la petite enfance influencent durablement leur état de santé, même à l'âge adulte. La pauvreté et la faible position sociale de leur famille sont les déterminants les plus importants de la santé des enfants.

La socialisation à la santé est différente pour les hommes et pour les femmes. La vie en famille protège davantage la santé des hommes, qui sont peu enclins à la prévention. Ce sont les femmes qui, traditionnellement, contribuent à maintenir l'état de santé de la famille et à dispenser des soins primaires aux personnes malades. L'alimentation, l'hygiène corporelle, l'activité physique sont des moyens de se maintenir en santé, qui s'apprennent dans la vie familiale quotidienne. Pendant longtemps, des générations de femmes se sont transmis des recettes de médecine populaire pour soigner et soulager les symptômes de la maladie.

La famille assume un rôle fondamental dans le soutien aux personnes malades, handicapées ou en perte d'autonomie. Les politiques sociales s'orientent vers un partenariat État-familles, à une époque où l'État se désengage de plusieurs mesures de soutien. Dans les familles, ce sont surtout les femmes qui sont surexploitées en tant qu'aidantes naturelles.

6 La conciliation travail-famille

La conciliation travail-famille représente le principal défi de la vie familiale pour les parents et un enjeu de santé et de démographie, pour la société. L'accès au travail a un effet déterminant sur la santé de la famille : accès aux ressources financières et matérielles, présence d'un réseau social qui offre protection et soutien, obtention d'avantages sociaux. La mise au monde et l'éducation des enfants demandent un investissement en temps dans les activités familiales, et influencent de manière positive la santé des membres de la famille. La conciliation de ces deux univers va au-delà des compromis et exige de faire un choix entre les valeurs de productivité et de reproduction du vivant. Les obstacles structurels de l'organisation du travail constituent une barrière à un plus grand engagement des hommes dans la vie familiale et auprès des enfants.

Exercices de compréhension

1 Indiquez les énoncés qui sont faux parmi les suivants.

a) Dans la société canadienne, le sentiment d'insécurité augmente alors que la société est moins violente.

b) Notre tolérance à l'égard de la violence a diminué.

c) La conciliation travail-famille est un enjeu essentiel de la violence familiale.

d) Il existe aujourd'hui une plus grande dénonciation de la violence qui survient dans l'espace privé.

2 Choisissez parmi les notions suivantes celle qui correspond à chaque énoncé ci-après.

> violence conjugale, maltraitance, désistance, échelle des tactiques de conflits, négligence, enquête de population, enquête de victimisation, théories intra-individuelles, théories psychosociologiques, théories socioculturelles, violence grave, terrorisme conjugal, violence situationnelle, âgisme

Exercices de compréhension (*suite*)

a) Action de mettre fin à une relation marquée par la violence : _____

b) Explication de la violence conjugale centrée sur le caractère dysfonctionnel de l'agresseur : _____

c) Enquête effectuée par sondage téléphonique consistant à poser des questions sur l'utilisation d'une action agressive pour résoudre un conflit : _____

d) Explication de la violence conjugale qui suggère l'existence de la reproduction sociale de la violence : _____

e) Liste d'énoncés d'actions distribués selon un continuum entre les actions raisonnées et les actions d'agressions graves : _____

f) Le fait que les personnes déclarent les actes violents perçus comme criminels : _____

g) Défaut de superviser qui peut entraîner un préjudice physique ou psychologique : _____

h) Discrimination fondée sur l'âge de la personne : _____

3 La dénonciation de la violence envers les aînés est relativement récente. Quelle est son ampleur ? Quelle est la principale forme de violence dont sont victimes les aînés et quel est le principal facteur social de risque ?

4 Complétez les phrases suivantes qui font mention de quelques théories explicatives ayant été avancées au sujet de la violence subie par les aînés.

a) La théorie de _____ met l'accent sur la perte _____ et _____ des aidants.

b) La théorie de _____ affective et _____ indique que le parent âgé retire des _____ de la _____ et se sent responsable de _____.

5 Présentez un ou deux arguments courants dans la population en faveur de l'utilisation de sanctions physiques dans l'éducation des enfants (arguments de sens commun). Commentez-les en fonction des connaissances scientifiques sur le sujet et indiquez quelles sont vos propres valeurs sur ce sujet.

6 Dressez un tableau synthétique (ou un réseau de concepts) qui résume les raisons pour lesquelles la famille est le principal déterminant de la santé des personnes et des collectivités.

7 Pour chacun de ces énoncés, indiquez s'il est vrai ou faux et justifiez votre réponse.

a) Les hommes mariés sont en meilleure santé.

b) L'environnement familial a peu d'effet direct sur la santé de ses membres ; c'est davantage une question d'hérédité.

c) La conciliation travail-famille est un enjeu de santé publique en raison du travail des femmes, qui ont moins de temps pour bien prendre soin de leurs enfants.

Médiagraphie

Lectures suggérées

Centre canadien de la statistique juridique. 2008. *La violence familiale au Canada : Un profil statistique 2008*. Statistique Canada, catalogue n° 85-224-X. [En ligne], http://www.statcan.gc.ca/pub/85-224-x/85-224-x2008000-fra.htm

Centre de liaison sur l'intervention et la prévention psychosociales (CLIPP). 2009. *Les mauvais traitements physiques envers les enfants. Bilan de connaissances*. Montréal : CLIPP, 36 p.

Chamberland, Claire. 2003. *Violence parentale et violence conjugale. Des réalités plurielles, multidimensionnelles et interreliées*. Québec : PUQ, 396 p.

Conseil du statut de la femme (CSF). 2005. *Ampleur et nature de la violence subie par les femmes et les hommes : analyse sur quelques statistiques sur la violence conjugale*. Québec : CSF, 27 p. [En ligne], www.csf.gouv.qc.ca/telechargement_publication/index.php?id=249

De Koninck, Maria. 2003. « La société doit changer. Quel équilibre souhaite-t-on entre la famille et le travail ? »,

Médiagraphie *(suite)* _____

p. 61-76. Dans Association de santé publique du Québec (ASPQ). *La conciliation famille-travail : Vivre sous tension ? Oser l'utopie ?* Montréal : Éditions ASPQ.

Lacharité, Carl, et Louise S. Éthier. 2009. « La violence physique des parents envers leurs enfants », p. 307-334. Dans Lacharité, Carl, et Jean-Pierre Gagnier (dir.). *Comprendre les familles pour mieux intervenir.* Montréal : Gaëtan Morin éditeur-Chenelière Éducation, 370 p.

Laroche, Denis. 2007b. « Premier bilan de l'évolution de la prévalence et du taux de prévalence de la violence conjugale au Québec et au Canada entre 1993 et 2004 », *Données sociodémographiques en bref*, vol. 11, n° 2 (février 2007), p. 1-3. [En ligne], www.stat.gouv.qc.ca

Organisation mondiale de la Santé (OMS). 2007. *Guide mondial des villes-amies des aînés.* Genève : OMS, 78 p. [En ligne], www.who.int/ageing/publications/Guide_mondial_des_villes_amies_des_aines.pdf

Québec, ministère de la Famille et des Aînés (MFA). 2008. *Préparons l'avenir avec nos aînés. Rapport de la consultation publique sur les conditions de vie des aînés.* Québec : MFA, 168 p. [En ligne], www.mfa.gouv.qc.ca/fr/publication/Documents/rapport_consultation_aines.pdf

Québec, ministère de la Santé et des Services sociaux (MSSS). 2007. *Troisième rapport national sur l'état de santé de la population du Québec. Riches de tous nos enfants.* Québec : MSSS et INSPQ, 162 p. [En ligne], publications.msss.gouv.qc.ca/acrobat/f/documentation/2007/07-228-05.pdf

Sévigny, Odile, Francine Saillant et Sylvie Khanddjian. 2002. *Fenêtres ouvertes. Dire et partager l'aide et les soins.* Montréal : Éditions Écosociété, 199 p.

Sites Web

Sur la violence familiale

Centre national d'information sur la violence dans la famille (CNIVF) : www.phac-aspc.gc.ca/ncfv-cnivf/index-fra.php
Ce site regorge de renseignements, de liens et de documents relatifs à toutes les formes de violence familiale, notamment la violence conjugale, la maltraitance et la violence des adolescents envers les parents.

Sur la violence conjugale

Centres d'aide et de lutte contre les agressions à caractère sexuel (CALACS) : www.rcalacs.qc.ca/presentation.html
Le regroupement québécois des CALACS fournit la liste et les coordonnées des 25 CALACS du Québec.

Institut national de santé publique (INSPQ). 2006. Trousse média : La violence conjugale : www.inspq.qc.ca/violenceconjugale
La violence conjugale : des faits à rapporter, des mythes à déconstruire, une complexité à comprendre. Informations sous forme de capsules pour être utilisées par les médias.

Regroupement provincial des maisons d'hébergement et de transition pour femmes victimes de violence conjugale : www.maisons-femmes.qc.ca
Annuaire de ressources – renseignements pour le public.

Sur la violence dans les relations amoureuses des jeunes

Agence de la santé et des services sociaux de Montréal : www.santepub-mtl.qc.ca/relationsamoureuses/ressources/fiche1.html
Ce répertoire a été conçu pour les personnes qui travaillent auprès des jeunes de l'île de Montréal. Il regroupe principalement les ressources pouvant offrir des services aux jeunes qui sont aux prises avec la violence dans leurs relations amoureuses.

Sur la violence à l'égard des aînés

Conseil national des aînés : www.conseildesaines.gc.ca
Organisme qui conseille le gouvernement du Canada sur tous les enjeux liés au mieux-être et à la qualité de vie des aînés. Présente des données sur la situation des aînés au Canada.

Sur la conciliation travail-famille

Ministère du Travail : www.travail.gouv.qc.ca/actualite/conciliation_travail_famille/index.html
Un dossier sur la conciliation du travail et de la famille. Des statistiques, des exemples de clauses et des cas vécus de conciliation travail-famille.

Documents audiovisuels

Arcand, Paul. 2005. *Les voleurs d'enfance.* Canada : Alliance Atlantis, 90 min, coul., DVD. Ce documentaire traite de la situation des enfants victimes de maltraitance de la part des adultes qui les entourent. Le réalisateur questionne le rôle joué par les directeurs de la protection de la jeunesse dans la protection à l'enfance au Québec.

Groulx, Sylvie. 1990. *Qui va chercher Gisèle à 3 h 45 ?* Montréal : ONF, 55 min, coul. [En ligne], onf-nfb.gc.ca/fra/collection/film/ ?id=4783. Le documentaire allie les témoignages de trois familles avec de jeunes enfants et ceux de deux journalistes qui parlent de leur choix de vie par rapport à la famille et à la carrière. Ce film montre l'inadéquation du marché du travail au regard des contraintes familiales. On y perçoit aussi l'approche de trois pères de famille à l'égard des responsabilités domestiques et parentales.

Vamos, Thomas. 1977. *Les Héritiers de la violence.* Montréal : ONF, 56 min, coul., DVD et en ligne, www.onf-nfb.gc.ca/fra/collection/film/ ?id=733. Toujours d'actualité, le film, à l'aide de témoignages, cherche à aller aux sources du problème de la violence dans la société.

CHAPITRE

7 Les familles et la démographie

OBJECTIFS D'APPRENTISSAGE

- Comprendre les motivations du désir d'avoir des enfants et les valeurs associées au rang des enfants

- Situer l'adoption internationale au Québec et quelques-uns de ses enjeux

- Discuter des rapports entre avortement et usage de la contraception

- Comprendre les indicateurs démographiques de croissance de la population et les régimes démographiques traditionnel et moderne

- Décrire les facteurs liés à la baisse de la natalité et les théories explicatives

- Définir les changements dans les rôles des mères, des pères et des enfants qui immigrent

- Connaître le rôle que joue la famille dans l'adaptation des personnes immigrantes

7.1 Le désir d'enfant

«Obtenir une relation d'amour inconditionnelle», «enrichir sa vie conjugale», «prolonger la lignée familiale», «réaliser ses projets à travers un autre être», «revivre sa jeunesse», «suivre les étapes du développement humain», «assurer ses vieux jours» …

Pourquoi décide-t-on d'avoir un enfant? En ce troisième millénaire, qu'est-ce qui pousse les êtres humains à se reproduire? Qu'elles soient d'ordre affectif ou rationnel, les motivations à mettre au monde un enfant sont multiples et prennent en considération aussi bien l'environnement social que l'histoire personnelle des éventuels parents.

En sociologie de la famille, on aborde la question de la reproduction sous deux angles principaux. D'abord, on s'y intéresse d'un point de vue collectif. La reproduction est alors liée à la nécessité de remplacement des générations, à la pérennité sociale; c'est ce que l'on pourrait appeler le besoin de se reproduire. Ensuite, on étudie la reproduction du point de vue individuel ou conjugal. La décision de deux partenaires de mettre au monde un enfant, avec toutes les conséquences que cela entraîne dans leur vie quotidienne, est analysée; il s'agit alors du désir de se reproduire.

Nombre de démographes et de sociologues ont examiné les conditions sociales qui ont mené à la baisse spectaculaire de la fécondité des Québécoises depuis la fin des années 1960. Il était tentant d'expliquer les transformations de la natalité par les seules **causes exogènes** que sont les progrès de la contraception, l'activité professionnelle des femmes et le niveau de consommation des familles. On a préféré se concentrer sur le besoin de se reproduire, en raison des enjeux de la natalité pour l'avenir de la société québécoise. Sans laisser de côté ces considérations, que nous traiterons dans la deuxième partie de ce chapitre, nous commencerons par approfondir la question du désir d'enfant. Quelles sont les positions subjectives des hommes et des femmes qui désirent mettre au monde un enfant, mais qui en auront moins que leurs parents?

Cause exogène
Cause extérieure au désir individuel, cause macrosociologique.

Exercice 7.1

Avoir des enfants et en avoir combien ?

Vous avez peut-être déjà réfléchi à l'idée d'avoir ou non des enfants. Compte tenu de votre âge, vous avez décidé de repousser l'idée à plus tard, à moins que vous ne soyez déjà un jeune parent. Quelle que soit votre situation, répondez d'abord individuellement aux questions suivantes :

- Ressentez-vous le désir d'avoir des enfants ?

- Combien d'enfants souhaitez-vous avoir ?

- Vers quel âge, ou à quelle période de votre vie, vous sentiriez-vous prêt à assumer le rôle de parent et pourquoi à ce moment-là ?

- Quelles seraient les conditions idéales pour que vous mettiez au monde un enfant ?

- Quels sont les principaux obstacles au fait d'avoir des enfants ?

Ensuite, formez de petites équipes et discutez de vos réponses. Y a-t-il des éléments communs à l'ensemble de l'équipe ? Quelle est la moyenne du nombre d'enfants désirés ? Établissez une liste des conditions idéales et des obstacles à la naissance des enfants.

Enfin, rassemblez-vous pour faire une synthèse des réponses obtenues par toutes les équipes. Quelles tendances se dégagent ? Quel constat peut-on dresser à propos du désir d'enfant chez les jeunes de votre groupe ? Y a-t-il des différences entre les filles et les garçons ?

De la pulsion au choix rationnel

Dans leur livre *L'enfant à tout prix*, Geneviève Delaisi de Parseval et Alain Janaud citaient l'explication que donnait un Antillais de la force du désir reproducteur. Pour cet homme, avoir un enfant apporte un réconfort: «ça assiste à votre vie, c'est là tout simplement, c'est de la chaleur, de la joie, de la tendresse. On meurt moins vite quand on est père, on ne meurt pas tout seul non plus et on travaille pour quelqu'un, on lui donne le maximum. Enfin, c'est un prolongement de soi, c'est aussi une aide future quand on sera vieux» (Delaisi de Parseval et Janaud, 1983, p. 17).

Cette subjectivité, où culmine le respect de la vie et le pouvoir de donner la vie, s'oppose au narcissisme propre aux sociétés occidentales. Cette approche reflète l'idée d'une force supérieure qui **transcende** les destins individuels et qui s'éloigne du sens que nos sociétés occidentales donnent au mot «désir». En Occident, ce mot se rapporte à la volonté personnelle et à un choix qui se fait consciemment, et qui, de plus en plus, glisse vers le droit d'avoir un enfant. La postmodernité célèbre le passage de l'enfant qui était le fruit du destin et le prolongement de la vie, à l'enfant qui est devenu un projet planifié. Une fois ce choix arrêté, l'enfant s'est fait plus rare (Houle et Hurtubise, 1991).

Transcender
Se situer au-delà, à un autre niveau que celui de la réalité quotidienne.

Par ailleurs, le processus d'individuation des parcours de vie des femmes — mais aussi des hommes — est balisé par de multiples projets scolaires, professionnels, de voyages et personnels (projet artistique, de loisir, etc.), qui augmentent les possibilités de choix. Parmi tous ces projets, le projet familial devient complémentaire pour les femmes. Ce phénomène accentue la place accordée au désir ou au non-désir «dans la formulation et l'actualisation du projet d'avoir un enfant et de l'avoir au moment jugé le plus propice» (B.-Dandurand, Bernier et Lemieux, 1997, p. 3).

Le couple et le désir d'enfant

De tout temps, certaines conditions ont été nécessaires pour réaliser le désir d'enfant et elles le demeurent (*voir la figure 7.1*).

Figure 7.1 • Les conditions du désir d'enfant

- Présence d'un conjoint ou d'une conjointe qui partage le même désir.
- Concordance des projets familiaux dans le parcours de vie des deux partenaires.
- Conditions socioéconomiques et professionnelles jugées favorables:
  - avoir terminé ses études;
  - être inséré sur le marché du travail;
  - considérer son revenu comme suffisant.
- Stabilité de la relation de couple et satisfaction conjugale.
- Vie familiale d'origine harmonieuse et positive.
- Conceptions communes du rôle parental et de la vie de couple: partage des tâches, engagement des conjoints dans la vie familiale et auprès des enfants.

? Faut-il être amoureux pour avoir des enfants ?

La stabilité conjugale est une des conditions essentielles au désir d'enfant. La majorité des femmes et des hommes mettent au monde des enfants à l'intérieur d'un couple qu'ils souhaitent voir durer.

Par voie de conséquence, la crise du couple ou la précarité du bonheur conjugal conduisent à une crise du désir d'enfant, qui se traduit par un retard des naissances et par une augmentation du nombre des non-parents. Il faut donc parler d'un désir d'enfant encore puissant, mais conditionnel à la pérennité du couple.

Dans les années 1980, le sociologue Jean Kellerhals (1982) insistait sur deux motivations sociales des couples relatives à leur désir d'avoir un enfant. Il s'agissait, d'une part, de la relation affective privilégiée avec l'enfant et, d'autre part, de la concrétisation du lien conjugal. Les autres motifs mentionnés pour mettre au monde des enfants variaient en fonction du milieu socioéconomique des couples. Par exemple, les personnes faiblement scolarisées espéraient que leurs enfants satisferaient les ambitions qu'elles avaient elles-mêmes.

? Le désir d'enfant est-il le même pour les femmes que pour les hommes ?

À partir de données d'entrevues, des chercheurs québécois ont dégagé des nuances entre les hommes et les femmes par rapport au désir d'enfant (B.-Dandurand, Bernier, *et al.*, 1994).

Savoir plus 7.1

Les jeunes Québécoises et Québécois et le désir d'enfant

À l'occasion d'une enquête qualitative réalisée en 2006-2007 auprès de 100 jeunes adultes âgés de 17 à 33 ans, comprenant 60 % de filles et 40 % de garçons qui se trouvaient dans diverses situations de vie (travail, études, relation de couple, célibataire ou parent monoparental), le Conseil permanent de la jeunesse (CPJ) a constaté que le désir d'enfant était bien présent, partout au Québec. « Retenons que 92 % des sujets souhaitent avoir un ou des enfants, que ce désir s'articule de différentes façons et que son origine en n'est [sic] pas moins de nature tout aussi diversifiée » (CPJ, 2007, p. 28).

Chez les jeunes dont le souhait d'avoir des enfants était une décision définitive, une planification était envisagée pour en concrétiser la venue et ces jeunes-là estimaient avoir atteint une stabilité conjugale. « Leur discours renvoie ainsi à un nombre d'années de vie de couple rassurant, à une sécurité financière présente ou anticipée, à une vie professionnelle bien enclenchée ou sur le point de prendre forme. "On

vient de se prendre un grand appartement, j'ai un nouveau travail qui va bien, ma blonde a sa job, on fait tout pour avoir un enfant" » (*ibid.*, p. 29). Plusieurs souhaitaient profiter du congé parental québécois combiné avec des vacances d'été et le partager avec leur partenaire de vie.

Pour la majorité des jeunes rencontrés par le CPJ, le désir d'enfant est un but envisageable à court et à moyen termes en fonction de conditions de vie qui deviendraient plus favorables. Ainsi, un jeune homme dira qu'il souhaite avoir des enfants « mais ça ne me dérange pas de ne pas en avoir pour l'instant. Pour bien des raisons. Un, ma situation financière commence à se rétablir. Deux, le sujet est très très difficile avec ma conjointe qui n'en veut pas pour l'instant » (*ibid.*, p. 33). Un petit nombre de jeunes seulement croient à ce désir dans un avenir plus lointain. Par exemple, ils veulent des enfants, mais « on veut prendre notre temps. On est jeunes et tout couple a des souvenirs à se faire. Mais juste ensemble, sans nécessairement avoir des enfants. Moi, je me dis qu'on va attendre le temps que ça prendra » (*ibid.*, p. 33).

Chez les femmes, le désir d'enfant s'exprime tôt dans leur parcours et il est intériorisé. Cela s'explique par la durée limitée de leur période de fécondité et par le fait que la maternité demeure encore la pierre angulaire de l'identité féminine.

Chez les hommes, le désir d'enfant se manifeste plus tardivement et il fait souvent suite à un événement extérieur, comme la conjointe qui désire un enfant, les amis qui ont des jeunes enfants ou une recomposition familiale. Selon les auteurs, le désir de paternité est plus vif chez les hommes dans la vingtaine que chez les plus âgés. Les premiers se montrent plus ouverts que les seconds au travail des femmes et ils n'envisagent pas d'être les seuls pourvoyeurs économiques de la famille.

Curieusement, alors que les femmes nourrissent un certain idéal de la paternité et évaluent les capacités du conjoint à remplir le rôle de père, les hommes n'ont pas une image précise de la parentalité féminine, un peu comme si une femme était forcément une bonne mère.

Un autre facteur influence le désir d'enfant. Il s'agit de la qualité des relations et du climat qui règne dans la famille d'origine. Les personnes qui considéraient que le climat familial avait été positif et harmonieux, notamment dans les relations mère-fille et père-fils, étaient aussi celles qui exprimaient un désir « fort et net » de mettre au monde un enfant. De la même façon, les hommes dans la vingtaine issus d'une famille nombreuse éprouvaient un désir d'enfant précoce. Le rapport du Conseil de la famille et de l'enfance du Québec portant sur l'engagement des pères souligne que « le rapport avec son propre père dans l'enfance, la valorisation du rôle paternel, une personnalité extravertie ou altruiste et, dans une certaine mesure, le sentiment de compétence parentale » sont des caractéristiques qui prédisposent les hommes à s'engager activement auprès des enfants (CFE, 2008, p. 60). On peut penser que ces caractéristiques jouent également leur rôle dans le désir de paternité.

Les obstacles au désir

Au-delà des motivations suscitant le désir d'enfant, il importe aussi de s'interroger sur les obstacles à la concrétisation de ce désir, sur les raisons pour lesquelles on fait peu ou pas d'enfants.

? Les gens qui ne veulent pas d'enfants sont-ils égoïstes ?

Les femmes attendent souvent que les conditions idéales de maternité soient réunies : stabilité amoureuse, conjoint ayant le goût de s'engager dans une relation parentale, fin des études ou amélioration de la situation professionnelle et financière. Un nombre croissant de femmes décident de faire leur deuil de la maternité parce que le bon moment sur le plan professionnel ne se combine pas avec le bon moment dans leur vie de couple. En somme, les femmes qui choisissent la non-maternité conçoivent difficilement comment elles pourraient concilier leur développement personnel (carrière, études, épanouissement affectif) avec la prise en charge d'un enfant. Si ces femmes ne perçoivent pas de désavantages à l'absence d'enfants dans leur vie, elles subissent toutes, à des degrés divers, et surtout de la part de leur famille d'origine et de leur parenté, des pressions à l'égard de la maternité.

Dans plusieurs situations, l'enfant est montré comme constituant une source de contraintes, un ensemble de compromis à faire au regard des possibilités qu'offre notre société de consommation et de loisirs, dont le fin mot demeure «liberté». Mettre au monde un enfant signifie qu'il faut accepter de subvenir à ses besoins matériels et affectifs pendant une période assez longue. Avec la vulgarisation de la psychologie, de plus en plus de personnes savent maintenant que les désordres affectifs d'un adulte sont associés à des manques durant l'enfance. On impute généralement la responsabilité des troubles affectifs d'un individu à l'attitude de ses parents.

Dans ce contrat qui fait peur, on recense les lourdes responsabilités des parents, qui sont constamment renvoyés à leurs devoirs mal faits. La société postmoderne reconnaît de plus en plus la primauté des droits de ceux qui sont considérés comme étant les plus vulnérables. Dans un essai sur notre temps, le philosophe Gilles Lipovetsky note avec beaucoup d'à-propos que les griefs contre les parents ne cessent de se multiplier: ils sont coupables de ne pas suivre d'assez près les études de leur progéniture, de ne pas participer aux associations de parents d'élèves, de préférer le sacro-saint repos de fin de semaine aux rythmes scolaires harmonieux. Et la liste s'allonge: ils se déchargent de leur responsabilité sur les enseignants, ils laissent les enfants s'abrutir devant la télévision, ils ne savent plus se faire respecter. À mesure que l'enfant triomphe, les failles de l'éducation familiale sont systématiquement relevées et dénoncées. Il n'y a plus de mauvais enfants, rien que des mauvais parents (Lipovetsky, 1992).

Les technologies de procréation assistée: des outils pour surmonter les obstacles?

Cela fait plus de 30 ans que les technologies de procréation assistée ont commencé à être utilisées pour la reproduction humaine. Louise Brown, le premier bébé-éprouvette, est née en 1978 à la suite d'une fécondation *in vitro* pratiquée en Grande-Bretagne. Depuis cette date, environ trois millions de bébés seraient nés par fécondation *in vitro* dans le monde, les technologies de procréation assistée ayant connu un essor fulgurant au cours de ces trois dernières décennies. Les raisons tiennent d'abord au choix individuel de parents qui souhaitent à tout prix mettre au monde un enfant et pour qui ces méthodes présentent un espoir de concrétiser leur désir. C'est la facette vertueuse de la procréation artificielle, celle qui combat l'infertilité pour parvenir à enfanter. Pour la Fédération du Québec pour le planning des naissances (FQPN), la procréation assistée «désigne l'ensemble des technologies et pratiques médicales visant à contourner certaines difficultés d'ordres physiologique, psychologique, socio-économique ou sexuel qui empêchent ou retardent la conception d'un enfant» (FQPN, 2006, p. 7).

Mais au-delà du droit à l'enfant des couples, ces techniques constituent de singuliers enjeux pour l'ensemble de la société. De plus en plus de chercheurs s'interrogent et dénoncent des pratiques médicales qui ont des effets considérables sur la santé sexuelle et reproductive des femmes, sur les droits à la filiation biologique des enfants nés par ces techniques, sur les expérimentations scientifiques qui mènent à détourner la reproduction humaine de ses fondements sexués et différenciés (mâle et femelle). Le biologiste français Jacques Testart prétend d'ailleurs que «nous aurions déjà commencé à changer d'espèce» (Vandelac, 1996, p. 61).

La procréation assistée sert à résoudre bien plus que des problèmes médicaux. Elle est la voie royale de la médicalisation de la vie sociale, c'est-à-dire de la prise en charge de phénomènes sociaux par des experts scientifiques et médicaux. Au Canada, on estime qu'environ un couple sur douze éprouverait des difficultés à concevoir un enfant dans un délai de deux ans, ce qui qualifie l'infertilité (FQPN, 2006). La stérilité est l'incapacité de concevoir ou de mener à terme une grossesse en raison d'un problème du système reproducteur. L'infertilité peut être associée au couple et comporte donc une dimension relationnelle. Une même personne peut être fertile avec un partenaire et ne pas l'être avec un autre. L'infertilité comporte aussi une dimension

Savoir plus 7.2

La course aux technologies de procréation assistée : faut-il s'inquiéter ?

La Fédération du Québec pour le planning des naissances (FQPN), qui étudie la question de la santé sexuelle et reproductive dans une perspective féministe et de promotion de la santé, s'est inquiétée « de l'instrumentalisation et de la commercialisation du matériel reproductif humain et du corps des femmes » (FQPN, 2006, p. 3). Selon Louise Vandelac, sociologue et professeure, les technologies de procréation assistée « fracassent notre conception de l'engendrement. [...] Nous sommes devenus la première génération de l'histoire à concevoir des êtres humains en pièces détachées, à des kilomètres et à des années de distance, sans se voir ni se toucher, via commerce internet ou postal de sperme, d'ovules et d'embryons » (ibid., p. 27).

Pour mettre aujourd'hui au monde un enfant, il est médicalement possible d'avoir cinq parents : une femme donneuse d'ovules, un homme donneur de sperme, une mère porteuse pour mener l'embryon à terme et un couple (mixte, d'hommes ou de femmes, ou un adulte seul), qui l'encadrera jusqu'à sa vie d'adulte. Deux champs seulement échappent encore aux technologies de procréation assistée sur les humains : le clonage et la gestation dans un utérus artificiel, hors du ventre d'une femme – mais pour combien de temps ? Des applications de ces deux techniques ont déjà été réussies sur des animaux (Dupont et Gagnon, 2001).

« Certaines personnes considèrent l'infertilité comme une maladie. Cela sous-entend alors le droit à la santé et impliquerait donc la possibilité et le droit de concevoir des enfants. [...] Voilà d'ailleurs qui serait une bien étrange maladie, celle qui n'apparaît qu'à la lumière du désir d'enfant et dont le symptôme est la frustration de la non-conception. [...] Une telle médicalisation sans fin du désir, étroitement associée à l'engouement face au progrès scientifique, dérive parfois vers une médecine de pure convenance [...]. Ne devrait-on pas tenter de délimiter ce que la médecine devrait offrir, plutôt que de penser que tout est parfaitement valable et légitime parce que les technologies peuvent maintenant y répondre ? » (FQPN, 2006, p. 21 et 22). Des exemples en témoignent. Les naissances multiples, qui augmentent les risques pour la santé de la mère et des enfants (encore récemment, la naissance d'octuplés en 2009), sont en progression constante, parce qu'on implante plusieurs embryons pour s'assurer d'une conception. On fait naître des bébés-éprouvette, sélectionnés parmi plusieurs embryons fabriqués in vitro, pour obtenir du matériel génétique en vue de sauver un enfant déjà né, et l'on offre aux femmes ménopausées la possibilité d'enfanter jusqu'à 95 ans (Dupont et Gagnon, 2001) !

Enfin, il faut mentionner le rôle de l'industrie de la procréation, au sein de laquelle convergent divers intérêts (FQPN, 2006). Intérêts financiers considérables pour les laboratoires pharmaceutiques et les cliniques privées, intérêts professionnels pour les chercheurs en biogénétique qui vivent de la compétition internationale et visent l'exploit technoscientifique – par exemple, qui sera le premier chercheur à effectuer le clonage humain –, pour recueillir l'argent indispensable à la poursuite de leurs recherches. Tout cela aboutit « à la mise en place d'une industrie qui, une fois enclenchée, ne peut que progresser, l'offre créant la demande » (FQPN, 2006, p. 23).

sociale : la difficulté de concevoir un enfant pour un couple lesbien ou gai relève du contexte de leur orientation sexuelle et non d'un problème médical. La difficulté pour une personne seule de concevoir un enfant relève d'un état civil. L'offre des technologies de procréation assistée contribue à élargir le nombre d'individus qui entrent dans le champ de l'infertilité soit en incluant de nouvelles catégories de personnes, soit en réduisant le délai d'enfantement de deux ans à un an, voire à six mois. « La notion d'infertilité est souple, changeante et implique aussi la notion de temps, qui peut varier de façon aléatoire » selon les critères retenus par chaque pays (FQPN, 2006, p. 9).

Dans les faits, quelles sont les technologies de procréation assistée ? La plus connue et la plus fréquemment utilisée est l'insémination artificielle, que l'on accompagne le plus souvent d'une stimulation ovarienne pour augmenter les chances de succès. La stimulation ovarienne peut entraîner de graves effets secondaires pour la santé de la femme (hémorragies, déséquilibres hormonaux, gonflement des ovaires, et autres) et les effets à long terme des médicaments absorbés n'ont pas été à ce jour suffisamment étudiés. L'insémination peut être effectuée en éprouvette, *in vitro*, ou *in vivo* dans l'utérus de la femme, avec du sperme appartenant au conjoint, à un donneur anonyme ou connu du couple. La femme peut être la future maman ou une mère porteuse. Le taux de réussite de la technique est le sujet d'un débat (selon les méthodes de calcul), mais la FQPN avance que si 21 % des tentatives conduisent à une naissance, près de 4 personnes sur 5 ayant entrepris une démarche en clinique de fertilité n'auront pas d'enfant (FQPN, 2006).

D'autres techniques ont vu le jour depuis 30 ans et sont couramment adoptées, parfois sans évaluation à moyen et à long termes de leurs effets sur l'enfant à naître. L'injection intracytoplasmique d'un spermatozoïde (ou micro-injection) qui permet de contourner la stérilité du père, le diagnostic préimplantatoire pour conserver les embryons sains, la maturation *in vitro* de l'ovule et, enfin, l'utilisation d'une mère porteuse, illégale au Québec en vertu du Code civil, mais pratiquée, font partie de cet arsenal procréatif.

Le coût de l'enfant

L'analyse rigoureuse des frais financiers liés aux enfants montre que la question du coût de l'enfant est mal posée. On peut bien tenter des approximations chiffrées sur la base de certains besoins, mais les calculs se perdent rapidement dans l'arbitraire ou l'inconsistance.

Une étude américaine a permis de constater que les parents déboursaient en moyenne 8 000 $ à la naissance de leur premier enfant. Ce montant, en dollars américains de 1994, variait en fonction des cadeaux offerts au bébé par la parenté et des produits plus ou moins luxueux jugés nécessaires par les parents. En réalité, les dépenses s'échelonnent de 4 000 $ à 26 000 $ au cours de la première année seulement (Benson Rosenthal et Johnson, 1996). En général, le premier enfant coûte plus cher que les suivants. En effet, les dépenses moyennes par enfant diminuent avec le nombre d'enfants, les biens achetés pour le premier enfant étant réutilisés pour les autres (économie d'échelle). Par ailleurs, le fait d'avoir un enfant modifie la façon dont les revenus sont répartis :

l'enfant transforme le style de vie du couple, rend les parents plus sédentaires et les conduit à changer leurs priorités. Désormais, il faut tenir compte des besoins de tout ordre des enfants : hygiène, alimentation, sécurité, loisirs.

De fait, si l'on examinait toutes les conséquences économiques liées à la naissance d'un enfant et à son éducation, on pourrait penser que nombre de couples n'ont pas les moyens de fonder une famille.

Interrogées sur cet aspect financier, des jeunes mères québécoises reconnaissent son importance dans leur stratégie de maternité. Elles en tiennent compte pour décider du moment d'une naissance, de son report ou de l'interruption d'une grossesse. Mais les témoignages recueillis auprès des jeunes mères rejettent l'association trop facile entre la venue de l'enfant et le coût qu'il occasionne (Lemieux, 1996). Les mères admettent qu'il ne faut pas attendre de réunir les conditions optimales, parce que l'on ne trouve jamais le bon moment. En fait, les préoccupations liées à la stabilité professionnelle l'emportent sur la stricte gestion du coût de l'enfant.

Le paradoxe est que, malgré la négation des considérations économiques vis-à-vis des enfants, la baisse de la natalité au Québec a souvent été expliquée par des raisons d'ordre pécuniaire. Par exemple, on a maintes fois affirmé que le troisième enfant coûtait trop cher. Pourquoi le troisième ? Parce que c'est celui que les familles hésitent à mettre au monde. Un troisième enfant nécessite souvent l'agrandissement de l'espace de vie ou le déménagement, l'automobile à remplacer par un modèle familial plus spacieux, la facture d'épicerie qui s'allonge et toutes les autres dépenses qui s'ajoutent. Les chiffres sont encore plus éloquents en ce qui a trait à la perte de revenus qu'entraîne la venue du troisième enfant. Avec ce descendant supplémentaire, près de 50 % des femmes choisissent de demeurer à la maison. Si l'on compare les revenus moyens des familles comprenant deux pourvoyeurs à ceux des familles à revenu unique, on note une différence de l'ordre de 8 000 $. La perte de revenus semble donc déterminante dans le choix de ne pas avoir un troisième enfant.

Par ailleurs, il convient de qualifier le coût engendré par un enfant en fonction de son âge. Ainsi, pour les enfants d'âge préscolaire, c'est le coût de remplacement, lié à la perte de revenus de la mère, qui a le plus de conséquences. Pour les adolescents, ce sont surtout les coûts directs qui dominent et ils sont quatre fois plus élevés que pour les jeunes enfants. Les coûts directs comprennent l'habillement, l'alimentation, les études et surtout les loisirs. La situation familiale la plus coûteuse pour les parents est créée par la présence d'enfants plus âgés et d'au moins un enfant d'âge préscolaire, situation où les coûts de remplacement et les coûts directs se combinent (Henripin et Lapierre-Adamcyk, 1986).

Une autre façon d'aborder la question du coût de l'enfant consiste à examiner les styles de vie familiale. Les familles comptant de jeunes enfants consomment différemment dans la mesure où les charges budgétaires commencent souvent à s'alourdir (achat d'une maison, d'un véhicule) et que les parents réduisent sensiblement leurs dépenses personnelles. L'effort financier portera alors sur l'habitation, l'ameublement ou d'autres équipements pour le foyer. Par ailleurs, le budget des familles ayant des enfants plus âgés est largement axé vers une vie qui se sédentarise et il traduit l'importance des produits consommés en grande quantité. Avec le temps, les dépenses des enfants et des parents atteindront un équilibre.

Le nombre et le rang des enfants

Une fois que les craintes sont vaincues, que les conditions sont réunies, combien d'enfants désire-t-on? Combien en aura-t-on vraiment?

Pour ce qui est de la taille de la famille, les courbes démographiques montrent généralement un écart entre l'idéal projeté au début du projet familial, c'est-à-dire deux ou trois enfants, et la fécondité réelle, qui s'établit le plus souvent en deçà de l'idéal exprimé.

Pourtant, par-delà les obstacles et les motivations plus ou moins conscientes, il convient de considérer le rang de naissance comme un facteur déterminant dans la signification que prend l'enfant pour le couple (Bourguignon, 1987). Le projet familial est alors un champ de décision en constante évolution dans lequel chaque nouvel enfant imprime sa marque.

Le premier enfant

La venue du premier enfant paraît toujours exceptionnelle et, comme le souligne la psychologue Odile Bourguignon, elle confère une existence sociale au couple. Pour les femmes possédant une faible scolarité ou ayant peu de formation, le premier enfant fournit une identité, un projet de réalisation sociale valorisant. Quant aux femmes ayant un niveau d'éducation plus élevé, la maternité entre le plus souvent en concurrence avec d'autres identités et projets professionnels, ce qui repoussera généralement la naissance du premier enfant à plus tard.

L'irréalisme du projet de concevoir un enfant, l'émotivité du désir du premier enfant, qui est celui de l'essai et de la preuve, ajoute à l'importance donnée à l'assouvissement immédiat du désir. Pour le couple, le projet calculé et négocié doit prendre forme aussitôt que la décision est arrêtée. Le mois de la décision est bien souvent celui de la conception. Cette exigence relative à l'actualisation du désir explique sans aucun doute l'importance et le caractère dramatiques accordés à l'infertilité, même lorsque celle-ci n'est pas diagnostiquée avec certitude.

Le premier enfant représente aussi le mystère de la procréation, la nouveauté et le changement, le défi, bref, l'expérience inédite tant pour la femme que pour l'homme. La venue de ce premier enfant est vécue sur le mode de l'expérience nouvelle, attrayante, et elle canalise toutes les énergies amoureuses.

Le deuxième enfant

Contrairement au premier enfant, le deuxième n'est pas chargé de renforcer la cohésion du couple: il fait apparaître la famille, structurée en groupes d'âge et de sexe. La venue du deuxième enfant, commandée par la norme sociale, semble beaucoup moins épineuse pour les parents, puisqu'un ensemble de pratiques et d'infrastructures ont déjà été mises en place pour son prédécesseur. Il reste toujours la question du sexe. Avoir deux enfants, c'est pouvoir s'offrir l'expérience de l'autre sexe.

L'univers des explications et des motivations à la venue du deuxième enfant est encore très vaste: celui-ci vient s'inscrire dans une relation fraternelle qui souligne les expériences familiales de ses parents; il vient assurer une certaine harmonie symétrique en équilibrant les rapports entre les générations et entre les sexes. Somme toute, le deuxième enfant va presque de soi lorsqu'on sait que la culture occidentale valorise la fratrie et que la socialisation de l'enfant unique demeure une source d'inquiétudes.

Plus de deux enfants

Si le saut du premier au deuxième enfant n'entraîne guère de conflits, il n'en va pas de même lorsqu'on aborde la question du troisième enfant. Une fois formée, la famille normale a atteint son objectif et la perspective d'un troisième enfant suscite davantage de contrariété que de plaisir et de nouveauté. Aujourd'hui, une famille de trois enfants est considérée comme étant une famille nombreuse.

Le désir qui se limitait jusqu'à présent à celui du couple se déplace vers des décisions qui touchent directement la femme : une troisième grossesse, la perspective d'abandonner un emploi, la difficulté de retourner sur le marché du travail, le confinement au rôle de mère. Ces considérations poussent la majorité des femmes à refuser une troisième maternité.

De plus, une fois l'objectif de parentalité atteint grâce à la plus petite famille qui soit, les autres choix reprennent leur importance et se font pressants : carrières, styles de vie et loisirs, aisance matérielle, niveau de revenus de la famille, biens de consommation. Aujourd'hui, l'enfant est une possibilité qui, une fois actualisée, ne doit pas gêner la réalisation d'autres projets (Bourguignon, 1987).

Les femmes insistent sur les difficultés d'élever plusieurs enfants, sur l'obligation de limiter leurs activités professionnelles, sur leur crainte de devenir dépendantes du conjoint et sur le coût engendré par un troisième descendant. Elles soulignent aussi l'absence de prise en charge collective, suggérant que l'émerveillement et la poésie des premiers temps cèdent la place à des responsabilités domestiques plus lourdes, qu'elles assument souvent entièrement. Il faut aussi penser au couple, maillon sensible de la famille. Ce dernier, qui se maintenait en bonne position lorsque la famille comptait un ou deux enfants, perd sa place au profit de la génération suivante dans les familles plus nombreuses. Dans le couple, la décision du conjoint pèse lourd aussi. Plusieurs hommes ne souhaitent pas avoir plus de deux enfants, ce qui met fin à la vie reproductrice de leur conjointe.

Mais pour les familles qui franchissent la barrière du troisième enfant et, pour certaines, qui voguent allègrement vers un quatrième, voire un cinquième enfant, c'est surtout le projet familial qui l'emporte sur toutes les autres considérations. Hormis pour celles qui éprouvent un accident contraceptif, ces familles choisissent délibérément d'investir dans le capital familial. Les valeurs liées à la famille, plutôt que celles se rapportant à l'individu, dominent leur projet de vie. Partant, on peut affirmer que les familles nombreuses font tout autant l'objet d'un choix que les familles comprenant un ou deux enfants. Mais force est de reconnaître que ce choix est effectué par un nombre infime de couples québécois et qu'il met en jeu davantage d'irritants et de coûts pour la famille. L'encadré 7.1, à la page suivante, résume la signification des enfants selon leur rang de naissance.

L'adoption : les nouveaux visages

Au Québec, l'adoption des enfants est passée du statut de tabou à celui de fierté, dès lors qu'il s'agit d'une adoption internationale. De ce fait, il semble juste de parler des nouveaux visages de l'adoption (Ouellette, 2003). Françoise-Romaine Ouellette décline l'adoption sur quatre modes principaux : l'adoption de l'enfant du conjoint, l'adoption par un couple homosexuel, l'adoption d'enfants abandonnés conformément au programme de la « banque mixte », élaboré par l'Association des centres jeunesse du Québec, et l'adoption internationale.

L'enfant qui est adopté selon la procédure du droit civil québécois a les mêmes droits que l'enfant biologique. « Par contre, notre droit lui impose toujours une rupture de ses liens d'origine » (Ouellette, 2003, p. 222). Cette obligation fonde le modèle d'adoption en vigueur au Québec et dans la plupart des pays occidentaux : **l'adoption plénière.** L'enfant devient membre à part entière de sa nouvelle famille, comme s'il était né de ses parents adoptifs. Mais il doit pour cela rompre définitivement tout lien légal avec sa famille d'origine. Un nouvel acte de naissance est d'ailleurs rédigé où n'apparaissent que les noms de ses parents adoptifs. Aucune mention n'est faite de sa situation antérieure.

Adoption plénière
Création d'un lien de filiation exclusif entre l'enfant et ses parents adoptifs.

Dans le cas d'une adoption internationale, cette procédure qui mise sur le droit de l'enfant à une famille stable, aimante, capable d'offrir de bonnes conditions de vie et de développement, va à l'encontre des formes d'adoption plus inclusives privilégiées dans plusieurs pays d'origine des enfants, comme le prouvent les familles autochtones élargies où l'adoption relève du « prendre soin » de l'enfant. Selon Françoise-Romaine Ouellette, l'adoption plénière québécoise exclut définitivement le cumul des filiations, tout à fait possible dans d'autres sociétés. De la même manière, elle banalise la rupture de liens et d'identité imposée à l'enfant adopté.

Le Québec, qui était une des sociétés occidentales adoptant le plus d'enfants étrangers, a connu une chute radicale du nombre des adoptions à partir de 2004 (*voir la figure 7.2*). De 1990 à 2004, au Québec, on comptait en moyenne 850 adoptions par

Encadré 7.1 ● La signification de l'enfant selon le rang dans la famille

Premier enfant
- Événement exceptionnel
- Affirmation de l'existence sociale du couple
- Émotivité du désir
- Nouveauté et changement
- Expérience inédite dans le parcours de vie individuel
- Mystère de la procréation

Deuxième enfant
- Apparition de la famille « normale »
- Norme sociale actuelle, infrastructures familiales existantes

- Expérience possible de l'autre sexe
- Création de la fratrie
- Équilibre entre les générations et les sexes

Troisième enfant ou plus
- Prédominance du projet familial sur les autres projets
- Choix de valeurs axées sur les enfants et la famille plutôt que sur l'individu
- Constitution d'une famille nombreuse
- Décision touchant directement la femme (l'emploi par rapport à l'enfant)
- Primauté des enfants au détriment du couple

Figure 7.2 • L'évolution de l'adoption internationale au Québec, de 1990 à 2008

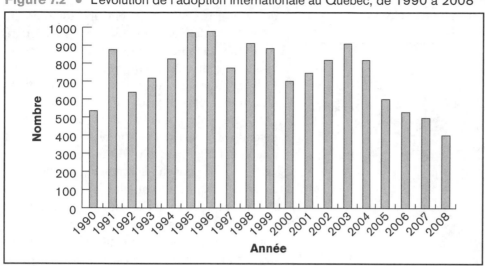

Source : Québec, Secrétariat à l'adoption internationale. 2009. *Les adoptions internationales au Québec. 2008.* Québec : Secrétariat à l'adoption internationale. [En ligne], www.adoption.gouv.qc.ca/site/fr_statistiques. phtml (Page consultée le 18 septembre 2009)

année, tandis qu'en 2008, 400 adoptions seulement furent conclues (SAI, 2009). La baisse continue des adoptions internationales depuis 2004 s'explique par plusieurs raisons, notamment par des modifications de la législation dans les pays d'origine. « Le principe du maintien de l'enfant dans son pays d'origine tend à l'emporter » (SAI, 2009, p. 3). Les pays d'origine, autrefois largement ouverts à l'adoption internationale, resserrent les règles et les critères pour l'adoption, limitent le nombre d'adoptions annuelles, privilégient l'aide à la famille et l'adoption nationale. Les gouvernements se sont dotés de moyens pour promouvoir les droits des enfants dans leur pays d'origine et la Chine en est un bon exemple. Les données révèlent que les adoptions effectuées en Chine par des Québécois ont chuté de 70 % au cours des cinq dernières années : elles sont passées de 464 adoptions en 2003 à 127 en 2008 (*ibid.,* p. 2). On comprend que cette diminution influe sur le nombre d'adoptions totales, tous pays confondus, car les adoptions en Chine représentaient presque 50 % des adoptions dans les années 1990.

Les enfants adoptés à l'étranger ont des profils très diversifiés. Une large proportion d'entre eux ont été confiés à l'adoption à l'âge de quelques mois, sans que l'orphelinat où ils étaient hébergés n'ait de renseignements précis sur leur origine familiale. D'autres enfants ont parfois vécu avec leurs parents, leurs grands-parents ou un tuteur. Ils peuvent avoir des sœurs et des frères, dont l'adoption internationale les séparera ; un enfant sur cinq est âgé de plus de deux ans à son arrivée au Québec et s'exprime déjà dans sa langue maternelle. Les parents qui confient leur enfant à des familles d'accueil s'inspirent parfois des traditions locales d'entraide et de don, qui n'amènent pas un abandon définitif. Ils espèrent recevoir des nouvelles de leur enfant, le revoir un jour. Mais les liens que les parents adoptifs maintiennent avec le pays d'origine de leur enfant relèvent de l'identité ethnique et culturelle plutôt que familiale et parentale antérieure.

Selon Françoise-Romaine Ouellette, les modes d'adoption contemporaine reflètent une société de plus en plus égalitaire, préoccupée de protéger les droits des

Figure 7.3 ● La répartition par continent d'origine
des adoptions internationales au
Québec, en 2008

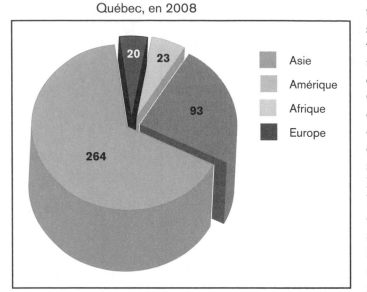

■	Asie
■	Amérique
■	Afrique
■	Europe

20   23

93

264

Source : Québec, Secrétariat à l'adoption internationale. 2009. *Les adoptions internationales au Québec. 2008*. Québec : Secrétariat à l'adoption internationale. [En ligne], www.adoption.gouv.qc.ca/site/fr_statistiques.phtml (Page consultée le 18 septembre 2009)

enfants et ouverte à la diversité des identités et des cultures. L'objectif demeure toujours de trouver à l'enfant une famille qui puisse satisfaire ses besoins. D'ailleurs des lois et des règlements visent à éviter que l'enfant ne soit traité comme une marchandise au cours des transactions entourant son adoption. Françoise-Romaine Ouellette s'interroge cependant sur l'obligation de couper le lien de filiation biologique en tant que démarche préalable à l'adoption. Bien que cette procédure veuille empêcher toute intrusion de la famille biologique dans la vie de l'enfant et de sa nouvelle famille, « cette famille biologique ne peut être vue essentiellement comme une menace potentielle. Elle est aussi et avant tout un repère identitaire et un élément important de l'histoire personnelle de l'adopté » (Ouellette, 2003, p. 229). La figure 7.3 montre la répartition par continent d'origine des enfants adoptés au Québec en 2008 et l'encadré 7.2 présente les principales caractéristiques de l'adoption internationale au Québec en 2008.

Encadré 7.2 ● Les caractéristiques des adoptions internationales
au Québec, en 2008

Pays d'origine en 2008

- L'Asie est la région de prédilection des adoptants québécois avec 66 % des adoptions.

- 23 % proviennent des Amériques, notamment d'Haïti.

- 5,8 % proviennent de l'Afrique.

- 5 % sont issues de l'Europe (essentiellement des pays de l'Est – Russie, Bélarus, Roumanie).

Caractéristiques

- La moyenne d'âge est de 39,8 ans chez les hommes et de 38,6 ans chez les femmes qui adoptent (2000).

- Une adoption sur dix est le fait d'une personne seule : 10,9 % de femmes seules et 1,6 % d'hommes seuls (2000).

- L'âge moyen des enfants adoptés en 2008 est de 32,1 mois (augmentation de l'âge moyen depuis 2004) ; 48 % des enfants adoptés avaient moins de 12 mois.

- La majorité des enfants adoptés sont des filles (68,4 % en 2000).

Source : Québec, Secrétariat à l'adoption internationale. 2009. *Les adoptions internationales au Québec. 2008*. Québec : Secrétariat à l'adoption internationale. [En ligne], www.adoption.gouv.qc.ca/site/fr_statistiques.phtml (Page consultée le 18 septembre 2009)

Les avortements, les grossesses non désirées et la contraception[1]

Parmi les tendances qui caractérisent la société québécoise et qui ont un effet sur la natalité, on recense le nombre élevé d'avortements provoqués, qui se maintient au fil du temps. Au cours des décennies 1980 et 1990, pour toutes les tranches d'âge, le recours à l'interruption volontaire de grossesse (IVG) a doublé chez les Québécoises, pendant que les autres Canadiennes, les Américaines et les Françaises connaissaient une stabilité, voire une baisse, du nombre des avortements, «ce qui indique une meilleure utilisation des moyens contraceptifs» (Duchesne, 2006, p. 81). L'augmentation s'est maintenue jusqu'en 2004, année où le nombre d'avortements a été le plus élevé. En 2006, la RAMQ dénombrait 28 255 avortements provoqués au Québec, une baisse par rapport à 2004 qui marque une certaine stabilité du nombre des avortements (Girard et Payeur, 2009). Le taux s'élevait à 18 IVG pour 1 000 femmes en 2005. À titre de comparaison, il était de 21 pour 1 000 femmes en 2002, aux États-Unis

Regard 7.1

Les avortements dans le monde

«Des lois sévères ne conduisent nullement à une diminution du nombre d'avortements. Elles ont pour conséquence que les avortements sont effectués par des personnes non qualifiées, que des femmes souffrant de complications n'osent pas se faire traiter et que souvent un délai assez long s'écoule jusqu'à ce que la femme trouve enfin la possibilité d'avorter. Cela vaut en particulier pour les femmes sans moyens financiers.

Là où les avortements sont faits dans la clandestinité et par des non-professionnels, ils mettent en danger la vie et la santé des femmes. En 2004, l'OMS (Organisation mondiale de la Santé) a estimé à 70 000 environ les décès annuels dus à des avortements mal faits. Dans certains pays en voie de développement, dans les cliniques urbaines, deux lits sur trois sont occupés par des femmes victimes de complications d'un avortement bousillé.

La légalisation de l'interruption de grossesse évite les risques pour la santé des femmes, et à long terme, elle fait baisser le nombre d'interventions, si elle est soutenue par une politique de prévention.

Fréquence variable

En moyenne mondiale, le taux d'avortement annuel est estimé à 29 pour 1 000 femmes âgées de 15 à 44 ans.

- En Europe, on rencontre aussi bien le taux le plus bas (moyenne de 12 pour 1 000 en Europe occidentale) que le taux le plus haut (44 pour 1 000 en Europe orientale). Il s'agit ici presque exclusivement d'interruptions légales.

- On rencontre des taux relativement élevés en Amérique latine (31 pour 1 000 femmes) et en Afrique (29/1 000). Il s'agit le plus souvent d'avortements illégaux, puisque – à quelques exceptions près – ces pays ont une législation des plus restrictives.

- L'Asie elle aussi – où la législation varie énormément d'un pays à l'autre – fait état d'un taux de 33/1 000. En Asie, un tiers environ des interventions sont illégales.

- Le taux s'élève à 21/1 000 environ en Amérique du Nord.

L'Institut Alan Guttmacher en arrive à la conclusion que tant dans les pays en voie de développement que dans les pays industrialisés, la mise à disposition de centres de planning familial bien organisés et une large diffusion des moyens contraceptifs modernes et fiables ont pour conséquence la diminution du nombre d'avortements» (Union suisse pour décriminaliser l'avortement, 2009. En ligne).

---

1. Cette section est inspirée d'un article écrit par l'auteure et publié dans *Québec 2002*.

(Duchesne, 2006). Ce taux, qui a l'avantage d'être indépendant de la variation annuelle des naissances, est le meilleur indicateur du recours à l'IVG.

On peut estimer qu'un tiers à un quart des femmes québécoises subiront une IVG au cours de leur vie. Or, pour atteindre un tel résultat, les femmes doivent exercer une maîtrise efficace de leur fécondité, compte tenu des possibilités de concevoir. En effet, une femme met au monde en moyenne 2,2 enfants sur une période féconde qui dure à peu près 30 ans (de 15 à 45 ans). Si l'on multiplie le nombre de cycles menstruels annuels (13 cycles) par le nombre d'années de vie féconde, une femme s'expose potentiellement à 400 occasions de concevoir un enfant. La question pourrait être formulée ainsi : pourquoi constate-t-on si peu de grossesses non désirées ? C'est l'utilisation massive, de la part des femmes et des couples, de méthodes de contraception et la stérilisation volontaire qui expliquent le maintien très faible de la fécondité au Québec, même si le recours à l'IVG y contribue.

Du bon usage de la contraception

Avant même d'être en mesure de formuler le projet d'avoir un enfant, les femmes doivent développer une conscience aiguë de leur potentiel de fécondité, et cela de plus en plus tôt, compte tenu des courants culturels permettant une sexualité précoce. De nombreuses recherches montrent que les adolescents québécois sont actifs sexuellement plus tôt que leurs aînés. De 15 à 19 ans, 60 % des jeunes ont déjà eu des relations sexuelles (ISQ, 2000). Environ 15 % ont eu une relation sexuelle avec coït avant l'âge de 15 ans. Au Québec, l'âge moyen de la première relation sexuelle est de 16 ans et il serait même inférieur chez les jeunes en difficulté. L'engagement sexuel des jeunes s'explique par leur maturité physiologique précoce, par l'accessibilité aux méthodes contraceptives (anovulants et condoms) et à l'avortement, et par la libéralisation de la sexualité. Malheureusement, il n'existe pas de contraceptif efficace à 100 % et le risque de grossesse lors d'une relation sexuelle coïtale est toujours réel. L'efficacité pratique et pas seulement théorique d'une méthode contraceptive dépend de facteurs humains liés à l'âge, au statut socioéconomique, au niveau de scolarité, à la qualité de l'information transmise, à la motivation, à l'assiduité et à la discipline, à la capacité d'imposer son utilisation et à la participation du partenaire.

L'avortement met fin à une grossesse à la suite de l'échec d'une méthode contraceptive ou de son absence. Il survient après la conception et c'est un événement exceptionnel qui représente la solution à une crise accidentelle vécue par une femme. Seul un petit nombre de femmes procèdent à des avortements répétés et un plus petit nombre d'avortements encore sont le fait de femmes éprouvant des difficultés psychopathologiques. Les raisons d'un recours à l'interruption volontaire de grossesse (IVG) sont multiples et complexes et celles qui sont le plus souvent invoquées ont trait aux responsabilités déjà existantes à l'endroit de dépendants (enfants), aux ressources financières limitées et à l'absence de soutien venant du partenaire (Finer, *et al.*, 2005, p. 110).

Le taux d'utilisation des méthodes contraceptives par les Québécoises est difficile à évaluer. Globalement, il est identique ou supérieur à d'autres groupes nationaux. Cependant, on sait qu'environ une adolescente sexuellement active sur quatre n'utilise aucune forme de contraception (Duchesne, 2006), d'où les questions que l'on est en droit de se poser sur l'éducation à la sexualité et à la contraception. Les jeunes sont critiques à l'égard d'une éducation de type instrumental qui ne touche pas leurs préoccupations. Il faut souligner que, depuis les années 1980, les responsabilités en matière de contraception sont devenues plus compliquées avec l'ajout de la protection contre les maladies transmises sexuellement (MTS) et le virus de l'immunodéficience humaine (VIH), qui est à l'origine du sida. L'obligation de s'assurer une double protection constitue une nouvelle donne.

Le report de la maternité

Il faut rappeler que les motivations qui conduisent les femmes à mettre fin à une grossesse non désirée s'inscrivent dans un contexte culturel qui valorise la responsabilisation et l'autonomie, deux valeurs largement dominantes au Québec dans les sphères sociale, économique et interpersonnelle. Le recours à l'avortement exprime alors le report de la maternité, un ajournement du désir d'enfant jusqu'au moment où les conditions idéales seront réunies pour concrétiser le projet d'enfant. Les résultats d'enquêtes effectuées auprès de femmes ayant subi une IVG concordent sur ce point. Cette perception est loin d'une vision contraceptive de l'avortement. Les taux d'avortement sont les plus élevés de 18 à 29 ans. C'est la période où commence l'insertion dans la vie adulte, que ce soit par les études postsecondaires ou par l'entrée sur le marché du travail. C'est également une période où la stabilité de la vie affective et conjugale n'est pas assurée. Ce sont les deux raisons principales invoquées par les femmes pour interrompre une grossesse. La très grande majorité de ces femmes souhaite par ailleurs avoir un enfant au cours des années suivantes.

On pourrait aussi examiner la question de l'avortement sous l'angle suivant: pourquoi les jeunes Québécoises refusent-elles si souvent une grossesse non planifiée? Qu'y a-t-il dans le projet collectif de la société québécoise, dans les modèles culturels de la famille et des enfants, qui n'encourage pas le choix de la maternité? Pourquoi refuser d'avoir un enfant maintenant, même si ce n'était pas prévu dans sa trajectoire de vie?

L'avortement provoqué est surtout le symptôme de l'impossibilité individuelle et sociale de poursuivre une grossesse imprévue. Le choix des femmes reflète une attitude rationnelle, en tout point conforme aux valeurs sociales dominantes quant à leur capacité d'assumer un rôle maternel. Il faut donc analyser les conditions objectives et subjectives qui incitent à la mise au monde des enfants. Les enjeux de la progression des avortements sont similaires à ceux de la cohésion sociale et familiale, et ils interpellent plusieurs acteurs. D'abord, les parents et les éducateurs qui doivent prôner, autant auprès des garçons que des filles, l'usage de contraceptifs comme étant une pratique normale dans une vie sexuelle saine. Ensuite, les femmes elles-mêmes, mais aussi nombre d'hommes, qui doivent partager la responsabilité de la contraception et de la planification des grossesses, autrement que par la vasectomie – les hommes oublient souvent d'interroger leur partenaire sur sa contraception avant d'avoir un rapport sexuel, tenant pour acquis qu'elle se protège. Enfin, l'ensemble de la société doit contribuer à offrir une place prioritaire aux enfants, aux familles et aux rôles familiaux dans la vie sociale, économique et culturelle.

7.2 La nécessité des enfants

Comme on le constate avec la question du désir d'enfant, plusieurs facteurs, qu'ils soient d'ordre social, culturel ou économique, interviennent dans la mise en projet de ce désir lié à l'inconscient, mais construit socialement.

La nécessité de se reproduire est inscrite dans les codes sociaux autant que la nécessité de se nourrir ou de se protéger. Les sociétés peuvent agir directement sur le processus de la reproduction humaine par des interdits religieux et culturels, ou indirectement en modulant certains comportements, en privilégiant certaines valeurs, en permettant certaines coutumes. Mais elles sont parfois démunies à l'égard des **mouvements démographiques** de grande ampleur qui transcendent les sociétés particulières, qui s'étendent sur plusieurs décennies et qui intéressent en fait l'ensemble de l'humanité.

La population mondiale

Six milliards huit cent millions habitants : tel est le nombre d'êtres humains que comptait la planète Terre en l'an 2009 ! On a symboliquement fait naître le six milliardième humain à Sarajevo en 1999. La population mondiale devrait atteindre un maximum historique de 9,2 milliards de personnes en 2075, selon un scénario moyen projeté par les démographes de l'ONU et reposant sur l'hypothèse d'une fécondité générale de 2,1 enfants par femme (Héran, 2005). À l'échelle planétaire, les prévisions démographiques sont tout simplement époustouflantes.

Deux phénomènes démographiques se produisent à l'heure actuelle en ce qui a trait à la population mondiale. D'une part, on constate une forte croissance de la population, due en grande partie à l'amélioration générale des conditions d'hygiène, surtout concentrée dans les pays les plus pauvres. D'autre part, on assiste à une baisse régulière de la natalité dans les pays industrialisés. Cependant, les pays du Sud ont amorcé une baisse de la fécondité, qui se situe maintenant en deçà de 3 enfants par femme et qui devrait atteindre 2,17 enfants par femme en moyenne durant la période 2045-2050 (UNFPA, 2001). Par ailleurs, la pandémie du sida aura de sérieuses répercussions démographiques, notamment en Afrique. Dans les pays les plus touchés, l'infection par le VIH est devenue la première cause de mortalité, devant le paludisme, et elle réduit de cinq ans l'espérance de vie. Ces deux facteurs ont entraîné une révision à la baisse des prévisions relatives à la population mondiale au milieu du XXIe siècle.

La situation démographique québécoise

Au cours de son histoire, le Québec est passé par plusieurs phases démographiques. Pour notre étude de la famille, nous nous limiterons aux principales périodes qui ont marqué les transitions démographiques de la société québécoise.

L'accroissement de la population

Ces dernières décennies, la baisse de natalité et son effet sur l'accroissement de la population ont fait l'objet de débats nationaux. Cependant, depuis 2002, de manière surprenante pour plusieurs, le Québec est la province canadienne qui connaît la plus forte croissance de la natalité. De 2002 à 2009, on relève sept hausses consécutives du nombre des naissances, lesquelles ont repris leur rythme de croisière antérieur à 1976, avec un indice synthétique de fécondité de 1,74 enfant par femme. À ce rythme, les démographes affirment que la population québécoise atteindra 8 millions d'habitants en 2012 et s'établira à 9,2 millions en 2056 (ISQ, 2009).

Rappelons en premier lieu de quoi est constitué l'accroissement d'une population. Pour que celle-ci augmente en nombre, elle doit se reproduire biologiquement, c'est-à-dire mettre au monde des enfants. Cette reproduction naturelle doit l'emporter, en chiffres absolus, sur le nombre des décès. En d'autres termes, il doit y avoir un excédent des naissances sur les décès, que l'on appelle **accroissement naturel.**

En second lieu, un autre facteur intervient dans la croissance de la population: outre les décès, celle-ci perd des membres par le départ volontaire de certains d'entre eux. L'**émigration** peut donc réduire ou annuler les efforts consentis en matière de naissances. Une société cherchera donc à compenser les pertes migratoires par l'accueil de nouveaux individus qui contribueront, avec les naissances, à accroître la population. C'est là une des fonctions essentielles de l'**immigration.**

Ces facteurs, qui déterminent l'**accroissement de la population,** sont exprimés par l'équation suivante: l'accroissement total (net) d'une population est égal à l'accroissement naturel (les naissances moins les décès) auquel s'ajoute le **solde migratoire** (l'immigration moins l'émigration). La figure 7.4 résume cette équation.

Figure 7.4 • Les facteurs déterminant la croissance de la population

Accroissement total (net)	=	Accroissement naturel (naissances – décès)	+	Solde migratoire (immigration – émigration)

Si l'on obtient des données relatives aux naissances, aux décès, aux entrées et aux sorties dans un pays, on peut alors calculer l'augmentation d'une population. Il s'agit d'une simple règle de trois.

Compliquons un peu l'équation en soulignant qu'au Québec, on distingue deux mouvements migratoires: l'un, interprovincial, nous renseigne sur les mouvements de population entre les provinces canadiennes; l'autre, international, porte sur les entrées et les sorties qui s'effectuent entre le Québec et d'autres pays. La connaissance de ce double mouvement migratoire est fort importante dans le cas du Québec, compte tenu de la position particulière qu'occupe notre province dans l'ensemble canadien en matières culturelle, linguistique, économique et politique. La figure 7.5 résume cette équation.

Figure 7.5 • La composition du solde migratoire au Québec

Solde migratoire net	=	Solde migratoire international (immigrants d'autres pays – Québécois qui partent vers d'autres pays)	+	Solde migratoire interprovincial (Canadiens s'installant au Québec – Québécois allant vivre dans d'autres provinces)

Le solde migratoire interprovincial est presque toujours négatif pour le Québec, tandis que le solde international est positif. Depuis 1985, grâce à l'apport accru de l'immigration internationale, le solde global demeure positif.

L'accroissement de la population au Québec a généralement pris l'allure d'une équation où l'accroissement naturel positif servait à combler un solde migratoire négatif. Pendant longtemps, l'accroissement naturel fut tellement élevé qu'il remplissait sans difficulté le rôle de seule locomotive dans l'accroissement de la population. On imagine facilement combien de millions de Québécois supplémentaires habiteraient le territoire si, par le passé, l'immigration avait joué adéquatement son rôle.

Accroissement naturel
Augmentation d'une population composée des naissances moins les décès.

Émigration
Action de quitter son pays natal pour aller vivre dans un autre pays.

Immigration
Arrivée dans un pays de gens provenant d'un autre.

Accroissement de la population
Augmentation d'une population composée de l'accroissement naturel et du solde migratoire.

Solde migratoire
Différence entre l'immigration et l'émigration pour une période donnée.

Le calcul de l'accroissement de la population

Pour la population du pays Z, vous obtenez les données suivantes pour l'année Y :

- Accroissement net : 7 000 personnes
- Solde migratoire : 3 000 personnes
- Émigration : 4 000 personnes

a) Combien d'immigrants le pays Z a-t-il reçus au cours de la dernière année ?

b) Quel a été l'accroissement naturel ?

c) Combien y a-t-il eu de décès ?

Comparez vos réponses avec celles des autres étudiants. Assurez-vous de bien comprendre le fonctionnement de la règle de trois appliquée à la croissance démographique.

Trois indicateurs démographiques

Plusieurs indicateurs démographiques permettent de connaître la situation des naissances pour une population donnée à un moment précis.

Taux de natalité
Nombre des naissances pour 1 000 personnes.

L'indicateur le plus fréquemment utilisé est le **taux de natalité,** parce qu'il permet la comparaison avec les autres pays. On obtient ce taux en divisant les naissances vivantes par l'effectif de la population au milieu d'une année donnée, puis on le rapporte sur 1 000 personnes. Le taux de natalité donne un aperçu très général de l'état des naissances en tenant compte de la population totale. L'équation de ce taux est illustrée par la figure 7.6.

Figure 7.6 ● Le taux de natalité

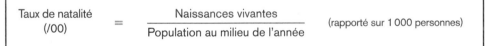

$$\text{Taux de natalité (/00)} = \frac{\text{Naissances vivantes}}{\text{Population au milieu de l'année}} \quad \text{(rapporté sur 1 000 personnes)}$$

Taux de fécondité
Nombre des naissances pour 1 000 femmes de 15 à 49 ans.

Le **taux de fécondité** s'applique aux femmes d'âge fécond. Le taux brut de fécondité représente le nombre de naissances vivantes pour 1 000 femmes âgées de 15 à 49 ans au cours d'une année donnée. Les limites d'âge de 15 et 49 ans sont généralement acceptées comme étant les marques inférieure et supérieure de la fécondité féminine, même si certaines femmes peuvent avoir des enfants en deçà et au-delà de ces âges.

Le taux de fécondité peut aussi être calculé pour chaque tranche d'âge de 15 à 49 ans. Par exemple, les 15-19 ans, les 20-24 ans, les 25-29 ans et ainsi de suite. On parlera alors du taux de fécondité par âge. L'équation du taux de fécondité est illustrée par la figure 7.7.

Figure 7.7 ● Le taux de fécondité

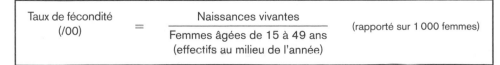

$$\text{Taux de fécondité (/00)} = \frac{\text{Naissances vivantes}}{\substack{\text{Femmes âgées de 15 à 49 ans} \\ \text{(effectifs au milieu de l'année)}}} \quad \text{(rapporté sur 1 000 femmes)}$$

En appliquant cette même règle de trois, on peut déterminer le taux de mortalité – nombre de décès pour 1 000 personnes au cours d'une année donnée – et le taux de nuptialité – nombre de mariages pour 1 000 personnes au cours d'une année donnée.

Enfin, un troisième indicateur démographique peut être utilisé pour évaluer la fécondité féminine. Il s'agit de l'**indice synthétique de fécondité** (ISF), qui est calculé à partir des taux de fécondité par âge. Cette donnée est souvent rapportée dans les médias, parce qu'elle est facilement compréhensible et qu'elle constitue une moyenne. L'indice synthétique de fécondité, ou indice de fécondité, représente le nombre moyen d'enfants auxquels donnerait naissance une femme au cours de sa vie féconde, c'est-à-dire de 15 à 49 ans, et en l'absence de mortalité, en s'appuyant sur les naissances observées durant une année. L'indice est obtenu par l'addition des taux de fécondité par âge. Cet indice fournit une idée de l'intensité de la fécondité à un moment donné. Par exemple, on parlera d'un indice de 2,0 enfants par femme, 1,8 enfant par femme, etc. Les démographes situent le seuil de renouvellement des générations à 2,1 enfants par femme.

Indice synthétique de fécondité
Nombre moyen d'enfants par femme.

En somme, nous utilisons trois indicateurs **conjoncturels,** qui tracent le portrait de la fécondité à un moment précis, comme le ferait une photographie. L'information qu'ils nous fournissent procède de la rencontre de plusieurs circonstances. Mais comme une photographie, ils ne rendent pas toujours compte de la réalité cachée derrière le moment présent, c'est-à-dire des mouvements de fond qui s'échelonnent sur plusieurs décennies. Par exemple, ils ne nous renseignent pas sur le nombre moyen définitif d'enfants qu'aura une génération de femmes (ce qu'on appelle la descendance finale) à la fin de sa vie féconde. C'est pour cette raison qu'il faut les analyser en sachant qu'ils ont une portée limitée.

Conjoncturel
Conditions prévalant dans une circonstance donnée.

Savoir plus 7.3

Le seuil de renouvellement des générations : pourquoi 2,1 enfants par femme ?

Pourquoi pas seulement deux enfants ? Les deux adultes-parents seraient renouvelés par les deux enfants. Le démographe Georges Mathews explique comment est calculé le seuil de 2,1 enfants par femme pour assurer le renouvellement des générations.

« Si les naissances étaient également partagées entre garçons et filles, et si personne ne mourait avant l'âge de 40 ans (aujourd'hui les femmes n'ont plus d'enfants après 40 ans), la réponse serait évidente : ce serait deux enfants par femme en moyenne, puisque ça permettrait à chaque couple de se reproduire intégralement.

« Mais pour des raisons mystérieuses, il naît 105 garçons pour 100 filles. Pour éviter une baisse de population, il faut bien sûr que 100 femmes donnent naissance à 100 filles en moyenne, ce qui signifie 205 enfants en tout, soit 2,05 enfants par femme. Comme il y a encore une légère mortalité chez les moins de 40 ans, le niveau requis est haussé à 2,1 enfants par femme. Telle est l'origine de ce chiffre magique » (Mathews, 1984, p. 10-11).

Partout dans le monde, les naissances masculines sont naturellement plus nombreuses que les naissances féminines, en l'absence de toute intervention pour déterminer le sexe des bébés. Parmi les bébés qui vous entourent, y a-t-il davantage de filles ou de garçons ?

Un régime démographique naturel

De manière très générale, nous pouvons diviser l'évolution démographique du Québec en deux grandes périodes.

La première période est associée à un régime démographique primaire, caractérisé par une forte fécondité dite naturelle et par une forte mortalité. De cette période, qui s'étend du début de la colonie de la Nouvelle-France à la Seconde Guerre mondiale avec un épisode de transition à partir de 1850, on retient les phénomènes suivants : la « surfécondité » des Canadiennes françaises, la mortalité infantile élevée, une immigration variable – quasi inexistante au début de la colonie, mais accentuée dans la seconde moitié du XIXe siècle et la première moitié du XXe siècle – associée à des périodes d'émigration très intenses au XIXe siècle et au début du XXe siècle. Ces comportements démographiques correspondent assez bien à ceux d'une société de type traditionnel.

Durant cette phase, l'augmentation de la population québécoise est surtout due à l'intensité de l'accroissement naturel en l'absence de guerre, de famine ou de fléau. Les taux de natalité sont de l'ordre de 40 naissances pour 1 000 habitants. Les couples n'utilisent aucun moyen en vue de limiter le nombre de leurs enfants, même si un allaitement prolongé ou un mariage tardif peuvent avoir cet effet.

Est-ce alors la « revanche des berceaux » ?

C'est après 1850, au moment où d'autres groupes ethniques entreprennent une réduction de leur descendance, que la fécondité supérieure des Canadiennes françaises devient apparente, celles-ci maintenant des taux de fécondité semblables à ceux de la période antérieure. Leur maîtrise de la fécondité sera plus tardive et plus lente. Le démographe Jacques Henripin (1989) mentionne que la longue marche de la contraception réduit d'un tiers la fécondité des couples québécois, et des deux tiers celle des Ontariens, de 1870 à 1940. Ce surplus des naissances québécoises donnera lieu à l'expression « la revanche des berceaux », attribuée aux Canadiens français. Quelques auteurs ont essayé de montrer que cette revanche était moins un comportement patriotique (faire des enfants pour sauver la nation) que la résultante de diverses variables influençant la fécondité, comme le type de sociabilité des familles canadiennes-françaises (Fournier, 1989) ou l'entrée plus tardive de la société québécoise dans le processus de modernisation (Bouchard et Lalou, 1993).

La fécondité demeure-t-elle élevée longtemps ?

La transition démographique s'amorce vers 1850 et la fécondité des Québécoises s'amenuise peu à peu. La mortalité infantile demeure élevée, surtout dans les centres urbains, jusqu'à ce que les conditions d'hygiène publique s'améliorent à partir de 1930. Enfin, l'exode des Québécois vers l'Ouest canadien et la Nouvelle-Angleterre vide le Québec d'environ un million d'habitants de 1840 à 1930, année où les frontières américaines sont fermées à l'immigration.

Un régime démographique moderne

La seconde période démographique est marquée par une série de perturbations au cours desquelles le Québec comble l'écart qui le séparait de l'ensemble nord-américain : la surmortalité québécoise, particulièrement la mortalité infantile, perd de son importance, tandis que la surfécondité traditionnelle des Canadiennes françaises cède sa place à une fécondité de plus en plus faible.

À partir de 1960, le Québec se singularise par un effondrement subit de la natalité. Le régime démographique moderne est caractérisé par une faible mortalité et une faible fécondité. Malgré une augmentation de la population québécoise, le rythme de croissance ralentit : le solde migratoire connaît d'amples fluctuations et il a plutôt tendance à être négatif, ce qui contribue à la réduction de l'accroissement démographique. Un renversement de situation s'opère à partir de 1985, année où le solde devient positif grâce à de nouvelles politiques qui encouragent l'installation d'immigrants internationaux. Enfin, il se produit un changement dans la structure des âges qui indique un vieillissement de la population : le nombre des personnes âgées de 65 ans et plus augmente constamment. Les tableaux 7.1 et 7.2 illustrent, d'une part, le mouvement de la population et, d'autre part, le taux de natalité et l'indice synthétique de fécondité, pour certaines années de 1971 à 2008. On observe une augmentation constante des naissances depuis 2002. Entre 2005 et 2006, l'accroissement fut de 8 %.

Tableau 7.1 ● Le mouvement de la population au Québec, pour certaines années de 1971 à 2008

Année	Population au 1er janvier	Naissances (n)	Décès (n)	Accroissement naturel (n)	Migration nette (n)	Accroissement total* (n)	Taux d'accroissement (0/00)
1971	6 137 305	93 743	41 192	52 551	−22 442	28 109	n/d
1981	6 523 258	95 247	42 765	52 482	−5 136	42 487	6,5
1991	7 026 241	97 348	49 243	48 105	32 980	56 404	8,0
2001	7 373 978	73 699	54 372	19 327	23 127	44 508	6,0
2005	7 559 834	76 341	55 988	20 353	30 160	44 366	5,9
2008	7 716 495	87 600	56 800	30 800	26 597	66 066	8,6

* L'écart entre l'accroissement total (la différence entre la population au 1er janvier d'une année donnée et celle de l'année qui suit), la somme de l'accroissement naturel et la migration nette s'appelle le résidu. Il peut être positif comme négatif et comprend les résidents non permanents.

Source : Institut de la statistique du Québec. 2009. *Mouvement de la population. Données générales, Tableau statistique. Québec, 1971-2009.* Québec : ISQ. [En ligne], www.stat.gouv.qc.ca/donstat/societe/demographie/struc_poplt/1p1.htm (Page consultée le 11 septembre 2009)

Tableau 7.2 ● Le taux de natalité et l'indice synthétique de fécondité au Québec, pour certaines années de 1971 à 2008

Année	Taux de natalité (0/00)	Indice synthétique de fécondité (nombre moyen d'enfants/femme)
1971	15,3	1,94
1981	14,5	1,57
1991	13,8	1,65
2001	10,0	1,50
2005	10,1	1,54
2008	11,3	1,74

Sources : Institut de la statistique du Québec. 2009. «Naissances et taux de natalité, 1900-2008». *Naissances et décès.* Québec : Institut de la statistique du Québec. [En ligne], www.stat.gouv.qc.ca/donstat/societe/demographie/naisn_deces/naissance/401.htm (Page consultée le 11 septembre 2009); Institut de la statistique du Québec. 2009. «Indice synthétique de fécondité et taux de fécondité selon le groupe d'âge de la mère, 1951-2008». *Naissances et décès.* Québec : Institut de la statistique du Québec. [En ligne], www.stat.gouv.qc.ca/donstat/societe/demographie/naisn_deces/naissance/402.htm (Page consultée le 11 septembre 2009)

Le *baby-boom*

Baby-boom
Expression qui rend compte de l'augmentation des naissances après la Seconde Guerre mondiale.

Avant de s'installer de plain-pied dans le régime démographique moderne, le Québec, à l'instar des sociétés occidentales, connaît pendant une période approximative de 20 ans, c'est-à-dire de 1945 à 1965, une parenthèse démographique au cours de laquelle le nombre des naissances atteint des records inégalés. Qualifié de boum des naissances ou de *baby-boom,* ce phénomène est essentiellement attribuable au rattrapage démographique de l'après-guerre. Le tableau 7.3 présente les naissances, le taux de natalité et l'indice de fécondité pour la période s'étalant de 1951 à 1965.

Tableau 7.3 • Les naissances, le taux de natalité et l'indice de fécondité au Québec, de 1951 à 1965

Année	Naissances (n)	Taux de natalité (0/00)	Indice synthétique de fécondité
1951	123 196	30,4	3,848
1952	127 939	30,7	3,914
1953	130 583	30,6	3,958
1954	135 975	31,0	4,038
1955	136 270	30,2	3,996
1956	138 631	30,0	3,987
1957	144 432	30,3	4,086
1958	143 710	29,3	4,005
1959	144 459	28,8	3,988
1960	141 224	27,5	3,858
1961	139 857	26,6	3,774
1962	138 163	25,7	3,664
1963	136 491	24,9	3,549
1964	123 279	24,0	3,411
1965	133 863	21,7	3,063

Source : Duchesne, Louis. 1992. *La situation démographique au Québec.* Québec : BSQ, p. 187-188.

Ce tableau témoigne de trois phénomènes. Premièrement, le nombre brut des naissances atteint des sommets en 1957 et en 1959. Deuxièmement, l'indice de fécondité se maintient à un peu moins de quatre enfants par femme jusqu'en 1959. Troisièmement, à partir de 1960, le taux de natalité et l'indice de fécondité faiblissent rapidement. C'est le prélude à la chute radicale des naissances.

Comment explique-t-on le *baby-boom*?

Le *baby-boom* peut se résumer ainsi : d'une part, les jeunes couples et les couples plus âgés font des enfants au même moment, après un ralentissement causé par la guerre, et d'autre part, l'écart entre chaque naissance est réduit. Ces facteurs ont contribué à l'accroissement spectaculaire des naissances et au maintien d'un taux de natalité se situant autour de 30 naissances pour 1 000 personnes.

La figure 7.8 illustre les pyramides des âges pour les années 1951, 1971 et 2008, ainsi qu'une projection pour 2056.

Figure 7.8 • Les pyramides des âges au Québec, en 1951, 1971, 2008 et projection pour 2056

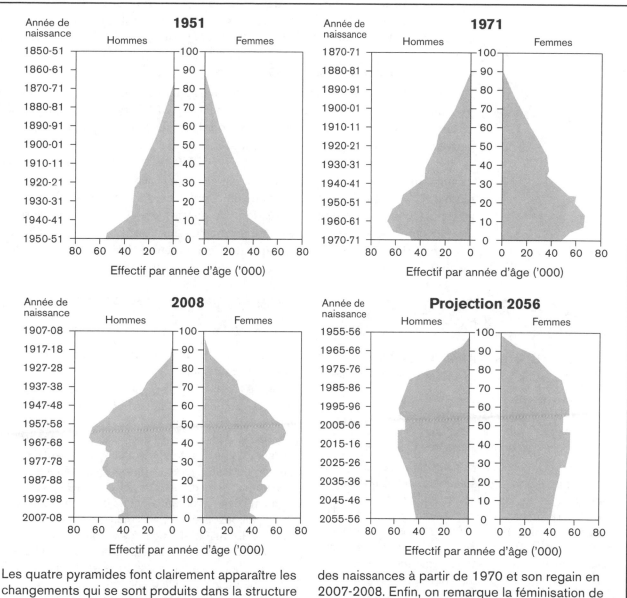

Les quatre pyramides font clairement apparaître les changements qui se sont produits dans la structure des âges au Québec. Le *baby-boom* est visible à la base de la pyramide de 1951, aux âges de 5 à 25 ans pour celle de 1971, et à ceux de 40 à 60 ans pour la pyramide de 2008. On y constate la chute des naissances à partir de 1970 et son regain en 2007-2008. Enfin, on remarque la féminisation de la vieillesse. La projection 2056 s'appuie sur un scénario de référence moyen à partir de la hausse constante de la natalité depuis 2002.

Sources : Institut de la statistique du Québec. 2009. «Pyramide des âges, Québec, 1er juillet 2008». *Données générales.* Québec : Institut de la statistique du Québec. [En ligne], www.stat.gouv.qc.ca/donstat/societe/demographie/struc_poplt/pyram.htm ; Institut de la statistique du Québec. 2009. «La population du Québec à l'horizon 2006». *Perspectives démographiques du Québec et des régions, 2006-2056.* Québec : Institut de la statistique du Québec. [En ligne], www.stat.gouv.qc.ca/publications/demograp/pdf2009/perspectives2006_2056_sec2.pdf, p. 36. ; Gauthier, *et al.* 1997. *D'une génération à l'autre.* Québec : BSQ, vol. 1. p. 27.

La faible natalité et le « boum » des naissances des années 2000

Faisant suite à la parenthèse euphorique du *baby-boom,* le second bouleversement inédit fut la baisse radicale de la natalité, qui apparut au cours de la décennie 1960 et des suivantes. Une chute d'autant plus surprenante que les Québécoises avaient maintenu jusqu'alors une fécondité légèrement supérieure à celle des Canadiennes.

Les facteurs démographiques

Pourquoi une faible natalité? Sur le plan démographique, deux facteurs doivent être pris en considération pour comprendre la natalité (*voir la figure 7.9*). Le premier facteur est le nombre de femmes en âge d'avoir des enfants. Plus il y a de femmes qui peuvent procréer (femmes âgées de 15 à 49 ans), plus les chances d'avoir des bébés sont grandes. Durant les années 1960, 1970 et 1980, l'effectif des femmes qui pouvaient avoir des enfants n'a jamais été aussi élevé au Québec, conséquence immédiate de l'après-guerre. Les générations de femmes nées à l'époque du *baby-boom* atteignaient alors l'âge de la procréation. On aurait pu prévoir une augmentation des naissances. C'est le contraire qui se produisit. Pourquoi? C'est le second facteur démographique lié aux naissances qui entre ici en jeu. Il s'agit de l'intensité de la fécondité exprimée par l'indice synthétique de fécondité (ISF).

Regard 7.2

Pourquoi un « boum » des naissances à la fin de la Seconde Guerre mondiale?

L'explosion des naissances, qui marque les lendemains de la Seconde Guerre mondiale dans les pays industrialisés et que n'avaient pas prévue les experts, a donné lieu à de nombreuses interprétations.

L'explication de sens commun suggère que les femmes se sont mises à faire plus d'enfants. Mais si le *baby-boom* a provoqué une augmentation des naissances, cela ne signifie pas pour autant que chaque couple a eu plus d'enfants. Au contraire, la baisse séculaire de la fécondité amorcée au tournant du siècle s'est maintenue malgré l'augmentation générale des naissances. Comment cela est-il possible?

Laissons la parole à la démographe Madeleine Rochon : « Ainsi, le *baby-boom* est dû en partie à une précocité plus grande de la nuptialité et à un raccourcissement des intervalles entre les naissances. Durant cette période, les indices annuels ont donné de la fécondité une image plus élevée qu'elle ne l'était en réalité » (Rochon, 1991, p. 78).

Le démographe Jacques Henripin commente les causes du *baby-boom* à partir de l'explication de l'économiste et démographe américain Richard A. Easterlin.

« La reprise économique, déclenchée ou du moins avivée par la guerre, a réduit le chômage et accru les salaires. À la fin de la guerre, l'essor s'est poursuivi, de sorte que le niveau de vie a fortement augmenté pendant 30 ans, les "trente glorieuses" suivant l'expression de Jean Fourastié. Les jeunes hommes qui arrivaient sur le marché du travail, entre 1940 et 1965, provenaient de générations peu nombreuses; on en avait besoin et le jeu du marché leur était donc favorable. Ils ont obtenu de bons salaires et, par rapport à ce qu'ils avaient connu pendant leur adolescence, ces jeunes adultes découvraient l'abondance. Ils se sont mariés en plus grand nombre que les générations qui les précédaient, et ceux et celles qui l'ont fait ont eu quelques dixièmes d'enfant de plus. [...] En même temps, on a commencé à se marier de plus en plus tôt et les naissances sont venues plus rapidement après le mariage. Ce télescopage progressif des mariages et des naissances s'est étalé sur 26 ans et a produit ce que j'ai appelé le "boom" chronologique » (Henripin, 1993, p. 19-20).

Figure 7.9 ● Les facteurs démographiques liés à la natalité

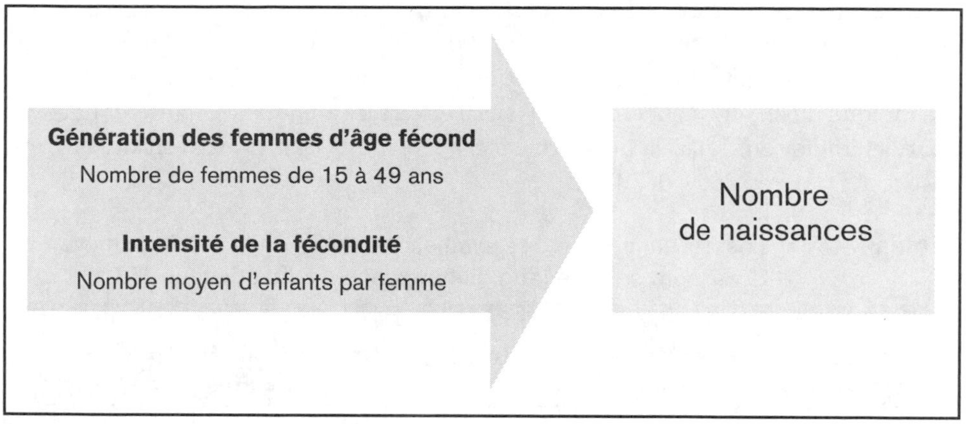

Génération des femmes d'âge fécond
Nombre de femmes de 15 à 49 ans

Intensité de la fécondité
Nombre moyen d'enfants par femme

Nombre
de naissances

Les jeunes femmes pouvant avoir des enfants décidèrent de restreindre leur fécondité et eurent, en moyenne, radicalement moins d'enfants que leurs mères. C'est essentiellement sur cet aspect que se joua la baisse de la natalité, partout en Occident. Des années 1960 à 1980, les jeunes couples ont réduit leur nombre moyen d'enfants. Prenons un exemple : si les femmes avaient eu une fécondité équivalant à celle de leurs mères en 1951, c'est-à-dire 3,8 enfants, il y aurait eu plus de 200 000 naissances au Québec en 1981, et non pas les 95 000 naissances recensées avec une fécondité de 1,62 enfant.

La seconde génération de femmes du *baby-boom,* celle qui est née de 1955 à 1965, a accouché de ses derniers enfants. La chute continue des taux de natalité était observable depuis 1990, malgré une parenthèse de 1988 à 1992, résultat des maternités des jeunes femmes des générations du *baby-boom* qui ont eu leurs enfants plus tardivement (après l'âge de 30 ans) et à des intervalles rapprochés.

Pourquoi un mini « boum » des naissances depuis 2002 ?

Les nouvelles générations de femmes – les filles des mères *baby-boomers* et bientôt celles des parents de la **génération X** – sont toujours moins nombreuses. Ce facteur est difficilement redressable à court terme. Ce qui semble jouer actuellement en faveur des naissances accrues, c'est l'intensité de la fécondité qui augmente et a un effet non négligeable sur la natalité. Les femmes plus âgées contribuent largement à cet accroissement en mettant davantage d'enfants au monde : hausse de 30 % chez les femmes âgées de 30 à 34 ans et de 60 % chez les 35 à 44 ans. En même temps, les jeunes de 24 à 28 ans décident de mettre au monde leurs enfants un peu plus tôt et l'on ne décèle pas de baisse de la natalité dans leur groupe d'âge. Ce regain de naissances serait l'effet conjoncturel de deux générations qui mettent au monde des enfants simultanément, accompagné cette fois-ci, selon toute vraisemblance, de l'augmentation de l'intensité de la fécondité. De plus, le nombre de femmes n'ayant pas d'enfant a diminué. Pour la démographe Chantal Girard, il s'agit d'un changement de tendance qui s'observe aussi en France, où « les taux [de fécondité] des plus jeunes semblent se stabiliser tandis qu'ils augmentent à partir de 24 ans. La hausse […] marque une rupture par rapport à la tendance des 15 années précédentes. […] Les années à venir diront s'il s'agit d'une conjoncture éphémère ou d'un changement structurel du calendrier de la fécondité » (Girard, 2008, p. 29).

Génération X
Personnes nées de 1965 à 1980 et qui forment la génération qui a suivi celle des *baby-boomers.*

Enfin, la fécondité a augmenté pour tous les rangs de naissance (*voir le tableau 7.4*), mais c'est la fécondité associée aux naissances de 3ᵉ rang (trois enfants et plus) qui a le plus progressé : 9 % en 2006 et 6 % en 2007 (*ibid.*, p. 30). Cette augmentation ne signifie pas pour autant que les familles de trois enfants deviennent la norme, mais elle indique un changement culturel et social envers les enfants : « Un intérêt nouveau pour la famille souffle sur la province. La carrière, c'est beau, mais avoir des enfants, c'est cool » (Forget, 2009, p. 79).

Tableau 7.4 ● Les naissances, l'indice synthétique de fécondité et l'âge moyen de la mère selon le rang de naissance, au Québec, en 2007

Rang de naissance	Nombre de naissances	Pourcentage de naissances	Indice synthétique de fécondité	Âge moyen de la mère
1	38 481	45,7 %	0,760	27,9
2	30 272	35,9 %	0,592	30,4
3	10 718	12,7 %	0,210	31,8
4 ou plus	4 729	5,6 %	0,092	33,2
TOTAL	84 200	100 %	1,69	29,6

Source : Girard, Chantal. 2008. *Le bilan démographique du Québec. Édition 2008.* Québec : Institut de la statistique du Québec, p. 26-36.

Plusieurs facteurs sociaux permettent d'expliquer cette hausse des naissances.

- Les mesures gouvernementales allègent certainement le fardeau des familles grâce aux places en garderie à coût réduit (7 $ par jour depuis le 1ᵉʳ janvier 2004), au programme « Soutien aux enfants » avec le paiement d'allocations variant de 608 $ à 2 166 $ en 2009 selon le revenu familial, à l'allongement du congé parental, plus souple et dont profitent les travailleurs autonomes.

- L'engagement des jeunes pères, selon Renée B.-Dandurand de l'INRS, « joue un rôle déterminant. De plus en plus d'hommes profitent du congé parental et mettent la main à la pâte » (*ibid.*, p. 80).

- Les milieux de travail évoluent avec l'instauration du télétravail, du travail à temps partiel, et des employeurs plus compréhensifs à l'égard de la conciliation travail-famille.

- La maternité et la paternité profitent d'une valorisation télévisuelle et cinématographique sans précédent, que renforcent les vedettes féminines de l'industrie du spectacle qui s'affichent rondement enceintes, tandis que les vedettes masculines s'épanchent sur leur vie familiale. Les téléséries sur les thèmes de la vie familiale connaissent beaucoup de succès.

Les facteurs sociaux

Au-delà des comportements individualistes des couples qui choisissent de mettre ou non au monde des enfants, il existe un modèle social de fécondité, avec ses normes et ses valeurs, auquel les couples adhèrent et qu'ils contribuent à propager. Loin d'être un comportement particulier, unique, la fécondité est avant tout un comportement collectif. Elle l'a toujours été, davantage dans certaines sociétés qui laissent peu de place aux motivations personnelles, aujourd'hui tout autant que par le passé. Par exemple, il suffit d'écouter les remarques à l'endroit des familles comptant plus de quatre enfants pour se convaincre qu'il existe bel et bien une norme et un modèle familiaux : considérées comme déviantes et inadaptées à la vie contemporaine, constituées de parents inconscients ou submergés par les enfants, ces familles font l'objet d'une curieuse désapprobation, insolites qu'elles sont par rapport à la norme de deux enfants par couple.

Les sources de la baisse de la fécondité. Au-delà des désirs des couples, il faut discerner dans quelle mesure la baisse de la fécondité des Québécoises est la conséquence des nombreuses transformations sociales vécues depuis le début du XXe siècle. D'une part, des facteurs d'ordre structurel sont apparus dans l'ensemble de la société et, d'autre part, les mentalités, les normes et les valeurs se sont en même temps modifiées.

Plusieurs changements structurels interviennent dans l'explication de la baisse à long terme de la fécondité.

- Avec *l'industrialisation et l'urbanisation croissantes,* les enfants, de producteurs qu'ils étaient dans l'entreprise familiale, deviennent moins rentables. En ville, l'enfant engendre davantage de coûts, d'autant plus que la scolarisation obligatoire s'allonge et retarde le moment où l'enfant commencera à travailler et à rapporter un salaire à la maison. Dès la fin du XIXe siècle, la fécondité des Québécoises vivant en milieu urbain était inférieure à celle de leurs consœurs des zones rurales. Par exemple, de 1901 à 1906, le nombre moyen d'enfants nés vivants était de 7,5 pour les femmes de milieu rural agricole, et de 3,8 pour les femmes en milieu urbain (Henripin, 1989).

- Dans le prolongement des conséquences de l'industrialisation, plusieurs sociologues ont mis l'accent sur *la transformation du rôle de l'enfant* en tant que facteur contribuant à la baisse de la fécondité. L'enfant remplit un rôle affectif qui exige de la part de ses géniteurs du temps et diverses ressources. Dans cette optique, étant donné que la mortalité infantile décroît, les parents révisent à la baisse leurs aspirations de fécondité.

- L'élévation du niveau de vie général depuis l'après-guerre a renforcé cette tendance, les parents ont alors voulu consacrer davantage de ressources à chacun de leurs enfants. Ils recherchaient en effet pour leur descendance une meilleure qualité d'éducation et de vie matérielle que celle qu'ils avaient connue. Leurs aspirations entraient en conflit avec l'augmentation du nombre d'enfants.

Le sociologue Gary Caldwell a résumé ainsi le dilemme des parents d'après-guerre : plus les revenus augmentaient, plus les besoins et les désirs progressaient parallèlement aux ressources nouvellement acquises. Avec les coûts plus élevés liés aux enfants en milieu industriel et urbain, la dynamique entre les trois variables a joué en défaveur de la fécondité. Les besoins ont évolué plus rapidement que les ressources – grâce aux facilités d'accès au crédit et à l'attrait exercé par la société de consommation (Caldwell, 1976). La stabilité de jadis entre les désirs et les revenus est rompue et les familles doivent effectuer des choix pour concrétiser leurs aspirations. Elles restreignent alors la taille de la famille pour maintenir leur nouveau style de vie.

Cette théorie de type socioéconomique doit être jumelée au changement des mentalités, qui s'est opéré avec l'augmentation de l'instruction, la transformation du rôle des femmes et le déclin de l'influence religieuse.

- Les progrès de la scolarité au XXᵉ siècle ont ouvert aux conjoints la voie à de nouveaux rôles qui entrent en concurrence avec une fécondité élevée, et ils touchent aussi bien les hommes que les femmes. Ainsi, plus la durée de l'instruction s'allonge, plus elle a de conséquences sur la fécondité : retard du mariage en raison des études et retard du premier enfant au profit de la carrière.

- La plus grande participation des femmes au marché du travail et la double tâche qui s'ensuit, l'éventail des rôles auxquels elles ont tranquillement accédé et leurs aspirations qui les éloignaient de la maternité sont autant d'éléments ayant contribué à la diminution de la fécondité, tant pour les travailleuses que pour les femmes au foyer, qui ont elles aussi réduit la taille de leur famille.

- Enfin, le déclin de l'influence religieuse a marqué les comportements et la démographie. Le modèle familial proposé par l'Église catholique prônait une forte fécondité. La diminution de la ferveur et de la pratique religieuse chez les Québécois s'est accompagnée d'un relâchement des valeurs que la religion attache à la fécondité : la procréation n'est plus le but premier du mariage et les moyens contraceptifs, prohibés par l'Église, sont acceptés et utilisés par les familles.

De fait, on constate que les changements de comportement en matière de fécondité répondent à un ensemble complexe de facteurs que l'économiste et démographe Ronald Freedman a essayé de classifier. Comme on peut l'observer à la figure 7.10, le chercheur a mis en relief les indicateurs sociaux et culturels et leur action sur les autres composantes que sont les structures familiales et les comportements démographiques.

Figure 7.10 • La classification des facteurs liés à la fécondité

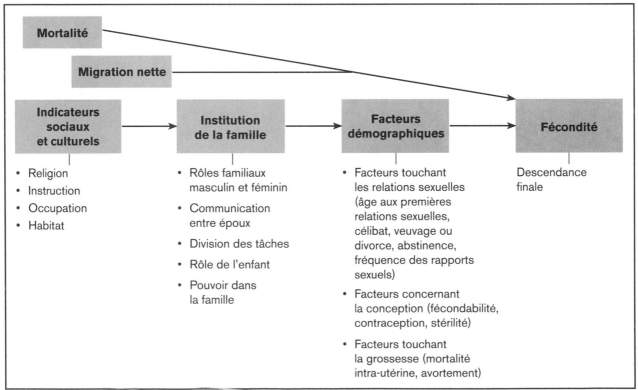

Source : Henripin, Jacques, et Évelyne Lapierre-Adamcyk. 1974. *Éléments de démographie* (2ᵉ partie). Montréal ; Université de Montréal.

Cette figure fait apparaître qu'en matière de reproduction, les décisions ne sont pas prises que par les individus, mais sont plutôt le reflet et la conséquence de modèles culturels et sociaux. Ce n'est pas par pure fantaisie que, soudainement, les femmes se mettent à utiliser la pilule contraceptive, ni un simple effet du hasard si les enfants naissent plus tôt ou plus tard dans la vie du couple. Les choix des familles en matière de contraception et de reproduction sont tributaires de normes, de valeurs et de modèles familiaux, à moins d'être imposés par l'État, comme c'est le cas en Chine. C'est pour cette raison que tout changement démographique doit s'accompagner, sinon être précédé, d'un changement culturel qui touche aussi les structures sociales. Même facilitée, l'utilisation des moyens contraceptifs ne constitue pas une fin en soi, mais un moyen pour satisfaire des besoins ou des désirs reproductifs plus ou moins conscients.

La faible fécondité contemporaine

Les raisons de la baisse de la natalité que nous venons de mentionner s'appliquent principalement à la diminution lente et continue de la fécondité au XXe siècle. Or on sait que, depuis 1965 au Québec, la fécondité s'est véritablement effondrée, passant sous le seuil de renouvellement des générations et atteignant son plus bas niveau en 1986 et en 1987, avec un indice de fécondité de 1,3 enfant par femme. Depuis 2002, l'indice a augmenté et il a atteint 1,7 enfant par femme en 2008, ce qui est encore loin du seuil de renouvellement. Comment comprendre que la fécondité se maintienne à un niveau si peu élevé ?

Le raccourcissement de la période de fécondité. Les femmes cessent de plus en plus tôt d'avoir des enfants. Après l'âge de 35 ans, les Québécoises n'ont presque plus d'enfants (moins de 5 % des naissances). Elles retardent également la venue du premier enfant.

La réduction de la taille de la famille. Les familles se limitent à un ou deux enfants.

La révolution des comportements contraceptifs. Depuis les années 1970, les femmes mariées utilisent massivement des méthodes contraceptives efficaces, notamment les anovulants et la ligature des trompes. Le recours à la stérilisation, en particulier à la vasectomie, a pris de l'ampleur dans la décennie 1980 mais a diminué depuis. En appliquant les taux de 2005, 10 % des femmes et 24 % des hommes se feraient stériliser et l'âge moyen est de 35 ans pour les femmes et de 36 ans pour les hommes (Duchesne, 2006, p. 83). Le nombre d'avortements, qui demeure élevé, a aussi un effet sur la baisse de la natalité.

L'augmentation du nombre de célibataires et des unions de fait. Cette augmentation n'est pas étrangère à une faible fécondité. La fécondité des couples vivant en union de fait est en moyenne plus faible que celle des couples mariés.

Les théories explicatives

Comment expliquer le comportement des familles en matière démographique avec les conséquences que l'on connaît ?

Easterlin ou le confort relatif. Le démographe Jacques Henripin (1989) se rapporte à la théorie de l'économiste américain Richard Easterlin. L'idée essentielle de Richard Easterlin porte sur l'évaluation subjective que fait une génération de jeunes adultes des conditions de vie matérielle dans lesquelles elle évoluera et mettra ses enfants au monde. Lorsque les jeunes adultes estiment que leurs conditions matérielles sont relativement confortables, ils ont un peu plus d'enfants. À l'inverse, lorsqu'ils sont déçus par leur sort, ils ont moins d'enfants. Le confort ou l'inconfort relatif est évalué par rapport aux aspirations des jeunes adultes, aspirations qui découlent des conditions de vie qu'ils ont connues durant leur adolescence.

Appliquée à la génération des parents du *baby-boom*, la théorie est tout à fait séduisante : ces parents ont vécu leur adolescence dans la pauvreté et la misère des années 1930, puis, atteignant l'âge adulte, ils connaissent le **confort relatif** de la prospérité d'après-guerre, et sont donc plus enclins à se marier et à avoir rapidement des enfants. Après 1960, avec l'entrée sur le marché du travail des premiers enfants du *baby-boom*, le revenu des jeunes adultes commence à diminuer. Ceux-ci ont pourtant connu durant leur adolescence un niveau de vie satisfaisant qui les rend plus exigeants. Parvenus à leur tour à l'orée de la parentalité, ils préfèrent s'abstenir, retarder ou réduire la taille de leur famille pour satisfaire leurs exigences. En appliquant la théorie d'Easterlin, nous pourrions dire que nous sommes passés de l'inconfort relatif au confort, puis de nouveau à l'inconfort. Les jeunes parents d'aujourd'hui, nés durant les années 1970 et 1980, connaîtront-ils le confort relatif nécessaire à une reprise de la fécondité ? L'accroissement des naissances depuis 2002 partout en Occident permettrait de le croire.

Roussel ou la désinstitutionnalisation. Le sociologue français Louis Roussel critique l'hypothèse d'Easterlin, lui reprochant le postulat de l'adulte calculateur, cher aux économistes. Selon le chercheur, les motivations des futurs parents ne sont pas qu'utilitaires et ne répondent pas à un simple calcul arithmétique (Roussel, 1989). Il propose plutôt de lier la baisse de la fécondité à la **désaffection** du mariage et, de manière générale, au recul de la famille.

Louis Roussel réitère l'idée que les causes de l'effondrement de la natalité ne sont pas indépendantes les unes des autres et constituent un système. L'explication des changements démographiques actuels doit être cherchée non pas dans des événements qui auraient été des catalyseurs, par exemple les méthodes contraceptives nouvelles, mais dans une vaste « réorganisation des comportements matrimoniaux ». Réticents à s'engager, vivant le mariage au jour le jour, les jeunes adultes hésitent à mettre au monde des enfants. La perte de sens de l'institution du mariage et la montée triomphale de l'individualisme pèsent lourd dans le déclin radical de la fécondité. L'auteur attribue aux représentations collectives les choix présents en matière de fécondité.

Louis Roussel conclut en précisant que les conduites familiales relèvent d'un niveau de conscience profond que les acteurs intéressés expriment difficilement. Nous ne savons pas pourquoi nous refusons une nouvelle naissance, tout comme il est parfois impossible de motiver notre désir d'enfant. Désirer ou refuser une naissance relève d'un niveau culturel qui n'exige pas de motivation spéciale parce qu'il répond à un modèle collectif qui semble naturel.

Ces changements culturels sont liés aux changements technologiques, sociaux et économiques qui sont survenus de manière concomitante. L'auteur n'hésite pas à parler d'un phénomène social global, d'une seconde transition démographique qui ne peut être réduite à une seule cause.

Confort relatif
Évaluation positive des conditions de vie matérielle.

Désaffection
Perte de l'attachement qu'on éprouvait pour quelque chose.

La fécondité de demain au Québec

L'explication culturelle de la fécondité, qui fait appel aux représentations collectives, laisse entrevoir que ces représentations pourraient se modifier pour peu que des politiques sociales et gouvernementales les y encouragent: meilleure conciliation travail-famille, congés parentaux suffisants, amélioration de la situation économique. De plus, le mouvement de balancier du confort à l'inconfort relatif serait favorable au redressement de la fécondité. Comme nous l'avons souligné précédemment, les

---

Savoir plus 7.4

La croissance démographique et la réalité familiale des Premières Nations

Pour la professeure Marlene Brant Castellano (2002), les défis que doivent aujourd'hui relever les familles autochtones sont ancrés dans l'histoire de leur lutte contre l'assimilation et pour le maintien de l'identité autochtone avec ses valeurs, ses lois et son organisation, et comme peuples «ayant des responsabilités uniques et continues dans le monde» (Castellano, 2002, p. 13).

Ainsi, deux effets importants découlent de la croissance démographique de la population autochtone au Québec et au Canada. Le premier est relatif à la pénurie de logements, présente dans toutes les communautés mais plus criante encore dans les communautés éloignées, qui oblige deux ou trois familles à cohabiter sous le même toit. Cette cohabitation forcée crée un problème de promiscuité, qui se traduit par des négociations plus complexes pour l'espace vital au quotidien. Néanmoins, cette cohabitation peut être perçue de manière positive, car elle «rappelle la persistance des modes de cohabitation ancestraux basés non pas sur la famille nucléaire mais sur le cousinage et la fratrie. Cette cellule familiale élargie s'avère tout à la fois une source de soutien et une opportunité de partage susceptible de développer une véritable unité» (Sioui et Lacasse, 2005, p. 3). Le second effet de la croissance démographique accélérée est l'entrée massive des jeunes autochtones sur le marché du travail, ce qui pose donc le défi du développement économique et social des Premières Nations. Il existe une crainte réelle que les jeunes sans emploi se tournent vers les centres urbains qui leur offrent plus de débouchés.

La famille élargie, la fratrie et le cousinage sont au cœur de la structure familiale autochtone. Le cycle des générations est fondamental: «Dans plusieurs langues autochtones, les arrière-grands-parents portent le même nom que les arrière-petits-enfants» (*ibid.*, p. 4). La conception horizontale de la parenté est inclusive: «Les termes utilisés pour désigner un frère et un cousin ou une sœur et une cousine sont identiques» (*ibid.*, p. 4). Un même mot en langue inuite, comme le terme *nimushum* «peut désigner aussi bien le grand-père, le conjoint de la véritable grand-mère, l'homme qui a élevé son père ou encore le père du parrain ou de la marraine» (*ibid.*, p. 4). Dans la société traditionnelle, «la famille élargie répartissait les responsabilités pour les soins fournis à ses membres au sein d'un vaste réseau formé de grands-parents, de tantes, d'oncles, de cousins et de cousines. Les systèmes de clans élargissaient encore plus les réseaux d'obligation réciproque» (Castellano, 2002, p. 14).

Encore aujourd'hui dans la famille autochtone, on assiste fréquemment à la prise en charge d'un enfant par un membre de la famille élargie. L'adoption sans mesure légale est tournée vers le «prendre soin». L'enfant ne change pas d'identité sociale, conserve ses liens avec ses parents et préserve la mémoire de ses origines. L'adoption peut être temporaire ou d'une durée indéterminée et elle répond à des besoins variés, comme soulager momentanément les parents de leurs responsabilités, créer un réseau de parenté complexe ou élargir le réseau de partenaires pour les activités économiques (Sioui et Lacasse, 2005).

«[...] la notion de la famille bienveillante, efficace, élargie, reliée à la communauté, demeure un idéal profondément ancré dans l'imaginaire des peuples autochtones. Et cela, même quand la participation à la population active mène à la mobilité et au regroupement dans des ménages nucléaires, quand les attentes par rapport aux soins sont contrecarrées par la pauvreté, l'alcool et la violence, [...] l'idéal perdure» (Castellano, 2002, p. 14).

données récentes confirmant une hausse des naissances au Québec et aussi dans plusieurs pays occidentaux au cours de la décennie 2000 semblent aller dans cette direction. Cependant, plusieurs des traits qui caractérisent la famille postmoderne ne jouent pas en faveur de la fécondité, qu'il s'agisse des unions libres, de la multiplication des séparations et des divorces ou de l'augmentation du célibat. Les positions sont partagées quant à l'avenir de la fécondité québécoise.

On notera également que le profil démographique des Premières Nations se différencie du reste de la population québécoise par une forte croissance. Les communautés autochtones vivent aujourd'hui le *baby-boom* que les Québécois ont vécu de 1951 à 1965, ce qui fait en sorte que les jeunes âgés de 0 à 24 ans constituent 42 % de la population et l'âge moyen y est de 24,7 ans (Sioui et Lacasse, 2005).

7.3 Les familles et l'immigration : les défis de l'adaptation

Depuis l'entente Cullen-Couture sur l'immigration conclue entre les gouvernements de Québec et d'Ottawa en 1978, le Québec a pu se doter d'une politique d'immigration qui facilite la sélection et l'accueil des immigrants en fonction de ses besoins démographiques et de main-d'œuvre, et de sa capacité d'intégration de ces personnes dans la société québécoise (MRCI, 2004). L'immigration répond donc aux exigences démographique, économique, culturelle et politico-linguistique du Québec dans le cadre de la fédération canadienne. Cependant, l'ouverture à l'immigration ne doit pas se limiter à être une solution égoïste ; elle représente également un droit pour les immigrants qui subissent des situations désastreuses sur le plan humanitaire.

L'analyse des rapports entre la famille et la société doit nécessairement tenir compte de l'itinéraire des familles issues de l'immigration. De la situation de la femme aux tensions familiales en passant par les réseaux de solidarité, la trajectoire des familles immigrées recoupe plusieurs dimensions de la vie familiale abordées dans les chapitres précédents. Une immigration accrue porte des défis d'adaptation et d'intégration considérables pour une société d'accueil et pour les immigrants eux-mêmes.

Les données récentes : une immigration en hausse

En 2008, le Québec a accueilli 45 264 immigrants, qui représentaient 18,3 % des immigrants acceptés au Canada. Parmi ceux-ci, 72,2 % ont été retenus par la sélection québécoise, 65 % faisaient partie de la catégorie des immigrants économiques et 60,4 % déclaraient connaître le français (MICC, 2009). La majorité des immigrants permanents est jeune, 69,9 % ont moins de 35 ans, et scolarisée, puisque 67 % possédaient 14 années de scolarité et plus. Ils se répartissaient également entre les hommes et les femmes.

Au Québec, le recensement de 2006 a dénombré 851 560 personnes immigrées, c'est-à-dire 11,5 % de la population totale, la proportion la plus forte dans l'histoire de la province (MICC, 2009). Pour l'ensemble du Canada, la proportion était de 19,8 %. Même si le Québec accueille moins d'un immigrant sur cinq s'établissant au Canada, il représente une importante terre d'accueil.

Parmi les immigrants présents au Québec en 2009, une grande majorité s'est établie dans la région métropolitaine de Montréal (RMM), qui est composée des agglomérations de Montréal, de Longueuil et de la ville de Laval. Cela représente 77,6 % des immigrants dans la RMM, comparativement à 18,6 % qui résident dans les autres régions, notamment la Capitale-Nationale (4,1 %), l'Outaouais (2,5 %), la Montérégie Ouest (2,1 %), l'Estrie et les Laurentides (1,9 %) (MICC, 2009b, p. 16). Le tableau 7.5 présente les principales caractéristiques des immigrants reçus au Québec en 2008.

L'arrivée de nouveaux immigrants au Québec ne saurait résoudre entièrement le problème de la croissance démographique. Il faudrait pour ce faire que les volumes d'immigration soient considérablement haussés pendant plusieurs années et malgré cela, la décroissance de la population ne pourrait être renversée à long terme. Quant à la fécondité des familles immigrantes, elle suit une courbe descendante.

Tableau 7.5 • Les immigrants au Québec, en 2008

Données générales	Pourcentage
Proportion d'immigrants par rapport à la population totale	11,5
Répartition des immigrants par catégories :	
Immigration économique	65,0
Regroupement familial	23,2
Réfugiés et situations semblables	10,0
Autres (motifs humanitaires)	1,8
Principales caractéristiques	**Pourcentage**
Immigrants âgés de moins de 35 ans	69,9
Proportion d'immigrants sélectionnés	72,2
Proportion d'immigrants habitant la RMM	77,6
Proportion d'immigrants déclarant connaître le français	60,4
Proportion de travailleurs qualifiés sélectionnés déclarant connaître le français	75,6
Proportion d'immigrants possédant plus de 14 ans de scolarité	67,0
Taux de chômage des immigrants	11,1
Principaux pays d'origine	**Pourcentage**
Algérie	7,9
France	7,4
Maroc	7,3
Chine	6,9
Colombie	5,8
Haïti	4,9
Philippines	4,6
Liban	4,0
Roumanie	2,7
Mexique	2,4

Source : Québec, ministère de l'Immigration et des Communautés culturelles. 2009. *Fiche synthèse sur l'immigration au Québec – Année 2008*. [En ligne], www.micc.gouv.qc.ca/publications/fr/recherches-statistiques/Note_synthese_Immigration.pdf (Page consultée le 2 septembre 2009)

La fécondité des femmes immigrantes

Dans l'ensemble, les femmes immigrées de première génération ont un taux de fécondité légèrement plus élevé que celles qui sont nées sur le sol québécois (Lachapelle, 1991). Elles ont tendance à devenir mères plus jeunes que les Québécoises. À Montréal, pour la période 2003-2005, près de 10 383 mères nées à l'extérieur du Canada ont donné naissance à un enfant, ce qui a représenté 50,5 % des naissances (DSPM, 2008). Même une fois transplantées dans leur nouveau milieu de vie, les femmes immigrées, influencées par le modèle de fécondité de leur pays d'origine, conçoivent la reproduction d'une autre manière. C'est la seconde génération de femmes, nées ici ou arrivées très jeunes, qui sera influencée par les normes culturelles occidentales (Boulhabel-Villac, 1991). Pour cette génération, la fécondité des jeunes femmes nées ou ayant grandi au Québec rejoint celle de l'ensemble des familles (Lachapelle, 1991).

La nature et la provenance de l'immigration ont amplement changé depuis les années 1960. En fait, jusqu'à la Révolution tranquille, le Québec avait surtout accueilli sur son territoire des nouveaux arrivants en provenance d'Europe. Les trois dernières décennies ont vu les sources d'immigration se diversifier en faveur des populations des pays du Sud. Ces personnes ont vécu une partie de leur vie dans des pays peu industrialisés, la plupart du temps dans un climat de tensions politiques et de crise économique, au sein de familles traditionnelles élargies, soit patrilinéaires, soit matricentriques.

Outre les différences culturelles générales, la qualité de l'adaptation au pays d'accueil varie selon le milieu social d'origine de l'immigrant. Yeza Boulhabel-Villac (1991) rappelle qu'à l'intérieur d'une même communauté ethnique ou culturelle, les différences sociales restent fortes. On peut penser que la différence est parfois plus grande entre les milieux sociaux de la société d'accueil qu'entre les étrangers et les Québécois

Regard 7.3

Une expérience d'immigration...

« Lorsqu'Amina Kasdi et son conjoint Akili ont débarqué à l'aéroport de Montréal, le 12 décembre dernier [2008], accompagnés d'Insas, cinq ans, et d'Ihab, deux ans, leur cœur battait fort, à la mesure de leurs projets dans ce grand pays. "En Algérie, nous avions parfois l'impression de vivre 200 ans en arrière. Nous avons fait ce choix pour nos enfants, pour leur offrir un avenir meilleur", raconte Amina, 30 ans, originaire d'Alger. Tous deux diplômés d'un baccalauréat en traduction – lui en allemand, elle en anglais –, ils ont construit leur projet migratoire à deux, bien déterminés à reprendre des études ici et à trouver du travail le plus tôt possible. Là-bas, Akili était responsable des achats dans une société française. Amina travaillait dans l'enseignement et la traduction, avant de se consacrer au soin de ses enfants. Depuis leur arrivée, ils essaient de faire valoir leurs compétences au Québec. »

Les difficultés ont été nombreuses. « Devant l'impossibilité de faire garder ses enfants, Amina a dû refuser un premier emploi. Elle emmenait donc ses enfants partout : dans ses démarches officielles, ses recherches de logement, ses courses quotidiennes. Son conjoint, lui, cherchait activement du travail. Sans emploi, le couple a eu beaucoup de difficultés à louer un logement. "Après une vingtaine de visites, le seul qui ait accepté a exigé trois mois de loyer payés d'avance, un geste totalement illégal aux yeux de la Régie du logement", précise-t-elle. Puis, lorsque leur fils est tombé malade d'une angine banale, la famille n'était pas encore couverte par l'assurance maladie. "La moindre consultation au CLSC me coûtait donc 100 $, plus une assurance médicament privée à payer. Un tourbillon de dépenses imprévues !", raconte-t-elle » (Charbonniaud, 2009. En ligne).

de milieux comparables. Il n'y a donc pas une intégration de l'immigrant à un modèle global, mais à des normes qui varient dans une certaine mesure selon les milieux sociaux d'appartenance. Pour caricaturer, nous dirions que si la poutine est très populaire au Québec auprès des jeunes, elle est loin d'être une norme de l'alimentation québécoise. Un immigrant doit-il adopter la poutine pour s'intégrer au Québec ?

La transformation des rôles familiaux

La venue au Québec d'une famille issue d'une société plus traditionnelle risque de mettre ses membres en présence de nouvelles valeurs (*voir l'encadré 7.3, p. 256*). Individualisme, liberté d'expression, permissivité ou matérialisme sont autant d'éléments qui peuvent choquer le nouvel arrivant. D'ailleurs, au cours des années qui suivent la migration, les adultes aussi bien que les enfants, les femmes comme les hommes, sont tiraillés, chacun à leur façon, entre l'adoption de nouvelles valeurs et le maintien des traditions du pays d'origine. À l'intérieur de la cellule familiale, ce tiraillement conduit à une redéfinition des rapports entre les générations et entre les sexes.

Femmes, mères et immigrantes

Du point de vue de la femme, immigrer au Québec signifie souvent entrer en contact avec un univers où les rapports entre les sexes sont plus égalitaires que dans son pays d'origine. Les nouvelles arrivantes côtoient des femmes qui travaillent à l'extérieur, qui jouissent d'une certaine indépendance financière et d'une reconnaissance sociale plus grande, qui peuvent compter sur leur conjoint pour partager, dans une certaine mesure, les tâches domestiques. Tous ces acquis des femmes occidentales, obtenus à partir des revendications du mouvement féministe, produisent presque inévitablement de nouvelles aspirations chez la femme immigrée.

En 1989, trois chercheurs ont mené une enquête auprès de 700 cégépiens québécois de divers **groupes ethnoculturels** sur leur perception des rôles sexuels (Levy, *et al.*, 1992). Les résultats montrent clairement qu'il existe un large fossé entre les hommes et les femmes quant à la vision de l'égalité dans les rapports entre les sexes. Bien qu'il s'agisse de jeunes de 17 à 22 ans qu'on qualifie souvent de seconde génération de migrants, donc potentiellement plus intégrés à la société québécoise, les données présentent les Canadiens français comme étant plus égalitaires dans la sphère familiale que les Grecs, les Italiens, les Haïtiens et les Juifs. Que ce soit dans la sphère publique, familiale ou interpersonnelle, il semble bien que les femmes de tous les groupes ethnoculturels aspirent à un statut plus égalitaire, mais que les hommes, selon leur groupe d'appartenance, sont plus ou moins disposés à laisser de la place aux femmes.

Groupe ethnoculturel
Terme qui renvoie à l'idée de traits culturels particuliers et d'une même origine ethnique.

Quels sont les avantages pour les immigrantes ?

Pour nombre de femmes immigrées, la nucléarisation de la famille, loin de rendre leur statut plus enviable, représente un recul par rapport à la situation dans le pays d'origine. La famille étendue existe dans la majorité des pays d'où proviennent les immigrantes. Elle comprend toute la parenté, s'étend jusqu'aux voisins, y compris la communauté. Une série d'entrevues menées auprès du personnel de centres pour immigrantes a permis de comprendre l'importance des réseaux d'entraide traditionnels pour les femmes immigrantes (Duval, 1992). Dans leur société d'origine, les femmes vietnamiennes, haïtiennes et latino-américaines peuvent compter sur l'aide de la famille élargie et du voisinage pour l'éducation et la garde des enfants, ainsi que pour les tâches domestiques. Lorsqu'elles immigrent au Québec, et notamment si elles ne peuvent compter sur des membres de la famille ou sur des amis déjà installés ici, ces femmes sont privées de ce soutien essentiel. Pour obtenir de l'aide dans les tâches domestiques et les soins aux enfants, elles se tournent alors vers leur conjoint. Habitués dans leur pays à une forte ségrégation sexuelle des rôles, les hommes acceptent difficilement de participer aux travaux traditionnellement dévolus aux femmes. C'est ainsi que la perte du réseau de sociabilité traditionnel contribue à l'isolement et au confinement des femmes dans le rôle domestique. L'isolement social que subissent les femmes immigrées renforce à son tour la situation de dépendance à l'égard du conjoint, mais cette fois sans la médiation de la famille élargie.

Dans le pays d'origine, la famille étendue aide à résoudre les problèmes financiers ainsi que ceux qui touchent le couple et l'éducation des enfants. L'entraide fonctionne sur une base permanente et l'école est une institution d'autorité qui participe à l'éducation des enfants. Une fois installée au Québec, la femme immigrante qui partageait dans son pays ses responsabilités de mère avec tout un réseau familial et institutionnel se retrouve seule à assumer l'ensemble des responsabilités parentales et le bien-être de la famille (Téofilovici, 1994).

En plus des conséquences de l'isolement, les femmes souffrent de l'absence de surveillance des conduites masculines par les membres de l'entourage. Les infidélités

Savoir plus 7.5

Les familles «transnationales»[2]

Lorsque la famille émigre, les liens persistent avec les membres de la famille élargie restés au pays et l'on parle de plus en plus de familles «transnationales» (Le Gall, 2005). «Les réseaux familiaux se maintiennent tant à l'intérieur du pays d'origine qu'à l'extérieur» (Le Gall, 2005, p. 1).

La chercheuse Josiane Le Gall décrit les relations qui se tissent au moment de la venue d'un enfant. «La famille élargie, à l'arrivée d'un enfant, va souvent être l'occasion de soutien matériel et de transmission de connaissances. [...] Ce qui n'empêche pas la famille qui se trouve à l'étranger d'intervenir dans les décisions» (ibid., p. 3). Les moyens de communication, comme le téléphone et Internet, sont très largement utilisés pour entretenir les liens familiaux.

Des familles d'ici «se servent d'Internet pour faire parvenir à leur famille des dessins ou les devoirs de leurs enfants» (ibid., p. 2).

En fait, selon la chercheuse, les familles immigrantes se trouvent exposées «à une surabondance d'informations qui leur vient en partie de leur famille à l'étranger aussi bien que des intervenants et intervenantes des réseaux communautaires et de la santé ici au Québec». Ces informations «sont le fruit de logiques contradictoires et les parents immigrants se retrouvent face à des dilemmes» (ibid., p. 3) qui les conduisent parfois à adopter des comportements ambivalents selon qu'ils sont en présence de leur famille élargie ou des personnes-ressources. Ces dernières devraient tenir compte de la présence ou non de parents, qu'ils vivent à l'étranger ou au Québec, qui peuvent influencer les décisions.

---

2   Expression utilisée par la chercheuse Josiane Le Gall.

conjugales du mari ou ses défaillances en tant que pourvoyeur ne sont plus endiguées aussi efficacement. De même, lors de conflits conjugaux, le réseau familial n'est plus là pour agir comme médiateur.

Élaine Téofilovici rapporte que les problèmes les plus fréquemment cités par les femmes immigrantes qui fréquentent le Centre des femmes de Montréal sont, par ordre d'importance :

- la perte de la famille étendue ;
- les pressions pour changer les rôles et les valeurs ;
- les difficultés économiques et sociales.

Des processus d'adaptation

À côté de ces contraintes très réelles de la trajectoire migratoire, Michèle Vatz Laaroussi (2002) dresse un portrait positif de mères immigrantes vivant dans des régions du Québec et qui ont puisé dans diverses ressources pour relever les défis entourant une maternité survenue dans le pays d'accueil. Dans leur cas, la période périnatale a forcé l'actualisation de la solidarité familiale. D'abord, elle a été l'occasion de redéfinir l'organisation des tâches et des rôles au sein du couple, surtout si le réseau familial ne pouvait être présent pour aider. Ensuite, elle a permis le renforcement des liens intergénérationnels au sein de la famille, soit avec des parentes plus âgées, soit avec des aînées de leur pays d'origine ou des femmes de diverses origines ayant fait l'expérience de l'immigration. Au moment d'une grossesse, nombre de femmes en profitent pour faire venir leurs parents ou leurs beaux-parents et il n'est pas rare que la parenté se déplace pour soutenir la nouvelle maman. Enfin, les mères exploitent le réseau ethnique ou multiethnique, rendu fonctionnel.

Les femmes immigrantes rencontrées par la chercheuse attestent d'une solidarité de filiation. Ce type de solidarité l'emporte sur la solidarité de genre, plus commune aux femmes québécoises. Dans les rapports quotidiens au sein de leur famille, les

Regard 7.4

Soutenir ou prendre en charge ?

Voici le témoignage d'une mère qui interpelle des intervenants en milieu familial à propos du juste milieu entre soutenir les familles et les prendre en charge, parce qu'on juge que ces familles ne répondent pas pertinemment aux demandes de la société d'accueil.

« Quand je suis arrivée ici avec mes enfants, je savais pourquoi j'avais quitté mon pays, mais cela ne voulait pas dire que j'avais envie d'être ici. Je me sentais en sécurité dans un certain sens, mais dans un autre, non. Je ne comprenais pas la langue, je ne savais pas comment étaient les gens, je ne connaissais pas la ville. J'étais souvent inquiète. Il est vrai que j'avais plusieurs besoins, mais cela ne veut pas dire que j'avais envie que les gens prennent des décisions à ma place. J'avais besoin d'être guidée et informée afin de pouvoir choisir ce qu'il y a de mieux pour ma famille. [...] Je voulais qu'on me respecte suffisamment pour accepter que je prenne mes propres décisions, même si cela veut dire que parfois je faisais des erreurs. [...] Comme je me sentais souvent jugée par le regard des gens et par leurs commentaires, j'ai eu tendance à m'isoler, à me méfier d'eux. Cela a rendu mon adaptation plus difficile, et il y a eu des moments durs où je me sentais bien seule [...] mais le soutien que l'on m'offrait ne correspondait pas à mes besoins » (Robichaud, 2009, p. 246).

mères assument une fonction de transmission des savoirs issus de la culture d'origine, qu'elles partagent et enseignent aux hommes et aux enfants. Michèle Vatz Laaroussi conclut en précisant que les mères migrantes sont en voie de changement « tant [sur le plan] des façons de faire que dans leurs projets de transmission; elles sont aussi en [processus d']ajustement avec leurs nouveaux statuts de mères et d'immigrantes » (Vatz Laaroussi, 2002, p. 450). Ces femmes ouvrent la voie à un nouveau modèle de citoyenneté ancré tant dans le travail rémunéré que dans les fonctions de lien et de transmission sociaux, dont elles s'investissent dans la famille. Elles critiquent cependant le fait que les personnes-ressources qu'elles côtoient cherchent à leur imposer un modèle de maternage et d'éducation associé à des valeurs et à des normes occidentales, sans tenir compte de leurs connaissances et de leurs propres expériences. En effet, dans un contexte d'immigration, les pères et les mères « sont mandatés par la société d'accueil [pour] transmettre à leurs enfants les valeurs d'une culture qu'ils ne possèdent pas » (Saulnier, 2004). Ils peuvent aussi devoir fournir des soins avec lesquels ils n'ont pas été familiarisés. Pour Michèle Vatz Laaroussi, le fait que la société d'accueil exige des parents qu'ils adoptent et intègrent un modèle unique relatif à la dynamique et à la structure familiales, ou un style d'éducation et de relations parents-enfants, est fort paradoxal puisque ce modèle est mis à mal par la population même du pays d'accueil, qui tolère une diversité de familles et de valeurs.

Les enfants des familles immigrantes

Du point de vue des enfants immigrants, c'est un tout autre parcours qui les conduit à reconsidérer les rapports d'autorité avec leurs parents. Ils sont souvent les premiers membres de la famille à créer des relations affectives avec des enfants de la société d'accueil. Il est fréquent aussi, compte tenu des obligations légales touchant le choix de la langue d'enseignement, qu'ils parviennent avant leurs parents à communiquer en français. Leur intégration se fait donc de manière accélérée et, dans une certaine mesure, plus rapidement que celle de leurs parents.

Fortement sollicité par les attraits d'une société plus permissive et plus matérialiste, le jeune immigrant risque d'entrer rapidement en conflit avec les valeurs de ses parents. Stimulé par l'école, les camarades de la rue ou la télévision, l'enfant désire rentrer plus tard à la maison, il aimerait bien sauter les heures d'étude que ses parents lui imposent, il souhaite qu'on lui achète le dernier blouson à la mode et, à l'adolescence, il voudrait pouvoir coucher chez ses amis comme le font plusieurs jeunes de son âge.

Généralement, les enfants seront des agents de changement pour la famille. Ils retourneront à la maison porteurs de divers renseignements, d'idées, de conceptions et de comportements qui produiront des changements dans les relations familiales ou qui provoqueront des conflits. « Peu importe l'issue, ils seront des agents provocateurs pour la famille et, bon gré mal gré, ils forceront les parents à transformer certaines de leurs valeurs » (Vatz Laaroussi, 2002, p. 436).

Parmi les enfants, les aînés et les jeunes arrivés au Québec vers la fin de l'adolescence sont assez proches culturellement de leurs parents. Par exemple, les filles sont complices de leur mère pour maintenir les caractéristiques culturelles. Mais tous, aînés et cadets, sont d'avis de conserver la langue maternelle en tant que langue de communication dans la famille, quelques spécialités culinaires, le respect à l'égard des parents et une certaine connaissance de leur pays d'origine (Simard, 2004). Ce consensus sur la préservation de l'héritage culturel est toutefois limité par les attentes culturelles des parents. Les jeunes imposent leurs préférences de façon non conflictuelle et, le moment venu, les parents respectent généralement leurs choix (de scolarité, de conjoint, de pratique religieuse et professionnelle). Les jeunes se sentent partie prenante de leur famille et expriment de la gratitude à leurs parents pour les efforts que ceux-ci ont consentis quant à la réussite de la vie familiale et au soutien à leurs enfants. Ils considèrent le respect des enfants à l'égard des parents comme une marque culturelle dont ils sont fiers.

Les pères immigrants

À l'égard de toutes ces remises en question, le père d'une famille immigrante se sent souvent désemparé. Assailli de toutes parts, il voit s'effriter le pouvoir que lui conféraient son sexe et son âge dans le pays d'origine. Les multiples pressions des femmes et des enfants rendent difficile l'exercice de son autorité.

Le père immigrant doit faire front à la fois aux enjeux de l'égalité féminine et à ceux de la conquête de l'autonomie des adolescents. Ce que les hommes québécois ont mis deux ou trois générations à accepter, le père migrant doit l'assimiler dès les premières années d'implantation. Comme ce dernier est plongé dans un univers de droits individuels où chacun jouit du même statut, quel que soit son âge ou son sexe, ses repères traditionnels du rôle de père et de mari n'ont plus d'assises.

On imagine bien que tout ce brassage des valeurs peut créer des tensions, des conflits qui éclatent souvent peu de temps après l'installation de la famille. En plus des difficultés d'adaptation à un nouveau milieu, à un nouveau travail et à un cadre de vie différent, les individus sont bombardés de nouvelles valeurs. Ces tensions mènent parfois le couple à divorcer au cours des premières années qui suivent leur migration au Québec.

À côté des remises en question du statut du père, les immigrants éprouvent surtout de grandes difficultés d'insertion professionnelle. Dans l'étude de Nathalie Dyke et Jean-François Saucier (2000) sur l'expérience de la paternité dans trois communautés ethniques (québécoise, vietnamienne et haïtienne), des ressemblances sont apparues. Malgré une perception différente du rôle de père selon les cultures d'origine, tous les pères s'empressent de soutenir leur conjointe pendant la période périnatale, surtout si le réseau des solidarités ne peut être mis à contribution. Par ailleurs, un aspect fondamental de l'expérience de la paternité, quelle que soit l'origine ethnique, est l'insertion sociale et professionnelle du père et elle l'est plus encore pour les familles immigrantes. Cette fonction joue davantage dans la réalisation positive du rôle de père que toute autre variable, la réalité étant que les pères immigrants subissent une perte de statut professionnel, un refus ou un amoindrissement de la reconnaissance des diplômes obtenus dans leur pays d'origine et une baisse de revenus à la suite de l'immigration, qu'elle soit volontaire ou forcée.

La solidarité et le refuge familial

Si l'immigration peut créer des oppositions au sein de la famille, il ne faut pas réduire la situation de la famille nouvellement installée à un ensemble de crises de pouvoir. La chercheuse Michèle Vatz Laaroussi a constaté, au cours de son enquête sur les mères immigrantes en région, que la famille était le noyau du projet migratoire : c'est pour elle que l'on émigre, que l'on accepte le défi d'être « étranger », que l'on joue le jeu de l'adaptation et que l'on distend les liens affectifs originels. Que les enfants naissent avant ou après leur arrivée en terre d'accueil, c'est pour leur sécurité, leur éducation, leur promotion sociale que les parents ont franchi le pas. La famille, loin d'être considérée comme étant un obstacle, devient la seule référence collective sécurisante. Dans la famille, la continuité du lien générationnel et la transmission des savoirs culturels se perpétuent. La famille immigrante est source de cohésion, de transmission et de continuité. « Du fait de l'expérience commune d'immigration et de perte, la famille forme l'unique espace possible de dialogue, de communication et de décision. Elle représente aussi le seul espace de changement

Encadré 7.3 ● Les familles immigrantes : continuité et transformation

Les mères

- sont en contact avec des valeurs et droits nouveaux, un statut social et des relations homme-femme plus égalitaires ;
- subissent des pressions pour changer de rôle et de valeurs ;
- demandent la collaboration du mari et des enfants pour les tâches domestiques ;
- subissent la nucléarisation de la famille et la perte de la famille étendue et du réseau traditionnel d'entraide ;
- subissent l'isolement social et relationnel ;
- remplissent un rôle assurant la continuité des liens générationnels et la transmission de la culture d'origine dans la famille.

Les pères

- connaissent des difficultés d'insertion sur le marché du travail ;
- éprouvent des difficultés économiques et sociales qui affectent la famille ;
- subissent la perte d'autorité associée au rôle masculin traditionnel ;
- connaissent des changements dans le rôle de père et collaborent aux tâches domestiques ;
- sont aux prises avec les valeurs du pays d'accueil, des demandes nouvelles des enfants et de l'épouse.

Les enfants

- sont intégrés plus rapidement dans la culture du pays d'accueil et apprennent la langue ;
- sont partagés entre les valeurs de leur culture d'origine et celles du pays d'accueil ;
- adoptent les conduites des jeunes du pays d'accueil ;
- sont des agents de transformation pour la famille et les parents ;
- participent à maintenir dans la famille des distinctions culturelles ;
- reconnaissent que la valeur de respect à l'égard des parents est fondamentale.

La famille

- constitue le noyau du projet migratoire ;
- représente la seule référence sécurisante ;
- est le lieu d'intégration négociée entre la culture d'origine et la culture du pays d'accueil ;
- représente un espace de changement contrôlé ;
- permet de vivre pleinement certains aspects de sa culture : langue, habitudes alimentaires, rituels religieux, coutumes, habillement, etc.

contrôlé, les autres ne l'étant pas ou si peu... » (Vatz Laaroussi, 2002, p. 437). La famille, pour l'Asiatique, le Latino-américain ou l'Africain qui pose sa valise au Québec, c'est surtout le refuge, le lieu où l'on trouve son identité propre, le seul milieu où l'on est vraiment à l'aise. C'est l'endroit où il est possible de se rassembler pour éviter les pressions de ce milieu étranger où chacun vit pour soi.

❓ Le refuge de la famille empêche-t-il l'intégration ?

Le processus d'intégration des populations de culture traditionnelle dans une société postmoderne est progressif. La famille en est le lieu privilégié. C'est en son sein que s'opère la négociation entre le « noyau dur » de l'identité culturelle d'origine et la culture du pays d'accueil. Dans ce noyau dur s'inscrivent les valeurs fondamentales, comme l'honneur familial, le respect entre les générations et les sexes, mais aussi des pratiques de la société d'origine, comme la cuisine et les manières de se tenir à table (Boulhabel-Villac, 1991). Le noyau dur s'effrite avec la venue des jeunes générations nées dans la nouvelle société.

Dans les faits, l'intégration est un processus paradoxal où l'individu retient le meilleur et rejette le pire. L'immigré fera siennes certaines valeurs et conduites de la société d'accueil, tout en en rejetant d'autres qui s'opposent trop à ses valeurs les plus chères. De la même façon, il abandonnera des normes de sa culture d'origine qui lui paraissent inadaptées ou inacceptables dans sa nouvelle culture, tout cela s'effectuant parfois en douceur, parfois de manière déchirante.

C'est ainsi que la famille québécoise offre en général aux jeunes immigrants des modèles de conduite qui contrastent avec ceux de leur culture d'origine. Comme c'est le cas pour nombre de jeunes Québécois devant les transformations de la famille postmoderne, les jeunes immigrants effectuent des choix familiaux au carrefour des valeurs traditionnelles et des valeurs postmodernes (Meintel et Le Gall, 1995).

Le défi des familles immigrantes est de réussir l'adaptation de deux générations – celle des parents et celle des enfants – qui sont aux prises, chacune à sa manière, avec les valeurs de la société d'accueil. La famille incarne alors le lieu d'intégration négociée des deux cultures.

En bref

Dans ce chapitre sur les familles et la démographie, nous avons abordé :

1 Le désir d'enfant

Dans la société postmoderne, le désir d'enfant est devenu un choix délibéré et réfléchi. Pour les femmes, le désir d'enfant survient rapidement dans leur parcours, tandis que les hommes expriment davantage ce désir à partir d'un événement extérieur. Les conditions nécessaires à la mise en projet sont la stabilité de la relation de couple, l'expérience antérieure de la qualité des relations dans la famille d'origine, ainsi que la concordance des projets familiaux des deux partenaires.

Les personnes faiblement scolarisées fondent beaucoup d'espoir sur la réussite de leurs enfants. Il semble par ailleurs que l'enfant entre en concurrence avec les autres projets dans la vie des couples.

Les obstacles sont nombreux. La fragilité du couple, le refus des contraintes, la carrière de la femme, la peur des responsabilités et la lourdeur de la tâche en sont quelques-uns. C'est en analysant les coûts de remplacement et les dépenses directement associés aux enfants, ainsi que le style de vie des familles, que l'on peut saisir les conséquences économiques de la mise au monde des enfants. Le premier enfant répond à plusieurs attentes plus ou moins rationnelles des parents. Le deuxième enfant affermit la famille, mais surtout il répond à la norme de la famille de deux enfants et il pose peu de contraintes matérielles. Le troisième enfant apporte plus d'irritants que de nouveauté. Les couples qui ont trois enfants et plus placent le projet familial en tête de leurs priorités.

2 Les technologies de procréation assistée

Les technologies de procréation assistée ont connu un essor fulgurant depuis 30 ans et provoquent des remises en question, tant pour la santé de la mère et de l'enfant né de l'une ou l'autre de ces techniques, que pour les intérêts des divers participants à ce domaine en pleine expansion. L'industrie de la procréation assistée contribue à créer l'offre qui mène du désir d'enfant au droit absolu à l'enfant, quelle que soit la condition physiologique, sociale ou sexuelle de l'adulte client.

3 L'adoption

Le Québec accueillait de nombreux enfants en vertu de l'adoption internationale, mais le nombre des adoptions a diminué de moitié à partir de 2004. L'adoption plénière québécoise impose aux enfants la rupture des liens familiaux antérieurs. Leurs conditions de vie avant l'adoption sont très variées : la moitié d'entre eux sont originaires d'Asie, les parents qui adoptent ont une moyenne d'âge élevée et l'âge moyen des enfants adoptés est supérieur à deux ans.

4 Les avortements et les grossesses non désirées

Comment expliquer que le nombre des avortements provoqués se maintient à un niveau élevé au Québec ? Les Québécois sont sexuellement actifs très jeunes et les femmes sont exposées à la probabilité de concevoir un enfant durant toute leur vie féconde. L'efficacité d'une méthode contraceptive est liée à plusieurs facteurs humains qui expliquent les échecs de la contraception et les grossesses non désirées. Les motivations des femmes qui ont recours à l'IVG sont d'ordre conjoncturel et s'appuient sur les valeurs de responsabilité et d'autonomie. La majorité d'entre elles souhaiteront avoir un enfant plus tard. Toute la société québécoise doit contribuer à mettre en place des conditions sociales et culturelles qui accordent une place prioritaire aux enfants et permettent aux femmes et aux couples de fonder une famille, même en cas de grossesse non planifiée.

5 La croissance de la population

La croissance d'une population dépend de deux facteurs principaux : la croissance naturelle et les mouvements migratoires. Les indicateurs démographiques les plus courants sont les taux de natalité et de fécondité, et l'indice synthétique de fécondité. Le seuil de renouvellement des générations est fixé à 2,1 enfants par femme. La population mondiale a connu deux grandes transitions démographiques, aux périodes néolithique et industrielle.

6 Deux régimes démographiques

Deux périodes démographiques ont jalonné l'histoire du Québec : un régime démographique naturel marqué par une fécondité et une mortalité élevées, et un régime démographique moderne où la fécondité baisse constamment et dans lequel la mortalité se stabilise. C'est le vieillissement de la population qui devient alors le signe distinctif des sociétés à démographie moderne.

7 Le *baby-boom* et le redressement des naissances

Le *baby-boom* est l'explosion des naissances qui survint à la fin de la Seconde Guerre mondiale. Ce boum conjoncturel des naissances s'explique par la reprise des naissances après un ralentissement dû à la guerre, par le rapprochement des naissances et par la jeune génération qui atteint l'âge de la fécondité et du mariage (plus tôt). Deux générations du *baby-boom* virent le jour de 1945 à 1965. En 2002, le Québec amorce un redressement des naissances, qui se maintient durant toute la décennie. Ce redressement des naissances est attribuable à la conjonction de deux facteurs: une augmentation des naissances de 2e et de 3e rangs pour la tranche d'âge des mères de plus de 30 ans et un calendrier des naissances plus précoce chez les jeunes femmes. On peut penser que l'intensité de la fécondité des Québécoises a augmenté.

8 Les facteurs de la baisse de natalité et deux théories explicatives

La baisse de natalité s'explique par des facteurs démographiques et des facteurs sociaux. La baisse séculaire fut entraînée par des transformations sur les plans de la culture et des structures sociales, comme l'urbanisation, l'économie industrielle, la consommation, le rôle des enfants dans la société moderne, la scolarisation, la perte d'influence de la religion et les changements apportés au rôle féminin.

La faible fécondité qui perdure est liée au raccourcissement de la période reproductive des femmes, à la meilleure efficacité de la contraception et aux tendances actuelles à privilégier le célibat et l'union de fait.

Pour expliquer la baisse contemporaine de la natalité, Richard Easterlin invoque l'effet de balancier entre le confort et l'inconfort relatif, tandis que Louis Roussel avance le phénomène social global et la réorganisation des comportements matrimoniaux en défaveur de l'institution familiale.

9 Les familles autochtones et la démographie

Les familles autochtones vivent une forte croissance démographique, qui constitue des défis d'intégration des jeunes et de développement économique. Les familles des Premières Nations forment le plus souvent une structure familiale élargie, centrée sur des liens de fratrie et de cousinage, et elles cohabitent souvent à plusieurs sous un même toit. L'adoption est y également une pratique d'entraide sociale fréquente.

10 Les familles immigrantes

L'accueil des immigrants contribue à la croissance démographique et économique. Les immigrants représentaient 11,5 % de la population québécoise lors du recensement de 2006. Les personnes accueillies en 2008 étaient jeunes, scolarisées et faisaient essentiellement partie de la catégorie des immigrants économiques. Une grande majorité vit dans la région métropolitaine de Montréal. Les immigrants affichent une diversité de pays et de milieux sociaux.

Les modifications suscitées par l'immigration dans la vie familiale portent autant sur les besoins élémentaires de la famille que sur les valeurs et les codes culturels. Le changement qui touche un plus grand nombre de familles est le passage de la famille élargie à la famille nucléaire. Les rôles de chaque membre sont bouleversés. Les femmes aspirent à des principes égalitaires dans les rapports entre les sexes, en même temps qu'elles perdent le soutien du réseau familial étendu. Elles ressentent également des pressions pour se conformer aux valeurs occidentales en tant que femmes et mères. Les enfants adoptent rapidement les valeurs de la société d'accueil et deviennent des agents de transformation auprès de leurs parents. Les pères perdent une partie de leur ascendant sur la famille. Ils apprennent à participer aux tâches domestiques. La famille demeure l'espace privilégié de l'identité culturelle d'origine et le lieu de négociation entre les deux cultures.

Exercices de compréhension

1 Déterminez les trois motivations qui vous semblent essentielles au désir d'enfant et les trois principaux obstacles qui freinent ce désir :

Motivation 1 : _____

Motivation 2 : _____

Motivation 3 : _____

Obstacle 1 : _____

Obstacle 2 : _____

Obstacle 3 : _____

2 C'est un désir irrationnel qui conduit les couples à avoir plus de trois enfants. Vrai ou faux ? Justifiez votre réponse en un paragraphe.

_____

_____

_____

3 Associez le concept correspondant à chaque énoncé :

a) Coût entraîné par la perte du salaire de la mère lors de la naissance d'un enfant :

_____

b) Accroissement lié aux entrées et aux sorties de migrants dans une population :

_____

c) Enfant qui représente le défi, le mystère et la nouveauté :

_____

d) Phénomène démographique conjoncturel marqué par un rattrapage des naissances :

_____

e) Représente le nombre moyen d'enfants par femme :

_____

f) Adoption qui met fin aux liens de filiation antérieure de l'enfant :

_____

g) Théorie fondée sur les conditions de vie matérielle des futurs parents :

_____

h) Représente le nombre des naissances à survenir dans une population :

_____

4 Dessinez un schéma représentant les liens entre les divers facteurs qui expliquent la faible natalité aujourd'hui au Québec, ainsi que le redressement constaté depuis la fin de la décennie 2000.

5 Quelle est la dynamique sociale et culturelle mise en œuvre dans le processus d'adaptation des familles immigrantes à leur nouvelle société ?

6 Pour chaque membre d'une famille immigrante (l'enfant, la mère et le père), indiquez un gain et une perte dans le processus migratoire.

7 Trouvez deux éléments de la réalité sociale des immigrants dont devrait tenir compte tout professionnel travaillant avec des familles immigrées au Québec.

8 Pour chacun de ces énoncés, indiquez s'il est vrai ou faux, puis justifiez votre réponse par une ou deux phrases complémentaires.

a) Le Québec rend service aux immigrants en les recevant sur son territoire.

_____

_____

b) Les parents immigrants doivent apprendre à éduquer et à soigner leurs enfants selon les critères de la société québécoise.

_____

_____

c) Les parents québécois adoptent toujours plus d'enfants nés à l'étranger.

_____

_____

d) Le nombre élevé des avortements au Québec signifie que les femmes n'utilisent pas de moyens contraceptifs.

_____

_____

e) Les familles autochtones sont souvent des familles élargies qui reposent sur la solidarité entre les frères, les sœurs et les cousins.

_____

_____

Médiagraphie

Lectures suggérées

B.-Dandurand, Renée, Léon Bernier, Denise Lemieux et Germain Dulac. 1994. *Le désir d'enfant : du projet à la réalisation, Rapport final déposé au Conseil québécois de la recherche sociale.* Montréal : INRS Urbanisation, Culture et Société, 377 p.

Castellano, Marlene Brant. 2002. *Tendances familiales autochtones.* Ottawa : Institut Vanier de la famille (IVF). 28 p. [En ligne], www.vifamily.ca/library/cft/aboriginal_fr.html

Conseil permanent de la jeunesse (CPJ). 2007. *Oui, passionnément, à la folie ! Le désir d'enfant chez les jeunes.* Québec : CPJ, 96 p. [En ligne], www.cpj.gouv.qc.ca/fr/pdf/enfants.pdf

Fédération du Québec pour le planning des naissances (FQPN). 2006. *La procréation assistée : comment y voir clair ?* Montréal : FQPN, 41 p. [En ligne], www.fqpn.qc.ca/contenu/publications/publications.php

Lacourse, Marie-Thérèse. 2001. « L'avortement est-il devenu une méthode contraceptive ? », p. 118-125. Dans *Québec 2002 : annuaire politique, social, économique et culturel.* Roch Côté (dir.). Montréal : Fides, 718 p.

Ouellette, Françoise-Romaine. 2003. « Les nouveaux visages de l'adoption », p. 222-230. Dans *L'annuaire du Québec 2004.* Michel Venne (dir.). Montréal : Fides, 1008 p.

Robichaud, Fanny. 2009. « Les familles et l'immigration : apprécier les différences et faire face aux défis », p. 230-251. Dans *Comprendre les familles pour mieux intervenir.* Lacharité, Carl, et Jean-Pierre Gagnier (dir.). Montréal : Gaëtan Morin éditeur-Chenelière Éducation, 370 p.

Sites Web

Institut de la statistique du Québec : www.stat.gouv.qc.ca
L'Institut produit toutes les données relatives à l'évolution démographique du Québec.

Institut national d'études démographiques (INED) : www.ined.fr
Ce site présente des données sur l'évolution de la population mondiale, ainsi que des fiches animées expliquant plusieurs sujets d'actualité démographique et de santé, comme l'épidémie de VIH/sida, le déficit de femmes en Chine, la difficile mesure de l'homoparentalité, etc.

Ministère de l'Immigration et des Communautés culturelles : www.micc.gouv.qc.ca
Ce site propose des données sur l'immigration au Québec, ainsi que de nombreux renseignements pour soutenir le processus d'adaptation des immigrants.

Secrétariat québécois à l'adoption internationale : www.adoption.gouv.qc.ca
Ce site fournit des statistiques et des documents concernant l'adoption d'enfants étrangers.

Documents audiovisuels

Lachapelle, Lucie. 1996. *Village mosaïque Côte-des-Neiges.* Montréal. ONF. 50 min. Documentaire sur l'arrondissement le plus cosmopolite de Montréal, où se côtoient 75 groupes ethniques. Des femmes arrivent à surmonter les tensions en s'épanouissant au contact d'une société qui les considère comme les égales de l'homme. [En ligne], www.onf.ca/film/Village_mosaique_Cote-des-Neiges

Mignault, Pierre. 2008. *Tête de tuque.* Québec : Inform Action Films. 52 min. *Tête de Tuque* raconte l'histoire de trois jeunes nés au Québec de parents immigrants confrontés à des obstacles dans l'affirmation de leur identité, pris en étau entre leurs parents et la société québécoise. Qui sont-ils, comment se perçoivent-ils et se sentent-ils perçus par la société ? Ce film trace un portrait de la nouvelle identité québécoise. [En ligne], www.informactionfilms.com/fr/productions/tete_de_tuque/

Parent, Karl, et Louise Vandelac. 2000. *Le clonage ou l'Art de se faire doubler.* Montréal : ONF. 51 min 36 sec. Débat d'experts sur le clonage humain. [En ligne], www.onf-nfb.gc.ca/fra/collection/film/ ?id=50009

Télé-Québec. 2004. *D'ici et d'ailleurs.* Série de documents qui présente des portraits de diverses communautés culturelles de Montréal, d'immigration récente ou plus ancienne. 27 min par document.

Télé-Québec. 2007. *Pure Laine.* Série qui propose une réflexion multiethnique sur l'identité québécoise à partir des péripéties vécues par une famille dont la mère, Chantal, est originaire des Îles-de-la-Madeleine, le père, Dominique, immigrant haïtien, et leur petite fille, Ming, adoptée en Chine. Cette série a reçu le Prix du multiculturalisme des prix Gémeaux en 2007.

Les familles et la société

OBJECTIFS D'APPRENTISSAGE

- Connaître les composantes de la politique familiale québécoise et son orientation
- Discuter des effets de la politique familiale pour la société
- Préciser les changements et l'évolution dans le droit familial
- Connaître les obligations et les droits relatifs aux trois types de contrats d'union
- Connaître les éléments législatifs liés à la séparation du couple : motif de divorce, médiation familiale, garde des enfants
- Distinguer les tendances dans l'évolution de l'institution familiale
- Discuter de manière sociologique de l'avenir de la famille

8.1 Une politique familiale

Politique familiale
Ensemble des mesures et des interventions publiques qui viennent en aide aux familles.

On peut dire que les premières interventions publiques relatives à une **politique familiale** remontent au lendemain de la Seconde Guerre mondiale, lorsque le gouvernement fédéral a instauré les allocations familiales pour tous les enfants de moins de 16 ans (MESSF, 2004). En 1987, le gouvernement du Québec a adopté un énoncé de politique familiale et a mis en place un Secrétariat et un Conseil de la famille. Durant les années 1980 et 1990, des organismes familiaux, des groupes de femmes et des chercheurs ont débattu des enjeux de l'implantation d'une politique familiale ou d'une politique nataliste, comme certains le souhaitaient. Le gouvernement québécois a fini par opter pour des mesures de soutien aux familles. Ainsi, à la suite d'une vaste consultation publique menée en 1985, le gouvernement québécois a adopté le 3 décembre 1987 un énoncé de politique familiale. Selon le Conseil de la famille et de l'enfance, il est intéressant de constater, rétrospectivement, « que le gouvernement pose ce geste à la suite d'une mobilisation des groupes familiaux et de la société civile dans son ensemble » (CFE, 2008b, p. 13). La situation démographique du Québec au cours de la décennie 1980, notamment sa faible fécondité, comme nous l'avons souligné dans le chapitre 7, faisait partie des préoccupations gouvernementales et elle était exprimée pour la première fois de façon explicite. Enfin, « le Rapport du Comité de la consultation sur la politique familiale met en évidence le rôle indispensable que sont appelés à jouer les autres acteurs socioéconomiques dans la réalisation de la politique familiale, une façon de voir qui perdure aujourd'hui » (*ibid.*).

Depuis les années 2000, le Québec s'est doté d'une politique familiale qui n'a pas d'équivalent en Amérique du Nord (Dandurand et Kempeeners, 2002). Ancrée dans le contexte nord-américain, elle s'est enrichie d'emprunts à l'expérience des pays européens. L'instauration d'un congé parental bonifié, accessible aux mères et aux

Regard 8.1

Une politique humaniste de la famille

Les objectifs de la politique familiale adoptée en 1987 ont été décrits comme suit :

* reconnaître la famille en tant que valeur collective fondamentale ;
* contribuer à la cohésion et à la stabilité de la famille, en tenant compte des diverses réalités familiales ;
* soutenir les parents à titre de premiers responsables de la prise en charge et de l'éducation des enfants.

Ces objectifs confirmaient les orientations du gouvernement québécois, c'est-à-dire que la politique familiale visait à créer une société plus accueillante pour les parents et pour les enfants. Elle concernait toutes les familles, quels que soient leur composition et le nombre d'enfants qu'elles comprenaient. En proposant un meilleur environnement pour la vie familiale, le gouvernement s'attendait à ce que le désir d'enfant se concrétise davantage.

Cette politique a été l'objet d'une réforme en 1997, tandis que de nouvelles dispositions étaient soumises au vote des députés. Les deux principales mesures adoptées ont été, d'une part, l'instauration de la maternelle à plein temps, plutôt que par demi-journée, dès l'âge de 5 ans et, d'autre part, des services de garde éducatifs à contribution réduite de 5 $ par jour (qui a été majorée par la suite).

À cette occasion, le gouvernement québécois a aussi annoncé qu'il souhaitait créer son propre régime de congé parental, qui est entré en vigueur en janvier 2005 (CFE, 2008b ; MSSS, 1987).

pères, tant aux travailleurs salariés qu'aux travailleurs autonomes, concurremment avec des services de garde à prix modique (7 $ par jour en 2009) font partie des mesures de la politique familiale québécoise les plus européennes. En cela elles s'apparentent à celles adoptées par la Suède et par la France, qui ont une longue tradition des réseaux d'accueil pour les tout-petits. Inspirée de l'expérience de ces deux pays, la politique québécoise s'appuie donc sur un rôle interventionniste de l'État à la demande de certains acteurs sociaux (la société civile, les experts familiaux), alors que les mesures d'aide aux familles appliquées aux États-Unis et dans les autres provinces et territoires du Canada sont moins définies et relèvent de l'entreprise privée, conformément à la *common law* (Dandurand et Kempeeners, 2002). D'approche libérale, les dispositions en vigueur chez nos voisins veulent maintenir la liberté des choix conjugaux et familiaux.

Aujourd'hui, la seule mesure d'importance qui fait défaut à la politique familiale québécoise est une allocation d'éducation pour les parents au foyer. Dans plusieurs pays, «la mère qui garde son enfant peut avoir droit à une allocation parentale d'éducation (ou allocation de garde d'enfants à domicile), depuis la fin du congé de maternité jusqu'au troisième anniversaire de l'enfant» (MESSF, 2004, p. 5). Une telle allocation existe en France, en Autriche, en Allemagne, en Finlande et en Norvège. Elle peut s'élever jusqu'à près de 400 $ par mois.

Les éléments d'une politique de la famille

Les mesures publiques d'aide aux familles sont multiples. Certaines dispositions touchent directement les familles en vertu d'une politique familiale, tandis que d'autres sont plutôt des mesures sociales universelles – par exemple, l'aide de dernier recours –, qui sont détournées à des fins familiales, en particulier pour les mères lors de grossesses ou pour les soins aux enfants.

Le type de mesures adoptées par les gouvernements ainsi que leur portée changent régulièrement. Pierre Croisetière, auteur d'une recherche effectuée en 2004 pour le ministère de l'Emploi, de la Solidarité sociale et de la Famille, comparait les politiques familiales de 11 pays développés et soulignait que «les principaux objectifs qui sous-tendent les politiques familiales tendent à se ressembler au sein des pays à l'étude» (MESSF, 2004, p. 1). Le chercheur a répertorié les objectifs poursuivis dans ces politiques en six catégories:

1. Le soutien financier des familles avec enfants, au moyen d'allocations familiales ou d'une aide fiscale et, ce faisant, la reconnaissance du coût des enfants pour les parents.

2. La réduction de la pauvreté des familles au moyen, par exemple, d'un supplément au revenu du travail ou d'un revenu minimum garanti pour les parents seuls.

3. Le soutien au travail des mères au moyen d'un congé de maternité payé ou de services de garde publics et, par conséquent, la promotion de l'égalité des sexes (notamment dans les pays scandinaves).

4. La conciliation travail-famille au moyen de congés parentaux payés ou de services de garde publics ou subventionnés.

5. Le soutien à l'engagement des pères dans l'éducation des enfants au moyen d'un congé de paternité payé ou d'un congé parental partageable à la suite d'une naissance ou d'une adoption, en encourageant la garde partagée, ou en adoptant des mesures pour faciliter la fixation et le paiement de pensions alimentaires pour enfants.

6. La reconnaissance du travail d'éducation des mères au foyer au moyen d'une allocation de garde d'enfants à domicile ou d'une reconnaissance de ce travail pour le calcul des droits à une pension de retraite publique (MESSF, 2004, p. 2).

Par ailleurs, le soutien à la natalité qui a été un objectif sous-jacent de la politique familiale dans quelques pays à certaines époques n'est plus poursuivi ouvertement, bien que le vieillissement de la population soulève de l'inquiétude.

Dans la conclusion de ses travaux sur la politique familiale québécoise, le Conseil de la famille et de l'enfance (2008b) réitérait la nécessité d'une politique familiale d'ensemble pour le Québec. L'organisme étatique souhaitait la rendre plus visible et faire approuver des décisions incontournables, à côté de mesures plus expérimentales qui répondraient aux nouveaux besoins des familles, comme la coparentalité ou les transitions familiales. Pour le Conseil, les trois mesures structurantes pour les prochaines années sont le Régime québécois d'assurance parentale (RQAP), le programme de Soutien aux enfants et les services de garde éducatifs à contribution réduite. Aux yeux du Conseil, ces mesures constituent les fondements de la politique familiale du Québec et, à ce titre, devraient devenir permanentes tout en continuant d'être améliorées. Le gouvernement québécois considère d'ailleurs que ces mesures ont déjà porté leur fruit pour le mieux-être des familles et qu'elles ont contribué au redressement de la natalité. « L'ampleur de ces efforts peut maintenant être mesurée : le Québec est en très bonne position, parmi l'ensemble des pays développés, pour ce qui est des soutiens apportés aux familles. Il en est le leader au sein du Canada. Le redressement de la courbe démographique, que l'on observe mois après mois, confirme l'impact des politiques familiales sur la natalité, un impact attribué aussi à une situation économique favorable. Il est source d'espoir et illustre la confiance des familles dans l'avenir » (MFACF, 2007, p. 11). L'encadré 8.1 présente les principales politiques gouvernementales qui touchent les familles.

Encadré 8.1 ● Les mesures gouvernementales destinées aux familles

1. Le soutien économique

Gouvernement du Québec

- Une allocation de maternité (PRALMA) unique de 360 $ à la mère, si le revenu familial brut est inférieur à 55 000 $ et que la mère est admissible aux prestations d'assurance-emploi maternité.

- Des prestations particulières de 40 $ par mois accordées aux femmes enceintes prestataires de la sécurité du revenu et de 50 $ par mois aux mères qui allaitent leur enfant jusqu'à ce qu'il atteigne l'âge de 6 mois.

- Depuis janvier 2005, le programme de Soutien aux enfants remplace les prestations familiales, l'allocation pour enfant handicapé, le crédit d'impôt non remboursable pour enfant à charge et la réduction d'impôt à

l'égard des familles. Le versement est effectué par la Régie des rentes du Québec (RRQ) et il couvre les besoins essentiels des enfants à charge ayant moins de 18 ans. Les montants sont indexés tous les ans au mois de janvier et les paiements sont versés trimestriellement. Le montant total du Soutien aux enfants est révisé chaque année en tenant compte du nombre d'enfants à charge de moins de 18 ans qui résident avec le bénéficiaire, de la garde partagée, du revenu familial et de la situation conjugale (couple ou famille monoparentale). Un supplément est versé pour les familles monoparentales et pour les familles ayant à charge un enfant handicapé. En 2009, le soutien aux enfants atteignait au plus 2 166 $ pour un premier enfant, 1 083 $ pour un deuxième ou un troisième enfant et 1 623 $ pour chaque enfant suivant. Le montant minimal annuel était de 608 $ pour un premier enfant et de 561 $ pour chaque enfant suivant. Les familles monoparentales avaient droit à un supplément pouvant atteindre 732 $ par an, le supplément minimal se situant à 304 $. Un enfant handicapé donnait droit à un supplément universel de 171 $ par mois.

- Une prime au travail permet d'augmenter le revenu disponible des ménages. C'est un crédit d'impôt remboursable destiné aux travailleurs à faible ou moyen revenu pour les encourager à intégrer le marché du travail ou à y demeurer. Cette prime est calculée en fonction du revenu du travail salarié ainsi que du revenu du ménage et elle tient compte de la situation familiale. Elle peut être versée par anticipation aux familles et son montant annuel dépassait 500 $ en 2009.

Gouvernement du Canada

- La prestation fiscale canadienne pour enfants (PFCE) est versée par le gouvernement fédéral à la majorité des familles et varie selon le revenu familial, le nombre et l'âge des enfants, la situation familiale et la déduction pour frais de garde.

- Le supplément de la prestation nationale pour enfants (SPNE) est accordé en complément à la prestation fiscale canadienne pour enfants et vise à offrir une aide plus substantielle aux familles à faible revenu.

- La prestation pour enfants handicapés (PEH) est destinée aux familles qui subviennent aux besoins d'enfants atteints d'une déficience ou d'un trouble du développement.

- La prestation universelle pour la garde d'enfants (PUGE) accorde une allocation universelle à chaque enfant de moins de six ans.

2. Les dispositions fiscales

Gouvernement du Québec

- Un crédit d'impôt non remboursable pour enfants majeurs aux études (postsecondaires ou en formation professionnelle).

- Un crédit d'impôt remboursable pour frais de garde est conçu pour compenser les frais de garde engagés pour des enfants hors des services subventionnés.

- Les frais d'adoption et le traitement de l'infertilité donnent droit à des crédits d'impôt remboursables.

- Des crédits d'impôt remboursables sont également accordés pour les aidants naturels qui hébergent un proche, pour des services spécialisés de relève destinés à la garde et à la surveillance de cette personne et pour le maintien à domicile d'une personne âgée.

Gouvernement du Canada

- Des crédits d'impôt pour les conjoints (mariés ou en union libre) et les enfants à charge.

- Des crédits d'impôt pour les frais de garde.

3. Le marché du travail : le Régime québécois d'assurance parentale (RQAP)

- Entré en vigueur le 1er janvier 2006, le RQAP prévoit le versement de prestations à toutes les travailleuses et à tous les travailleurs – salariés et autonomes – percevant un revenu de travail et qui prennent un congé de maternité, un congé de paternité, un congé parental ou un congé d'adoption. Le revenu assurable maximal qui sert à calculer le montant des prestations est indexé le 1er janvier de chaque année, selon le taux fixé par la Commission de la santé et de la sécurité du travail (CSST). En 2009, ce revenu permettant de calculer les prestations s'élevait à 62 000 $ et les prestations pouvaient atteindre 75 % du revenu hebdomadaire moyen.

Le RQAP offre le choix entre un régime de base et un régime particulier, qui diffèrent quant à la durée du congé et au pourcentage de remplacement du revenu. Il est ainsi possible de recevoir des prestations moins élevées pendant une période plus longue ou des prestations plus élevées pendant une période plus courte. Ainsi, en 2009, les prestations de maternité étaient de 18 semaines et celles de paternité de 5 semaines ; les prestations parentales s'échelonnaient de 25 à 32 semaines, selon le choix des parents, et les prestations d'adoption de 28 à 37 semaines. Le régime québécois ayant aboli le délai de carence de 2 semaines, il est devenu accessible à partir d'un revenu assurable égal ou supérieur à 2 000 $ et il a aussi été offert aux travailleurs autonomes.

- Le retrait préventif ou la réaffectation pour la salariée enceinte et la mère qui allaite.

4. La garde des enfants

- Les Centres de la petite enfance (CPE), organismes sans but lucratif dont le conseil d'administration est

▶ formé en majorité de parents, offrent des prestations de services de garde régis par la Loi sur les services de garde éducatifs à l'enfance. Il existe aussi des services de garde en milieu familial et des garderies à but lucratif. Dès lors qu'ils sont reconnus comme responsables d'un service de garde en milieu familial par un bureau coordonnateur, ces organismes ou les personnes qui assurent des services de garde peuvent offrir des places subventionnées à contribution réduite (7 $ par jour depuis le 1er janvier 2004). Cette contribution est gratuite pour les enfants dont les parents reçoivent une prestation du Programme d'aide sociale ou du Programme de Solidarité sociale, pour un maximum de 2,5 journées ou de 5 demi-journées par semaine. Des services de garde non régis par la Loi sur les services de garde éducatifs à l'enfance sont également assurés en milieu familial, dans des organismes communautaires et dans des jardins d'enfants, moyennant une rémunération libre car les services offerts ne sont pas subventionnés par le gouvernement.

* La garde en milieu scolaire, régie par la Loi sur l'instruction publique, s'adresse aux enfants de 5 à 12 ans qui fréquentent une école du secteur public. Pour 7 $ par jour (tarif en vigueur depuis le 1er janvier 2004), elle propose des services avant le début des classes le matin, à l'heure du repas et à la fin des classes.

5. Les services de santé, les services sociaux et l'éducation

La santé

* La politique de périnatalité 2008-2018, intitulée *Un projet porteur de vie,* a été élaborée sous l'égide du ministère de la Santé et des Services sociaux. Elle propose une vision globale et intégrée de la périnatalité, de la prise de décision d'avoir un enfant jusqu'à ce que celui-ci atteigne l'âge de un an (programme OLO pour les femmes enceintes de milieux défavorisés, programme «Naître égaux, grandir en santé», etc.).

* La présence de sages-femmes dans les maisons de naissance, les centres de maternité et en milieu hospitalier.

* Les centres de réadaptation pour les mères et pour les jeunes en difficulté d'adaptation.

* L'approche familiale et préventive dans les programmes de santé existants.

* La Loi de la protection de la jeunesse (1977).

* La politique d'intervention en matière de violence conjugale pour prévenir, dépister et contrer la violence du ministère de la Santé et des Services sociaux du Québec (1995) et sa mise en application par le Plan d'action gouvernementale pour la période de 2004 à 2009.

L'éducation

* Depuis septembre 1997, la maternelle à temps plein est obligatoire pour les enfants âgés de cinq ans.

* Des services éducatifs gratuits pour les enfants de quatre ans issus de milieux défavorisés ou qui ont des besoins particuliers sont offerts dans les jardins d'enfants, les maternelles spécialisées ou les centres de la petite enfance (CPE).

6. Le droit de la famille

Le droit familial dans le Code civil a été largement modifié depuis janvier 1994, notamment en ce qui a trait :

* aux obligations et aux responsabilités parentales établies sans égard à l'état civil des parents ;

* aux nouvelles règles quant à la déchéance de l'autorité parentale par le tribunal ;

* à l'encadrement éthique et juridique des nouvelles techniques de reproduction :
  - l'illégalité des contrats de mère porteuse ;
  - la non-responsabilité des donneurs de gamètes ;
  - la reconnaissance de paternité dans la procréation médicalement assistée ;

* à la mise en place d'un programme de perception automatique des pensions alimentaires (PAPA) depuis 1995 ;

* à la médiation familiale gratuite, depuis 1997, avec l'entrée en vigueur de la loi permettant aux couples avec enfants (conjoints mariés ou en union libre) de recevoir gratuitement les services d'un médiateur professionnel ;

* à l'adoption internationale ;

* à l'union civile et à la reconnaissance de la filiation de parents de même sexe.

Cette présentation de diverses mesures relatives aux familles n'est pas exhaustive. L'horizon des mesures de soutien et d'aide aux familles est vaste et l'on peut en ajouter à l'égard de l'habitation (achat d'une première propriété, logement social), des loisirs, de la sécurité, de l'environnement, de l'alimentation, etc. (MFA, 2009 ; RQAP, 2009).

8.2 Le droit de la famille

Quel nom doit porter un enfant à sa naissance? Les hommes et les femmes ont-ils des droits identiques dans le mariage?

Les relations privées entre les individus au Québec sont codifiées dans un ensemble de lois qui portent le nom de **Code civil.** Dans les autres provinces du Canada et dans tous les États des États-Unis, à l'exception de la Louisiane, ces relations sont régies par un droit privé non codifié, la *common law* d'origine britannique (Baudoin et Renaud, 1994).

En vertu du Code civil, ne se marie pas qui veut ni dans n'importe quelle condition. Le mariage est un engagement public et officiel qui doit respecter des conditions liées à l'état civil des personnes et au déroulement de l'acte lui-même. Ces conditions touchent au fond et à la forme de l'acte : l'âge requis pour le mariage – qui est de 16 ans –, les empêchements de parenté au mariage – de consanguinité ou d'alliance –, la capacité de l'officiant et la publication du mariage.

Code civil
Au Québec, ensemble écrit des lois qui régissent les relations privées entre les individus.

Le contexte historique

L'histoire de la naissance et de l'évolution du droit familial au Québec se confond avec l'histoire des droits des femmes dans la famille et dans la société québécoise. Pour mieux comprendre, rappelons que les principes juridiques contenus dans le Code civil du Bas-Canada de 1866, l'ancêtre du Code civil du Québec, ont été inspirés du Code civil français rédigé par Napoléon Bonaparte en 1804. Or, c'est une idéologie patriarcale et autoritaire qui a déterminé toute la rédaction du Code civil français, Napoléon Bonaparte s'opposant à toute velléité d'émancipation des femmes mariées. Pour l'empereur français, la femme mariée était assujettie à son époux, à qui elle devait soumission et obéissance, et ne pouvait jouir d'aucun droit individuel sans la permission expresse du mari. Le Code civil du Bas-Canada maintiendra le principe de l'«incapacité» juridique de la femme mariée : son statut correspond à celui d'un enfant mineur Et elle doit quêter la permission préalable de son mari pour disposer de ses propres biens. Selon des historiennes, ce statut contrastait avec la relative liberté juridique qu'avaient connue les femmes aux premiers temps de la colonie de la Nouvelle-France, lorsque le **droit coutumier** français était la référence dans les relations privées. C'est ainsi que les femmes avaient le droit de vote en tant que propriétaires au même titre que les hommes. En 1849, ce droit de vote leur sera retiré sous l'influence du droit patriarcal (Le collectif Clio, 1992).

Droit coutumier
Ensemble des règles qui sont établies par la coutume.

En somme, la codification des lois reflète les idéologies politiques et sociales. De plus, le Code civil du Bas-Canada tenait compte de la forte influence de la religion catholique, qui gouvernait les mœurs et les règles sociales au Bas-Canada à la fin du XIXᵉ siècle. La seule forme de mariage légale était alors la forme religieuse, et les empêchements religieux au mariage étaient aussi des empêchements civils (Baudoin et Renaud, 1994).

Les modifications au Code civil se feront au compte-gouttes, sous la pression des groupes féministes qui cherchaient à améliorer le statut des femmes. En effet, les femmes de la bourgeoisie se voyaient limitées dans leurs œuvres philanthropiques par des règles juridiques qui entravaient continuellement leur liberté d'action.

En 1929, les femmes du Canada deviennent des «personnes» juridiques au même titre que les hommes. En 1931, la Commission Dorion, qui a enquêté sur les droits civils des femmes au Québec, remet son rapport. La seule modification importante qu'apporte la Commission est la possibilité pour une femme mariée en communauté de biens de recevoir elle-même un salaire. Le **double standard** en matière d'adultère ne sera aboli qu'en 1954.

C'est en 1964 qu'a lieu le premier changement vraiment significatif au Code civil. La première députée québécoise élue en 1961, Claire Kirkland-Casgrain, fait adopter la Loi sur la capacité juridique de la femme mariée. Cette loi battait en brèche l'autorité absolue du mari sur son épouse, car elle permettait désormais aux femmes mariées d'effectuer des transactions courantes sans obtenir au préalable l'autorisation de leur conjoint. Les femmes plus âgées se souviennent bien de cette époque où la signature du mari garantissait leur capacité de consommer.

Par la suite, diverses mesures modifient de manière substantielle l'esprit et l'application du droit familial jusqu'à sa réforme intégrale en 1991. En 1970, le gouvernement a remplacé le régime légal de la communauté de biens par celui de la société d'acquêts ; en 1977, il a changé la notion de puissance paternelle pour celle d'autorité parentale ; enfin, en 1981, le projet de loi 89 instituant un nouveau Code civil et portant sur la réforme du droit de la famille a été adopté. Par la suite, se sont ajoutées la Loi sur le divorce (entrée en vigueur au Canada le 1er janvier 1986)

Exercice 8.1

Séparer le vrai du faux en matière de droit familial

Répondez par vrai ou faux à ce questionnaire sur le droit de la famille québécois, adapté d'un document sur le droit de la famille produit par Consult-Action et le Conseil du statut de la femme. Connaissez-vous les principes de base du droit familial actuel ?

1. Une femme qui se marie peut prendre le nom de son mari. _____

2. Si les enfants portent seulement le nom de la mère, ils n'ont pas les mêmes droits que s'ils portaient le nom du père. _____

3. Les parents ont le droit d'user de corrections physiques dans l'éducation de leurs enfants. _____

4. Si, de nos jours, je ne fais pas établir de contrat de mariage et que je me marie, mon régime matrimonial sera la société d'acquêts. _____

5. La séparation de biens est toujours le meilleur régime matrimonial. _____

6. Seul le mari est responsable des dettes du ménage. _____

7. Si je meurs sans faire de testament, tous mes biens iront à mon conjoint. _____

8. Les conjoints de fait qui cohabitent depuis plus de trois ans deviennent les héritiers légaux. _____

9. Le divorce est accordé automatiquement à tout couple qui en fait la demande. _____

10. La Loi instituant le patrimoine familial oblige les conjoints à séparer tous leurs biens entre eux. _____

et des dispositions relatives au patrimoine familial (1989). Toutes ces mesures trouveront place dans le Code civil du Québec qui remplaça celui du Bas-Canada et qui a été adopté à l'unanimité par l'Assemblée nationale le 18 décembre 1991. Depuis son entrée en vigueur, le 1er janvier 1994, de nouvelles dispositions y ont été intégrées, comme le projet de loi 84 instituant l'union civile et établissant de nouvelles règles de filiation, en juin 2002. Avec l'union civile, la loi québécoise reconnaît désormais trois types de conjugalité : les conjoints unis dans le mariage, les conjoints de fait et les conjoints unis civilement. Le tableau 8.1 présente les modifications qui ont été apportées au droit familial québécois depuis les années 1960.

Un nouveau droit familial et un esprit d'égalité

Certaines lois ont fait office de véritable révolution au Québec ; une révolution des mentalités et une révolution des règles de droit. Les réformes amorcées avec les lois sur le droit de la famille, l'égalité économique des conjoints et l'union civile n'ont pas fait que suivre les changements familiaux : elles les ont souvent précédés.

En effet, si la majorité était consciente des transformations des rôles masculins et féminins dans la société, peu de personnes envisageaient de façon aussi nette que le législateur garantisse dans le Code civil l'égalité juridique et l'égalité économique des conjoints au sein de la famille et l'égalité des conjoints de même sexe. Encore une fois, les pressions exercées par les groupements féminins et gais obligèrent le gouvernement à adapter les principes juridiques aux transformations sociales. Il fallut néanmoins attendre plus de 25 ans pour voir aboutir la réforme du Code civil, entreprise en 1955.

Tableau 8.1 ● Les modifications au droit familial québécois

Année	Loi	Effet
1964	Loi sur la capacité juridique de la femme mariée	Reconnaissance de la capacité juridique de la femme mariée.
1970	Loi concernant les régimes matrimoniaux	Création de la société d'acquêts instituée en tant que régime matrimonial légal.
1977	Autorité parentale	Abolition de l'autorité paternelle au profit de l'autorité parentale. Les mères et les pères sont désormais conjointement responsables des enfants.
1981	Loi sur le droit familial	Réforme globale du droit de la famille au Québec.
1986	Loi fédérale sur le divorce	Modification et simplification des procédures de divorce sur la base de l'échec du mariage.
1989	Loi sur le patrimoine familial	Assure l'égalité économique des conjoints quel que soit le régime matrimonial au contrat de mariage.
1994	Réforme du Code civil	Modification de quelques règles du droit familial et encadrement des techniques de procréation médicalement assistée.
2002	Loi sur l'union civile	Confère un lien de filiation entre les enfants et les parents de même sexe accordant les mêmes droits et obligations que ceux de la filiation par le sang.

Le mariage

La Loi sur le droit familial, qui a réformé le droit de la famille au Québec dès son entrée en vigueur en 1981, repose sur deux principes : l'égalité des époux dans la famille et la liberté dans l'organisation des relations familiales. C'est en suivant ces principes directeurs que le législateur a établi ce qu'on appelle un **régime primaire,** qui vient avec le mariage et auquel les époux ne peuvent se soustraire. Ce régime prend effet avec le mariage et s'applique obligatoirement aux conjoints, quel que soit le régime matrimonial qu'ils auront adopté. Le régime primaire fut élargi en 1989 pour y inclure le patrimoine familial.

Les principales règles du régime primaire sous-entendent que les conjoints ont les mêmes droits et les mêmes obligations en vertu du mariage : «Ils se doivent mutuellement respect, fidélité, secours et assistance. Ils sont tenus de faire vie commune» (Code civil, art. 392). Si le Code civil a été épuré de plusieurs prescriptions à visée moralisatrice, il n'en reste pas moins que, au Québec, les valeurs associées au mariage et à la famille demeurent celles de la fidélité et du respect. De plus, le législateur considère que le mode de vie normal des gens mariés doit être la cohabitation, le partage de la même résidence. Avis aux marginaux de la vie familiale!

Un autre effet du mariage qui entraîna quelques perturbations chez certains couples au moment de l'entrée en vigueur de la loi fut le patronyme de la femme. Désormais, les femmes qui se marient sont dans l'obligation de conserver leur nom de naissance dans l'exercice de leurs droits civils. Ce qui n'empêchera jamais Mme Gaston Tremblay de se faire appeler ainsi à son club de tennis!

? Pourquoi garder le nom de naissance?

D'où vient cette obligation de conserver le patronyme attribué à la naissance? À la fois du principe d'égalité des époux dans le mariage – la femme n'a plus à abdiquer sa personnalité au profit de celle du mari –, des contraintes bureaucratiques – c'est plus simple pour les formalités – et des conséquences de l'augmentation du nombre des divorces, alors que de plus en plus de femmes désirent reprendre leur nom de famille à la suite d'une séparation. Si cette obligation ne pose plus de problème aujourd'hui, il en a été autrement lorsque la loi est entré en vigueur : des jeunes femmes ont alors devancé leur mariage ou se sont mariées dans une province voisine pour avoir le privilège de porter le nom de famille de leur conjoint. Pourtant, cela n'a jamais été autre chose qu'une coutume, mais les coutumes sont des règles sociales officieuses très efficaces.

Les époux assurent ensemble la direction morale et matérielle de la famille et exercent de concert l'autorité parentale (Code civil, art. 394). Ils choisissent ensemble la résidence familiale (*ibid.,* art. 395). S'il y a mésentente entre les époux en matière d'éducation des enfants, les tribunaux peuvent être amenés à trancher dans l'intérêt de l'enfant, car ni le père ni la mère n'a une autorité supérieure à l'autre. Chaque conjoint contribue aux charges du mariage en proportion de ses facultés respectives, et peut acquitter sa contribution par ses activités au foyer (*ibid.,* art. 396).

Enfin, les époux sont solidaires à l'égard des dettes de la famille (*ibid.,* art. 397). Cette solidarité par rapport aux dettes, qui consacre le principe de l'égalité des conjoints, demeurait autrefois un peu utopique, dans la mesure où les conjoints

Régime primaire
Ensemble de règles d'ordre public auquel les époux ne peuvent se soustraire.

La situation juridique de la femme mariée dans le Code civil de 1866

Voici quelques articles du Code civil relatifs à la situation juridique des femmes mariées dans la province de Québec, ainsi que Marie Gérin-Lajoie les exposait dans son étude sur la condition légale des femmes et que le collectif Clio a repris.

Sur le plan individuel	N° d'article du Code civil
1. Incapacité générale (comme pour les mineurs et les interdits, mais elle peut faire un testament):	
a) ne peut contracter;	986
b) ne peut se défendre en justice ou intenter une action.	986
2. Ne peut être tutrice.	282
3. Ne peut être curatrice.	337a

Relations personnelles avec le mari

1. Soumission au mari. En échange, le mari lui doit protection.	174
2. Nationalité imposée par le mari.	23
3. Choix du domicile par le mari.	83
4. Choix des résidences par le mari.	175
5. Exercice des droits civils sous le nom du mari.	Coutume

6. Le double standard qui permet au mari d'obtenir la séparation pour cause d'adultère, contrairement à la femme qui ne peut l'exiger que si le mari entretient sa concubine dans la maison commune.

Relations financières avec le mari

1. Ne peut exercer une profession différente de celle du mari.	181
2. Ne peut être marchande publique sans l'autorisation du mari.	179
3. En régime de communauté de biens:	
a) le mari est le seul administrateur des biens de la communauté;	1292
b) la femme est responsable des dettes du mari (non réciprocité).	1294

4. En régime de séparation des biens:	
a) la femme ne peut disposer de ses biens sans l'autorisation de son mari;	1422
b) le mari doit autoriser sa femme dans chaque situation particulière;	1424
c) la femme ne peut disposer de son salaire professionnel.	1425
5. Ne peut hériter de son mari décédé sans testament qu'après les 12 degrés successoraux.	637

Une commission d'enquête, la Commission Dorion, fut instaurée en 1929-1930 à la suite des pressions exercées par des groupes de femmes qui demandaient au gouvernement d'améliorer le statut légal des femmes mariées. Voici quelques commentaires des commissaires qui permettent de comprendre l'état d'esprit de l'époque par rapport au statut des femmes dans la famille, ainsi que le rapporte le collectif Clio dans *L'histoire des femmes au Québec depuis quatre siècles* (1992):

«En quittant sa famille pour en créer une nouvelle, la femme qui se marie prend le nom de son mari; sa personnalité, sans disparaître, [se confond] avec celle du père de ses enfants» (*ibid.,* p. 357).

«Quoi qu'on en dise, on sait bien qu'en fait la blessure faite au cœur de l'épouse n'est pas généralement aussi vive que celle dont souffre le mari trompé par sa femme. […] au cœur de la femme, le pardon est, naturellement, plus facile; parce que, aussi, pour son esprit, la blessure d'amour-propre est moins cruelle. L'opinion autour d'elle lui est indulgente et pitoyable [sic]; le mari trompé, lui, peut souffrir dans son âme tout autant, et ne reçoit du dehors, pour le déshonneur dont la famille est accablée, nulle sympathie; l'infidélité de sa femme l'expose, par surcroît, lui, aux morsures du ridicule. […] pratiquement, le mari ne peut désavouer l'enfant né de sa femme pendant le mariage. Les enfants qu'il élève sont-ils à lui? Il est le seul des deux que cette question puisse angoisser» (*ibid.,* p. 359).

Il est manifeste que le principe juridique qui guidait le Code civil du Bas-Canada était la protection de l'autorité patriarcale et de la filiation paternelle.

n'étaient pas égaux sur le marché du travail. Ainsi, tant que la femme demeurait au foyer pour s'occuper des enfants, elle ne percevait pas de revenu et ne pouvait prétendre à une égalité économique avec son conjoint. C'est pour cette raison qu'en 1989, le patrimoine familial est venu s'ajouter au régime primaire et a consacré l'égalité économique dans les familles. Les biens acquis pendant le mariage et qui servent à l'usage de la famille sont séparés à parts égales entre les conjoints à la dissolution du mariage, peu importe qui les a achetés. Enfin, la protection de la résidence familiale ainsi que la prestation compensatoire font aussi partie du régime primaire (*ibid.*, art. 401 à 430). Les époux ne peuvent se soustraire aux effets du régime primaire qui leur est attribué au moment du mariage, quelle que soit la nature de leur contrat de mariage. L'encadré 8.2 présente les dispositions du régime primaire dans le droit de la famille.

Encadré 8.2 • Les dispositions du régime primaire dans le droit de la famille

Le régime primaire

- Le régime primaire repose sur l'égalité et le partenariat des époux dans le mariage.
- Le régime primaire est d'ordre public. Les époux ne peuvent déroger aux dispositions du régime primaire quel que soit leur contrat de mariage.

Les dispositions du régime primaire

- Les droits et les devoirs des époux.
- La protection de la résidence familiale.
- Le partage du patrimoine familial.
- Le droit à la prestation compensatoire.

Les conjoints vivant en union libre : non protégés par le code civil

Qu'en est-il des conjoints en union libre ? Peuvent-ils s'obliger à la fidélité, au respect mutuel ? Sont-ils solidaires des dettes de la famille ? La conjointe a-t-elle droit à une prestation compensatoire si le couple se sépare ? Même si l'on peut croire que les conjoints de fait devraient être protégés au même titre que les gens mariés, le législateur a jusqu'à maintenant volontairement choisi de ne pas attribuer de statut légal aux couples qui vivent en union de fait. Ces derniers ne profitent pas des droits accordés aux époux par le Code civil et ne sont pas assujettis aux obligations des conjoints mariés ou des conjoints unis civilement, sans égard au nombre d'années de vie commune.

Malgré tout, la majorité des mesures sociales traite les conjoints de fait comme des époux, qu'il s'agisse de l'aide sociale, de l'aide juridique, de l'impôt sur le revenu, du régime de retraite (RRQ), des accidents du travail, du régime des prêts et bourses, etc.

Les conjoints de fait peuvent aussi signer, devant un notaire ou un avocat, un contrat de vie commune qui consigne leurs aspirations et la façon dont ils entendent vivre leurs relations familiales. Ce contrat protège mutuellement les conjoints de fait. Il ne peut être résilié par un seul conjoint et peut traiter des aspects les plus variés de la vie quotidienne, fixer les modalités relatives aux enfants, à la résidence familiale, et préciser certaines ententes en cas de rupture ou de décès.

Il est à noter que les partenaires ne peuvent conclure des ententes touchant les dispositions qui ne sont autorisées que dans le mariage. Par exemple :

- les partenaires n'ont pas accès à la déclaration de résidence familiale. Un conjoint de fait peut vendre ou louer la résidence dont il est l'unique propriétaire sans en informer l'autre. La propriété conjointe d'une maison se révèle la meilleure protection ;

- à l'égard du logement, la seule protection reconnue aux conjoints de fait par le Code civil est le droit, pour celui qui a été quitté, de continuer d'occuper le logement dans lequel le couple résidait avant la rupture, même s'il n'a pas signé le bail ;

- à la fin de la vie commune, quelle qu'en fut la durée, les conjoints n'ont aucune obligation alimentaire légale l'un envers l'autre ;

- dans le cas d'un décès, la loi ne reconnaît pas au conjoint de fait survivant le statut d'héritier légal. Si un conjoint décède sans avoir rédigé de testament, la succession est répartie entre les héritiers légaux du conjoint décédé (enfants ou père et mère, frères et sœurs, etc.), selon les règles du Code civil se rapportant aux successions. Si les conjoints de fait désirent se léguer des biens, ils doivent le faire par testament ;

- seul le conjoint de fait survivant qui a été désigné comme bénéficiaire peut percevoir le produit d'une assurance vie.

Quelles sont les conséquences de l'union libre pour le couple et pour les enfants ?

Les enfants sont tous égaux devant la loi, que leurs parents soient mariés, vivent en union libre ou soient divorcés. La loi les protège de la même façon. Le Code civil a éliminé la discrimination dont les enfants étaient l'objet en raison de la classification de l'ancien Code – enfants adultérins, illégitimes, incestueux. Il n'y a pas si longtemps, certains pères devaient adopter leur enfant pour en faire leur héritier légitime, lorsque ce dernier n'était pas né « dans les liens du mariage ». Aujourd'hui, tous les enfants sont les héritiers légaux de leurs parents.

L'union de fait a donc des avantages et des inconvénients. Les couples qui optent pour l'union de fait en étant autonomes sur le plan financier et ayant des revenus équivalents, sont peu désavantagés, à condition qu'ils aient pris des mesures pour se protéger en cas de décès ou de rupture. Ces mesures essentielles sont, au minimum, la rédaction d'un testament, des preuves d'achat ou l'achat en copropriété des biens importants, la désignation du nom du conjoint en tant que bénéficiaire de l'assurance vie, un contrat de vie commune. Par contre, une femme qui demeure au foyer pour prendre soin des enfants ou un conjoint dont les revenus sont inférieurs à ceux de l'autre sera certainement mieux protégé par un contrat de mariage.

Devant l'augmentation du nombre de couples qui vivent en union libre et la plus grande durée des unions, plusieurs personnes pensent qu'il vaut mieux encadrer juridiquement l'union libre. Les arguments invoqués sont le souci de mieux protéger les enfants et leur mère en cas de séparation, et celui d'assurer une plus grande équité entre les conjoints. Le législateur a répondu en partie à cette demande, ainsi qu'à celle des groupes de pression pour la reconnaissance des droits des gais et des lesbiennes, en instituant l'union civile en tant que troisième type de conjugalité.

❓ Qu'en est-il de l'union civile ?

L'union civile équivaut au mariage quant à sa forme et à ses conséquences juridiques. En effet, les droits et les obligations qui découlent de l'union civile sont les mêmes que ceux résultant du mariage. Cependant, il existe des différences entre ces deux institutions, lesquelles portent sur l'âge requis pour s'unir civilement – 18 ans – et sur le processus de dissolution de l'union civile (ministère de la Justice du Québec, 2004).

Les personnes qui désirent s'engager dans une union civile sont soumises aux mêmes règles que dans le cas du mariage. Les personnes unies civilement ont une obligation mutuelle de respect, de fidélité, de secours et d'assistance. Elles sont tenues de faire vie commune comme les époux. Elles ont également les mêmes droits et les mêmes obligations que les personnes mariées en ce qui a trait à diverses dispositions légales. Par exemple : le choix et la protection de la résidence familiale ; la constitution d'un patrimoine familial, qui sera partagé quand l'union civile prendra fin ; une prestation compensatoire pour la contribution à l'enrichissement du patrimoine de l'autre conjoint au moment de la cessation de l'union civile ; la reconnaissance du conjoint survivant en tant qu'héritier légal ; l'exercice de l'autorité parentale et la contribution aux charges du ménage. Comme pour le mariage, les futurs conjoints peuvent choisir l'un des trois régimes matrimoniaux qui sont en vigueur au Québec. Les conjoints qui n'ont pas déterminé leur régime d'union civile sont, par défaut, soumis au régime de la société d'acquêts.

Regard 8.2

Les droits des conjoints de fait : l'asymétrie québécoise

Dans une cause fortement médiatisée opposant une mère, « Lola », séparée de son conjoint de fait, « Éric », la Cour supérieure du Québec a tranché en faveur de la liberté de choix dont disposent les conjoints de fait au Québec qui, en ne se mariant pas, échappent au régime primaire du Code civil. « Ce n'est pas une grande surprise. [...] la juge Hallée n'allait pas "marier" de force un million de Québécois » (Lagacé, 2009. En ligne). L'avocate a interjeté appel du verdict privant la conjointe de fait d'une pension alimentaire. Mᵉ Anne-France Goldwater a affirmé vouloir changer la loi pour protéger tous les Québécois vivant en union libre. Appuyée par des organismes familiaux défendant les droits des familles monoparentales, elle invoque l'article 15 de la Charte des droits et libertés pour s'attaquer à la discrimination dont sont victimes les conjoints de fait parce qu'ils n'ont pas les mêmes droits que les couples mariés. Ce qui inquiète ces groupes, dans les cas où les séparations déraperaient, c'est la situation des enfants souffrant de la différence de niveau de vie entre le père et la mère.

Le débat entourant les écarts juridiques entre les conjoints de fait et les couples mariés devra peut-être se poursuivre auprès du législateur, selon la Fédération des associations de familles monoparentales et recomposées du Québec (FAFMRQ). Pour cet organisme, il est désormais incontournable d'aborder la question sous l'angle des droits des enfants et de la famille, d'autres provinces accordant des droits alimentaires entre conjoints de fait. (FAMFMRQ, 2009. En ligne).

Robert Leckey, professeur de la Faculté de droit de l'Université McGill, a souligné l'asymétrie de traitement interprovinciale. Dans une étude portant sur les nouvelles réalités familiales au Canada au regard du droit, le chercheur propose diverses réformes, dont celle d'adopter au Québec une obligation alimentaire réciproque pour les conjoints de fait qui ont eu au moins un enfant ensemble (Leckey, 2009).

276   Chapitre 8

Quant à la dissolution de l'union civile, elle est notifiée par un jugement du tribunal ou par une déclaration commune des conjoints devant notaire, si les partenaires n'ont pas eu d'enfants et qu'ils ont au préalable réglé le partage du patrimoine.

Les régimes matrimoniaux et le patrimoine familial

Vous êtes amoureux fou… mariage ou pas mariage ? Une fois que vous avez opté pour le mariage ou l'union civile, une de vos premières démarches sera sans doute de choisir un régime matrimonial… ou de vous en laisser offrir un par la loi. Le régime matrimonial est un contrat de mariage qui vient compléter – et non remplacer – les dispositions du régime primaire.

Qu'est-ce qu'un régime matrimonial apporte de plus ?

Dans un contrat de mariage, les époux peuvent se faire des donations en argent ou en biens, rédiger des clauses testamentaires ou d'autres dispositions. Ils peuvent se rendre chez le notaire pour faire établir un contrat de mariage ou s'en remettre au régime matrimonial légal, appelé la société d'acquêts. Devant notaire, les couples ont aujourd'hui le choix entre la société d'acquêts avec contrat et le régime de séparation de biens. L'ancien régime de la communauté de biens subsiste pour les couples unis avant 1970. Cependant, d'un commun accord, les époux peuvent à tout moment modifier des clauses de leur contrat de mariage et changer de régime matrimonial. Ils peuvent aussi créer leur propre régime en respectant les dispositions du Code civil.

Dans le régime de la société d'acquêts, les biens sont répartis entre les biens propres et les biens acquêts. Les biens propres sont composés de tous les biens qu'une personne possède avant le mariage et qui lui appartiennent en propre. Les biens acquêts sont ceux qui ont été acquis pendant le mariage. Chaque personne conserve l'administration de ses biens propres et de ses biens acquêts. Dans le régime de la séparation de biens, il n'y a que des biens propres, aussi bien avant que pendant le mariage.

Quel est le meilleur régime matrimonial ?

Le régime de séparation de biens désavantage la mère qui demeure au foyer. Comme elle n'a aucun revenu, elle ne peut acquérir de biens ni faire fructifier un capital. Au moment d'un divorce, elle ne conserve que les biens qu'elle avait avant son mariage ou qu'elle a reçus en héritage, en plus des donations prévues au contrat de mariage, qui font souvent l'objet de négociations. Même une femme qui travaille, lorsqu'elle quitte son emploi pendant un certain temps pour prendre soin de la maisonnée ou qu'elle a un revenu nettement inférieur à celui de son conjoint, est moins bien protégée par ce régime. En fait, le régime ne reconnaît que la seule valeur des gains personnels, et non la contribution réciproque des époux à la vie familiale.

Et le patrimoine familial ?

Avec l'augmentation des séparations et des divorces qui ont bouleversé le paysage matrimonial au cours des années 1970 et 1980, il est devenu évident aux yeux de tous les spécialistes en droit de la famille que le régime de la séparation de biens, conseillé aux couples mariés à une époque de plus grande stabilité familiale, constituait une source d'iniquité pour les femmes. Après de multiples pressions et recommandations des groupes féministes, le législateur a institué une loi sur le patrimoine familial pour créer l'égalité économique des conjoints dans la famille et concrétiser le principe du mariage-association. Depuis le 1er juillet 1989, les époux ont droit à la moitié de la valeur nette des biens à l'usage de la famille avant que ne s'appliquent les dispositions du régime de la séparation de biens.

L'application de cette loi n'a pas fait que des heureux, et plusieurs pensent qu'elle est arrivée un peu tard, au moment même où les femmes commençaient elles aussi à accumuler des biens. Les femmes, autant que les hommes, doivent désormais partager les biens familiaux lors d'une rupture. La Loi instituant le patrimoine familial oblige en effet l'association économique des conjoints. C'est comme ramener l'amour sur le plancher des vaches… Si vous vous sentez lésé par cette loi, demandez-vous si vous faites confiance à votre conjoint ou à votre conjointe pour gérer les biens familiaux. Si la réponse est positive, faites fructifier ensemble le patrimoine familial pour en profiter tous les deux ; sinon, protégez-vous convenablement.

Cependant, il faut aussi rappeler que cette loi ne couvre pas tous les biens acquis pendant le mariage. C'est pour cette raison que les dispositions des régimes matrimoniaux en vigueur au Québec ont encore leur importance, même s'ils sont maintenant considérés comme étant des régimes secondaires. Le régime matrimonial de la société d'acquêts impose un partage des biens plus complet que le patrimoine familial seul. En ce sens, une mère qui contribue à l'enrichissement de la famille par son travail au foyer verra, dans ce régime, une réelle reconnaissance économique de sa participation à l'administration de la famille.

Le tableau 8.2 présente les dispositions qui constituent le patrimoine familial ainsi que les régimes matrimoniaux québécois.

Tableau 8.2 ● Le patrimoine familial et les régimes matrimoniaux au Québec

	Patrimoine familial (s'applique à tous les couples mariés vivant au Québec)	Société d'acquêts (régime légal)	Séparation de biens
Avant le mariage		Avant le mariage, chaque conjoint dispose de biens qui lui appartiennent en propre : ce sont Les Propres.	Avant le mariage, chaque conjoint dispose de biens qui lui appartiennent en propre : ce sont Les Propres.
Pendant le mariage	Constitué des biens acquis durant le mariage et qui servent à la famille : • les résidences que la famille utilise ; • les meubles des résidences ; • les véhicules conduits par la famille ; • les régimes de retraite privés et publics.	Les Propres + Les Acquêts Les acquêts comprennent les biens accumulés pendant le mariage : • les revenus des époux pendant le mariage ; • les biens achetés avec ces revenus ; • les avantages pécuniaires procurés par Les Propres et Les Acquêts.	Les Propres En régime de séparation de biens, tous les biens appartiennent à l'époux qui se les procure, même pendant le mariage.
Dissolution du mariage (décès, divorce, séparation)	S'applique avant le régime matrimonial. Chaque conjoint a droit à la moitié de la valeur nette du patrimoine familial.	Les Propres demeurent au conjoint, auxquels s'ajoute la moitié des Acquêts de l'autre.	Les Propres restent la propriété de chaque conjoint.

Note : Le régime de la communauté de biens n'est pas présenté dans ce tableau, car il ne touche qu'un nombre infime de couples.

Les relations parents-enfants

Les relations entre les parents et les enfants font aussi partie du droit familial, qui détermine les règles de filiation et d'adoption. La filiation se prouve par l'acte de naissance, quelles que soient les circonstances de la naissance (Code civil, art. 523). Les enfants dont la filiation est établie sont tous égaux devant la loi. Les parents ont le droit et le devoir de garde, de surveillance, d'éducation et d'entretien à l'égard de leurs enfants. Les enfants doivent, à tout âge, respect à leurs parents. Les parents et les enfants doivent s'assurer mutuellement leur survie matérielle : l'obligation alimentaire est réciproque.

Exercice 8.2

Le partage des biens à parts égales

Voici un exemple de partage des biens à la suite d'un divorce, adapté d'un article de Francine Gagnon et Catherine Lord (1989). Merci à Danielle Lambert, avocate, pour les informations relatives au partage du patrimoine familial. Soulignons que la répartition du patrimoine familial s'effectue en argent ou en biens de valeur équivalente.

Après quelques années de mariage, Philippe et Catherine ont acquis, en 1998, une propriété de 125 000 $, Philippe ayant versé 20 000 $ au comptant et Catherine 10 000 $. L'hypothèque s'élève à 95 000 $. En septembre 2009, le couple se sépare. Voici les biens du patrimoine familial que Philippe et Catherine doivent se partager :

• Valeur marchande de la maison	155 000 $
• Hypothèque de la maison	70 000 $
• Résidence secondaire	35 000 $
• Hypothèque de la résidence secondaire	25 000 $
• Voiture familiale	10 000 $
• Prêt automobile	4 000 $
• Meubles des résidences	35 000 $

Avant tout partage, la valeur nette du patrimoine familial doit être clairement établie.

Valeur brute du patrimoine		Dettes	
• Maison	155 000 $	• Hypothèque maison	70 000 $
• Chalet	35 000 $	• Hypothèque chalet	25 000 $
• Voiture	10 000 $	• Prêt auto	4 000 $
• Meubles	35 000 $	Total	99 000 $
Total	235 000 $		

Valeur nette du patrimoine

• Valeur brute	235 000 $
• Moins les dettes	(99 000 $)
Total	136 000 $

La part respective de Philippe et de Catherine dans le patrimoine familial est de 68 000 $ (136 000 $ / 2).

Lorsqu'un bien est acheté pendant le mariage, il n'est pas nécessaire de tenir compte de la plus-value, qui est alors entièrement partagée. Mais si, dans l'exemple précédent, la maison avait été achetée par Philippe avant le mariage, au moment du divorce, le couple aurait dû tenir compte de l'investissement personnel de Philippe et de la plus-value que la maison a acquise pendant le mariage. On doit donc soustraire du patrimoine la part personnelle d'un partenaire et la plus-value liée au pourcentage de cette part.

Les montants provenant d'un héritage ou d'une donation et qui servent à l'acquisition d'un bien familial doivent être déduits du partage.

Compliquons cet exemple :

1. Catherine hérite, alors qu'elle est mariée, de 25 000 $ à la suite du décès de sa mère. Elle investit la moitié de cet argent dans un REER et l'autre moitié dans le remboursement de l'hypothèque de la maison. Que se passe-t-il au moment du partage du patrimoine familial ?

2. Durant ce mariage, si Philippe avait investi 25 000 $ dans un REER, la valeur de ce REER ferait-elle partie du patrimoine familial ?

3. Le père de Catherine, veuf, songe à se remarier. Il possède la vieille maison familiale, une automobile et de nombreux biens que lui a légués sa femme à son décès. Catherine craint que les biens familiaux de ses parents ne profitent à la nouvelle épouse de son père en cas de séparation ou de décès. Ses craintes sont-elles justifiées ?

Les enfants peuvent porter le patronyme d'un des deux parents ou une combinaison des deux. Les parents ont la liberté de choisir le nom de leur enfant. Des enfants d'une même famille peuvent porter des noms de famille différents, selon le bon vouloir des parents. C'est ainsi que Josette Côté et Alain Tremblay ont le choix des noms suivants pour leurs enfants : Côté, Tremblay, Côté-Tremblay ou Tremblay-Côté. Un patronyme ne peut jamais comporter plus de deux noms de famille. En 2004, 13 % des enfants ont reçu un nom de famille composé (du nom de la mère suivi de celui du père dans 9 % des cas) ; 82 % portent uniquement le nom du père et 5 % seulement le nom de leur mère (Duchesne, 2006b). La popularité du nom composé faiblit au Québec, après avoir atteint un sommet de 21 % en 1992.

La réforme du Code civil en 1991 a placé la procréation médicalement assistée sous sa juridiction. Le nouveau Code déclare nuls les contrats de mère porteuse. Il ne reconnaît pas la maternité et la paternité des donneurs de gamètes. De plus, le conjoint qui accepte que sa partenaire se soumette à une technique de procréation assistée ne peut se désengager de sa paternité. Le Code facilite également l'accès à l'information pour les enfants adoptés qui recherchent leurs parents biologiques, mais le consentement des deux parties est nécessaire.

La loi de juin 2002 introduisant l'union civile a créé un nouveau lien de filiation pour les conjoints de même sexe. Elle établit entre ces derniers – deux pères ou deux mères et les enfants issus de leur projet parental – un lien de filiation qui leur confère les mêmes droits et les mêmes obligations que ceux de la filiation par le sang.

La loi canadienne sur le divorce

Lorsque rien ne va plus dans le couple, que les conjoints ont emprunté des voies divergentes, la rupture de l'union est parfois inévitable.

Si les conjoints vivent en union libre, ils devront établir ensemble, ou à l'aide d'une médiation, les règles de partage de leurs avoirs et de la garde des enfants. S'ils ont établi au début de leur union une entente sur leurs responsabilités et leurs devoirs respectifs, ce partage peut être relativement facile, surtout si la rupture n'est pas conflictuelle et que les conjoints ont contribué à parts égales à l'administration de la vie familiale.

S'il y a mésentente dans le couple, les partenaires peuvent demander à un juge de trancher leur différend. La manière dont se déroulera la rupture pour les conjoints en union libre dépendra de leur seule bonne volonté, à l'exception des ententes pour la garde des enfants et la prestation alimentaire, qui peuvent faire l'objet d'un jugement du tribunal de la famille. Leur rupture n'est pas davantage officielle que l'était leur union.

Pour les couples mariés, la rupture du mariage peut emprunter trois voies : la séparation de fait, la séparation de corps, entérinée par un jugement de la cour, et le divorce, qui est la seule formule pour rompre définitivement les liens du mariage. Tant que le jugement de divorce n'est pas prononcé, le couple demeure marié, avec toutes les obligations inhérentes à leur vie commune. Séparés légalement, les conjoints sont toujours liés par les devoirs du mariage, comme le respect, l'assistance et le secours mutuels. Le divorce permet aux conjoints de refaire leur vie en les déliant de leurs obligations mutuelles, d'autant plus que ces personnes ont souvent encore 30, 40 ou 50 ans de vie devant elles.

Une histoire de mœurs

La première loi canadienne sur le divorce date de 1968. Avant cette époque, le divorce pouvait être obtenu, au Québec, par une loi privée du Parlement canadien. C'est Pierre Elliott Trudeau, alors ministre de la Justice, qui fit adopter une série de lois ayant pour objectif de libéraliser les mœurs sexuelles et que l'on surnomma le « Bill Omnibus ». Trudeau n'hésita pas à déclarer que « l'État doit sortir des chambres à coucher ». La loi de 1968 permettait aux tribunaux provinciaux de porter des jugements en matière de divorce, rendant celui-ci plus accessible, et elle uniformisait partout au Canada les motifs de divorce.

À partir de 1968, le nombre de divorces a augmenté au Québec. La loi prévoyait deux catégories de motifs pour conclure à un divorce. La première s'appuyait sur la notion de faute conjugale : un des conjoints provoquait l'échec du mariage et empêchait la poursuite de la vie commune. Le coupable était souvent accusé d'adultère. Les autres motifs étaient la cruauté mentale ou physique, la sodomie, la bestialité, le viol et l'homosexualité. La seconde catégorie de motifs relevait de la rupture du lien conjugal. Les motifs usuels étaient la séparation légale et la séparation de fait depuis une période de trois ans.

Aujourd'hui, un seul motif de divorce : l'échec du mariage

La loi de 1985 a modifié la notion de faute conjugale pour la remplacer par celle d'échec du mariage. Le texte législatif simplifie les motifs de divorce, privilégie les arrangements entre époux et ex-époux, et encadre de manière plus précise les décisions ayant trait à la pension alimentaire et à la garde des enfants.

L'échec du mariage devient la seule cause du divorce. Le juge constate l'échec dans certaines circonstances : la séparation de fait d'au moins un an, ainsi que l'adultère et la cruauté physique ou mentale qui rendent intolérable le maintien de la cohabitation. Les conjoints n'ont plus à trouver un coupable ni à s'accuser mutuellement, mais ils doivent démontrer l'échec de leur mariage et leur volonté de ne plus faire vie commune. La loi de 1985 prévoit toujours la possibilité d'obtenir le divorce contre un des époux.

Un autre changement d'importance apporté par la nouvelle loi est la recherche de l'indépendance économique des deux époux dans un délai raisonnable. Toute ordonnance alimentaire en faveur d'un des époux – généralement le parent qui obtient la garde des enfants ou le parent qui a délaissé le marché du travail pour prendre soin du foyer – tient compte des ressources, des besoins du conjoint et de la possibilité réelle d'acquérir ou de retrouver une autonomie financière (Joyal-Poupart, 1987). L'ordonnance peut être révisée et prendre fin dans un laps de temps déterminé par le juge. Contrairement à une opinion répandue autrefois, la prestation alimentaire n'est plus attribuée automatiquement. Le conjoint qui bénéficie d'une ordonnance alimentaire doit faire la preuve de ses besoins. L'esprit de la loi est bien de rompre les liens du mariage et d'assurer l'indépendance financière des époux. Pour bon nombre de femmes engagées dans une procédure de divorce, cette indépendance financière est loin d'être acquise. Le divorce entraîne un appauvrissement marqué des mères, qui sont très majoritairement le parent obtenant la garde des enfants.

La médiation familiale

La Loi sur le divorce comprend également l'obligation, pour l'avocat ou le conseiller juridique, de discuter des possibilités de réconciliation et d'informer les époux sur les services de médiation (*voir l'encadré 8.3*). Le législateur facilite les procédures de divorce, mais suppose aussi que le but des époux devrait être la réconciliation et la préservation du lien conjugal. Dans le cas contraire, il met à leur disposition des services de médiation familiale pour les aider à négocier des points pouvant faire l'objet d'une ordonnance alimentaire ou de garde. À ce stade des démarches, le divorce à l'amiable est possible entre deux conjoints qui s'entendent sur les mesures accessoires portant sur les droits de garde et d'accès aux enfants, la pension alimentaire, le partage des biens et, de façon générale, sur les modalités économiques de la rupture du mariage, le tout étant consigné dans une convention de divorce. Selon les données du ministère de la Justice, 82 % des couples avec enfants qui ont utilisé la médiation sont parvenus à une entente (MJQ, 2009). Depuis 1988, les couples sans enfant mineur peuvent signer une déclaration sous serment, ce qui leur évite un passage en cour (Guénette, 1990).

La garde des enfants

Par ailleurs, la garde des enfants est toujours évaluée par le juge du tribunal de la famille en fonction du meilleur intérêt de l'enfant (Joyal, 2004). L'intérêt des enfants est défini par rapport à leurs ressources, à leurs besoins et à la situation de la famille. La conduite antérieure des conjoints n'entre pas en ligne de compte, sauf si elle affecte leurs capacités parentales. Plusieurs modes de garde sont possibles, mais la très grande majorité des enfants sont confiés à un seul parent, souvent la mère, avec des droits de visite pour l'autre parent. La garde conjointe ou partagée est cependant en progression. Elle nécessite des conditions environnementales optimales – proximité géographique des deux parents, grands logements ou maisons, dédoublement de certains biens pour les enfants, entente sur les principes éducatifs – pour prendre forme en respectant l'équilibre émotionnel des enfants (Côté, 2000). La garde partagée ne devrait jamais être imposée aux parents. Il faut que les enfants puissent, dans la mesure du possible, conserver des liens significatifs avec leurs deux parents, mais la garde physique partagée n'est pas nécessairement la meilleure solution (Latour, 2001).

8.3 L'avenir de la famille

Le voyage au long cours à travers les transformations familiales au Québec nous conduit jusqu'aux rivages du devenir familial. Comment s'aventurer à prévoir et à imaginer l'avenir de la famille au XXIᵉ siècle ?

Encadré 8.3 • Les mécanismes prévus dans les cas de rupture d'union au Québec

La médiation familiale

- Le 1ᵉʳ septembre 1997, une nouvelle loi relative à la médiation familiale est entrée en vigueur au Québec. Cette loi permet aux couples avec enfants, quel que soit leur statut marital, de recevoir gratuitement (pour six séances) les services d'un médiateur professionnel impartial lors de la négociation et du règlement de leur demande de séparation, de divorce, de garde d'enfants, de pension alimentaire ou de révision d'un jugement existant.

- Les conjoints peuvent volontairement recourir à la médiation ou y être contraints par le tribunal (par exemple, assister à une séance d'information sur la médiation).

- L'objectif de la médiation est d'aider à négocier une entente viable et équitable répondant aux besoins de chaque membre de la famille.

- Le processus de médiation se déroule en trois étapes : l'évaluation de la situation, la négociation (besoins des parents et des enfants, liste et analyse des possibilités de solution, choix de la solution) et, enfin, la rédaction du rapport du médiateur et du projet des ententes.

- Le rôle de médiateur familial peut être confié à une personne issue du domaine juridique (notaire, avocat) comme du domaine psychosocial (psychologue, travailleur social, conseiller en orientation ou employé d'un centre de protection de l'enfance et de la jeunesse – CPEJ).

- Le rôle du médiateur familial est double : s'assurer que chaque conjoint exprime librement et pleinement ses besoins et ses attentes à l'égard de l'autre ; veiller à ce que les besoins des enfants soient pris en considération par leurs parents.

La pension alimentaire

- Depuis 1995, le ministère du Revenu est chargé de la perception automatique des pensions alimentaires (PAPA) accordées aux enfants et à un ex-conjoint.

- La perception automatique de la pension alimentaire vise à diminuer le nombre de mauvais payeurs, à éviter la pauvreté des familles monoparentales féminines et, ultimement, à diminuer la charge économique de l'État envers ces familles.

- Depuis 1997, le modèle québécois de fixation des pensions alimentaires fournit des normes précises et objectives pour déterminer la pension alimentaire pour enfants et en uniformiser le mode de calcul.

Source : Québec, ministère de la Justice. 2009. « Se séparer ». *Ministère de la Justice*. [En ligne], www.justice.gouv.qc.ca/francais/themes/separer.htm

Commençons par relater une histoire parmi d'autres sur la génération des adultes qui deviennent aujourd'hui des parents. Julie et Mathieu vivent ensemble depuis six ans. Ils se sont rencontrés lorsqu'ils étudiaient au cégep dans une petite ville du Québec. Ils ont décidé de cohabiter au moment où ils ont entrepris leurs études universitaires. Armés de leurs diplômes, ils ont cherché du travail, mais en raison de la formation spécialisée de Mathieu, ils ont quitté leur ville d'origine pour s'installer à Montréal. Mathieu a occupé quelques emplois avant de dénicher le travail qui le comblerait vraiment, pour lequel il savait que ses compétences seraient pleinement utilisées et dont le salaire correspondait à sa formation universitaire. Quant à Julie, après maintes démarches infructueuses, elle a enfin décroché un poste qui présentait une certaine stabilité.

Après quelques années, comme plusieurs de leurs amis, ils sont tentés par l'aventure de fonder une famille. Mais ils doivent renoncer à s'acheter une maison, qui était un de leur rêve, tant la hausse de la valeur des maisons rend les conditions d'accès à la propriété périlleuses en 2009. Le petit Antoine vient au monde et Julie profite du congé de maternité bonifié. Grâce aux allocations des gouvernements fédéral et provincial, les jeunes parents réussissent à maintenir le niveau de vie de la famille. Mathieu se sent engagé à part entière dans son nouveau rôle et décide de profiter du congé de paternité de cinq semaines en restant à la maison auprès de sa conjointe et du nouveau-né. Il partage aussi une partie du congé parental avec Julie. Ils songent maintenant à agrandir la famille. Mais Julie, qui est sur le point de retourner au travail, apprend que son poste est aboli par suite de compressions budgétaires et de la réorganisation du travail qui s'ensuit. Elle demeure à la maison et se remet à la recherche d'un emploi, pas trop malheureuse d'avoir le temps de s'occuper d'Antoine.

Antoine vient à peine de fêter ses deux ans que Mathieu est requis par son employeur pour aller travailler dans une autre province. La famille peut déménager, mais Mathieu n'a aucune assurance quant à la poursuite du contrat de travail. Il refuse de s'éloigner de sa conjointe et de son enfant, comme le faisaient fréquemment les pères de famille des générations antérieures. Il souhaite voir grandir Antoine et participer à son éducation. Il n'est pas question de déménager devant l'incertitude liée à ce contrat de travail et Mathieu perd son emploi. Julie et Mathieu viennent de fonder une famille. Quelles sont leurs perspectives familiales ? Parions qu'ils ont quand même plus de chances de s'en tirer et de trouver du travail que d'autres jeunes adultes moins bien formés. De plus ils pénètrent le marché du travail au moment où la première cohorte des baby-boomers prend sa retraite.

Cette anecdote rappelle de manière dramatique l'influence déterminante des mouvements de société dans les choix familiaux des jeunes générations d'adultes. La valeur accordée à la famille dans les sondages d'opinions doit être confrontée avec les conditions réelles de vie des jeunes familles. C'est pourquoi des mesures de politique familiale qui soutiennent concrètement les familles peuvent avoir un effet certain pour infléchir les décisions des couples.

À ce stade de notre réflexion, nous observons que les décisions individuelles se prennent à l'ombre des mouvements d'ensemble que révèlent les statistiques et qu'il nous faut réconcilier les deux approches que nous avons exposées au cours de notre étude de la famille.

En effet, si l'analyse microsociologique vise en premier lieu à étudier les interactions dans le groupe familial et dans le couple, elle finit par nous dévoiler les règles du jeu qui en ressortent et gouvernent les individus. De la même façon, l'étude macrosociologique des modèles collectifs et des institutions régulatrices renvoie à la manière dont les individus les perçoivent et les exploitent (Roussel, 1989). Autrement dit, l'analyse des données sociologiques trouve son sens dans le secret des consciences individuelles, et c'est l'observation de la vie des couples qui va permettre de découvrir les normes générales d'une société. La sociologie de la famille progresse en mettant en rapport ces deux perspectives. C'est ce que nous allons faire maintenant en nous demandant quelles sont les probabilités que la famille, tant comme institution que comme groupe social spécifique, puisse survivre et comment elle le fera.

La spécificité de la famille et sa durée

Les observateurs de la scène familiale sont unanimes à confirmer la place singulière et essentielle qu'occupe la famille en tant que lieu de structuration des individus (Pitrou, 1990). Le sociologue Louis Roussel (2002) admet la **spécificité** du lien familial, en affirmant que la vie de couple et la vie familiale apportent aux individus qui y sont engagés un sentiment de **plénitude** qu'ils ne trouvent pas ailleurs.

Spécificité
Qualité de ce qui présente un caractère original et exclusif.

Plénitude
Épanouissement, état de ce qui est complet.

Selon le chercheur, les interactions familiales ne peuvent être réduites aux interactions générales. Dans la famille, deux types de rapports particuliers prennent leur sens. D'une part, les relations entre les hommes et les femmes, ceux-ci étant irréductiblement deux êtres différents. Malgré la symétrie de plus en plus grande des rôles familiaux, la recherche de l'égalité ne signifie pas pour autant l'indifférenciation radicale des hommes et des femmes – contrairement à la thèse défendue par des auteurs qui s'épanchent sur l'**androgynie** contemporaine (Badinter, 1992). Pour Louis Roussel, la vie en couple demeure le lieu d'une plénitude dont les partenaires s'imaginent mal trouver un équivalent ailleurs. D'autre part, les relations entre les parents et les enfants relèveraient de la même spécificité, s'appuyant cette fois sur la différenciation des âges. En somme, le sociologue pense que le caractère distinct de la famille réside dans la **complétude** des différences de genre et d'âge.

Androgynie
Entendue ici au sens de mélange, chez la même personne, des caractères sociaux féminins et masculins.

Complétude
Caractère de ce qui forme un tout par association, qui est achevé.

La reconnaissance des mariages homosexuels va-t-elle changer la donne? La complétude dans le mariage repose probablement autant sur la différence des personnes que sur celle des genres. En ce sens, la finalité de la vie en couple demeure.

Par ailleurs, si la famille est un groupe spécifique, qui ne peut être totalement remplacé par une autre institution, on peut en déduire qu'elle est essentielle au développement des sociétés humaines. Toujours selon Louis Roussel, la société ne peut se passer de la famille et la famille ne peut durer en dehors de la société. L'espace privé de la famille n'est pas qu'un rempart dressé devant l'espace public. Les deux espaces s'interpénètrent: la famille ne devient signifiante que si la société la reconnaît. C'est là le sens premier du mariage, qui marque l'accueil par la société d'une nouvelle aventure privée. Même si, aujourd'hui, la tendance des comportements familiaux est au refus de toute forme d'encadrement sur la formation et la vie du couple, «la vie familiale, toujours changeante, continue d'encadrer la plus grande partie de la vie des hommes et des femmes. Elle fait partie intégrante du cycle de vie et en marque les transitions et les séquences. Elle demeure sans doute le creuset le plus déterminant de la transmission des valeurs et de la culture » (Le Bourdais et Lapierre-Adamcyk, 2008, p. 98).

Les tendances à moyen terme : le prévisible

Prospective
Démarche rigoureuse permettant de déceler les tendances d'évolution, de repérer les continuités et les ruptures.

Peut-on faire de la **prospective** en sociologie ? La projection du social dans l'avenir demeure un art délicat, qu'il faut manier avec précaution (Pronovost, *et al.*, 2008).

Il nous est impossible d'être catégorique sur ce que sera l'avenir des familles. Nous pouvons suggérer que les mouvements qui sont amorcés aujourd'hui continueront d'imprimer leur marque dans la vie des familles des prochaines générations. Il y a des tendances lourdes, sur le plan démographique et social, qui ne peuvent être bousculées du jour au lendemain, ce qui ne signifie pas qu'elles ne peuvent se modifier en l'espace de quelques décennies.

Quelles sont les conséquences de la faible fécondité des familles ? La réduction de la taille des familles implique des fratries et une parentèle restreintes. Les enfants nés depuis les années 1970 ont en moyenne un frère ou une sœur, deux tout au plus. Leurs propres enfants auront à peine quelques oncles et tantes, quelques cousins qui, avec leurs grands-parents, constitueront un réseau de parenté d'environ 15 personnes. Quel sera l'effet d'une petite fratrie sur les relations affectives entre les parents et les enfants ? La parenté rétrécira au profit d'un réseau social plus individualiste s'appuyant sur les amis et les voisins. Les milieux de vie et les communautés locales seront au cœur de la vie familiale. De plus en plus souvent, il existera quatre générations simultanément. La solidarité intergénérationnelle sera sollicitée davantage.

Le mouvement de dispersion des personnes dans des ménages plus petits continuera encore pendant plusieurs années : ménages à une personne, ménages familiaux à deux ou trois personnes en moyenne. La composition des ménages sera davantage changeante : célibat le temps d'une séparation, monoparentalité transitoire entre une rupture et une reconfiguration familiale. Les transitions familiales marqueront plus que jamais les trajectoires de vie des personnes.

Et le divorce ? Le nombre des ruptures par divorce devrait se stabiliser pour deux raisons principales. La première raison tient à la baisse continue du nombre des mariages. La seconde raison est la probabilité que les couples qui se marient, parce qu'ils choisissent plus librement ce mode d'union, soient moins portés à divorcer. Mais comme les désunions de fait pourraient se maintenir, rien ne laissant présumer que ce mode conjugal sera plus stable, les familles monoparentales et recomposées tendront à progresser (Le Bourdais et Lapierre-Adamcyk, 2008).

La vie conjugale continuera d'être fragile, car elle restera fondée sur l'idée incertaine du bonheur. Les biographies individuelles seront de plus en plus fragmentées pour les jeunes générations : on aura plusieurs trajectoires, plusieurs vies mises en commun.

Les incertitudes

Qu'en sera-t-il de la fécondité ? Peut-on s'attendre à un redressement des indices de fécondité ? La réponse à cette question est très hypothétique. Les couples connaîtront fort probablement un état prolongé de stérilité avec quelques périodes de fécondité. Il est fort vraisemblable que la contraception s'améliore et que son utilisation soit rendue plus opérante. Comme le désir des couples pourrait se maintenir à deux enfants, une contraception plus efficace supprimerait les naissances accidentelles, les troisième et quatrième enfants non planifiés. Pourtant, dans ce domaine, les revirements ne doivent pas être exclus, comme on le constate à court terme au Québec et dans plusieurs pays occidentaux où l'on observe une reprise de la fécondité. Mais se maintiendra-t-elle?

Et le sentiment amoureux? Assisterons-nous à un tiédissement de l'amour romantique en tant que fondement du couple et de la famille? Le mariage-association primera-t-il sur le mariage-passion? Si c'était le cas, l'union conjugale gagnerait en stabilité ce qu'elle perdrait en sentiment. Mais sans nul doute, ce serait toujours la recherche du bonheur individuel qui prévaudrait dans les relations familiales.

Les transformations de la vie familiale dans la société postmoderne expriment surtout les modifications des rapports entre les hommes et les femmes. Quelle direction prendront ces rapports? Les changements amorcés seront-ils durables? Jusqu'à quel point de non-retour iront l'intégration des hommes dans la vie domestique et la participation des femmes à l'espace public et au travail? Plusieurs chercheuses avancent l'hypothèse que l'accès des femmes à la sphère publique est irréversible. Peut-on raisonnablement penser qu'il en va de même de l'insertion des hommes dans la sphère privée?

La question ainsi posée renvoie à l'incertitude par rapport à l'attachement des jeunes générations à l'environnement culturel qui a rejeté le patriarcat et promu les principes d'égalité des sexes. Peut-on prévoir la venue d'une réaction assez forte pour changer le cours de l'héritage social du féminisme? En 1990, la chercheuse Renée B.-Dandurand décrivait ce scénario optimiste: au cours des prochaines années, la vie familiale se maintiendrait dans toutes les couches de la société, avec une participation accrue des hommes à la vie domestique. Cette participation serait rendue possible à deux conditions: d'une part, l'organisation du monde du travail, qui tiendrait compte des autres aspects de l'existence, notamment la vie familiale, et d'autre part, les conditions économiques des femmes, qui s'amélioreraient pour atteindre un niveau comparable à celui des hommes. La chercheuse réaffirmait que, sans une plus grande équité salariale, l'engagement des hommes dans la vie familiale demeurerait utopique. La famille dans la société postindustrielle est intimement liée aux aspirations qu'expriment les jeunes pour une meilleure qualité de vie et un investissement moins absolu dans le travail (B.-Dandurand, 1990).

L'émergence de nouvelles formes de vie familiale

Lorsque l'on songe à ces facteurs d'incertitude, devait-on s'inquiéter de l'avenir de la famille? François de Singly pense que, sous des dehors moins visibles, la continuité familiale est bien réelle. Il en veut pour preuve les faits suivants: la socialisation des enfants au sein de la vie familiale demeure importante; des formes contemporaines moins rigides de la vie familiale, comme l'union libre, véhiculent autant d'enjeux sociaux que les formes qui encadrent davantage ; les conjoints de fait respectent les règles de l'homogamie sociale ; la reproduction des différenciations de classes persiste, malgré le déclin du mariage (de Singly, 1991). Les familles se défont mais se renouent aussi en permanence (Dortier, 2002).

Dans une réflexion prospective sur la famille à l'horizon 2020, les chercheuses Céline Le Bourdais et Évelyne Lapierre-Adamcyk (2008) constatent l'émergence de dimensions nouvelles dans les interrelations familiales au Québec (*voir la figure 8.1*).

- En premier lieu, *la mobilité des enfants*. Un nombre croissant d'enfants appartiennent à « deux familles », qui sont constituées par les ménages séparés de leurs parents (que ceux-ci vivent seuls, aient formé un nouveau couple ou fondé une nouvelle famille), entre lesquelles les allers et les retours sont fréquents.

- En second lieu, le *réseau familial « extrarésidentiel »*. Ce type de réseau rend compte des liens existant entre les parents et les enfants qui ne vivent pas tous les

Figure 8.1 ● Les formes de vie familiale « extrarésidentielle » et la circulation des enfants d'une famille à l'autre

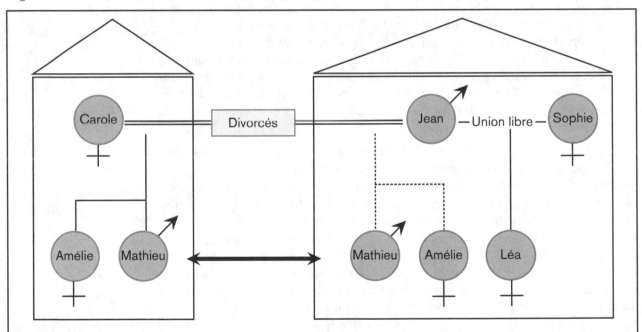

Légende :

Carole et Jean se sont mariés après deux ans de vie commune. Ils ont eu deux enfants, Mathieu et Amélie, assez rapidement après le mariage. Après dix ans passés ensemble, d'un commun accord, ils ont décidé de divorcer et d'assumer à parts égales la garde physique de leurs enfants. Une semaine sur deux, Mathieu et Amélie habitent chez Carole, et l'autre semaine, chez Jean. Jean a reformé une union libre avec Sophie et ils ont eu ensemble une petite fille, Léa.

Mathieu et Amélie vivent dans deux résidences et sont membres de deux familles avec lesquelles ils entretiennent des rapports quotidiens. Ce mode de vie contemporain n'est pas pris en compte dans les statistiques canadiennes qui reposent sur une définition de la famille résidentielle (les membres de la famille habitent sous le même toit).

Source : Adapté de Le Bourdais, Céline, et Évelyne Lapierre-Adamcyk. 2008. « Portrait des familles québécoises à l'horizon 2020. Esquisses de grandes tendances démographiques ». Dans Pronovost, Gilles, Chantale Dumont et Isabelle Bitaudeau (dir.). *La famille à l'horizon 2020*. Québec : Presses de l'Université Laval, p. 93.

jours sous le même toit. Mais il reflète aussi une nouvelle réalité conjugale : des adultes entretiennent des relations affectives et durables, semblables au lien conjugal, sans partager la même résidence, et ils ont parfois des enfants, issus d'unions antérieures ou de l'union actuelle. S'agirait-il d'une nouvelle forme de famille ?

- Une autre dimension retient l'attention des chercheuses : l'hétérogamie culturelle des familles et la diversification de la société québécoise suscitées par l'accroissement des migrations internationales. Des familles sont fondées par des conjoints issus de différents groupes ethniques, culturels et religieux. Observera-t-on des modes de vie familiale différents de ceux des familles culturellement homogames de la société d'accueil ?

- Enfin, on note une progression de l'hétérogamie socioéconomique dans des couples où la femme perçoit un revenu plus élevé que celui de son conjoint. Cette asymétrie dans le revenu des conjoints, favorable à la femme, influencera-t-elle les modes de vie familiale ? Assisterons-nous à de nouvelles inégalités dans les conditions de vie des familles ?

Le sociologue Simon Langlois, qui a participé au projet de prospective de la famille pour 2020, souligne que l'horizon s'est éclairci pour les jeunes familles dans leur ensemble, « grâce d'un côté à l'intervention étatique dont il faut rappeler l'importance et l'efficacité, mais aussi grâce à la mutation du marché du travail » (Langlois, 2008, p. 68) qui offre davantage d'ouvertures aux jeunes qui y accèdent. Le chercheur observe un contexte social favorable où les jeunes adultes, moins nombreux à entrer sur le marché du travail, sont généralement mieux formés, et où les premières cohortes du *baby-boom* prennent leur retraite. Cette conjonction d'événements, associée au virage familial de la fiscalité québécoise depuis le milieu des années 1990, contribue à améliorer la position relative des jeunes familles québécoises.

En fin de compte, les formes de vie familiale demeureront multiples, parce qu'elles finissent par être régularisées par les politiques de l'État à l'égard des familles. Il n'est pas vraisemblable de croire en la mort de la famille. Dans la famille contemporaine, la logique des sentiments, des relations affectives, a pris le pas sur la contrainte et l'autorité. Cette tendance vers la famille relationnelle, qui la rend plus attachante, la fragilise aussi (Dortier, 2002). La famille relationnelle inverse les normes. La norme nouvelle est celle de l'authenticité et de l'autonomie, la famille devenant l'entreprise du bonheur. Alors qu'il était naguère choquant voire honteux de divorcer, il est désormais malhonnête de continuer de vivre avec une personne que l'on n'aime plus. Le caractère institutionnel de la famille continuera de se diluer. Les normes seront élaborées par le groupe familial. En tant qu'institution démocratique, la famille se veut souveraine dans le choix de ses normes (Roussel, 2002).

Y aura-t-il une stabilisation des changements dans les modes de vie familiale ? Les familles ont-elles atteint leur niveau de transformations maximal ? Le sociologue français Louis Roussel pensait en 2002 que les moyens de praticabilité, comme la contraception, la participation des femmes au marché du travail et l'accès à la consommation, avaient atteint leurs effets limites. Cependant l'hypothèse d'événements de première importance, comme une crise économique ou les avancées du génie génétique qui auraient une incidence considérable, ne peut être écartée. L'effet du vieillissement de la population ira en s'accentuant et mettra au défi les solidarités intergénérationnelles, locales et mondiales, puisque le phénomène survient partout sur la planète.

En bref

Dans ce chapitre sur les familles et la société, nous avons abordé :

1 La politique familiale

Depuis 1987, le Québec s'est doté d'une politique familiale. Celle-ci, bien que reflétant le contexte nord-américain dans lequel se situe le Québec, se rapproche néanmoins des politiques européennes, notamment suédoises et françaises, qui offrent un meilleur soutien de l'État, par exemple dans l'aide aux jeunes parents. Les mesures comprises dans la politique familiale touchent de nombreux aspects de la vie des familles : l'aide financière, la réduction de la pauvreté des familles, le soutien au travail des mères, le soutien à l'engagement des pères auprès des enfants et la conciliation travail-famille. Les deux mesures les plus structurantes sont le régime québécois d'assurance parentale (RQAP) et les services de garde à contribution réduite.

2 Les principes du droit de la famille au Québec

Trois types de conjugalité coexistent dans les lois québécoises : le mariage, l'union civile et l'union de fait. Cependant, seuls l'union civile et le mariage sont assujettis au Code civil. Les deux grands principes du droit familial sont, d'une part, l'égalité morale et économique des conjoints et, d'autre part, la liberté d'organisation des relations familiales. Les partenaires sont astreints au régime primaire. Le droit familial ne reconnaît pas les conjoints vivant en union libre. Tous les enfants, quel que soit le statut légal de leurs parents, sont égaux devant la loi. La Loi instituant l'union civile (2002) a créé un nouveau lien de filiation entre les enfants et des parents de même sexe. La Loi instituant le patrimoine familial assure le partage de la valeur nette des biens à l'usage de la famille au moment de la dissolution du mariage ou de l'union civile. Le divorce, de compétence fédérale, est accordé lorsque les époux font la preuve de l'échec du mariage. La garde physique partagée des enfants n'est pas toujours le meilleur mode de garde.

3 L'avenir de la famille

Les choix familiaux que font les individus doivent être étudiés parallèlement aux changements qui se produisent dans la société. La spécificité du groupe familial repose sur la complétude des relations hommes-femmes – ainsi que sur des relations de couple, y compris celles des couples homosexuels – et des relations entre les générations. L'hypothèse de la continuité familiale fait l'unanimité chez les chercheurs qui soulignent que si les normes ont changé – par exemple, la norme de la famille relationnelle plutôt qu'institutionnelle –, elles existent toujours. Famille et société demeurent indissociables.

Certaines tendances sont prévisibles, d'autres sont incertaines. On sait que la parenté et la fratrie seront restreintes, le réseau social plus individualiste, la conjugalité et les trajectoires familiales changeantes et discontinues, les recompositions fréquentes, et que les indices de fécondité demeureront peu élevés. On peut difficilement prévoir l'état des relations conjugales dans la famille – plus d'entente et moins de violence ? –, le maintien du redressement de la fécondité ni l'évolution du sentiment en tant que base de la vie familiale. Les chercheurs observent l'émergence de nouveaux modes de vie familiale et des structures familiales novatrices : la mobilité des enfants, le réseau familial « extrarésidentiel », une plus grande hétérogamie culturelle et socioéconomique des couples. Les jeunes familles ont vu leur position sociale relative s'améliorer par rapport à la génération précédente.

Exercices de compréhension

1 Quels objectifs une politique familiale doit-elle viser ?

2 Présentez les deux mesures qui distinguent la politique familiale québécoise de celle des autres provinces canadiennes. Quel type de mesure en est absent, comparativement à la politique familiale en France et en Allemagne ?

Exercices de compréhension (*suite*)

Première mesure d'importance :
_____

Seconde mesure :
_____

Mesure absente :
_____

3 Selon vous, la politique familiale au Québec atteint-elle les objectifs visés ? Justifiez votre réponse en une ligne.

4 Pour chaque énoncé, précisez le concept ou donnez la réponse appropriée :

a) Commission qui fut chargée d'examiner la situation juridique des femmes mariées au Canada français après la Première Guerre mondiale :
_____

b) Union dans laquelle les conjoints n'ont pas le statut d'héritiers légaux :
_____

c) Organismes sans but lucratif dont le conseil d'administration est formé en majorité de parents et qui offrent des services éducatifs de garde sur un territoire donné :
_____

d) Quel est le régime matrimonial légal au Québec ?
_____

e) Quel est l'âge légal pour s'unir par mariage au Québec ?

f) Régime d'ordre public attribué lors du mariage ou de l'union civile :
_____

g) Loi qui oblige l'association économique des conjoints dans le mariage :
_____

h) Quel document prouve la filiation d'un enfant ?
_____

i) Quel est le type de patronyme le plus fréquemment donné aux enfants en 2006 ?
_____

j) Quel est le seul motif possible de divorce ?
_____

k) En cas de séparation, ce service vise à faciliter la réconciliation ou la négociation entre les membres de la famille :
_____

l) Comment nomme-t-on la garde physique des enfants chez les deux parents ?
_____

5 Présentez deux raisons qui, du point de vue sociologique, justifient de croire que la famille perdurera.

6 Discutez de l'avenir de la famille par rapport aux nouveaux modes de vie familiale. Qu'est-ce qui pourrait changer encore davantage ?

Médiagraphie

Lectures suggérées

Conseil de la famille et de l'enfance (CFE). 2008. *La politique familiale au Québec : visée, portée, durée et rayonnement.* Québec : CFE, 76 p.

Côté, Denyse. 2000. *La garde partagée : L'équité en question.* Montréal : Les Éditions du remue-ménage, 202 p.

Ministère de la Famille, des Aînés et de la Condition féminine (MFACF). 2007. *Le Québec soutient ses familles.* Québec : MFACF, 35 p. [En ligne], www.mfa.gouv.qc.ca/fr/publication/Documents/SF_quebec_soutien_familles.pdf

Ministère de l'Emploi, de la Solidarité sociale et de la Famille (MESSF). 2004. *Portraits de politiques familiales.*

Situation dans onze pays développés. Québec : MESSF, 128 p. [En ligne], http ://www.mfa.gouv.qc.ca/fr/publication/Documents/SF_portrait_politiques_familiales2004.pdf

Pronovost, Gilles, Chantale Dumont et Isabelle Bitaudeau (dir.). 2008. *La famille à l'horizon 2020.* Montréal : PUQ, 460 p.

Roussel, Louis. 2002. « L'évolution des familles : une interprétation systémique ». Dans *Familles. Permanence et métamorphose.* Paris : Éditions Sciences Humaines, p. 77-86.

Roy, Alain. 2004. « La filiation homoparentale : esquisse d'une réforme précipitée ». *Enfances, Familles, Générations*, n° 1 (automne 2004), 20 p. [En ligne], www.erudit.org/revue/efg/2004/v/n1/008896ar.html

Médiagraphie (*suite*)

Sites Web

Ministère de la Justice du Canada : http://lois.justice.gc.ca/fr/showtdm/cs/D-3.4
Cette page offre de télécharger le texte complet de la Loi sur le divorce.

Ministère de la Justice du Québec : http://www.justice.gouv.qc.ca/francais/themes/deux.htm
On trouvera à cette adresse électronique tous les renseignements pertinents sur les types de conjugalité, les droits et les obligations.

Documents audiovisuels

Radio-Canada. 2005. Émission *Enjeux*. « Nomades malgré eux ». Sujet portant sur la garde partagée. Témoignages d'enfants qui vivent la garde partagée, de parents, de spécialistes et de juristes au Québec, en France et en Belgique. Journaliste : Alain Gravel. Réalisatrice : Anne Sérode. 50 min.

Télé-Québec. 2001. Émission *Chasseurs d'idées*. « La famille est-elle en voie de disparition ? ». Diffusée le 4 février 2001. Animateur : Jacques Véronneau. Réalisateur : Simon Girard. Environ 60 min.

Télé-Québec. 2008. *Toute une famille !* Série de 13 émissions qui dressent un portrait de familles postmodernes innovatrices dans leur structure familiale et leur mode de vie au quotidien. Familles monoparentales colocataires, familles homoparentales féminine et masculine, familles mixtes, familles élargies et familles réseau. Réalisatrice : Sophie Lambert. Production : Sogelstalt, Québec 2009. Durée : 30 minutes par épisode. Format DVD.

Glossaire

A

Accroissement de la population
Augmentation d'une population composée de l'accroissement naturel et du solde migratoire.

Accroissement naturel Augmentation d'une population composée des naissances moins les décès.

Adoption plénière Création d'un lien de filiation exclusif entre l'enfant et ses parents adoptifs.

Âgisme Discrimination à l'encontre de personnes du fait de leur âge.

Aliénation État d'un individu qui perd son autonomie et devient esclave des conditions extérieures.

Alliance Union de deux personnes.

Ambivalence Attitude dans laquelle une personne hésite entre deux comportements contraires.

Androgynie Entendue ici au sens de mélange, chez la même personne, des caractères sociaux féminins et masculins.

Anomie sociale Concept emprunté au sociologue français Émile Durkheim et qui signifie l'absence ou la faiblesse des normes sociales au regard de leur rôle d'intégration des individus à la société.

B

Baby-boom Expression qui rend compte de l'augmentation des naissances après la Seconde Guerre mondiale.

Banlieue Milieu urbanisé situé à la périphérie d'une grande ville, caractérisé par sa vocation résidentielle et son style de vie homogène.

Barrière systémique Obstacle lié aux structures sociales intrinsèques.

C

Cause exogène Cause extérieure au désir individuel, cause macrosociologique.

Charge familiale Travail nécessité par le nombre de personnes comprises dans la famille, notamment le nombre d'enfants.

Code civil Au Québec, ensemble écrit des lois qui régissent les relations privées entre les individus.

Cohabitation Terme utilisé en démographie pour désigner un couple qui vit ensemble sans que les conjoints soient mariés.

Communauté Groupe de personnes qui sont solidaires et partagent les mêmes objectifs.

Communication de masse Diffusion d'informations et de divertissements qui s'adressent de manière uniforme à de vastes auditoires.

Complétude Caractère de ce qui forme un tout par association, qui est achevé.

Condition anomique Condition de vie dont les normes sociales sont absentes ou déficientes.

Conditions de vie Conditions matérielles et économiques dans lesquelles vivent les personnes.

Confort relatif Évaluation positive des conditions de vie matérielle.

Conjoncturel Conditions prévalant dans une circonstance donnée.

Contingences Événements qui sont soumis au hasard.

Convivial Qui favorise les échanges réciproques entre les personnes dans un climat affectif.

Corpus d'enquête Ensemble des personnes interrogées à l'occasion d'une enquête qualitative. Ces personnes représentent une diversité de situations possibles et ne constituent pas un échantillon représentatif de la population.

D

Défiliation paternelle Désengagement ou absence du père vis-à-vis de ses enfants dont il n'a pas la garde.

Désaffection Perte de l'attachement qu'on éprouvait pour quelque chose.

Désinstitutionnalisation Rejet des aspects institutionnels liés à la vie familiale, en particulier le mariage.

Désistance Le fait de mettre fin à une conduite criminelle.

Déterminant Facteur dont l'influence est décisive sur l'état de santé.

Déterminisme biologique Notion qui suggère que certains événements sociaux présentent des fondements biologiques.

Double standard Disposition juridique qui permettait au mari la séparation pour cause d'adultère de l'épouse. La réciproque n'était pas possible, à moins que le mari fasse vivre sa concubine sous le toit familial.

Droit coutumier Ensemble des règles qui sont établies par la coutume.

Dyade conjugale Couple mari-femme.

E

Émigration Action de quitter son pays pour aller vivre dans un autre pays.

Endogamie Choix du partenaire à l'intérieur du même groupe social ou familial que celui du conjoint.

Épouse-ménagère Modèle de rôle parental qui confie à la mère le rôle d'entretenir la maison et de prendre soin des enfants.

État-providence Terme qui désigne l'ensemble des interventions de l'État dans le domaine social, qui visent à garantir un niveau minimum de bien-être à l'ensemble de la population.

Ethnocentrique Qui a tendance à juger les diverses cultures à partir des normes et des valeurs en vigueur dans sa propre culture.

Études féministes Domaine de recherche qui met l'accent sur la compréhension de la situation des femmes dans les événements sociaux. Les études féministes portent un regard critique sur la tradition de la recherche en sciences sociales qui a eu tendance à analyser d'un point de vue androcentriste le rôle des femmes dans les sociétés.

Exogamie Choix du partenaire en dehors du groupe familial d'origine.

F

Famille empirique Famille réelle, celle que le sociologue observe directement ou au moyen de documents.

Féminisme Mouvement social qui préconise l'égalité des droits entre les hommes et les femmes. Il existe plusieurs tendances dans le mouvement féministe.

Féminité étriquée Conception de la féminité limitée à la maternité.

G

Génération X Personnes nées de 1965 à 1980 et qui forment la génération qui a suivi celle des *baby-boomers*.

Gradient conjugal Le fait qu'un des conjoints possède un statut socioéconomique et un niveau de scolarité supérieurs à ceux de l'autre.

Groupe ethnoculturel Terme qui renvoie à l'idée de traits culturels particuliers et d'une même origine ethnique.

H

Habitudes de vie Comportements de l'individu qui peuvent avoir des conséquences positives ou négatives sur sa santé.

Habitus Aptitudes et préférences culturelles propres à un milieu social, qui résultent d'un apprentissage inconscient.

Hédonisme Philosophie mettant la recherche du plaisir au-dessus des autres valeurs.

Hétérogamie sexuelle Statut dissemblable des hommes et des femmes dans le mariage.

Hétérosexiste Qui fait preuve de discrimination envers les individus qui ne sont pas d'orientation hétérosexuelle.

Histoire sociale Courant d'études, en histoire, qui s'intéresse à l'histoire de la société et de ses composantes.

Homogamie sociale Règle qui détermine l'union de deux personnes à partir des ressemblances sociales.

I

Identité de genre Construction sociale et culturelle de l'identité associée au sexe biologique.

Immigration Arrivée dans un pays de gens provenant d'un autre.

Incidence Nombre de nouveaux cas à survenir pendant une période donnée.

Indice de divortialité Estimation de la proportion de mariages qui se termineraient par un divorce en se basant sur les comportements actuels.

Indice synthétique de fécondité Nombre moyen d'enfants par femme.

Individualisation Façon de vivre, dans les activités de la vie quotidienne, en demeurant seul ou en accomplissant individuellement des activités au sein même de la famille.

Individualisme Système de valeurs centré sur l'individu et son épanouissement.

Infantilisation Attitude consistant à agir envers une personne comme envers un enfant incapable de se débrouiller seul ou de juger ce qui est bon pour lui.

Informatisation Processus par lequel le traitement automatisé de l'information se répand dans toutes les sphères de l'activité humaine.

Intériorisation Ensemble des processus par lesquels les éléments du monde extérieur sont intégrés au fonctionnement mental de l'individu, comme faisant partie de soi.

M

Maison de plain-pied Maison unifamiliale sans étage, comprenant souvent un sous-sol avec chambres et salle familiale.

Mari-pourvoyeur Modèle de rôle parental qui fait assumer au mari et père la fonction de faire vivre la famille.

Maternage Ensemble des tâches nécessaires à l'éducation et aux soins des enfants.

Maternité hâtive Maternité qui survient avant l'âge de 25 ans.

Maternité tardive Maternité qui survient après l'âge de 30 ans.

Médicalisation Prise en charge du déroulement de la grossesse par du personnel médical.

Modernisation Processus de changement social qui marque le passage d'une société traditionnelle à une société industrielle.

Mondialisation Processus de multiplication des échanges économiques et culturels entre les nations à l'échelle planétaire.

Monogamie Alliance en vertu de laquelle un homme ou une femme ne peut avoir plus d'un conjoint en même temps.

Monogamie sérielle Suite d'unions monogames survenant l'une après l'autre.

Monographie Description détaillée d'un phénomène social réalisée à l'aide d'observations, d'entrevues et d'analyses de documents.

Morale conjoncturelle Morale qui tient compte de principes moraux tout en évaluant les circonstances du moment, la conjoncture.

Mouvement démographique Changement dans les caractéristiques de la population lié à des phénomènes sociaux.

N

Narcissisme Préoccupation de soi menant à la recherche de la satisfaction immédiate de ses désirs et de son épanouissement.

Néoténie Existence chez le représentant adulte de caractères infantiles de la génération précédente.

Nouvelle paternité Paternité dans laquelle le père choisit d'avoir une présence affective active auprès de ses enfants et de participer aux tâches familiales.

P

Paradigme Modèle théorique qui sert de référence pour la compréhension ou l'étude d'un phénomène.

Parenté Ensemble des personnes qui nous sont parentes par le sang ou par le mariage, à partir d'un ancêtre commun. La parenté est aussi une institution qui règle le fonctionnement de la vie sociale.

Patrimoine familial Totalité des biens qui appartiennent à la famille et qui feront partie de l'héritage des enfants.

Pérennité Caractère de ce qui dure longtemps.

Personnalité sociale Ensemble des caractéristiques d'un individu qui lui sont fournies par sa culture.

Perspective théorique fonctionnaliste Théorie qui cherche à comprendre comment fonctionne le système social et à déterminer le rôle des parties par rapport à l'équilibre du tout.

Pharmacopée Ensemble de remèdes.

Plénitude Épanouissement, état de ce qui est complet.

Pluralité Le fait qu'il y ait une diversité des types possibles, qu'il n'y ait pas de modèle unique.

Politique familiale Ensemble des mesures et des interventions publiques qui viennent en aide aux familles.

Polyandrie Plusieurs mariages d'une femme avec différents hommes (du grec *andros,* homme).

Polygamie État d'un homme ou d'une femme qui contracte plusieurs mariages valides simultanément.

Polygynie Plusieurs mariages d'un homme avec différentes femmes (du grec *gunaikos,* femme).

Postulat théorique Principe indémontrable que l'on admet comme point de départ.

Précarité État de vie ou de travail instable, changeant, non permanent, qui touche surtout les jeunes adultes.

Privatisation Processus par lequel les relations familiales passent du domaine public au domaine privé.

Prospective Démarche rigoureuse permettant de déceler les tendances d'évolution, de repérer les continuités et les ruptures.

R

Raison instrumentale Type de raisonnement considérant les réalités, les personnes et les sentiments humains comme des instruments servant à atteindre une efficacité maximale.

Rapports marchands Commercialisation des échanges entre les individus. Ce qui faisait autrefois l'objet d'un troc est désormais acheté ou vendu.

Rationalité Système de pensée fondé sur l'utilisation de la raison.

Réductionnisme Système de pensée qui réduit un phénomène complexe à une seule cause.

Régime primaire Ensemble de règles d'ordre public auquel les époux ne peuvent se soustraire.

Règle explicite Règle qui est clairement exprimée par écrit.

Règle implicite Règle qui n'est pas officiellement définie, qui est transmise oralement ou par l'exemple.

Régularité Caractère d'un phénomène qui se produit en conformité à des règles données.

Reproduction sociale Transmission de la culture et des structures sociales d'une génération à l'autre en vue du maintien de la société et de l'adaptation de ses membres.

Révolution technologique Changements importants apportés par l'invention et le développement permanent de procédés de travail, de techniques, d'outils, de machines et de matériaux propres à un domaine particulier.

Rôle expressif Dans la théorie fonctionnaliste, ce rôle est celui de soutien affectif et il est dévolu à la mère.

Rôle instrumental Dans la théorie fonctionnaliste, ce rôle est celui de soutien économique et il est dévolu au père.

Rôle sexuel Ensemble de normes, d'attitudes et d'activités dévolues aux hommes et aux femmes dans une culture.

Rôle social Ensemble structuré des normes et des obligations auxquelles doit se conformer un individu selon la position sociale qu'il occupe.

S

Santé publique Champ d'activité qui vise la santé des populations.

Scolarisation Processus menant au prolongement des études obligatoires.

Secret de famille Comportement familial déviant qui est caché à l'entourage.

Sécularisation Séparation entre les activités religieuses et les activités civiles.

Sexiste Qui fait preuve de discrimination fondée sur le sexe.

Sexualité romantique Idéal amoureux de la jeune fille initiée à la sexualité par son fiancé ou son mari ; dimension physique de la sexualité qui est sublimée dans le sentiment amoureux.

Sociabilité Ensemble des activités d'échanges entre une famille et son entourage.

Socialisation Processus par lequel une personne apprend et intériorise les éléments de sa culture.

Socialisation générationnelle Normes de socialisation propres à chaque génération.

Socialisation individuelle Construction de l'identité personnelle et sociale.

Société de consommation Société dans laquelle l'équilibre économique et social repose sur l'achat de nombreux biens et services par les citoyens.

Société postmoderne Société caractérisée par un puissant changement culturel lié à la montée des valeurs associées à l'hyperindividualisme.

Solde migratoire Différence entre l'immigration et l'émigration pour une période donnée.

Spécificité Qualité de ce qui présente un caractère original et exclusif.

Statut acquis Statut social qu'une personne acquiert ou transforme au cours de son existence grâce aux moyens reconnus par la société.

Symétrie des rôles Équilibre entre les rôles parentaux masculin et féminin.

Système dissymétrique Système matrimonial s'appuyant sur la différence des rôles conjugaux.

Système symétrique Système matrimonial se fondant sur la ressemblance et l'égalité des rôles conjugaux.

T

Tabou de l'inceste Interdiction d'avoir des relations sexuelles avec des catégories de personnes consanguines ou de les épouser.

Taux de fécondité Nombre des naissances pour 1 000 femmes entre 15 et 49 ans.

Taux de natalité Nombre des naissances pour 1 000 personnes.

Tendance Direction que prend un changement social.

Théorie évolutionniste Théorie qui suppose une suite de transformations chez une espèce, la faisant passer d'un stade inférieur à un stade supérieur.

Transcender Se situer au-delà, à un autre niveau que celui de la réalité quotidienne.

Travail domestique Ensemble des tâches effectuées au sein des familles pour satisfaire aux besoins des personnes, à l'entretien de la maison et aux soins des enfants.

U

Urbanisation Phénomène du déplacement des populations rurales vers les villes.

V

Violence familiale Terme général désignant à la fois la violence conjugale, les mauvais traitements infligés aux enfants et les agressions sexuelles.

Vivrière Production qui est centrée sur la consommation alimentaire de la famille.

Bibliographie _____

Ambert, Anne-Marie. 2005. «Les couples de même sexe et les familles homoparentales : relations, parentage et questions relatives au mariage». Ottawa : Institut Vanier de la famille, 29 p. [En ligne], http ://www.vifamily.ca/library/cft/samesex_05_fr.html (Consulté le 21 octobre 2009)

Ambert, Anne-Marie. 1990. «Marriage Dissolution : Structural and Ideological Changes». Dans Maureen Baker (dir.). *Families : Changing Trends in Canada*. Toronto : McGraw-Hill, p. 192-210.

Antil, Thomas et Michel O'Neill. 1987. «Les nouveaux pères québécois existent-ils vraiment ? ». Dans Francine Saillant et Michel O'Neill (dir.). *Accoucher autrement. Repères historiques, sociaux et culturels sur la grossesse et l'accouchement au Québec*. Montréal : Éditions Saint-Martin, p. 367-396.

Antoine, Philippe. 2002. «Les complexités de la nuptialité : de la précocité des unions féminines à la polygamie masculine en Afrique». Dans Graziella Caselli, *et al.* (dir.). *Démographie : analyse et synthèse. Vol. II – Les déterminants de la fécondité*. Paris : INED, p. 75-102.

Ariès, Philippe. 1973. *L'enfant et la vie familiale sous l'Ancien Régime*. 2e éd. Paris : Seuil, 503 p.

Ariès, Philippe, et Georges Duby. 1987. *L'histoire de la vie privée*. Tome 2. Paris : Seuil, 635 p.

Arrondel, Luc, et Cyril Grange. 1993. «Logiques et pratiques de l'homogamie dans les familles du Bottin mondain». *Revue française de sociologie*, vol. 34, n° 4 (octobre-décembre 1993), p. 597-626.

Attali, Jacques. 2007. *Amours. Histoires des relations entre les hommes et les femmes*. Paris : Fayard, 239 p.

Attias-Donfut, Claudine. 2002. «Des générations solidaires». Dans Jean-François Dortier (dir.). *Familles. Permanence et métamorphose*. Paris : Sciences Humaines, p. 113-123.

Attias-Donfut, Claudine, et Martine Segalen. 1998. *Grands-parents : la famille à travers les générations*. Paris : Odile Jacob, 336 p.

B.-Dandurand, Renée. 2002. «Un sujet nommé désir». *Revue Notre-Dame* (janvier 2002), p. 16-28.

B.-Dandurand, Renée. 2001. «Les familles d'aujourd'hui : enjeux et défis». Dans *Démographie et Famille. Les impacts sur la société de demain*. Québec : CFE, p. 88-94.

B.-Dandurand, Renée.1994. «Divorce et nouvelle monoparentalité». Dans Fernand Dumont, Yves Martin et Simon Langlois (dir.). *Traité des problèmes sociaux*. Montréal : IQRC, p. 519-544.

B.-Dandurand, Renée. 1992. «La famille n'est pas une île. Changements de société et parcours de vie familiale». Dans Gérald Daigle (dir.). *Le Québec en jeu*. Montréal : IQRC / PUM, p. 357-383.

B.-Dandurand, Renée. 1990. «Peut-on encore définir la famille ? » Dans Fernand Dumont (dir.). *La société québécoise après 30 ans de changements*. Québec : IQRC, 358 p.

B.-Dandurand, Renée. 1990. «Le couple : les transformations de la conjugalité». Dans Denise Lemieux (dir.). *Familles d'aujourd'hui*. Québec : IQRC, p. 23-42.

B.-Dandurand, Renée. (dir.). 1987. *Couples et parents des années quatre-vingt*. Québec : IQRC, 284 p.

B.-Dandurand, Renée. 1987. «Une politique familiale : enjeux et débats». *Recherches sociographiques*, vol. 48, n° 2-3, p. 349-369.

B.-Dandurand, Renée, et Francine Descarries (dir.). 1992. *Mères et travailleuses*. Québec : IQRC, 214 p.

B.-Dandurand, Renée, et Marianne Kempeneers. 2002. «Pour une analyse comparative et contextuelle de la politique familiale au Québec». *Recherches sociographiques*, vol. 43, n° 1 (janvier-avril 2002), p. 49-78.

B.-Dandurand, Renée, et Christopher McAll. 1996. «*Welfare, workfare, wedfare* : faut-il encore assister les mères seules ? » Dans *Lien Social et Politiques*. Revue internationale d'action communautaire (RIAC), n° 36 (automne 1996), p. 79-91.

B.-Dandurand, Renée, et Françoise-Romaine Ouellette. 1992. *Entre autonomie et solidarité. Parenté et soutien dans la vie de jeunes familles montréalaises*. Québec : IQRC, 432 p.

B.-Dandurand, Renée, et Agnès Pitrou. 1996. «Politiques familiales et vies de femmes». Dans *Lien Social et Politiques - RIAC*, n° 36 (automne 1996), p. 5-16.

B.-Dandurand, Renée, et Lise Saint-Jean. 1988. *Des mères sans alliance*. Québec : IQRC, 297 p.

B.-Dandurand, Renée, *et al.* 1994. *Le désir d'enfant : du projet à la réalisation*. Québec : IQRC, 377 p.

Baby, François, *et al.* 1988. *Sexisme dans les vidéoclips à la télévision*. Québec : Conseil du statut de la femme, 82 p.

Badinter, Élisabeth. 1992. *XY De l'identité masculine*. Paris : Odile Jacob, 313 p.

Badinter, Élisabeth. 1980. *L'amour en plus*. Paris : Odile Jacob, 369 p.

Baillargeon, Denise. 1996. «Les politiques familiales au Québec. Une perspective historique». Dans *Lien Social et Politiques – RIAC*, n° 36 (automne 1996), p. 21-32.

Baillargeon, Denise. 1991. *Ménagères au temps de la crise*. Montréal : Les Éditions du remue-ménage, 311 p.

Baker, Maureen. 2009. *Families : Changing Trends in Canada*. Toronto : McGraw-Hill, 311 p.

Baker, Maureen. 1990. «Changing Social Scientific Perspectives on Socialization». Dans *Families : Changing Trends in Canada*. Toronto : McGraw-Hill, p. 136-141.

Baker, Maureen. 1990. «Mate Selection and Marital Dynamics». Dans *Families : Changing Trends in Canada*. Toronto : McGraw-Hill, p. 41-66.

Baudouin, Jean-Louis et Yves Renaud. 1994. *Code civil 1993-94*. Montréal : Wilson & Lafleur, 1465 p.

Beaudry, Jean-Pierre. 1985. «Je consomme, donc je suis… ». Dans *Psychologie préventive*, n° 8, p. 40-44.

Beaulieu, Alain. 1997. *Les Autochtones du Québec*. Québec : Musée de la civilisation / Éditions Fides, 183 p.

Beaulieu, Nicole. 1988. «Gros plan sur les vidéoclips». *La Gazette des femmes*, vol. 10, n° 3 (septembre-octobre 1988), p. 16-19.

Bélanger, J.-P. 1985. «L'évolution de la famille et ses conséquences sur les personnes âgées». Dans *La personne âgée et la famille*. Cahiers de l'ACFAS, n° 34, p. 20-42.

Bélisle, Diane. 1985. « Un peu d'histoire ». Dans Louise Vandelac (dir.). *Du travail et de l'amour*. Montréal : Éditions Saint-Martin, 418 p.

Belotti, Elena Gianini. 1981. *Du côté des petites filles*. Paris : Édition des Femmes, 251 p.

Belsky, Jay. 1997. « A Nation (Still) at Risk ». Dans K. R. Gilbert (dir.). *Marriage and Family 97 / 98. Annual Editions*. Guilford : Dushkin / McGraw-Hill, p. 125-126.

Benson, Rosenthal J., et M. Johnson. 1996. « What a Baby Really Costs ». Dans Kathleen R. Gilbert (Ed.). *Marriage and Family 97 / 98. Annual Editions*, Guilford : Dushkin / McGraw-Hill, 240 p., p. 73-75.

Berger, Peter L. 1973. *Comprendre la sociologie*. Paris : Centurion, 263 p.

Biraben, Jean-Noël. 2003. « L'évolution du nombre d'hommes ». Dans *Population et sociétés*, n° 394 (octobre 2003), p. 1-4.

Bonte, Pierre, et Michel Izard (dir.). 1991. *Dictionnaire de l'ethnologie et de l'anthropologie*. Paris : PUF, 755 p.

Bossard, James H., et Eleanor S. Boll. 1949. « Ritual in Family Living ». *American Sociological Review*, vol. 14, n° 4. Cité par Monique Morval. 1992. « Études des rituels familiaux ». Dans *Comprendre la famille : Actes du 1er Symposium québécois de recherche sur la famille*. Sainte-Foy : PUQ, p. 113-127.

Bouchard, Camil. 1997. « Un modèle unique de services de garde ». *La Presse*, 24 janvier 1997, p. B3.

Bouchard, Camil (dir.). 1991. *Un Québec fou de ses enfants : rapport du groupe de travail pour les jeunes*. Québec : ministère de la Santé et des Services sociaux, 179 p.

Bouchard, Camil, *et al.* 1994. « Les mauvais traitements envers les enfants ». Dans Fernand Dumont, Simon Langlois et Yves Martin (dir.). *Traité des problèmes sociaux*. Québec : IQRC, p. 363-380.

Bouchard, Gérard, et Richard Lalou. 1993. « La surfécondité des couples québécois depuis le XVIIe siècle, essai de mesure d'interprétation ». *Recherches sociographiques*, vol. 34, n° 1, p. 9-44.

Boulhabel-Villac, Y. 1991. « Les familles immigrées et l'intégration ». Dans François de Singly (dir.). *La famille, l'état des savoirs*. Paris : La Découverte, p. 301-309.

Bourdieu, Pierre. 1982. *La distinction : critique sociale du jugement*. Paris : Éditions de Minuit, 670 p.

Bourguignon, Odile. 1987. « La question de l'enfant ». Dans *L'Année sociologique*, vol. 37, n° 1, p. 93-118.

Bozon, Michel. 1991. « Le mariage : montée et déclin d'une institution ». Dans François de Singly (dir.). *La famille, l'état des savoirs*. Paris : La Découverte, p. 47-57.

Bozon, Michel. 1988. « Le mariage en moins ». Société Française, n° 26 (janvier-mars 1988), p. 9-19.

Bozon, Michel, et François Héran. 1987. « La découverte du conjoint I ». *Population*, n° 6, p. 942-983 ; 1988. « La découverte du conjoint II ». *Population*, n° 1, p. 121-149.

Bradbury, Bettina. 1995. *Familles ouvrières à Montréal*. Montréal : Boréal, 368 p.

Brière, Paule. 1987. « La pensée féministe sur la maternité ». Dans Renée B.-Dandurand (dir.). *Couples et parents des années quatre-vingt*. Québec : IQRC, p. 61-68.

Brodeur, Jean-Paul. 1994. « Violence et société ». Dans Fernand Dumont, Simon Langlois et Yves Martin (dir.). *Traité des problèmes sociaux*. Montréal : IQRC, p. 301-317.

Broué, Jacques, et Gilles Rondeau. 1997. *Père à part entière*. Montréal : Éditions Saint-Martin, 213 p.

Broverman, I. K., *et al.* 1970. « Sex-roles Stereotypes and Clinical Judgments of Mental Health ». *Journal of Consulting and Clinical Psychology*, n° 34.

Burguière, André, *et al.* 1986. *Histoire de la famille*. Tome 2. Paris : Armand Colin, 559 p.

Cahen, F. 1981. « Maîtriser sa fécondité : réalité ou fantasme ? » Dans *La problématique de l'enfant supplémentaire – avoir ou non un troisième enfant*. Paris : ministère du Travail / GERAL.

Caldwell, Gary. 1976. « La baisse de la fécondité au Québec à la lumière de la sociologie québécoise ». *Recherches sociographiques*, vol. 17, n° 1, p. 7-22.

Campeau, Renée-Johanne. 1989. « Vivre sous pression… en constante contradiction ». *Possibles*, vol. 13, n° 4 (automne 1989), p. 115-120.

Carisse, Colette. 1974. *La famille : mythe et réalité québécoise*. Québec : Conseil des affaires sociales et de la famille, 325 p.

Carisse, Colette, et A. Fortin. 1988. *De famille en familles*. Cours télévisé, texte d'accompagnement non publié. Sainte-Foy : Université Laval, département de sociologie.

Carmel, Marlène. 1990. *Ces femmes qui n'en veulent pas*. Montréal : Éditions Saint-Martin, 159 p.

Caron, Louise, *et al.* 1990. *L'aménagement et la réduction du temps de travail au Québec : réalité et perspectives pour les travailleuses*. Québec : Conseil du statut de la femme, 212 p.

Chabaud, Danielle, *et al.* 1981. *Famille, travail domestique et espace-temps des femmes*. Nanterre : CÆSAR, Université de Paris X, 162 p. Cité dans Louise Vandelac, *et al.* 1985. *Du travail et de l'amour*. Montréal : Éditions Saint-Martin, p. 343.

Chabot, Marc. 1989. « Les discours sur la famille ». Dans *Rôles et valeurs familiales*. Document n° 3. Québec : Musée de la civilisation, 140 p.

Chamberland, Claire. 2003. *Violence parentale et violence conjugale. Des réalités plurielles, multidimensionnelles et interreliées*. Québec : PUQ, 396 p.

Chamberland, Claire. 1992. « La violence faite aux enfants ». *P.R.I.S.M.E.*, vol. 3, n° 1 (automne 1992), p. 16-31.

Champagne-Gilbert, Maurice. 1980. *La famille et l'homme à délivrer du pouvoir*. Montréal : Leméac, 415 p.

Chapman, Anthony. 1985. « Space and Place : Territorial Training for Traditional Gender Roles ». *Women and Environments*, vol. 7, n° 1 (hiver 1985), p. 6-9.

Charbonneau, Johanne. 2003. « Pourquoi les jeunes font-ils moins d'enfants ? » Dans Michel Venne (dir.). *L'annuaire du Québec 2004*. Montréal : Fides, p. 212-221.

Chiche-Yana, M. 1981. « Depuis 100 ans elles enfantent seules, célibataires ». *Autrement*, n° 32 (mai 1981), p. 215-217.

Chui, Tina. 1996. « Projection de la population ». *Tendances sociales canadiennes*. Ottawa : Statistique Canada, p. 3-10.

Claes, Michel. 2003. *L'univers social des adolescents*. Montréal : Fides, p. 212-221.

Claes, Michel. 1990. « Les relations entre parents et enfants dans une famille en changement ». Dans Denise Lemieux (dir.). *Familles d'aujourd'hui*. Québec : IQRC, p. 73-88.

Clavette, Huguette et Donald Poirier. 1990. *Familles, droit et société*. Moncton : Éditions d'Acadie, 414 p.

Cloutier, Richard. 1985. « L'expérience de l'enfant dans sa famille et son adaptation future ». *Apprentissage et socialisation*, vol. 8, n° 4 (décembre 1985), p. 87-100.

Colin, Christine, *et al.* 1992. *Extrême pauvreté, maternité et santé*. Montréal : Éditions Saint-Martin, 259 p.

Collomb, Henri. 1979. « Le lignage, le groupe et la psychose ». *Psychanalyse à l'université*, vol. 4, n° 16 (septembre 1979). Cité dans Geneviève Delaisi de Parseval. 1983. *L'enfant à tout prix*. Paris : Seuil, 283 p.

Conseil de la famille et de l'enfance (CFE). 2002. *Les familles avec adolescents, entre le doute et l'incertitude. Le rapport 2001-2002 sur la situation et les besoins des familles et des enfants*. Québec : Gouvernement du Québec, 119 p.

Conseil de la santé et du bien-être (CSBE). 1997. *La participation comme stratégie de renouvellement du développement social*. Québec : Conseil de la santé et du bien-être, 119 p.

Conseil supérieur de l'Éducation. 1996. *Pour un développement intégré des services éducatifs à la petite enfance : de la vision à l'action*. Québec : Conseil supérieur de l'Éducation, 121 p.

Cooper, David. 1972. *Mort de la famille*. Paris : Seuil, 157 p.

Corbeil, Christine, *et al.* 1992. « Une pratique de la maternité : les femmes au foyer ». Dans Renée B.-Dandurand et Francine Descarries (dir.). *Mères et travailleuses*. Québec : IQRC, p. 77-102.

Corbeil, Christine. 1990. « Des femmes, du travail, des enfants : des vies dédoublées ». *Nouvelles pratiques sociales*, vol. 3, n° 2 (automne 1990), p. 99-116.

Côté, Denyse. 2000. *La garde partagée. L'équité en question*. Montréal : Les éditions du remue-ménage, 202 p.

Dagenais, Daniel. 2000. *La fin de la famille moderne*. Québec : PUL, 267 p.

Deaux, Kay. 1985. « Sex and Gender ». *Annual Review of Psychology*. Palo Alto : Annual Reviews, vol. 36, p. 46-92.

De Beauvoir, Simone. 1949. *Le deuxième sexe*. Paris : Gallimard, tome 1, 510 p., tome 2, 509 p.

De Koninck, Marie. 2003. « La société doit changer. Quel équilibre souhaite-t-on entre la famille et le travail ? » Dans *La conciliation famille-travail : Vivre sous tension ? Oser l'utopie ?* Montréal : Association pour la santé publique du Québec (ASPQ), p. 61-76.

Delaisi de Parseval, Géneviève. 1983. *L'enfant à tout prix*. Paris : Seuil, 283 p.

De Mause, Lloyd. 1975. « Jadis, l'enfance était un cauchemar ». *Psychologie*, n° 67 (août 1975), p. 17-21.

Denis, Claire, *et al.* 2006. *Individu et Société*. 4e éd. Montréal : Chenelière Éditions, 352 p.

Descarries, Francine, *et al.* 1991. *Les femmes au foyer : une réalité aux multiples profils*. Ottawa : Conseil consultatif canadien sur la situation de la femme, 295 p.

Desforges, M. 1987. « Vivre en famille reconstituée, un défi intéressant ! » Dans Renée B.-Dandurand (dir.). *Couples et parents des années quatre-vingt*. Québec : IQRC, p. 109-112.

De Singly, François. 1991. *La famille, l'état des savoirs*. Paris : La Découverte, 447 p.

De Singly, François. 1984. « Les manœuvres de la séduction. Une analyse des annonces matrimoniales ». *Revue française de sociologie*, vol. 35, n° 1, p. 523-559.

Dortier, Jean-François (dir.). 2002. *Familles : permanence et méta-morphoses*. Paris : Sciences Humaines, 312 p.

Dubé, Robert, et Marjolaine Saint-Jules. 1987. *Protection de l'enfance, réalité de l'intervention*. Montréal : Gaëtan Morin, 242 p.

Duchesne, Louis. 2006. *La situation démographique au Québec. Bilan 2006*. Québec : ISQ, 304 p.

Duchesne, Louis. 2003. *La situation démographique au Québec. Bilan 2003*. Québec : ISQ, 323 p.

Duchesne, Louis. 2000. « Avec qui vivent les élèves du secondaire ? » *Bulletin de l'ISQ*, vol. 4, n° 2 (février 2000).

Duchesne, Louis. 1997. *La situation démographique au Québec, 1997*. Québec : BSQ, 102 p.

Duchesne, Louis, et Hervé Gauthier. 1991. *Le vieillissement démogra-phique et les personnes âgées au Québec*. Québec : BSQ, 297 p.

Dulac, Germain. 2001. *Aider les hommes... aussi*. Montréal : VLB éditeur, 192 p.

Dulac, Germain. 1994a. *Penser le masculin*. Québec : IQRC, 137 p.

Dulac, Germain. 1994b. « La condition masculine : l'univers complexe de la paternité ». Dans Fernand Dumont, Simon Langlois et Yves Martin (dir.). *Traité des problèmes sociaux*. Québec : IQRC, p. 499-518.

Dulac, Germain. 1993. *La paternité : les transformations sociales récentes*. Québec : Conseil de la famille, 93 p.

Dumont, Chantal. 2008. « La famille à l'horizon 2020 ». Dans Gilles Pronovost, *et al.* (dir.). *La famille à l'horizon 2020*. Montréal : PUQ, p. 1-32.

Dumont, Fernand (dir.). 1986. « Âges, générations, société de la jeu-nesse ». Dans *Une société des jeunes*. Québec : IQRC, p. 15-28.

Dumont, Micheline, et Nadia Fahmy-Eid. 1983. *Maîtresses de mai-son, maîtresses d'école*. Montréal : Boréal Express, 413 p.

Dunnigan, Lise. 1992. *Les rapports hommes-femmes et les inéga-lités socio-économiques qu'ils produisent : implications pour la santé et le bien-être*. Québec : MSSS, 76 p.

Dunnigan, Lise. 1976. *Analyse des stéréotypes masculins et féminins dans les manuels scolaires au Québec*. Québec : CSF, 188 p.

Dunnigan, Lise, et Nicole Gravel. 1992. *La santé des femmes démunies : mieux comprendre pour mieux intervenir*. Québec : MSSS, 76 p.

Duval, Michelle. 1992. « Être mère au foyer et récemment immigrée à Montréal ». Dans *Comprendre la famille : Actes du 1er Sympo-sium québécois de recherche sur la famille*. Sainte-Foy : PUQ, p. 145-161.

Duval, Michelle. 1992. « La mobilisation politique des mères-travailleuses en vue de changer l'organisation du travail ». Dans Renée B.-Dandurand et Francine Descarries (dir.). *Mères et travailleuses*. Québec : IQRC, 214 p.

Dyke, Nathalie, et Jean-François Saucier. 2000. *Cultures et paternités : impact de l'immigration*. Montréal : Éditions Saint-Martin, 143 p.

Éthier, Louise S. 1992. « Le stress des mères maltraitantes et leurs antécédents familiaux ». Dans *Comprendre la famille : Actes du 1er Symposium québécois de recherche sur la famille*. Sainte-Foy : PUQ, p. 645-670.

Éthier, Louise S., *et al.* 1992. « À propos du concept de maltraitance : abus et négligence, deux entités distinctes ? » *Santé mentale au Canada,* vol. 40, n° 2, p. 14-20.

Ezembe, Ferdinand. 2000. « Don et abandon des enfants en Afrique ». Dans Myriam Szjezer (dir.). *Le bébé face à l'abandon, le bébé face à l'adoption.* Paris : Albin Michel. [En ligne], http://www.afrique-conseil.org/publications/ezembe1 (Consulté le 25 octobre 2009)

Falardeau, Jean-Claude. (dir.). 1968. *Léon Gérin et l'habitant de Saint-Justin.* Montréal : PUM, 179 p.

Falconnet, Georges, et Nadine Lefaucheur. 1975. *La fabrication des mâles.* Collection « Points ». Paris : Seuil, 186 p.

Faludi, Susan. 1993. *Backlash.* Paris : Édition des Femmes, 568 p.

Fessou, Didier. 1993. « Les valeurs familiales sont moins importantes pour les jeunes ». *Le Soleil* (15 décembre 1993), cahier C, p. 8.

Fine, Agnès. 2002. « Parenté : liens de sang et liens de cœur ». Dans Jean-François Dortier (dir.). *Familles. Permanence et métamorphose.* Paris : Sciences Humaines, p. 69-75.

Fitoussi, Michelle. 1987. *Le ras-le-bol des superwomen.* Paris : Calmann-Lévy, 200 p.

Fonds des Nations Unies pour la population (UNFPA). 2001. *L'état de la population mondiale 2001.* [En ligne], http ://www.unfpa.org/swp/2001/francais/index.html (Consulté le 25 octobre 2009)

Fontaine, L. 1993. « Chercher l'amour dans un fichier ». *Châtelaine,* vol. 34, n° 2 (février 1993), p. 23-27.

Fortin, Andrée. 1994. « La famille, premier et ultime recours ». Dans *Traité d'anthropologie médicale.* Québec : IQRC, p. 947-962.

Fortin, Andrée. 1987. *Histoires de familles et de réseaux, la sociabilité au Québec d'hier à demain.* Montréal : Éditions Saint-Martin, 225 p.

Fortin, Gérald. 1961. « Les changements socioculturels dans une paroisse agricole ». *Recherches sociographiques,* vol. 2, n° 2 (avril-juin 1961), p. 151-170.

Fortin, Gérald. Fin des années 1960. « Nouvelles familles et nouvelle société ». Texte de conférence.

Fournier, Daniel. 1989. « Pourquoi la revanche des berceaux ? L'hypothèse de la sociabilité ». *Recherches sociographiques,* vol. 30, n° 2, p. 171-198.

Friedan, Betty. 1983. *Femmes, le second souffle.* Montréal : Stanké, 318 p.

Gagnon, Francine, et Catherine Lord. 1989. « Patrimoine familial : ne signez rien les yeux fermés ». *La Gazette des femmes,* vol. 11, n° 4 (novembre-décembre 1989), p. 17-27.

Gagnon, Serge. 1993. *Mariage et famille au temps de Papineau.* Sainte-Foy : PUL, 300 p.

Galland, Olivier. 1991. « L'entrée dans la vie familiale ». Dans François de Singly (dir.). *La famille, l'état des savoirs.* Paris : La Découverte, p. 34-46.

Garigue, Philippe. 1962. *La vie familiale des Canadiens français.* Paris : PUF, 142 p.

Gauthier, Hervé, *et al.* 1997. *D'une génération à l'autre.* Tome 1. Québec : BSQ, 257 p.

Gauthier, Madeleine, et Johanne Bujold. 1992. « L'enfance au Québec : une analyse des tendances ». Dans *Comprendre la famille : Actes du 1er Symposium québécois de recherche sur la famille.* Sainte-Foy : PUQ, p. 391-407.

Gauthier, Pierre. 1986. *Les nouvelles familles.* Montréal : Éditions Saint-Martin, 135 p.

Gauvreau, Danielle. 1991. « Destins de femmes, destins de mères : images et réalités historiques de la maternité au Québec ». *Recherches sociographiques,* vol. 32, n° 3, p. 321-346.

Gauvreau, Danielle. 1981. « Éléments de réflexion sur la question d'une politique nataliste pour le Québec ». *Cahiers québécois de démographie,* vol. 10, n° 2 (août 1981).

Gérin, Léon. 1938. *Le type économique et social des Canadiens. Milieux agricoles de tradition française.* Montréal : l'Action canadienne-française, 218 p.

Germain, Diane. 1984. « La famille reconstituée : le deuil de l'idéal ». *Revue canadienne de psycho-éducation,* vol. 13, n° 2, p. 90-107.

Girard, Alain. 1974. *Le choix du conjoint.* Paris : PUF.

Girard, Chantal. 2008. *Le bilan démographique du Québec. Édition 2008.* Québec : Institut de la statistique du Québec, 80 p. [En ligne], www.stat.gouv.qc.ca/publications/demograp/pdf2008/bilan2008.pdf

Godbout, Jacques T. 1990. « L'État : un ami de la famille ? » Dans Denise Lemieux (dir.). *Familles d'aujourd'hui.* Québec : IQRC, p. 173-185.

Gossez, Catherine. 1982. « Les femmes des ethnologues ». *Nouvelles questions féministes,* n° 3 (avril 1982), p. 3-35.

Gouvernement du Québec. 1987. *La politique familiale, énoncé des orientations et de la dynamique administrative.* Québec : Les Publications du Québec (3 décembre 1987).

Gouvernement du Québec, ministère du Conseil exécutif, Secrétariat à la politique familiale. 1985. *Livre vert pour les familles québécoises. Le soutien collectif réclamé pour les familles québécoises : rapport de la consultation sur la politique familiale.* Québec : ministère du Conseil exécutif, Secrétariat à la politique familiale, 204 p.

Gouvernement du Québec, ministère de la Santé et des Services sociaux (MSSS). 2004. *Les hommes : s'ouvrir à leurs réalités et répondre à leurs besoins. Rapport du Comité de travail en matière de prévention et d'aide aux hommes.* Québec : MSSS, 215 p.

Gouvernement du Québec, ministère de la Santé et des Services sociaux (MSSS). 1985. *Une politique d'aide aux femmes violentées.* Québec : MSSS, 59 p.

Grégoire, Isabelle. 2008. « Le grand écart des valeurs ». *L'Actualité,* vol. 33, n° 2, (février 2008), p. 22.

Guénette, M. 1990. « Peut-on encore divorcer à l'amiable en 1990 ? » *Justice,* vol. 12, n° 7 (septembre 1990), p. 28-35.

Guilbert, Édith, *et al.* 2000. *La grossesse à l'adolescence et sa prévention : au-delà de la pensée magique.* Québec : Direction de la santé publique de Québec (DSPQ), 134 p.

Guyon, Louise. 1991. « La perception qu'ont les femmes de leur état de santé ou la face cachée du diagnostic ». Dans Anne Quéniart (dir.). *Femmes et santé, aspects psychosociaux.* Boucherville : Gaëtan Morin éditeur, p. 7-19.

Hagedorn, Robert. (dir.). 1980. *Sociology.* Toronto : Holt, Rinehart and Winston, 626 p.

Hareven, Tamara K. 1985. « Les grands thèmes de l'histoire de la famille aux États-Unis ». *Revue d'histoire de l'Amérique française,* vol. 39, n° 2, p. 185-209.

Hareven, Tamara K. 1977. « Pour une approche historique de la maturité et de la vieillesse ». *Critère,* n° 16 (hiver 1977), p. 115-142.

Henripin, Jacques. 1993. « Une flamblée de bébés ». *Cap-aux-Diamants,* n° 32 (hiver 1993), p. 18-21.

Henripin, Jacques. 1989. *Naître ou ne pas être*. Québec : IQRC, 141 p.

Henripin, Jacques, et Évelyne Lapierre-Adamcyk. 1986. *Essai d'évaluation du coût des enfants*. Québec : BSQ. « Cahiers techniques », n° 84.

Henripin, Jacques. 1974. *Éléments de démographie*. Montréal : Université de Montréal, 2e partie.

Héritier-Augé, Françoise. 2004. « Inceste ». Dans Pierre Bonte et Michel Izard (dir.). *Dictionnaire de l'ethnologie et de l'anthropologie*. Paris : PUF, p. 347-349.

Héritier, Françoise. 1975. « Les dogmes ne meurent pas ». *Autrement*, n° 3 (automne 1975), p. 150-162.

Hertrich, Véronique. 2006. « La polygamie : persistance ou recomposition ? Le cas d'une population rurale du Mali ». Dans *Cahiers québécois de démographie*, vol 35, n° 2 (automne 2006), p. 39-69. [En ligne], http://id.erudit.org/iderudit/018592ar (Consulté le 26 octobre 2009)

Herzlich, Guy. (dir.). 1984. « La population mondiale ». Dossier du journal *Le Monde* (novembre 1984).

Hirshorn, Susan. 1987. « Quand un et un font… trois ». *Le consommateur canadien*, vol. 17, n° 11 (novembre 1987).

Houle, Gilles et Roch Hurtubise. 1991. « Parler de faire des enfants, une question vitale ». *Recherches sociographiques*, vol. 32, n° 3, p. 385-414.

Hurtubise, Roch. 1993. « Les amoureux et l'intime : à propos du discours et du silence amoureux ». *Discours et pratiques de l'intime*. Québec : IQRC, p. 149-163.

Hurtubise, Roch. 1992. « Être amoureux et le dire : à propos des rapports amoureux ». *Revue internationale d'action communautaire* (RIAC), 26/66 (printemps 1992), p. 39-49.

Institut de la Statistique du Québec (ISQ). 2004. *Les interruptions volontaires de grossesses. Statistiques*. Québec : ISQ. [En ligne], http://www.stat.gouv.qc.ca

Institut de la Statistique du Québec, Conseil de la Famille et de l'Enfance et ministère de la Famille et de l'Enfance. 2002. *Les familles et les enfants au Québec*. 2e éd. Québec : ISQ, 206 p.

Jetté, Mireille, *et al.* 2001. « La violence familiale dans la vie des enfants ». Dans *Portrait social du Québec : données et analyse, édition 2001*. Québec : ISQ, p. 475-485.

Joyal-Poupart, Renée. 1987. « La famille, entre l'éclatement et le renouveau. La réponse du législateur ». Dans Renée B.-Dandurand (dir.). *Couples et parents des années quatre-vingt*. Québec : IQRC, p. 147-161.

Joyal-Poupart, Renée. 1986. *Paroles d'adolescents : Famille et rôles sexuels*. Montréal : Les Éditions convergences, 86 p.

Joyal-Poupart, Renée. 1985. « La garde partagée ». Dans *Le droit de la famille au Canada : nouvelles orientations*. Ottawa : CCSF, p. 115-134.

Jutras, Sylvie, et France Veilleux. 1989. *Des « partenaires » méconnus : les aidants des personnes âgées en perte d'autonomie*. Montréal : Groupes de recherche sur les aspects sociaux de la prévention (GRASP), 98 p.

Kellerhals, Jean, *et al.* 1984. *Microsociologie de la famille*. Paris : PUF, 127 p.

Kellerhals, Jean. 1982. *Mariages au quotidien, inégalités sociales, tensions culturelles et organisation familiale*. Lausanne : P.-M. Favre, 287 p.

Komarovsky, Mirra. 1991. « Some Reflections on the Feminist Scholarship in Sociology ». *Annual Review of Sociology,* vol. 17, p. 1-25.

Labelle, Micheline, *et al.* 1987. *Histoires d'immigrées*. Montréal : Boréal, 275 p.

Lachapelle, Réjean. 1991. « Quelques tendances démolinguistiques au Canada et au Québec ». Dans Jacques Henripin et Yves Martin (dir.). *La population du Québec d'hier à demain*. Montréal : PUM, p. 191-204.

Lacombe, Madeleine. 1990. *Au grand jour*. Montréal : Les Éditions du remue-ménage, 181 p.

Lacoste, Camille, et Yves Lacoste (dir.). 1991. *L'état du Maghreb*. Collection « L'état du monde ». Paris : La Découverte, 576 p.

Lacourse, Marie-Thérèse. 2001. « L'avortement est-il devenu une méthode contraceptive ? » Dans Roch Côté (dir.). *Québec 2002*. Montréal : Fides, p. 118-125.

Lacourse, Marie-Thérèse. 1993. « L'avortement répété au Québec : des valeurs post-modernes ». Québec : Université Laval, Laboratoire de recherches sociologiques. *Rapports de recherche*, n° 33, 168 p.

Lahouri, Besma. 2004. « Polygamie : cet interdit qui a droit de cité ». Dans *L'Express,* 15 janvier 2004. [En Ligne], http://www.lexpress.fr/actualite/societe/cet-interdit-qui-a-droit-de-cite_491574.html (Consulté le 13 juillet 2009)

Lajoie, Ginette. 2003. *L'école au masculin*. Québec : Septembre éditeur, 134 p.

Lamarche, Pierre. 1992. *Notions de droit privé*. Montréal : Modulo, 303 p.

Lamb, Michael E. 1992. « Les effets de la garde non parentale : que savons-nous au juste ? » *Apprentissage et Socialisation,* vol. 15, n° 3 (automne 1992), p. 195-207.

Langlois, Simon. 1992. « Culture et rapports sociaux : trente ans de changements ». *ARGUS*, vol. 21, n° 3 (hiver 1992), p. 4-10.

Langlois, Simon. (dir.). 1990. *La société québécoise en tendances 1960-1990*. Québec : IQRC, 667 p.

Langlois, Simon. 1990. « L'avènement de la société de consommation : un tournant dans l'histoire de la famille ». Dans Denise Lemieux (dir.). *Familles d'aujourd'hui*, Québec : IQRC, p. 89-113.

Langlois, Simon. 1984a. « Consommation et activités de loisirs au Québec ». *Loisir et Société*, vol. 7, n° 2 (automne 1984).

Langlois, Simon. 1984b. « L'impact du double revenu sur la structure des besoins dans les ménages ». *Recherches sociographiques*, vol. 25, n° 2 (mai-août 1984), p. 211-265.

Langlois, Simon, et Jean-Pierre Simard. 1990. « Biens et services marchands ». Dans Simon Langlois, *et al. La société québécoise en tendances 1960-1990*. Québec : IQRC, p. 455.

Lapierre-Adamcyk, Évelyne, *et al.* 1987. « La cohabitation au Québec, prélude ou substitut au mariage ? Les attitudes des jeunes Québécoises ». Dans Renée B.-Dandurand (dir.). *Couples et parents des années quatre-vingt*. Québec : IQRC, p. 27-46.

Lapierre, Dominique. 1985. *La Cité de la joie*. Paris : Robert Laffont, 601 p.

Laroche, C. 1979. « La paternité consentie ». *Châtelaine*, (janvier 1979), p. 60-61.

Laroche, Denis. 2003. *La violence conjugale envers les hommes et les femmes, au Québec et au Canada, 1999*. Québec : ISQ, 235 p.

Laroche, Denis. 2001. « Le partage du temps productif entre conjoints ». Dans *Portrait social du Québec : données et analyse, édition 2001*. Collection « Les conditions de vie ». Québec : ISQ, p. 513-545.

Lasch, Christopher. 1979. *Haven in a Heartless World*. New York : Basic Books, 230 p.

Latour, Julie. 2001. « Garde partagée, avis partagés ». *L'Association du barreau canadien*, 5 p.

Laurendeau, France. 1985. « Types de sociétés et de prises en charge : la professionnalisation de l'élevage des enfants ». Dans Jacques Dufresne, Fernand Dumont et Yves Martin (dir.). *Traité d'anthropologie médicale*. Montréal : PUQ / IQRC / PUL.

Lavoie, Francine, et Line Robitaille. 1991. *La violence dans les relations intimes des jeunes*. Québec : Université Laval, Groupe de recherche multidisciplinaire féministe (GREMF), 88 p.

Lazure, Jacques. 1990. « Mouvance des générations. Condition féminine et masculine ». Dans Fernand Dumont (dir.). *La société québécoise après 30 ans de changements*. Québec : IQRC, 358 p.

Le Bourdais, Céline, *et al.* 2000. « L'évolution des liens conjugaux ». Dans *Tendances sociales canadiennes, printemps 2000*. Statistique Canada, n° catalogue 11-008, p. 15-18.

Le Bourdais, Céline. 1987. « Le travail et l'ouvrage ». *Sociologie et Sociétés,* vol. 19, n° 1 (avril 1987), p. 37-55.

Le Bourdais, Céline, et Annie Sauriol. 1998. *La part des pères dans la division du travail domestique au sein des familles canadiennes*. Montréal : INRS Urbanisation, Études et documents, 55 p.

Le Collectif Clio. 1992. *L'histoire des femmes au Québec depuis quatre siècles*. Montréal : Le Jour éditeur, 646 p.

Lefèbvre, Pierre, et Phillip Merrigan. 1998. « Comportements d'utilisation du temps des pères et des mères au Canada ». Dans Jacques Alary et Louise S. Éthier (dir.). *Comprendre la famille : Actes du 4e Symposium québécois de recherche sur la famille*. Sainte-Foy : PUQ, p. 149-183.

Le Gall, Didier, et Claude Martin. 1991. « L'instabilité conjugale et la recomposition familiale ». Dans *La famille, l'état des savoirs*. Paris : La Découverte, p. 58-66.

Lemieux, Claude. 1984. *La Chine : une histoire de famille*. Montréal : Éditions Saint-Martin, 180 p.

Lemieux, Denise. 1996. « Les enfants qu'on a eus ! Les politiques sociales dans les stratégies des femmes de la trentaine évoquant leurs maternités ». Dans *Lien Social et Politiques*. Revue internationale d'action communautaire (RIAC), n° 36 (automne 1996), p. 123-131.

Lemieux, Denise. 1990. « Enfants et familles du passé : une histoire entre mythes et réalités ». Dans *Familles d'aujourd'hui*. Québec : IQRC, p. 55-71.

Lemieux, Denise. 1987. « Quelques enfants, des chats, des chiens, une tourterelle… Les nouvelles familles au coin de l'imaginaire ». Dans Renée B.-Dandurand (dir.). *Couples et parents des années quatre-vingt*. Québec : IQRC, p. 113-130.

Lemieux, Denise, et Lucie Mercier. 1992. « La formation du couple et ses rituels ». Dans *Comprendre la famille : Actes du 1er Symposium québécois de recherche sur la famille*. Sainte-Foy : IQRC /PUQ, p. 53-69.

Lemieux, Denise, et Lucie Mercier. 1992. « L'articulation travail-maternité : histoire d'une transition à travers des récits de vie ». Dans Renée B.-Dandurand et Francine Descarries (dir.). *Mères et travailleuses*. Québec : IQRC, p. 103-127.

Lemieux, Denise, et Lucie Mercier. 1989. *Les femmes au tournant du siècle 1880-1940*. Québec : IQRC, 398 p.

Lepage, Francine. 1992. « La famille et l'union libre font-elles bon ménage ? ». Dans *Comprendre la famille : Actes du 1er Symposium québécois de recherche sur la famille*. Sainte-Foy : PUQ, p. 197-210.

Lepage, Francine, *et al.* 1991. *Vivre en union de fait au Québec*. Québec : CSF, 127 p.

Lévi-Strauss, Claude. 1977. *Les structures élémentaires de la parenté*. Paris : Mouton, 591 p.

Levy, Joseph J., *et al.* 1992. « Perceptions des rôles sexuels ». Dans *Comprendre la famille : Actes du 1er Symposium québécois de recherche sur la famille*. Sainte-Foy : PUQ, p. 163-178.

Linteau, Paul-André, *et al.* 1979. *Histoire du Québec contemporain*. Montréal : Boréal Express, 658 p.

Lipovetsky, Gilles. 1992. *Le crépuscule du devoir*. Paris : Gallimard, 292 p.

Locoh, Thérèse. 2002. « Les facteurs de la formation des couples ». Dans Graziella Caselli, *et al.* (dir.). *Démographie : analyse et synthèse. Vol. II Les déterminants de la fécondité*. Paris : INED, p. 103-142.

Loux, Françoise. 1990. « La médecine familiale dans la France rurale ». *Anthropologie et Sociétés,* vol. 14, n° 1, p. 82-92.

Mackie, C. 1990. « Socialization : Changing Views of Child Rearing and Adolescence ». Dans Maureen Baker (dir.). *Families : Changing Trends in Canada*. Toronto : McGraw-Hill, p. 115-148.

MacMillan, H. L., *et al.* 1993. « Periodic Health Examination, 1993 Update : 1. Primary Prevention of Child Maltreatment ». *Canadian Medical Association Journal,* vol. 148, n° 2 (15 janvier 1993), p. 151-163.

Marshall, Pat Freeman, et Marthe Aselin Vaillancourt. 1993. *Un nouvel horizon : éliminer la violence, atteindre l'égalité*. Ottawa : Comité canadien sur la violence faite aux femmes, 2 vol.

Mathews, Georges. 1987. « Le choc démographique : pas seulement une affaire de famille ». *Revue internationale d'action communautaire (RIAC),* 18 / 58 (automne 1987), p. 9-16.

Mathews, Georges. 1984. *Le choc démographique*. Montréal : Boréal Express, 204 p.

McRoberts, Kenneth, et Dale Postgate. 1983. *Développement et modernisation du Québec*. Montréal : Boréal Express, 350 p.

Mead, Margaret. 1963. *Mœurs et sexualité en Océanie*. Paris : Plon, 608 p.

Meintel, Deirdre. 1989. « Les Québécois vus par les jeunes d'origine immigrée ». *Revue internationale d'action communautaire (RIAC),* (printemps 1989) p. 85-91.

Meintel, Deirdre, et Josianne. Le Gall. 1995. *Les jeunes d'origine immigrée. Rapports familiaux et les transitions de vie*. Montréal : Université de Montréal. Groupe de recherche Ethnicité et Société. Collection « Études et recherche », n° 10, 117 p.

Melville, K. 1988. *Marriage and Family Today*. 4e éd. New York : Random House, 486 p.

Mercier, Lucie. 1990. « Le quotidien et le partage des tâches ». Dans Denise Lemieux (dir.). *Familles d'aujourd'hui*. Québec : IQRC, p. 143-155.

Michel, Andrée. 1978. *Sociologie de la famille et du mariage*. Paris : PUF, 264 p.

Mills, C. Wright. 1967. *L'imagination sociologique*. Paris : Maspero, 235 p.

Ministère de la Famille, des Aînés et de la Condition féminine (MFACF). 2005. *Les familles et les enfants au Québec. Principales statistiques. Édition 2005*. Québec : MFACF, 16 p.

Ministère des Relations avec les citoyens et de l'Immigration (MRCI). 2004. *Des valeurs partagées, des intérêts communs. Plan d'action 2004-2007*. Québec : MRCI, 135 p.

Ministère des Relations avec les citoyens et de l'Immigration (MRCI). 2004. *Tableaux sur l'immigration au Québec 1999-2003*. [En ligne], http://www.micc.gouv.qc.ca/publications/fr/recherches-statistiques/Immigration-Quebec-1999-2003.pdf (Consulté le 27 octobre 2009)

Morton, M. 1990. « Controversies within family law ». Dans Maureen Baker (dir.). *Families : Changing Trends in Canada*. Toronto : McGraw-Hill, p. 211-240.

Morval, Monique. 1992. « Étude des rituels familiaux ». Dans *Comprendre la famille : Actes du 1er Symposium québécois de recherche sur la famille*. Sainte-Foy : PUQ, p. 113-127.

Nadeau, Carole-Line. 1993. « Concilier travail et famille : une mission impossible ? » *La Gazette des femmes*, vol. 15, n° 4 (novembre-décembre 1993), p. 13-21.

Neill, G., *et al.* 2004. « Naître au Québec à la fin des années 1990 : une histoire qui en dit long… » Dans *Étude longitudinale du développement des enfants du Québec (ÉLDEQ 1998-2002)*. Québec : ISQ, vol. 3, fascicule 1, 12 p. [En ligne], http://www.stat.gouv.qc.ca/publications/sante/fascicule_eldeq.htm

Organisation mondiale de la santé (OMS). 2009. « Genre et VIH/SIDA ». Dans *Programmes et projets, Genre, femmes et santé*. [En ligne], http://www.who.int/gender/hiv_aids/fr/ (Consulté le 4 avril 2009)

Ouellette, Françoise-Romaine. 2003. « Les nouveaux visages de l'adoption ». Dans Michel Venne (dir.). *L'annuaire du Québec 2004*. Montréal : Fides, p. 222-230.

Ouellette, Monique. 1991. *Droit de la famille*. 2e éd. Montréal : Les Éditions Thémis, 427 p.

Ouimet, Marc. 2003. « La criminalité au Québec ». Dans Michel Venne (dir.). *L'annuaire du Québec 2004*. Montréal : Fides p. 388-392.

Paquet, Ginette, et Denis Hamel. 2003. « Inégalités sociales et santé des tout-petits : à la recherche de facteurs protecteurs ». Dans *Étude longitudinale du développement des enfants du Québec (ÉLDEQ 1998-2002). De la naissance à 29 mois. Conditions socioéconomiques et santé*. Collection « La santé et le bien-être », vol. 2, n° 3. Québec : ISQ, p. 45-78.

Paquet, Ginette, et Benoit Tellier. 2003. « Les facteurs sociaux de la santé ». Dans Vincent Lemieux, *et al.* (dir.). *Le système de santé au Québec*, Québec : PUL, p. 65-89.

Paquette, D. 1987. « Le coût d'un troisième enfant ». *Protégez-vous*, (août 1987), p. 11-14.

Paré, Isabelle. 2004. « Alerte à la violence physique ». *Le Devoir* (30 avril 2004), 3 p.

Paré, Isabelle, et Caroline Montpetit. 1994. « Le jugement Verrault décrié sur tous les fronts ». *Le Devoir* (15-16 janvier 1994), cahier A, p. 2.

Parsons, Talcott. 1955. *Éléments pour une sociologie de l'action*. Trad. de François Bourricaud. Paris : Plon, 353 p.

Parsons, Talcott, et Robert Bales. 1955. *Family, Socialization, and Interaction Process*. Glencoe : Free Press, 422 p.

Pitrou, Agnès. 1990. « Une mission essentielle pour notre temps : faciliter l'articulation entre la vie familiale et la vie professionnelle ». Dans Denise Lemieux (dir.). *Familles d'aujourd'hui*. Québec : IQRC, p. 157-170.

Popovoci, Adrian, et Micheline Parizeau-Popovoci. 1989. *Le patrimoine familial*. Montréal : Wilson & Lafleur / Les Éditions Québécor, 181 p.

Postersky, D., et R. Bibby. 1988. *La jeunesse au Canada, tout à fait contemporaine : un sondage exhaustif des 15 à 24 ans*. Ottawa : La Fondation canadienne de la jeunesse, 57 p.

Pronovost, Gilles. 2004. « Famille et communautés culturelles. Présentation ». Dans *Bulletin du Conseil de développement de la recherche sur la famille du Québec (CDRFQ)*, vol. 5, n° 2 (printemps 2004). [En ligne], http://www.uqtr.ca/cdrfq/documents_pdf/communautes_culturelles.pdf (Consulté le 27 octobre 2009)

Pronovost, Gilles, Chantal Dumont et Isabelle Bitaudeau (dir.). 2008. *La famille à l'horizon 2020*. Montréal : PUQ, 460 p.

Pronovost, Gilles, Chantal Dumont et Isabelle Bitaudeau (dir.). 1992. « Famille, temps et culture ». Dans *Comprendre la famille : Actes du 1er Symposium québécois de recherche sur la famille*. Sainte-Foy : PUQ, p. 97-112.

Propper, A. 1990. « Patterns of Family Violence ». Dans Maureen Baker. *Families : Changing Trends in Canada*. Toronto : McGraw-Hill, p. 272-305.

Provencher, Jean. 1988. *Les quatre saisons dans la vallée du Saint-Laurent*. Montréal : Boréal, 605 p.

Provost, Marc A. 1992. « L'impact des services de garde sur le développement de l'enfant : opinions personnelles ou données de recherche ». Dans *Actes du Colloque québécois sur les services de garde à l'enfance*. Montréal : Comité organisateur d'événements pour les services de garde à l'enfance, p. 3-6.

Quéniart, Anne. 1988. *Le corps paradoxal. Regards de femmes sur la maternité*. Montréal : Éditions Saint-Martin, 249 p.

Revue Sciences Humaines. 2004. « Hommes/Femmes, quelles différences ? » Dossier n° 146 (février 2004), p. 21-39.

Ricard, Nathalie. 2002. « Vers une reconnaissance des familles homoparentales ». Dans Francine Descarries et Christine Corbeil (dir.). *Espaces et temps de la maternité*. Montréal : Les éditions du remue-ménage, p. 239-265.

Ricard, Nathalie. 2001. *Maternités lesbiennes*. Montréal : Les éditions du remue-ménage, 189 p.

Rinfret-Raynor, Maryse, et Solange Cantin. 1994. *Violence conjugale*. Boucherville : Gaëtan Morin, 552 p.

Ringuet. 1991. *Trente arpents*. Paris : Flammarion, 278 p.

Riou, Diane Arianne, *et al.* 2003. *La violence envers les conjointes dans les couples québécois, 1998*. Québec : ISQ, 156 p.

Roberge, Andrée. 1990. « Familles, mariage et parenté ». Dans Jean Lafontant (dir.). *Initiation thématique à la sociologie*. Saint-Boniface : Éditions des Plaines, p. 63-168.

Roberge, Andrée. 1985. « Réseaux d'échange et parenté inconsciente ». *Anthropologie et Sociétés*, vol. 9, n° 3, p. 5-31.

Robert, L. 1990. « Le rapport entre l'État et la famille : caractéristiques et enjeux ». Dans J. Ray, et al. État et famille : des politiques sociales en mutation. Sainte-Foy : Université Laval. Centre de recherche sur les services communautaires, p. 3-9.

Rocher, Guy. 1969. Introduction à la sociologie générale. Tome 1. Montréal : Hurtubise HMH, , 136 p.

Rochon, Jean. 1988. Rapport de la Commission d'enquête sur les services de santé et les services sociaux. Québec : Les Publications du Québec, 803 p.

Rochon, Madeleine. 1991. « La fécondité des jeunes générations québécoises ». Femmes et questions démographiques. Québec : Les Publications du Québec, p. 74-102.

Roussel, Louis. 2002. « L'évolution des familles : une interprétation systémique ». Dans Jean-François Dortier (dir.). Familles. Permanence et métamorphose. Paris : Sciences Humaines, p. 77-86.

Roussel, Louis. 1989. La famille incertaine. Paris : Odile Jacob, 283 p.

Roussel, Louis. 1987. « Données démographiques et structures familiales ». L'année sociologique, vol. 37, p. 45-65.

Roy, Jacques, et al. 1990. État et famille : des politiques sociales en mutation. Québec : Conseil de la Famille et Centre de recherche sur les services communautaires, 35 p.

Saillant, Francine. 1992. « Les soins en péril : entre la nécessité et l'exclusion ». Recherches féministes, vol. 4, n° 1, p. 11-29.

Salort, Marie-Martine, et Janine Brémond. 1977. La famille en question. 2e éd. « Profil Dossier ». Paris : Hatier, 79 p.

Saulnier, Génevieve. 2004. « Immigration et parentalité ». Bulletin du Conseil de développement de la recherche sur la famille du Québec (CDRFQ), vol. 5, n° 2 (printemps 2004), p. 11-12.

Sauvé, Johane, et Danielle Paquette-Desjardins. 2002. Profession infirmière. La collecte de données. Montréal : Chenelière / McGraw-Hill, p. 86-87.

Secrétariat à l'adoption internationale du Québec (SAI). 2004. Les adoptions internationales au Québec. Statistiques. Québec, SAI. [En ligne], http://www.adoption.gouv.qc.ca

Secrétariat à la famille. 1992. Familles en tête, deuxième plan d'action en matière de politique familiale 1992-1994. Québec : Les Publications du Québec, 51 p.

Secrétariat à la famille. 1993. Guide québécois de la famille. Boucherville : Gaëtan Morin / Les Publications du Québec, 230 p.

Segalen, Martine. 1986. « La révolution industrielle : du prolétaire au bourgeois ». Dans André Burguière, et al. Histoire de la famille. Paris : Armand Colin, tome 3, p. 487-532.

Secrétariat à la famille.1981. Sociologie de la famille. Paris : Armand Colin, 283 p.

Shorter, Edward. 1977. Naissance de la famille moderne. Paris : Seuil, 379 p.

Simard, Myriam. 2004. « Le lien avec la famille immédiate et la parenté dans la vie des jeunes adultes québécois nés de parents immigrants installés en région ». Bulletin du Conseil de développement de la recherche sur la famille du Québec (CDRFQ), vol. 5, n° 2 (printemps 2004), p. 7-10.

Sloss, Elizabeth (dir.). 1985. Le droit de la famille au Canada : nouvelles orientations. Ottawa : CCSF, 245 p.

Spain, Armelle, et Lucile Bédard. 1982. « La maternité : phénomène fantôme dans l'orientation ». L'orientation professionnelle, vol. 18, n° 1 (été 1982), p. 51-62.

Statistique Canada. 1993. « L'enquête sur la violence envers les femmes ». Le Quotidien, 18 novembre 1993, n° de catalogue 11-001F.

Tahon, Marie-Blanche. 1995. La famille désinstituée : Une introduction à la sociologie de la famille. Ottawa : Presses de l'Université d'Ottawa, 213 p.

Taylor, Charles. 1992. Grandeur et misère de la modernité. Montréal : Bellarmin, 150 p.

Téofilovici, Élaine. 1994. « Un regard inorthodoxe sur la problématique des femmes immigrantes ». Dans Gilles Pronovost (dir.). Actes du 2e Symposium québécois de recherche sur la famille (1993). Sainte-Foy : PUL, p. 431-437.

Tesson, G. 1990. « L'enfance et la jeunesse ». Initiation thématique à la sociologie. Saint-Boniface : Éditions des Plaines, 483 p.

Therrien, Rita. 1989. « La responsabilité des familles et des femmes dans le maintien à domicile des personnes âgées : une politique de désengagement ou de soutien de l'État ». Santé mentale au Québec, vol. 14, n° 1, juin 1989, p. 152-164.

Théry, Irene. 1987. « Remariage et familles composées : des évidences aux incertitudes ». L'Année sociologique, vol. 37, n° 1, p. 119-151.

Théry, Irene, et al. 1985. Du divorce et des enfants. Paris : PUF-INED, cité par Didier Le Gall et Claire Martin. 1991. « L'instabilité conjugale et la recomposition familiale ». Dans La famille, l'état des savoirs. Paris : Éditions La Découverte, 447 p., p. 60.

Tourigny, Marc, et al. 2001. « Les mauvais traitements envers les enfants ». Portrait social du Québec : données et analyse, édition 2001. Québec : ISQ, p. 459-473.

Tremblay, Gilles. 2004. « Portrait des besoins des hommes québécois en matière de santé et de services sociaux ». Annexe 2. Dans Rapport du Comité de travail en matière de prévention et d'aide aux hommes. Québec : MSSS, 166 p.

Tremblay, Hélène. 1990. Familles du monde : la vie de famille au tournant du 20e siècle. L'Asie de l'Est et du Sud, le Pacifique. Paris : Robert Laffont, 283 p.

Tremblay, Hélène. 1988. Familles du monde : la vie de famille au tournant du 20e siècle. Les Amériques. Paris : Robert Laffont, 302 p.

Tremblay, Marc-Adélard. 1966. « Modèles d'autorité dans la famille canadienne-française ». Dans Fernand Dumont et Jean-Paul Montminy (dir.). Pouvoir dans la société canadienne-française. Québec : PUL, 252 p.

Turcotte, Pierre, et Alain Bélanger. 1997. « La formation d'une première union ». Tendances sociales canadiennes. Ottawa : Statistique Canada (hiver 1997), n° 47, p. 8-11.

Vandelac, Louise, et al. 1985. Du travail et de l'amour. Montréal : Éditions Saint-Martin, 418 p.

Vatz Laaroussi, Michèle. 2002. « Femmes, mères et immigrantes : des enjeux de société et un appel au féminisme ». Dans Francine Descarries et Christine Corbeil (dir.). Espaces et temps de la maternité. Montréal : Éditions du remue-ménage, p. 431-455.

Welzer-Lang, Daniel, et Jean-Paul Filiod. 1993. Les hommes à la conquête de l'espace... domestique. Montréal : VLB / Le Jour, 355 p.

Sources des photographies

Chapitre 1

Page d'ouverture de chapitre : Andrea Gingerich /iStockphoto
Page 8 : Lise Gagne /iStockphoto
Page 13 : Édimédia / Publiphoto
Page 17 : Maya Kovacheva /iStockphoto
Page 23 : iStockphoto

Chapitre 2

Page d'ouverture de chapitre : Elena Ray /Shutterstock
Page 30 : Marie-Thérèse Lacourse
Page 34 : Pauline Lafontaine
Page 37 : IStockphoto
Page 40 : Lucie Robidas
Page 48 : IStockphoto
Page 51 : Pauline Lafontaine

Chapitre 3

Page d'ouverture de chapitre : Aldo Murillo /iStockphoto
Page 63 : Catherine Yeulet/iStockphoto
Page 68 : Vicki Reid /iStockphoto
Page 70 : Leigh Schindler /iStockphoto
Page 74 : iStockphoto

Chapitre 4

Page d'ouverture de chapitre : Lisa Valder / iStockphoto
Page 86 : Spencer Mears / iStockphoto
Page 94 : Jennifer Trenchard/ iStockphoto
Page 99 : Diana Lundin/ iStockphoto
Page 104 : Aldo Murillo/ iStockphoto
Page 107 : Sheryl Griffin/ iStockphoto

Chapitre 5

Page d'ouverture de chapitre : Tomaz Levstek /iStockphoto
Page 132 : Losevsky Pavel /Shutterstock
Page 138 : Lee Torrens /Shutterstock
Page 153 : iStockphoto
Page 158 : Chris Schmidt/ iStockphoto
Page 163 : Melissa Carroll /iStockphoto

Chapitre 6

Page d'ouverture de chapitre : Ned White/iStockphoto
Page 173 : Charles Benavidez/iStockphoto
Page 185 : Colleen Butler/iStockphoto
Page 191 : Hélène Vallée/iStockphoto

Chapitre 7

Page d'ouverture de chapitre : Eva Madrazo /iStockphoto
Page 222 : Istockphoto
Page 225 : Scott Heffernan /iStockphoto
Page 245 : Aldo Murillo /iStockphoto
Page 248 : Rosemarie Gearhart /iStockphoto

Chapitre 8

Page d'ouverture de chapitre : iStockphoto
Page 281 : Andresr /Shutterstock
Page 287 : Dagmar Heymans/iStockphoto

Index